O SEGREDO DO FUTEBOL BRASILEIRO
FUTSAL E FUTEBOL DE BASE

PRÁTICA SIMULTÂNEA E INTEGRADA DO FUTSAL E DO FUTEBOL DE BASE: MODELOS DE GESTÃO E EVIDÊNCIAS PARA OS PROCESSOS DE CAPTAÇÃO, FORMAÇÃO, TRANSIÇÃO

O SEGREDO DO FUTEBOL BRASILEIRO FUTSAL E FUTEBOL DE BASE

Autores
Moraci Vasconcelos Sant'Anna | Rodrigo Neves Fernandes
Henrique Fernandes Marques | Márcio de Souza Menezes
Vinicius Alberto Bovo

Revisor de conteúdo e adaptação ao texto original
Rodrigo Neves Fernandes

Equipe Editora D3 Educacional
Edson Prates | Profº Naidson Pires
Profº Marcos Roberto dos Santos | Profª Sônia Querino dos Santos

Design de capa, projeto gráfico e diagramação
Ativa Criação - www.ativacriacao.com.br

Catalogação na publicação
Elaborada por Bibliotecária Janaina Ramos – CRB-8/9166

S455

O segredo do futebol brasileiro futsal e futebol de base / Moraci Vasconcelos Sant'Anna, Rodrigo Neves Fernandes, Henrique Fernandes Marques, et al. – São Paulo: D3 Educacional, 2022.

Outros autores
Márcio de Souza Menezes
Vinicius Alberto Bovo

648 p., il.; 16 X 23 cm

ISBN 978-65-87654-05-8

1. Futebol brasileiro. I. Sant'Anna, Moraci Vasconcelos. II. Fernandes, Rodrigo Neves. III. Marques, Henrique Fernandes. IV. Título.

CDD 796.3340981

Índice para catálogo sistemático

I. Futebol brasileiro

www.grupod3educacional.com.br

Todos os direitos reservados. Proibida a reprodução total ou parcial, por qualquer meio ou processo. Lei 9.610/1998.

Moraci Vasconcelos Sant'Anna
Rodrigo Neves Fernandes
Henrique Fernandes Marques
Márcio de Souza Menezes
Vinicius Alberto Bovo

O SEGREDO DO FUTEBOL BRASILEIRO
FUTSAL E FUTEBOL DE BASE

PRÁTICA SIMULTÂNEA E INTEGRADA DO FUTSAL E DO FUTEBOL DE BASE: MODELOS DE GESTÃO E EVIDÊNCIAS PARA OS PROCESSOS DE CAPTAÇÃO, FORMAÇÃO, TRANSIÇÃO.

O SEGREDO DO FUTEBOL BRASILEIRO FUTSAL E FUTEBOL DE BASE

Filiação Científica

Moraci Vasconcelos Sant'Anna
- Bacharelado e Licenciatura plena pela Faculdade de Educação Física de Santo André (FEFISA)

Rodrigo Neves Fernandes
- Bacharelado e Licenciatura plena pela Faculdade de Educação Física de Santos (Fefis/Unimes)
- Pós-graduação Lato Sensu pela Universidade de São Paulo (USP) na Modalidade Treinamento Desportivo
- MBA pela PUC/RS em Administração, Finanças e Geração de Valor
- Extensão Universitária pela Universidade de São Paulo (USP) em Iniciação nos Esportes Coletivos
- Extensão Universitária pela Universidade de São Paulo (USP) em Educação Física Infantil
- Extensão Universitária pela Universidade Estadual de Campinas (UNICAMP) em Competências de Treinadores e Professores de Esporte: Autoconhecimento, Liderança, Gestão de Pessoas e Comunicação em Foco

Henrique Fernandes Marques

- Graduando (4º período) pela Universidade Federal de Juiz de Fora em Educação Física
- Bacharelado pela Academia Militar das Agulhas Negras em Administração
- Mestrado pela Escola de Aperfeiçoamento de Oficiais (ESAO) em Operações Militares
- Pós-graduação pela Escola de Comando e Estado-Maior do Exército Brasileiro em Ciências Militares - Especialização em Bases Geo-Históricas para Formulação Estratégica
- Extensão Universitária pela Academia Politécnica Militar do Exército do Chile em Gestão e Administração de Recursos e Projetos de Defesa
- Extensão Universitária pela Fundação Getúlio Vargas (FGV) em Metodologia da Pesquisa em Ciências Militares
- Extensão Universitária pela Universidade Castelo Branco em Avaliação de Projetos e Pesquisas
- Extensão Universitária pela Pontificia Universidad Católica do Chile - Faculdade de Direito em Ciências Sociais
- Extensão Universitária pela Esse-Business School-Universidad de Los Andes do Chile em Administração de Recursos
- Extensão Universitária pela Universidad Adolfo Ibañez–Escuela de Gobierno do Chile em Políticas Públicas
- Extensão Universitária pela Escola Nacional de Administração Pública (ENAP) em Elaboração de Indicadores e Desempenho Institucional

Márcio de Souza Menezes

- Licenciatura Plena em Educação Física pela ESEF/UPE
- Pós-graduado em Fisiologia do Esporte pela Universidade Gama Filho
- Graduado em Direito pela Faculdade Maurício de Nassau (UNINASSAU)
- Pós-graduado em Direito e Processo do Trabalho pelo Espaço Jurídico - FACESF

Vinícius Alberto Bovo

- Bacharel em Ciências Jurídicas e Sociais pela Fundação de Ensino Octávio Bastos
- Cursando Bacharelado pela Faculdade de Educação Física FMU – Polo São João da Boa Vista (SP).

O SEGREDO DO FUTEBOL BRASILEIRO: FUTSAL E FUTEBOL DE BASE

Dedicatórias

Moraci Vasconcelos Sant'Anna
A Deus que continua a me incentivar a ir em frente mesmo quando tudo parece dizer o contrário. A minha esposa Dayani pelo incentivo constante em me atualizar e nunca desistir.

Rodrigo Neves Fernandes
Para minha mãe, Rosa Maria Moura Neves, minha esposa Jéssica Rodrigues de Souza Neves, minha avó materna Joaquina de Albuquerque Moura (*in memoriam*) e meu avô paterno Otávio Moura Fernandes (*in memoriam*) dedico esta obra. Sou eternamente grato por tudo que fizeram e fazem por mim.

Henrique Fernandes Marques
À minha esposa Luciany e à minha filha Júlia, pelo apoio constante e incondicional a todos os meus projetos.

Márcio de Souza Menezes
A minha família.
Aos meus pais, Marcos Garcez de Menezes e Maria Lúcia de Souza Menezes (Mirucha): minhas fontes de inspiração. Minha referência de ética e de amor.

Aos amigos e companheiros de vida que sempre estiveram do meu lado, em especial a Jaime Lima que mesmo após ter feito sua transição espiritual ainda permanece presente e sempre a me incentivar, me fazendo acreditar no impossível.

Ao divino, Deus, que em todos os momentos se mostra presente, me fortalecendo e segurando minha mão em todos os combates da vida. Me demonstrando o verdadeiro valor e sentido no viver.

Vinicius Alberto Bovo

Dedico este livro em especial aos meus pais já falecidos, Antônio Bovo e Maria Aparecida Alvares Bovo, pessoas que são minha fonte de energia, sempre eternizadas em meu coração. Aos meus filhos Luíza Helena e Victor Hugo, razão de meu viver, sem vocês nada aconteceria. Minhas irmãs Vanessa e Perla eternas professoras e aconselhadoras. A toda minha família e amigos que sempre acreditaram neste sonho. Enfim, a todos que por tê-los, jamais duvidei da existência de um Deus Gracioso que nos dê, a toda a humanidade, paz, luz e sabedoria, saúde, amor e felicidade.

O SEGREDO DO FUTEBOL BRASILEIRO FUTSAL E FUTEBOL DE BASE

O SEGREDO DO FUTEBOL BRASILEIRO: FUTSAL E FUTEBOL DE BASE

Agradecimentos

Moraci Vasconcelos Sant'Anna

Aos amigos na elaboração do projeto que colaboraram de uma forma intensa para que o projeto fosse possível: Rodrigo Neves, Henrique Fernandes, Márcio Menezes, Vinícius Bovo.

Rodrigo Neves Fernandes

A todos os professores, treinadores, técnicos, diretores de clubes, gestores, supervisores, ex-atletas, atletas, alunos, amigos e família, deixo esta obra como uma singela forma de agradecimento e retribuição pelos intensos momentos de felicidade e realizações que me proporcionaram durante todos estes anos de jogos, treinamentos, conversas, viagens e competições.

E aos novos amigos Moraci Sant'Anna, Henrique Fernandes, Márcio Menezes, Vinícius Bovo, que tanto contribuíram para a conclusão deste livro.

Henrique Fernandes Marques

Aos prezados amigos Rodrigo Neves, Moraci Sant'Anna, Márcio Menezes, Vinícius Bovo, pela colaboração efetiva e desinteressada nesse projeto para melhoria do nosso Futebol brasileiro.

MÁRCIO DE SOUZA MENEZES

Aos amigos que me acolheram com tamanha generosidade: entrosamento, sem "coletivo", imediato - Rodrigo Neves, Moraci Sant'Anna, Henrique Fernandes Marques, Vinicius Bovo.

Aos mesmos pelo exercício de humildade no compartilhar do conhecimento construído, abrindo ao diálogo e crítica uma proposta que visa o engrandecimento do Futebol no país.

Ao Futebol que me proporciona tantas experiências e aprendizagens, me motivando a seguir na busca do crescimento profissional e pessoal.

VINICIUS ALBERTO BOVO

Aos prezados amigos que colaboraram na elaboração do projeto de uma forma árdua, tornando o nosso sonho em realidade: Rodrigo Neves, Moraci Sant'Anna, Henrique Fernandes Marques, Márcio Menezes.

A todos os meus professores, ex-atletas, treinadores, diretores de clubes e alunos, deixo esta obra como forma de agradecimento e retribuição pelos grandes momentos e realizações que me proporcionaram durante todos estes anos.

Meu profundo agradecimento ao meu ídolo Paulinho Maclaren que sempre foi um incentivador ao meu projeto, um grande amigo e um exemplo de Pai.

O SEGREDO DO FUTEBOL BRASILEIRO FUTSAL E FUTEBOL DE BASE

Sumário

Prefácios 31
Origem do livro 37
Apresentação 39
Introdução 43
Os "Filhos do Futsal" 47
Lista 01 - Ex jogadores de futebol 49
Lista 02 - Jogadores de futebol em atividade/Exterior 55
Lista 03 - Jogadores de futebol em atividade/Brasil 60
Quadros indicativos - Liga dos Campeões da uefa e convocações para as Seleções Nacionais 66
O Futsal no desenvolvimento/formação e seus descrentes... 68
diagnóstico e abrangência do problema/descrição 84
A - Descrição detalhada do problema/oportunidade 84
B - Diagnóstico do problema/oportunidade 84
C - Descrição detalhada do problema/oportunidade 85

Capítulo 1

Sustentação artigos resumidos – Brasil e Exterior 89
1. Considerações 89
2 Artigos resumidos – recortes Brasil 90
   2.1 Características do futebol e do futsal: implicações para o treinamento de adolescentes e adultos jovens 91
   2.2 O futsal como contribuinte 93
   2.3 O futsal como ferramenta na formação desportiva do atleta de futebol de campo 94

2.4 O processo de formação do atleta de futsal e futebol .. 100

2.5 Futsal e futebol na formação: parceiros ou adversários? .. 101

2.6 A importância do futsal na formação esportiva do jogador de futebol 101

2.7 Satisfação com a vida e status social subjetivo em atletas de futsal e futebol de campo 114

3 Artigos resumidos – recortes estrangeiros 121

3.1 Could futsal hold the key to developing the next generation of youth soccer players? 121

3.2 From soccer to futsal: Brazilian elite level men players' career pathways 124

3.3 Futsal as a potential talent development modality for soccer – a quantitative assessment of high-level soccer coach and player perceptions 125

3.4 Futsal task constraints promote the development of soccer passing skill: Evidence and implications for talent development research and practice 130

3.5 Is futsal a donor sport for football?: Exploiting complementarity for early diversification in talent development 133

3.6 Is futsal kicking off in England?: A baseline participation study of futsal 139

3.7 Match performance in a reference futsal team during an International Tournament – implications for talent development in soccer 140

3.8 The developmental activities of elite soccer players aged under-16 years from Brazil, England, France, Ghana, Mexico, Portugal and Sweden 144

3.9 Le futsal: un autre monde du football? 148

4 Dissertação resumida – recorte Brasil 149

4.1 A transição do futsal para o futebol: a visão dos treinadores 149

5 Dissertação resumida – recorte estrangeiro 162

5.1 Treino de alto rendimento esportivo – comportamentos táticos no futsal – estudo comparativo referente a escalões de formação e ao futebol 162

Capítulo 2

Sustentação bibliográfica - livros 173

1 Considerações 173

2. Livros 174

2.1 Livro – O Brasil em campo 174

2.2 Livro – O código do talento 176

2.3 Livro – Dois um Brasil "um método genuinamente brasileiro no ensino do futebol e futsal" 183

2.4 Livro – O futebol potencializado pelo futsal 196

2.5 A transição de atletas do futsal para o futebol 202

2.6 Outras sugestões de livros complementares 203

Capítulo 3

Sustentação transcrita - entrevistas, relatos, frases jogadores, imprensa, treinadores, outros 205

1. Considerações 205

2 Depoimentos do vídeo "o futsal na formação do atleta – parte 1" 206

3 Depoimentos do vídeo "o futsal na formação do atleta – parte 2" 208

4 Depoimentos do vídeo "o futsal na formação do atleta – parte 3"... 210
5 Depoimentos do vídeo "a transição – parte 1".................. 212
6 Depoimentos do vídeo "a transição – parte 2".................. 213
7 Depoimentos do vídeo "a importância do futsal na formação de atletas para o futebol"... 215
8 Depoimentos do vídeo "a importância do futsal para o futebol"... 215
9 Depoimentos do vídeo "neymar e robinho: início nas quadras e sucesso nos gramados".. 216
10 Depoimentos do vídeo "xavi hernandéz fala da importância do futsal no seu estilo de jogo"................................... 216
11 Depoimentos do vídeo "jamelli fala sobre a importância do futsal para o atleta de campo"...................................... 216
12 Depoimentos do vídeo "hoje o jogo é jogado num espaço menor que o futsal".. 217
13 Depoimentos do vídeo "a importância do futsal para o futebol"... 217
14 Depoimentos do vídeo "influência do futsal em suas vidas: 'o jogo é do indivíduo'"... 221
15 Depoimentos do vídeo "a influência do futsal no futebol" ... 229
16 Depoimentos do vídeo " pedagogia do futsal – programa companhia esportiva - transição do futsal para o futebol".. 240
17 Depoimentos do vídeo "do futsal ao futebol: pc oliveira leva ensinamentos da quadra para o campo"................... 244
18 Depoimentos da entrevista de muricy ramalho para o programa "bem, amigos" e de ricardinho para o "seleção sportv"... 245

19 Depoimentos do vídeo "falcão é homenageado pelo santos f.c." 246

20 Depoimentos do vídeo "entrevista coletiva da comissão técnica da seleção brasileira de futebol - convocação para os jogos eliminatórios da copa do mundo de 2022 (tite, cesar sampaio, juninho paulista)" 247

21 Depoimento da entrevista de vanderlei luxemburgo para o podcast "flow sport club" 248

Capítulo 4

Sustentação em mídias virtuais e clubes – sites, redes socias, cases, outros 251

1. Considerações 251

2 Matérias em sites 252

3 Case futsal e futebol (s.c. Corinthians paulista) 288

4 Case futsal e futebol (santos futebol clube) 290

5 Case futsal e futebol (são paulo futebol clube) 294

6 Outras fichas de inscrição no futsal (cbfs) 296

7 Seleção brasileira de futebol - copa do mundo fifa 2002 .. 298

8 Seleção brasileira de futsal – cbf (confederação brasileira de futsal 299

9 Redes sociais 302

10 Cursos cbf academy 307

11 Documentário televisivo 309

12 Logos oficiais alusivos ao futebol de base 310

Capítulo 5

Questionário – clubes 313

1. Considerações 313

2 Participantes 314

    2.1 Método de pesquisa 316

    2.2 Produção e análise de dados 316

    2.3 Implicações 318

    2.4 Resultados e tabulações 318

3 Conteúdo integral do questionário 321

4 Resposta anexa 392

Capítulo 6

Estatutos sociais – exemplos e sugestões 401

1. Considerações 401

    1.1 Sugestão/proposta para a implementação institucional e estatutária 402

    1.2 Exemplos de estatutos sociais 404

        1.2.1 Clubes da série a e b do campeonato brasileiro 2021 – estatutário 404

        1.2.2 Clubes da série a do campeonato brasileiro 2021 – estatutário 406

        1.2.3 Clubes da série a do campeonato brasileiro 2021 – não estatutário 407

        1.2.4 Clubes da série b do campeonato brasileiro 2021 – estaturário 407

Capítulo 7

Sugestões de 07 modelos para a prática simúltanea entre o futsal e o futebol de base – gestão e implementação 409

1. Considerações 409

    1.1 *Modelo 01* - departamento de futsal está 100% integrado ao departamento de futebol de base 412

        1.1.1 Prática simultânea e os principais processos de integração entre o futsal e o futebol de base 417

        1.1.2 Sugestões de estruturas físicas principais (mantidas pelo departamento de futsal) 418

        1.1.3 Sugestões de estruturas físicas de apoio (mantidas pelo departamento de futebol de base) 419

        1.1.4 Categorias contempladas nos processos de integração entre o futsal e o futebol de base 419

            1.1.4.1 Sugestões de grades de treinamentos nos processos de integração entre o futsal e o futebol de base .. 422

        1.1.5 Sugestões de estruturas administrativas - RH (departamento de futsal) 423

        1.1.6 Sugestões de estruturas administrativas de apoio - RH (mantidas pelo departamento de futebol de base) ... 423

        1.1.7 Sugestões de estruturas administrativas de apoio - RH (mantidas por outros departamentos) 424

        1.1.8 Sugestões de outras estruturas externas de apoio (mantidas por terceiros) 424

    1.2 *Modelo 02* - departamento de futebol de base - único condutor dos processos 424

        1.2.1 Sugestões para a prática simultânea e os principais processos de integração entre o futsal e o futebol de base 426

O SEGREDO DO FUTEBOL BRASILEIRO FUTSAL E FUTEBOL DE BASE

1.2.2 Sugestões de estruturas físicas principais (mantidas pelo departamento de futsal) 429

1.2.3 Sugestões de estruturas físicas principais (mantidas pelo departamento de futebol de base) 429

1.2.4 Sugestões de categorias contempladas nos processos de integração entre o futsal e o futebol de base ... 430

1.2.5 Sugestões de estruturas administrativas - RH (mantidas pelo departamento de futsal) 431

1.2.6 Sugestões de estruturas administrativas - RH (departamento de futsal mantido pelo departamento de futebol de base) 431

1.2.7 Sugestões de estruturas administrativas de apoio - RH (mantidas por outros departamentos) 433

1.2.8 Sugestões de outras estruturas externas de apoio (mantidas por terceiros) 433

1.3 Modelo 03 - departamento de futsal itinerante - conexões externas extraoficiais 434

1.3.1 Sugestões para a prática simultânea e os principais processos de integração entre o futsal e o futebol de base 437

1.3.2 Sugestões de estruturas físicas principais (mantidas pelas conexões externas extraoficiais) 441

1.3.3 Sugestões de estruturas físicas principais (mantidas pelo departamento de futebol de base) 442

1.3.4 Sugestões de categorias contempladas nos processos de integração entre o futsal e o futebol de base e conexões externas extraoficiais 443

1.3.5 Sugestões de estruturas administrativas - RH (mantidas pelo departamento de futsal) 433

1.3.6 Sugestões de estruturas administrativas - RH (mantidas pelas conexões externas extraoficiais) 445

1.3.7 Sugestões de estruturas administrativas de apoio - RH (mantidas pelo departamento de futebol de base) .. 446

1.3.8 Sugestões de estruturas administrativas de apoio - RH (mantidas por outros departamentos) 447

1.3.9 Sugestões de outras estruturas externas de apoio (mantidas por terceiros) 448

1.4 *Modelo 04* - departamento de futebol de base - parcerias externas oficiais 449

1.4.1 Sugestões para a prática simultânea os principais processos de integração entre o futsal e o futebol de base 453

1.4.1.1 Sugestões de grades de treinamentos nos processos de integração entre o futsal e o futebol de base .. 457

1.4.2 Sugestões de estruturas físicas principais (mantidas pelas parceiras externas oficiais) 458

1.4.3 Sugestões de estruturas físicas principais (mantidas pelo departamento de futebol de base) 459

1.4.4 Sugestões de categorias contempladas nos processos de integração entre o futsal e o futebol de base e parcerias externas oficiais 460

1.4.5 Sugestões de estruturas administrativas - RH (mantidas pelo departamento de futsal) 460

1.4.6 Sugestões de estruturas administrativas - RH (mantidas pelas parcerias externas oficiais) 460

1.4.7 Sugestões de estruturas administrativas de apoio - RH (mantidas pelo departamento de futebol de base) .. 462

1.4.8 Sugestões de estruturas administrativas de apoio - RH (mantidas por outros departamentos) 463

1.4.9 Sugestões de outras estruturas externas de apoio (mantidas por terceiros) 464

1.5 Modelo 05 - departamento de futsal - gerido por terceiro/empresa 465

1.5.1 Sugestões para a prática simultânea e os principais processos de integração entre o futsal e o futebol de base 468

1.5.2 Sugestões de estruturas físicas principais (mantidas pelo terceirizado/empresa) 471

1.5.3 Sugestões de estruturas físicas principais (mantidas pelo departamento de futebol de base) 472

1.5.4. Sugestões de categorias contempladas nos processos de integração entre o futsal e o futebol de base .. 472

1.5.5 Sugestões de estruturas administrativas - RH (mantidas pelo terceirizado/empresa) 473

1.5.6 Sugestões de estruturas administrativas de apoio - RH (mantidas pelo departamento de futebol de base) ... 475

1.5.7 Sugestões de estruturas administrativas de apoio - RH (mantidas por outros departamentos) 476

1.5.8 Sugestões de outras estruturas externas de apoio (mantidas por terceirizado) 477

1.6 Modelo 06 - departamentos de futsal - parceria interna com o departamento de futebol de base apenas para jogos de futsal 477

1.6.1 Sugestões para a prática simultânea e os principais processos de integração entre o futsal e o futebol de base 480

1.6.2 Sugestões de estruturas físicas principais (mantidas pelo departamento de futsal) 482

1.6.3 Sugestões de estruturas físicas de apoio (mantidas pelo departamento de futebol de base) 483

1.6.4 Sugestões de categorias contempladas nos processos de integração entre o futsal e o futebol de base ... 484

1.6.5 Sugestões de estruturas administrativas - RH (mantidas pelo departamento de futsal) 484

1.6.6 Sugestões de estruturas administrativas de apoio - RH (mantidas pelo departamento de futebol de base) .. 486

1.6.7 Sugestões de estruturas administrativas de apoio - RH (mantidas por outros departamentos) 487

1.6.8 Sugestões de outras estruturas externas de apoio (mantidas por terceiros) 487

1.7 Modelo 07 - departamento de futsal - parceria interna com o departamento de futebol de base através de relações informais 488

1.7.1 Sugestões para a prática simultânea e os principais processos de integração entre o futsal e o futebol de base 490

1.7.2 Sugestões de estruturas físicas principais (mantidas pelo departamento de futsal) 493

1.7.3 Sugestões de estruturas físicas de apoio (mantidas pelo departamento de futebol de base) 494

1.7.4 Sugestões de categorias contempladas nos processos de integração entre o futsal e o futebol de base ... 495

1.7.5 Sugestões de estruturas administrativas - RH (mantidas pelo departamento de futsal) 496

1.7.6 Sugestões de estruturas administrativas de apoio - RH (mantidas pelo departamento de futebol de base) .. 498

1.7.7 Sugestões de estruturas administrativas de apoio - RH (mantidas por outros departamentos) 499

1.7.8 Sugestões de outras estruturas externas de apoio (mantidas por terceiros) 499

1.8 Complemento - sugestão de *modelo* para clubes de futsal, clubes sociais, projetos, associações, instituições de ensino, escolinhas, outros sistemas de prática esportiva 500

1.9 Tabelas base de custos aproximados sugeridos aos *modelos* 502

Capítulo 8

Plano de implementação do *modelo* de gestão base 507

1. Condiserações 507

1.1 Descrição das ações a serem implementadas 510

1.1.1 Sugestões de estruturas físicas principais (mantidas pelo departamento de futsal) 510

1.1.2 Sugestões de estruturas físicas de apoio (mantidas pelo departamento de futebol de base) 511

1.1.3 Sugestões de estruturas administrativas - RH (mantidas pelo departamento de futsal) 512

1.1.4 Sugestões de estruturas administrativas de apoio - RH (mantidas pelo departamento de futebol de base) - colaboradores - futebol de base 513

1.1.5 Sugestões de estruturas administrativas de apoio - RH (mantidas por outros departamentos) 514

- 1.1.6 Sugestões de processos de integração com os colaboradores de outros departamentos 515
- 1.1.7 Sugestões de outras estruturas externas de apoio (mantidas por terceiros) 516
- 1.1.8 Sugestões de categorias contempladas nos processos de integração entre o futsal e o futebol de base ... 516
- 1.1.9 Implantação da prática simultânea e os principais processos de integração entre o futsal e o futebol de base 516
- 1.2 Atribuições de responsabilidades por cada ação 517
- 1.3 Recursos envolvidos na solução 519
- 1.4 Cronograma de implementação 525
- 1.5 Controles (o que e como controlar) 527
  - 1.5.1 Controle (ou gestão) de prazos 528
  - 1.5.2 Controle da gestão de pessoas 529
  - 1.5.3 Controle (ou gestão) dos processos do projeto 531
  - 1.5.4 Sugestões de plataformas tecnológicas para controles específicos e comunicação 536
  - 1.5.5 Sugestões de tecnologia para controles específicos de quadra e campo – equipamentos 537
  - 1.5.6 Sugestões de materiais e equipamentos esportivos de uso constante - treinos e jogos 539
  - 1.5.7 Sugestões de materiais e equipamentos de logística - treinos e jogos 540

Capítulo 9

Modelos de documentos e processos internos e externos - administrativos, operacionais, estruturais, técnicos 543

1. Condiserações 543

   1.1 Procedimentos para o atleta 544

      1.1.1 Documento norteador ao atleta – *BEM VINDO* 544

      1.1.2 Documento ao atleta egresso – *CONVITE* 545

      1.1.3 Programa de imersão histórica 546

      1.1.4 Pdba – programa de blindagem do atleta 547

      1.1.5 Cafs – controle de atletas futsal 549

      1.1.6 Fluxograma de atletas – regional, estadual, interestadual 550

   1.2 Procedimentos para o colaborador 553

      1.2.1 Regimento interno, estatuto social, outros 553

      1.2.2 Missão, visão, valores 554

      1.2.3 Organograma 556

      1.2.4 Documento norteador 557

      1.2.5 Pqi – programa de qualificação interna 559

      1.2.6 Pai – programa de ajuda interna 559

      1.2.7 Currículo do colaborador – critérios, exigências, funções 560

      1.2.7 Currículo do colaborador – diretrizes 569

   1.3 Outros procedimentos 573

      1.3.1 Indicativo – semáforo 573

      1.3.2 Dec – diagnósticos esportivos comparativos 574

      1.3.3 Objetivos das competições 576

Capítulo 10

Ferramentas de gestão 579
1. Considerações 579
   1.1 Exemplos de ferramentas de gestão 580
      1.1.1 Análise das 05 forças – porter 580
      1.1.2 Modelo canvas 583
      1.1.3 Meta smart 586
      1.1.4 Análise swot 588
      1.1.5 Método pdca (*plan–do–check–act*)/(*planejar-fazer-verificar-agir*) 590

Expectativas 595

Dificuldade 597

Conclusão 599

Referências 603

Sobre os autores 623

O SEGREDO DO FUTEBOL BRASILEIRO FUTSAL E FUTEBOL DE BASE

Prefácio

Conheci pessoalmente o professor Moraci no ano de 2003, quando ele retornou à Seleção Brasileira com o professor Carlos Alberto Parreira. Tivemos a felicidade de competir com a Seleção nesse período de 2003 até 2006, onde conquistamos a Copa América no Peru em cima da Argentina. Posteriormente voltamos a nos encontrar no Fenerbahçe na Turquia, onde o professor fez parte da Comissão Técnica juntamente com o Zico.

Durante esta época, sempre conversamos a respeito da formação do nosso Futebol. Antigamente tínhamos praias, rua e Futsal; ou Futebol de Salão. Porque somos dessa época.

Com as mudanças sociais que aconteceram e seguem acontecendo em nosso país, fomos perdendo o Futebol na praia, rua, mas conseguimos manter a quadra.

A metodologia e pedagogia vinda das quadras com os ensinamentos do Futsal, sempre serviram de belos exemplos em relação ao nosso Futebol, e não teria dificuldade nenhuma em fazer aqui uma lista enorme de jogadores maravilhosos que iniciaram na quadra e tiveram carreiras brilhantes no Futebol. Nesta listagem inclusive poderia incluir meu nome dentre estes jogadores, afinal, "sou filho da quadra e da bolinha pesada."

Ter literatura sobre o Futsal e sua gigantesca contribuição ao Futebol é fundamental para as futuras gerações.

Quando fui informado a respeito desta obra, onde os autores apresentam a importância do Futsal para o Futebol, fiquei super feliz. Falar

O SEGREDO DO FUTEBOL BRASILEIRO FUTSAL E FUTEBOL DE BASE

sobre o assunto me deixa muito empolgado e espero desde já que o livro tenha um bom alcance de pessoas.

Todos nós apaixonados pelo Futebol temos que reverenciar o Futsal. A modalidade é uma *mina de ouro*, que me parece eterna na formação de excelentes valores para o produto Futebol. Além disso o Futsal segue servindo para fazermos bons jogadores na modalidade. Temos diversos salonistas de sucesso espalhados pelo mundo, jogando em alto nível, e demonstrando tudo o que aprendemos nas quadras do Futsal brasileiro.

Parabéns aos idealizadores deste projeto e muito sucesso com o livro. Fico na torcida para que muitos possam ler e se identificar de alguma forma com o vasto conteúdo.

O Futsal brasileiro merece ter gravado em sua literatura a brilhante contribuição que sempre entregou para o Futebol.

Agradeço pelo convite para prefaciar esta obra sobre o "meu esporte". Desejo que os amantes do Futebol de Salão, Futsal, Futebol, e Esporte Brasileiro em geral saboreiem este livro.

Que as páginas a seguir sirvam como inspiração, aprendizado, transmitindo a todos os leitores a mesma sensação de satisfação que eu tive ao concluir todo o conteúdo. Afinal, nos momentos de imersão nos Capítulos pude confirmar meu pensamento quanto a importância da prática do Futsal na formação do jovem futebolista.

Alexsandro de Souza "ALEX"
Ex-jogador de Futsal (A.A.B.B. Curitiba)
Ex-jogador de Futebol (Seleção Brasileira ,Coritiba F.C.,
S.E. Palmeiras, Parma Cálcio/Itália, C.R. Flamengo,
Cruzeiro E.C., Fenerbahçe S.K./Turquia)
Treinador de Futebol na categoria Sub 20 (São Paulo F.C.)

O SEGREDO DO FUTEBOL BRASILEIRO FUTSAL E FUTEBOL DE BASE

Prefácio especial

Brincar com a bola passando os pés sobre ela. Driblar e tocar no espaço curto. Estou falando das nossas peladas na rua Lucinda Barbosa, com gols de chinelo e paralelepípedos nos cantos do asfalto, mas as duas frases cabiam quando falávamos do Futebol de Salão, o Futsal. A proposta de integrar o Futsal ao Futebol de Base me parece natural e tem muito a ver com o que eu vivi nas décadas de 50 e 60.

Da rua eu segui, com meus irmãos para o Futsal, no Juventude, time do bairro de Quintino, e logo após para o River. Mas ao mesmo tempo experimentava o piso de terra ou grama no campo da Clarimundo de Melo, no aterro do Flamengo e onde mais houvesse jogo. Meus irmãos também jogavam na quadra e no campo.

A bola menor e o campo reduzido ajudavam a pensar rápido o movimento, o reflexo, a exercitar o drible curto e objetivo para chegar ao gol com velocidade. Já no campo com a bola maior, mais companheiros e por consequência mais espaço, eu podia pensar e jogar com profundidade.

Futsal e Futebol são modalidades diferentes mas o Salão produz craques ao longo do tempo. Mas percebi desde cedo que a possibilidade de complementaridade era natural. Não por acaso muitos atletas migraram do Futsal para o Futebol com sucesso e muitos jogaram os dois ao mesmo tempo num período das categorias de base até seguirem de vez para o gramado, o que foi o meu caso. E a verdade é que foi no ginásio do River jogando Futebol de Salão que Celso Garcia me viu e me levou para o C.R. Flamengo.

Que esta obra ajude a quem deseja entender esse processo possível da migração do atleta e queira aplicar métodos e conceitos que consideram o Futsal como parte das categorias de base do Futebol. Tenho certeza de que Clubes e atletas podem se beneficiar do trabalho feito pelos autores.

Arthur Antunes Coimbra "ZICO"
Ex-jogador de Futebol (Seleção Brasileira,
C.R. Flamengo, Udinese Calcio, Kashima Antlers F.C.)
Diretor técnico do Kashima Antlers F.C.

O SEGREDO DO FUTEBOL BRASILEIRO FUTSAL E FUTEBOL DE BASE

O SEGREDO DO FUTEBOL BRASILEIRO FUTSAL E FUTEBOL DE BASE

Origem do livro

Livro baseado no trabalho de Projeto Aplicativo apresentado pelos autores à CBF Academy, em agosto de 2021, como parte dos requisitos necessários para a conclusão do Curso "Gestor de Futebol" e obtenção do certificado.

Nome do trabalho original:
PROJETO DE INTEGRAÇÃO DOS DEPARTAMENTOS DE FUTEBOL DE BASE E FUTSAL: MODELOS PARA A PRÁTICA SIMULTÂNEA DAS MODALIDADES NA BUSCA PELA EXCELÊNCIA "CAPTAÇÃO E FORMAÇÃO DE JOVENS FUTEBOLISTAS"

O SEGREDO DO FUTEBOL BRASILEIRO: FUTSAL E FUTEBOL DE BASE

O SEGREDO DO FUTEBOL BRASILEIRO FUTSAL E FUTEBOL DE BASE

Apresentação

Nesse livro, não houve a intenção de confrontar as opiniões divergentes ou questionadoras que se referem à prática simultânea entre o Futsal e o Futebol, nos processos de captação, desenvolvimento/formação, transição de atletas dos Clubes de Futebol. Tem-se a consciência plena de que as modalidades Futebol e Futsal são complementares, porém, diferentes.

Apesar de não se tratar de publicação com enfoque em metodologias, exercícios e propostas táticas, é interessante deixar claro que esta prática, pode ser mais uma excelente "ferramenta" contribuinte nos processos formativos do jovem futebolista, sem a exclusão de outras crenças ou processos formais e informais (futebol de rua/*street*, praia, futebol 7 - *society*, jogos reduzidos/minijogos, outros), sejam eles baseados no empirismo ou na ciência. Ou seja, não há a pretensão de se afirmar que o Futsal é para o Futebol a única e definitiva solução para construirmos um jogador mais completo e assertivo dentro de campo, tendo a consciência que se faz necessária maior investigação acadêmica sobre o tema.

Acredita-se que o vasto conteúdo apresentado no decorrer do presente trabalho, possa sustentar de forma relevante os benefícios que o atleta de Futebol poderá obter, ao longo de sua carreira, ao praticar o Futsal (treinos e jogos) durante um período pré-determinado de seu desenvolvimento esportivo.

Segundo a CBF Academy (2022) "O Futsal é utilizado como ferramenta para identificar e desenvolver talentos para o Futebol nas principais academias de Clubes profissionais do mundo."

Para que tudo isso aconteça de forma factível, entende-se que cada Clube deva procurar o seu *Modelo* de Gestão, existindo assim, várias possibilidades de implementação da prática do Futsal nos processos de formação para o Futebol de Base.

Foi pensando em facilitar os processos, que resolveu-se pontuar os 07 *Modelos* de Gestão aplicáveis para os Clubes de Futebol, independentemente do projeto esportivo, da realidade das Macroáreas - administrativas/estruturais/biológicas/matemáticas, das demandas, da metodologia, da cultura/história do Clube, da cidade/região, dos atores externos, parceiros, fornecedores, além de outros fatores.

Dentre esses *Modelos* de Gestão, destacou-se o *Modelo 01*, onde o Departamento de Futsal está 100% integrado ao Departamento de Futebol de Base com condução 100% compartilhada de todos os processos.

Essas opções de *Modelos* são apenas alguns exemplos norteadores e sugestões mutáveis/flexíveis do que pode ser feito, pensando-se na prática simultânea e na posterior transição natural em definitivo para o Futebol. Todos os processos, operações, estruturas físicas, administrativas, biológicas, matemáticas, entre outros aspectos, são realmente adaptáveis, por isso, cada Clube precisa perceber a importância de ativar, manter ou aprimorar as práticas simultâneas entre o Futsal e o Futebol de Base, seja ela executada, dentro ou fora do Clube. Esta flexibilidade citada, também oportuniza que outros sistemas se beneficiem, utilizando o Futsal como condutor de formação esportiva - Clubes Sociais, Clubes de Futsal, Associações, Projetos, Escolinhas, Instituições de Ensino, entre outros.

Compreende-se que a prioridade esportiva, para a grande maioria dos Clubes de Futebol, sempre vai ser o Futebol. Qualquer outra modalidade que o Clube fomente, mesmo sendo tradicional e/ou estatutário, e/ou institucional, jamais terá o peso financeiro, político, comercial, emocional do Futebol.

Nesse sentido, o Clube precisa ter conhecimento de que o processo de integração entre o Futsal e o Futebol de Base e os *Modelos* apresentados, podem ser uma excelente ferramenta contribuinte na captação e nos processos de formação, transição do jovem futebolista, não competindo internamente e/ou esportivamente com o Futebol.

O SEGREDO DO FUTEBOL BRASILEIRO FUTSAL E FUTEBOL DE BASE

Introdução

Por se tratar de um assunto, onde ainda existem alguns questionamentos da validade da prática simultânea entre o Futsal e o Futebol nos processos de desenvolvimento esportivo/formação do jovem futebolista, resolveu-se durante a elaboração desse livro apresentar vasto material que pode ser útil para que haja maior entendimento sobre o assunto, facilitando a implementação da integração entre as duas modalidades no Clube.

Como a intenção do livro sempre foi sustentar que é possível desenvolver naturalmente boas práticas entre o Futsal e o Futebol, optou-se por utilizar o maior número possível de relatos disponíveis, onde personalidades do mundo do Futsal e do Futebol, enfatizam por meio das transcrições contidas nessa obra, os diversos benefícios adquiridos durante o período em que participaram de treinamentos e de jogos de Futsal. Seguindo a mesma linha, disponibilizou-se dezenas de recortes de matérias jornalísticas, redes sociais, entre outros, para aumentar consideravelmente o conteúdo de defesa, possibilitando esclarecer um pouco mais sobre a importância da prática simultânea.

Além disso, de forma resumida para todos os leitores, foram compilados nesse trabalho os conteúdos de uma ampla pesquisa de livros, artigos e/ou publicações nacionais e internacionais que abordam o assunto, com o intuito de ampliar a sustentação da prática simultânea.

Em relação aos *Modelos* de implementação da mencionada prática entre o Futsal e o Futebol e todos os processos e Documentos de gestão, realizou-se vasto questionário sobre o assunto, onde foi estabelecido contato com os 20 Clubes da Série A do Campeonato Brasileiro 2021 e mais 05 Clubes da Série B do Campeonato Brasileiro 2021, para que se fosse possível conseguir ter a real noção de quantos Clubes acreditam que o Futsal possa realmente contribuir para o Futebol nos processos formativos.

Com base nas respostas desse questionário e em todo o conteúdo da pesquisa, formalizou-se os *07 Modelos* distintos de implementação dessas práticas, tendo o *Modelo 01* - Departamento de Futsal 100% integrado ao Departamento de Futebol de Base, como o mais adequado.

Neste *Modelo*, o investimento é alto, e os Departamentos de Futebol de Base e Futsal conduzem em conjunto os processos de integração (treinos e competições), já que todas as Macroáreas diretas - Biológicas, Estruturais, Administrativas, Matemáticas vão estar diretamente envolvidas nos processos de integração entre o Futsal e o Futebol de Base, sob a responsabilidade de cada Departamento.

Entende-se que todos os *07 Modelos* de Gestão são aplicáveis e viáveis desde que se respeitem a realidade e o Projeto Esportivo do Clube, por isso, é preciso que se tenha muita cautela na implementação do *Modelo* escolhido.

Pela extensão do tema, e o número de *Modelos* propostos, alguns Capítulos específicos sobre Gestão, foram oferecidos como opções de ferramentas, processos e documentos que poderão ser utilizados pelo Departamento e/ou Clube a curto, médio e longo prazo.

Fica nas próximas páginas a singela contribuição destes autores em formato de livro, para que as duas modalidades - Futsal e Futebol - continuem se aproximando cada vez mais, com o objetivo precípuo de captar e de formar melhor o jovem atleta, seja ele no Futsal ou no Futebol, sem concorrência entre ambas e em prol do bem comum dessas modalidades tão populares.

O SEGREDO DO FUTEBOL BRASILEIRO FUTSAL E FUTEBOL DE BASE

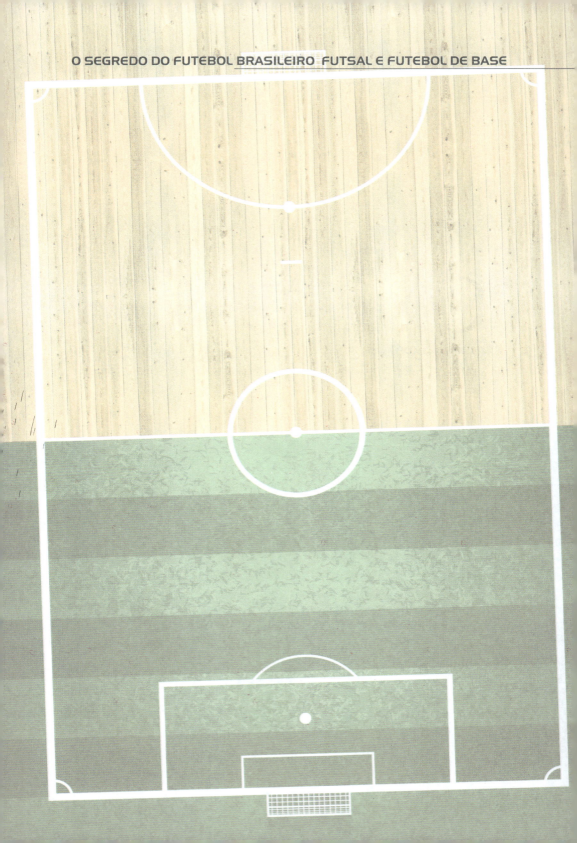

O SEGREDO DO FUTEBOL BRASILEIRO: FUTSAL E FUTEBOL DE BASE

O SEGREDO DO FUTEBOL BRASILEIRO FUTSAL E FUTEBOL DE BASE

Os "FILHOS DO FUTSAL"

O Futsal sempre foi um grande parceiro tradicional do Futebol na América do Sul com grande potencial de expansão pelo Mundo, ficando evidente que, se houver, em sua localidade ou na relação com um parceiro, um processo sério de implementação da prática simultânea entre o Futsal e o Futebol, independentemente do *Modelo* de Gestão escolhido, é possível que se alcance uma excelente captação, formação, transição para os jovens atletas de Futebol a médio e/ou longo prazo.

Inserir o Futsal nos processos de formação de jovens atletas em um Clube de Futebol, oportuniza diversas possibilidades de melhoria na performance esportiva do maior ativo do Clube projetando-se uma venda futura - atleta captado e formado no Futsal e Futebol de Base com transição natural para o Futebol profissional.

Com um *Modelo* de Gestão bem elaborado e processos da prática simultânea bem definidos, o Clube vai conseguir, com maior facilidade, aumentar a sua capacidade de captação e formação destes jovens atletas com potencial já referenciados de venda futura para o mercado nacional e internacional.

Conforme ressaltará o conteúdo deste livro, as pesquisas e estudos realizados constataram que todos os ex-jogadores e jogadores de Futebol referenciados nas 03 listas a seguir, em algum momento de seu desenvolvimento esportivo/formação, participaram ativamente de jogos e/ou treinamentos de Futsal em equipes, projetos, clubes espalhados pelo Brasil.

É interessante perceber que a maioria desses ex-jogadores e jogadores fizeram ou fazem parte como protagonistas das principais equipes e seleções nacionais do mundo.

Sendo assim, ao observar-se com atenção essas listagens, não se pode deixar de refletir e perguntar:

– Se juntar todos os jogadores de Futebol citados abaixo, quais seriam os valores totais acumulados, fruto das vendas e/ou empréstimos para o Brasil e Exterior?

– Por que as equipes, projetos, Clubes de Futsal não podem ter direito à participação financeira nas vendas futuras do jogador que fez parte dos seus processos de formação?

– A minutagem em treinos e/ou jogos, investimentos, súmulas, imagens, outros documentos, não podem ser um ato comprovatório de que esse atleta fez parte dos processos de formação do Clube de Futsal?

– O Futsal, em algum momento, ajudou estes jogadores de Futebol a se tornarem atletas mais completos?

– Se todos os Clubes de Futebol, inserissem em seus processos formativos a prática do Futsal, poderia ter-se uma qualidade técnica mais refinada e uma consciência tática mais apurada?

– Será que é mera coincidência, tantos jogadores de Futebol de qualidade, de classe mundial, enfatizarem que a prática do Futsal os ajudou consideravelmente na transição para o campo e, por consequência, nas suas carreiras?

De Oliveira e Paoli (2020) afirmam sobre Categorias de Base - Futebol:

> *A grande vitória das Categorias de Base é, na última etapa do processo, realizar a transição de atletas para a equipe principal ou negociá-los, gerando lucro para a instituição. Ou seja, preparar o jogador para que ele dê retorno técnico e/ou financeiro, indo ao encontro dos objetivos da entidade.*

O SEGREDO DO FUTEBOL BRASILEIRO FUTSAL E FUTEBOL DE BASE

A seguir, apresentam-se três listas elencando aqueles que merecem ser chamados de "Filhos do Futsal", além dos *Quadros Indicativos* referentes à Liga dos Campeões da Europa - UEFA e às convocações para as respectivas seleções nacionais.

Obs.: Foram organizados nas três listas os nomes dos jogadores de Futebol em ordem alfabética. Na lista 01 referenciou-se os principais Clubes (profissionais) por onde o ex-jogador passou e a respectiva Seleção, no caso de já ter sido convocado.
Nas listas 02 e 03, também se buscou referenciar os principais Clubes por onde o jogador passou, além do Clube atual e da respectiva Seleção, no caso de já ter sido convocado.
Os atletas das listas 02 e 03, até o momento da finalização do conteúdo, estão devidamente vinculados aos Clubes citados, porém, é possível que aconteçam transferências durante o processo de publicação da obra, alterando o Clube atual.

LISTA 01
EX-JOGADORES DE FUTEBOL

- Adílio (ex-meio campista do C.R. Flamengo, Coritiba F.C., Barcelona S.C., Seleção Brasileira)

- "Alex" (ex-meio campista do Coritiba F.C., S.E. Palmeiras, Parma Calcio 1913, C.R. Flamengo, Cruzeiro E.C., Fenerbahçe S.K., Seleção Brasileira)

- "Amoroso" (ex-atacante do Guarani F.C., C.R. Flamengo, Udinese Calcio, Parma Calcio 1913, Ballspiel-Verein Borussia 1909 e. V. Dortmund, Málaga F.C., São Paulo F.C., A.C. Milan, S.C. Corinthians Paulista, Grêmio F.P.A, Seleção Brasileira)

O SEGREDO DO FUTEBOL BRASILEIRO FUTSAL E FUTEBOL DE BASE

🏃. Athirson (ex-lateral do C.R. Flamengo, Santos F.C., Juventus F.C., Cruzeiro E.C., Bayer 04 Leverkusen Fußball GmbH, Botafogo F.R., Seleção Brasileira)

🏃. "Belletti" (ex-lateral do Cruzeiro E.C., São Paulo F.C., C. Atlético Mineiro, Villarreal C.F., F.C. Barcelona, Chelsea F.C., Fluminense F.C., Seleção Brasileira)

🏃. Bismarck (ex-meio campista do C.R. Vasco da Gama, Tokyo Verdy, Kashima Antlers F.C., Fluminense F.C., Goiás E.C., Seleção Brasileira)

🏃. "Caio" Ribeiro (ex-atacante do São Paulo F.C., F.C. Internazionale de Milano, S.S.C. Napoli, Santos F.C., C.R. Flamengo, Fluminense F.C., Grêmio F.P.A., Botafogo F.R., Seleção Brasileira)

🏃. "Djalminha" (ex-meio campista do C.R. Flamengo, Guarani F.C., S.E. Palmeiras, R.C. Deportivo La Coruña, C.F. América, Seleção Brasileira)

🏃. Dener (ex-meio campista da A. Portuguesa de Desportos, Grêmio Porto Alegrense, C.R. Vasco da Gama, Seleção Brasileira)

🏃. Denílson (ex-atacante do São Paulo F.C., Real Betis Balompié, C.R. Flamengo, F.C. Girondins de Bourdeaux, S.E. Palmeiras, Seleção Brasileira)

🏃. Elano (ex-meio campista do Santos F.C., Futbolniy Klub Shakhtar, Manchester City F.C., Galatasaray Spor Kulübü, Grêmio F.P.A., C.R. Flamengo, Seleção Brasileira)

O SEGREDO DO FUTEBOL BRASILEIRO FUTSAL E FUTEBOL DE BASE

- "Felipe" Jorge (ex-meio campista do C.R. Vasco da Gama, S.E. Palmeiras, C. Atlético Mineiro, Galatasaray S.K., C.R. Flamengo, Fluminense F.C., Seleção Brasileira)

- Fernando Diniz (ex-meio campista do C.A. Juventus, Guarani F.C., S.E. Palmeiras, S.C. Corinthians Paulista, Fluminense F.C., C.R. Flamengo, Cruzeiro E.C., Santos F.C.)

- Gilmar (ex-zagueiro do São Paulo F.C., A. Portuguesa de Desportos, Cruzeiro E.C., Real Zaragoza S.A.D., Rayo Vallecano de Madrid S.A.D., S.E. Palmeiras, C.R. Flamengo, Botafogo F.R.)

- "Jamelli" (ex-atacante do São Paulo F.C., Santos F.C., Kashiwa Reysol, Real Zaragoza S.A.D, S.C. Corinthians Paulista, C. Atlético Mineiro, C.R. Vasco da Gama, C.R. Flamengo, S.E. Palmeiras, Seleção Brasileira)

- Juary (ex-atacante do Santos F.C., Internazionale Milão, Ascoli Calcio 1898 F.C, U.S. Cremonese, F.C. Porto, A. Portuguesa de Desportos, Seleção Brasileira)

- Júlio Baptista (ex-meio campista do São Paulo F.C., Sevilla F.C., Real Madrid C.F., Arsenal F.C., A.S. Roma, Málaga C.F., Cruzeiro E.C., Orlando City S.C., Seleção Brasileira)

- Júlio César (ex-goleiro do C.R. Flamengo, Internazionale Milão, Queens Parker Rangers, Toronto F.C., S.L. Benfica, Seleção Brasileira)

- "Juninho Paulista" (ex-meio campista do Ituano F.C., São Paulo F.C., Middlesbrough F.C., C.A. Madrid, Seleção Brasileira)

51

O SEGREDO DO FUTEBOL BRASILEIRO FUTSAL E FUTEBOL DE BASE

🏃. "Juninho Pernambucano" (ex-meio campista do Sport C.R, C.R. Vasco da Gama, Olympique Lyonnais, N.Y. Red Bull, Seleção Brasileira)

🏃. "Júnior" (ex-lateral do C.R. Flamengo, Torino F.C., Pescara Calcio, Seleção Brasileira)

🏃. Mário Custódio "Marinho" (ex-zagueiro do Guarani F.C., Grêmio F.P.B.A., Beşiktaş Jimnastik Kulübü, A.A. Ponte Preta, C. Atlhetico Paranaense, S.C. Corinthians Paulista)

🏃. * *"Kaká" (melhor jogador de Futebol do Mundo/FIFA)/(ex-meio campista do São Paulo F.C., A.C. Milan, Real Madrid C.F., Orlando City S.C., Seleção Brasileira)*

🏃. "Luizão" (ex-atacante do Guarani F.C., R.C. Deportivo La Coruña, C.R. Vasco da Gama, S.C. Corinthians Paulista, Grêmio F.P.A, Hertha-Berliner Sport-Club von 1892 e. V., Botafogo F.R., São Paulo F.C., S.E. Palmeiras Nagoya Grampus, Santos F.C., C.R. Flamengo, Seleção Brasileira)

🏃. Marcelo Martelotte (ex-goleiro do C.A. Bragantino, Santa Cruz F.C., Santos F.C., Sport C.R.)

🏃. Nélio (ex-atacante do C.R. Flamengo, Guarani F.C., Fluminense F.C., C. Atlhético Paranaense, C. Atlético Mineiro, Paraná Clube, Seleção Brasileira.

🏃. "Neto" (ex-meio campista do Guarani F.C., São Paulo F.C., S.E. Palmeiras, S.C. Corinthians Paulista, Millonarios F.C, C. Atlético Mineiro, Santos F.C., Seleção Brasileira)

🏃. "Pedrinho" (ex-meio campista do C.R. Vasco da Gama, S.E. Palmeiras, Santos F.C., Fluminense F.C., Seleção Brasileira)

🏃. * "Pelé" *(considerado o "Rei do Futebol" e maior jogador da história/ (ex-meio campista do Santos F.C., New York Cosmos, Seleção Brasileira)*

🏃. "Ricardinho" (ex-meio campista do Paraná Clube, S.C. Corinthians Paulista, Santos F.C., São Paulo F.C., Seleção Brasileira)

🏃. *Rivaldo (melhor jogador de Futebol do Mundo/FIFA)/(ex-meio campista do Santa Cruz F.C., Mogi Mirim E.C., S.C. Corinthians Paulista, S.E. Palmeiras, Real Club Deportivo La Coruña, F.C. Barcelona, A.C. Milan, Cruzeiro E.C., Olympiacos C.F.P., São Paulo F.C., Seleção Brasileira)*

🏃. "Rivellino" (ex-meio campista do S.C. Corinthians Paulista, Fluminense F.C., Seleção Brasileira)

🏃. "Roger" Flores (ex-meio campista do Fluminense F.C., S.L. Benfica, S.C. Corinthians Paulista, C.R. Flamengo, Grêmio F.P.A., Qatar S.C., Cruzeiro E.C., Seleção Brasileira)

🏃. * Ronaldinho *"Gaúcho" (melhor jogador de Futebol do Mundo - FIFA)/(ex-meio campista do Grêmio F.P.A., F.C. Barcelona, PSG F.C., A.C. Milan, C.R. Flamengo, C.A. Mineiro, Fluminense F.C., Seleção Brasileira)*

🏃. * "Ronaldo Fenômeno" *(melhor jogador de Futebol do Mundo - FIFA)/(ex-atacante do Cruzeiro E.C., PSV Eindhoven, F.C. Barcelona, Internazionale de Milano, Real Madrid C.F., A.C. Milan, S. C. Corinthians Paulista, Seleção Brasileira)*

O SEGREDO DO FUTEBOL BRASILEIRO FUTSAL E FUTEBOL DE BASE

🏃. Rubinho (ex-goleiro do S.C. Corinthians Paulista, Hellas Verona F.C., Genoa Cricket and F.C., Palermo F.C., Torino F.C., Juventus F.C., Avaí F.C., Seleção Brasileira de Base)

🏃. Sócrates (ex-meio campista do Botafogo F.C., S.C. Corinthians Paulista, A.C. Firenze Fiorentina, C.R. Flamengo, Santos F.C., Seleção Brasileira)

🏃. "Sylvinho" (ex-lateral do treinador do S.C. Corinthians Paulista, Arsenal F.C., R.C. Celta de Vigo, F.C. Barcelona, Manchester City F.C., Seleção Brasileira)

🏃. Thiago Motta (ex-meio campista do F.C. Barcelona, C. Atlético de Madrid, Genoa Cricket and F.C., F.C. Internazionale Milão, PSG, Seleção Brasileira de Base e Seleção Italiana)

🏃. Walter "Casagrande" (ex-atacante do S.C. Corinthians Paulista, São Paulo F.C., F.C. Porto, Ascoli Calcio 1898 F.C., Torino F.C., C.R. Flamengo, S.C. Corinthians Paulista, Seleção Brasileira)

🏃. Zé Elias (ex-meio campista do S.C. Corinthians Paulista, Bayer 04 Leverkusen Fußball GmbH, Internazionale de Milano, Genoa Cricket and F.C., Bologna Football Club, PAE Olympiacos Syndesmos Filathlon, Santos F.C., Guarani F.C., Seleção Brasileira)

🏃. "Zico" (ex-meio campista do C.R. Flamengo, Udinese Calcio, Kashima Antlers F.C., Seleção Brasileira)

O SEGREDO DO FUTEBOL BRASILEIRO FUTSAL E FUTEBOL DE BASE

LISTA 02
JOGADORES DE FUTEBOL EM ATIVIDADE / EXTERIOR

- Alan Patrick (ex-meio campista do Santos F.C., S.C. Internacional, S.E. Palmeiras, C.R. Flamengo. Clube atual: Futbolniy Klub Shakhtar F.C. e com várias convocações para a Seleção Brasileira de Base)

- "Alisson" Becker (ex-goleiro do S.C. Internacional, A.S. Roma. Clube atual: Liverpool F.C. e com várias convocações para a Seleção Brasileira)

- André Anderson (ex-atacante do Santos F.C., S.S. Lazio. Clube atual: Unione Sportiva Salernitana 1919 e com diversas convocações para Seleção Italiana)

- Bruno Bertinato (ex-goleiro do Coritiba F.C., Calcio Lecco 1912, Vis Pesaro dal 1898. Clube atual: Venezia F.C. e com várias convocações para a Seleção Brasileira de Base)

- Bruno Guimarães (ex-meio campista do Grêmio Audax Osasco, C. Atlhetico Paranaense, Olympique Lyonnais. Clube atual: Newcastle United F.C. e com várias convocações para a Seleção Brasileira)

- Caio Henrique (ex-lateral do Santos F.C., C. Atlético de Madrid, Paraná Clube, Fluminense F.C., Grêmio F.P.A. Clube atual: A.S. Mônaco F.C. e com várias convocações para a Seleção Brasileira de Base)

O SEGREDO DO FUTEBOL BRASILEIRO FUTSAL E FUTEBOL DE BASE

🏃. "Claudinho" (ex-meio campista do Santos F.C., S.C. Corinthians Paulista, E.C. Santo André, A.A. Ponte Preta, Oeste F.C., Red Bull Bragantino. Clube atual: F.C. Zenit São Petersburgo e com várias convocações para a Seleção Brasileira)

🏃. *Cristiano Ronaldo (melhor jogador de Futebol do Mundo - FIFA)/ (ex-atacante do S.C. de Portugal, Real Madrid C.F., Juventus F.C.. Clube atual: Manchester United F.C. e com várias convocações para a Seleção de Portugal)*

🏃. Douglas Augusto (ex-meio campista do Fluminense F.C., S.C. Corinthians Paulista, E.C. Bahia. Clube atual: PAOK e com várias convocações para a Seleção Brasileira de Base)

🏃. Douglas Costa (ex-atacante do Grêmio F.P.A, Futbolniy Klub Shakhtar, F.C., Bayer München, Juventus F.C.. Clube atual: Los Angeles Galax e com várias convocações para a Seleção Brasileira)

🏃. Douglas Santos (ex-lateral do C. Náutico Capibaribe, Granada C.F., Udinese Calcio, C.A. Mineiro, Hamburger Sport-Verein. Clube atual: F.C. Zenit São Petersburgo e com várias convocações para a Seleção Brasileira)

🏃. Emerson Palmieri (ex-lateral do Santos F.C., Palermo F.C, A.S. Roma, Chelsea F.C.. Clube atual: Olympique Lyonnais e com várias convocações para a Seleção Italiana)

🏃. Felipe Anderson (ex-meio campista do Santos F.C., S.S. Lazio, West Ham United Football Club, F.C. Porto. Clube atual: S.S. Lazio e com várias convocações para a Seleção Brasileira)

- Gerson (ex-meio campista do Fluminense F.C., A.S. Roma, A.C. Firenze Fiorentina, C.R. Flamengo. Clube atual: Olympique de Marselle e com várias convocações para a Seleção Brasileira)

- Giovanni Manson (ex-atacante do Santos F.C., A.F.C. Ajax. Clube atual: Sportclub Telstar e com várias convocações para a Seleção Brasileira de Base)

- Guilherme Mantuan (ex-lateral do S.C. Corinthians Paulista, A.A. Ponte Preta. Clube atual: Gil Vicente F.C.)

- Kaio Jorge (ex-atacante do Santos F.C.. Clube atual: Juventus F.C. e com várias convocações para a Seleção Brasileira de Base)

- Kayky (ex-atacante do Fluminense F.C.. Clube atual: Manchester City F.C. e com várias convocações para a Seleção Brasileira de Base)

- Lucas Mendes (ex-lateral do Coritiba F.C., Olympique de Marselle, El-Jaisy. Clube atual: Al-Duhail Sports Club e com várias convocações para a Seleção Brasileira)

- Lucas Piazón (ex-atacante do Chelsea F.C., Málaga F.C., Eintracht Frankfurt, Fulham Football Club, Associazione Calcio Chievo Verona, Rio Ave F.C.. Clube atual: S.C. Braga e com várias convocações para a Seleção Brasileira de Base)

- "Malcon" Filipi (ex-atacante do S.C. Corinthians, F.C. Girondins de Bordeaux, F.C. Barcelona. Clube atual: F.C. Zenit São Petersburgo e com várias convocações para a Seleção Brasileira)

- Marcelo (ex-lateral do Fluminense F.C.. Clube atual: Real Madrid C.F. e com várias convocações para a Seleção Brasileira)

- "Marcelo" Antônio (ex-zagueiro do Santos F.C., PSV Eindhoven, Hannoverscher Sportverein von 1896, Beşiktaş Jimnastik Kulübü, Olympique Lyonnais. Clube atual: F.C. Girondins de Bordeaux)

- Neymar (ex-atacante do Santos F.C., F.C. Barcelona. Clube atual: PSG e com várias convocações para a Seleção Brasileira)

- Mário Fernandes (ex-lateral do Grêmio F.P.A. Clube atual: PFC CSKA Moscovo e com várias convocações para as Seleções Brasileiras e Rússia.

- *Marta (melhor jogadora de Futebol do Mundo - FIFA)/(ex-atacante do C.R. Vasco da Gama, Umeå IK, FC Gold Pride, Western New York Flash, Tyresö Pinto FF Damas, F. C. Rosengård, Santos F.C.. Clube atual: Orlando Pride e com várias convocações para a Seleção Brasileira)

- "Marquinhos" (ex-zagueiro do S.C. Corinthians, A.S. Roma. Clube atual: PSG e com várias convocações para a Seleção Brasileira)

- * "Messi" (melhor jogador de Futebol do Mundo - FIFA)/(ex-meio campista do F.C. Barcelona. Clube atual: PSG e com várias convocações para a Seleção Argentina)

- Paulo Henrique "Paulinho" (ex-atacante do C.R. Vasco da Gama. Clube atual: Bayer 04 Leverkusen Fußball GmbH e com várias convocações para a Seleção Brasileira)

O SEGREDO DO FUTEBOL BRASILEIRO FUTSAL E FUTEBOL DE BASE

- Petros (ex-meio campista do S.C. Corinthians Paulista, Real Betis Balompié, São Paulo F.C.. Clube atual: Al-Nssar F.C.)

- Philippe Coutinho (ex-meio campista do C.R. Vasco da Gama, F.C. Internaziole Milano, Liverpool F.C., F.C. Barcelona, Bayer München. Clube atual: Asotn Villa e com várias convocações para a Seleção Brasileira)

- Rafael Alcântara (ex-meio campista do F.C. Barcelona, R.C. Celta de Vigo, F.C. Internazionale Milano, PSG. Clube atual: Real Sociedad de Fútbol e com várias convocações para a Seleção Brasileira)

- Richarlison (ex-atacante do América F.C., Fluminense F.C., Watford F.C.. Clube atual: Everton F.C. e com várias convocações para a Seleção Brasileira)

- "Rodrygo" Góes (ex-atacante do Santos F.C.. Clube atual: Real Madrid C.F. e com várias convocações para a Seleção Brasileira)

- Vinicius Júnior (ex-atacante do C.R. Flamengo. Clube atual: Real Madrid C.F. e com várias convocações para a Seleção Brasileira)

- Yuri Alberto (ex-atacante do Santos F.C., S.C. Internacional. Clube atual: Zenit São Petersburgo e com várias convocações para a Seleção Brasileira de Base)

- "Zeca" (ex-lateral do Santos F.C., S.C. Internacional, E.C. Bahia, C.R. Vasco da Gama. Clube atual: Houston Dynamo F.C. e com várias convocações para a Seleção Brasileira)

O SEGREDO DO FUTEBOL BRASILEIRO FUTSAL E FUTEBOL DE BASE

Lista 03
Jogadores de futebol em atividade / Brasil

🏃. Adriano "Pagode" (ex-meio campista do Santos F.C., A.D. São Caetano, Grêmio F.P.A., E.C. Vitória, Avai F.C., Grêmio Novorizontino, Goiás E.C., A. Portuguesa de Desportos. Clube atual: Amazonas F.C..

🏃. Cristiane (ex-atacante do C.A. Juventus, Verein für Leibesübungen Wolfsburg, S.C. Corinthians, Chicago Red Stars, PSG, São Paulo F.C.. Clube atual: Santos F.C. e com várias convocações para a Seleção Brasileira)

🏃. David Luiz (ex-zagueiro do E.C. Vitória, S.L. Benfica, Chelsea F.C., PSG, Arsenal F.C.. Clube atual: C.R. Flamengo e com várias convocações para a Seleção Brasileira)

🏃. Daniel Bessa (ex-meio campista do F.C. Internazionale Milano, Vicenza Calcio, Bologna F.C. 1909, Genoa Cricket and F.C.. Clube atual: Goiás E.C.)

🏃. "Diego" Ribas (ex-meio campista do Santos F.C., F.C. Porto, Sportverein Werder Bremen von 1899, Juventus F.C., Verein für Leibesübungen Wolfsburg, C. Atlético de Madrid, Fenerbahçe Spor Kulübü. Clube atual: C.R. Flamengo e com várias convocações para a Seleção Brasileira)

🏃. Ewerton Ribeiro (ex-meio campista do S.C. Corinthians Paulista, Coritiba F.C., Cruzeiro E.C., Shabab Al-Ahli Dubai F.C.. Clube atual: C.R. Flamengo e com várias convocações para a Seleção Brasileira)

- Fagner (ex-lateral do PSV Eindhoven, E.C. Vitória, C.R. Vasco da Gama, Verein für Leibesübungen Wolfsburg. Clube atual: S.C. Corinthians Paulista e com várias convocações para a Seleção Brasileira)

- Filipe Luís (ex-zagueiro do Figueirense F.C., A.F.C. Ajax, R.C. Deportivo La Coruña, C. Atlético de Madrid, Chelsea F.C.. Clube atual: C.R. Flamengo e com várias convocações para a Seleção Brasileira)

- Gabriel Barbosa "Gabigol" (ex-meio de campista do Santos F.C., F.C. Internazionale Milano, S.L. Benfica. Clube atual: do C.R. Flamengo e com várias convocações para a Seleção Brasileira)

- Gabriel "Pirani" (Único Clube profissional: meio campista do Santos F.C.)

- Gabriel Pec (Único Clube profissional: meio campista do C.R. Vasco da Gama)

- Guilherme Arana (ex-lateral do S.C. Corinthians Paulista, C. Atlhetico Paranaense, Sevilla F.C., Atalanta Bergamasca Calcio. Clube atual: C. Atlético Mineiro e com várias convocações para a Seleção Brasileira)

- "Guga" (ex-lateral do Avai F.C.. Clube atual: C.A. Mineiro e com várias convocações para Seleção Brasileira de Base)

- Gustavo Mantuan (Único Clube profissional: meio campista do S.C. Corinthians Paulista e com várias convocações para Seleção Brasileira de Base)

O SEGREDO DO FUTEBOL BRASILEIRO FUTSAL E FUTEBOL DE BASE

🏃. Júnior "Moraes" (ex-atacante do Santos F.C., A.A. Ponte Preta, Clubul de Fotbal Gloria 1922 Bistriţa, PFC CSKA Sófia, Futbolniy Klub Dynamo Kyiv, Tianjin Tianhai, Futbolniy Klub Shakhtar. Clube atual: S.C. Corinthians Paulista e com várias convocações para a Seleção da Ucrânia)

🏃. "Jô" (ex-atacante do PFC CSKA Moscovo, Manchester City F.C., Everton F.C., Galatasaray Spor Kulübü, S.C. Internacional, C.A. Mineiro, Nagoya Grampus. Clube atual: S.C. Corinthians Paulista e com várias convocações para Seleção Brasileira)

🏃. Kaiky (Único Clube profissional: zagueiro do Santos F.C. e com várias convocações para Seleção Brasileira de Base)

🏃. Léo Baptistão (ex-atacante da A.A. Portuguesa, Rayo Vallecano de Madrid, C. Atlético de Madrid, Real Betis Balompié, Villarreal Club de Fútbol, Reial Club Deportiu Espanyol de Barcelona. Clube atual: Santos F.C.)

🏃. Luan (ex-meio campista do Grêmio F.P.A.. Clube atual: S.C. Corinthians Paulista e com várias convocações para Seleção Brasileira de Base)

🏃. Lucas Pires (ex-lateral do S.C. Corinthians Paulista. Clube atual: Santos F.C.)

🏃. Lucas Piton (Único Clube profissional: lateral do S.C. Corinthians Paulista)

🏃. Luiz Henrique (ex-meio campisa do C.R. Flamengo, Fortaleza E.C., Botafogo F.C.. Clube atual: C.R. Vasco da Gama)

- Matheus Donelli (Único Clube profissional: goleiro do S.C. Corinthians Paulista)

- "Miranda" (ex-zagueiro do Coritiba F.C., FC Sochaux-Montbéliard, C. Atlético de Madrid, F.C. Internazionale Milano. Clube atual: São Paulo F.C. e várias convocações para a Seleção Brasileira)

- "Mosquito" (ex-atacante do Paraná Clube, Oeste F.C.. Clube atual: S.C. Corinthians Paulista)

- Neilton (ex-atacante do Santos F.C., Cruzeiro E.C., Botafogo F.R., São Paulo F.C., E.C. Vitória, S.C. Internacional, Hatta Club. Clube atual: Sport C.R..

- Paulo Henrique "Ganso" (ex-meio campista do Santos F.C., São Paulo F.C., Sevilla F.C., Amiens. Clube atual: Fluminense F.C. e com várias convocações para a Seleção Brasileira)

- Pedro (ex-atacante do Fluminense F.C., A.C.F. Fiorentina. Clube atual: C.R. Flamengo e com várias convocações para a Seleção Brasileira)

- Pedro "Geromel" (ex-zagueiro do Grupo Desportivo de Chaves, Vitória S.C., F.C. Köln, Real Club Deportivo Mallorca. Clube atual: Grêmio F.P.A. e várias convocações para a Seleção Brasileira)

- Rafhael Lucas (ex-zagueiro do Coritiba F.C., Goiás E.C., Fortaleza E.C., Mirassol E.C., E.C. Santo André. Clube atual: Vila Nova F.C.)

- Renato Augusto (ex-meio campista do C.R. Flamengo, Bayer 04 Leverkusen Fußball GmbH, Beijing Guoan Football Club. Clube atual: S.C. Corinthians Paulista e várias convocações para a Seleção Brasileira)

🏃. Renyer (Único Clube profissional: atacante do Santos F.C. e com várias convocações para a Seleção Brasileira de Base)

🏃. Ribamar (ex-atacante do Botafogo F.R., Turn- und Sportverein München von 1860, C. Atlhetico Paranaense, Ohod Club, América F.C.. Clube atual: A.A. Ponte Preta)

🏃. "Robinho" (ex-atacante do Santos F.C., Real Madrid F.C., Manchester City F.C., A.C. Milan, Guangzhou Football Club, C.A. Mineiro, Sivasspor Kulübü, İstanbul Başakşehir Futbol Kulübü. Sem Clube atualmente e com várias convocações para Seleção Brasileira)

🏃. Robson "Bambu" (ex-zagueiro do Santos F.C., C. Atlhetico Paranaense, Olympique Gymnaste Club de Nice Côte d'Azur. Clube atual: S.C. Corinthians e com várias convocações para a Seleção Brasileira de Base)

🏃. Rodrigo Dourado (Único Clube profissional: meio campista do S.C. Internacional e com várias convocações para Seleção Brasileira)

🏃. Rodrigo Varanda (ex-atacante do S.C. Corinthians Paulista. Clube atual: São Bernardo F.C.)

🏃. Roni Medeiros (Único Clube profissional: meio campista do S.C. Corinthians Paulista)

🏃. Sandry (Único Clube profissional: meio campista do Santos F.C. e com várias convocações para Seleção Brasileira de Base)

- Thiago Maia (ex-meio campista do Santos F.C., Lille Olympique Sporting Club. Clube atual: C.R. Flamengo e com várias convocações para Seleção Brasileira)

- Tiago Real (ex-meio campista do Coritiba F.C., Joinville F.C., S.E. Palmeiras, C. Náutico Capibaribe, Goiás E.C., E.C. Bahia, E.C. Vitória, A.A. Ponte Preta, Al-Muharraq Sports Club. Clube atual: A. Chapecoense de Futebol)

- Victor Andrade (ex-atacante do Santos F.C., S.L. Benfica, Vitória S.C., Turn- und Sportverein München von 1860, A. Chapecoense de Futebol, Goiás E.C.. Clube atual: Clube do Remo e com várias convocações para Seleção Brasileira de Base)

- Victor Ferraz (ex-lateral do A.C. Goianiense, Vila Nova F.C., Red Bull Bragantino, Coritiba F.C., Santos F.C.. Clube atual: Grêmio F.P.A.)

- Vinícius Paiva (Único Clube profissional: atacante do C.R. Vasco da Gama)

- Victor Yan (Único Clube profissional: meio campista do Santos F.C. e com várias convocações para a Seleção Brasileira de Base)

- Willian (ex-meio campista do Futbolniy Klub Shakhtar, Chelsea F.C., Arsenal F.C.. Clube atual: S.C. Corinthians Paulista e com várias convocações para a Seleção Brasileira)

O SEGREDO DO FUTEBOL BRASILEIRO FUTSAL E FUTEBOL DE BASE

QUADROS INDICATIVOS
LIGA DOS CAMPEÕES DA UEFA E CONVOCAÇÕES PARA AS SELEÇÕES NACIONAIS

Os dois quadros a seguir, fazem referência as 03 listas de ex-jogadores e jogadores acima apresentadas.

No QUADRO 01, separamos 50 ex-jogadores e jogadores de Futebol que participaram ou ainda participam da fase de grupos da Liga dos Campeões da UEFA, sendo que a grande maioria desses jogadores sempre foram protagonistas de suas equipes nas fases sequencias/finais da competição, conquistando o título por diversas vezes.

Quadro 1		
"Alex"	Filipe Luis	"Marcelo" Antônio
Alan Patrick	Gerson	"Marquinhos"
"Alisson" Becker	Júnior Moraes	"Messi"
"Amoroso"	"Jô"	"Miranda"
"Belletti"	Juary	"Neymar"
"Casagrande"	Júlio Baptista	Philippe Coutinho
"Claudinho"	Júlio César	Rivaldo
Cristiano Ronaldo	"Juninho Pernambucano"	"Robinho"
David Luiz	Kaio Jorge	"Rodrygo" Góes
"Diego" Ribas	"Kaká"	Ronaldinho "Gaúcho"
"Djalminha"	Kayky	Ronaldo "Fenômeno"
Douglas Costa	Léo Baptistão	"Sylvinho"
Douglas Santos	Lucas Mendes	Thiago Motta
Elano	Lucas Piazón	Vinicius Júnior
Emerson Palmieri	"Marcelo" Antônio	Willian
Fagner	"Malcon" Filipi	Yuri Alberto
Felipe Anderson	"Marcelo" Vieira	

Ex-jogadores e jogadores de Futebol com participações na Liga dos Campeões da UEFA fase de grupos e finais

O SEGREDO DO FUTEBOL BRASILEIRO FUTSAL E FUTEBOL DE BASE

Já no QUADRO 02, estão relacionados 99 ex-jogadores e jogadores de Futebol que participaram ou ainda participam das convocações para as respectivas seleções nacionais, sejam elas de Base, Olímpica, Principal. Nesta relação, muitos destes nomes conquistaram títulos expressivos por suas seleções (Copa do Mundo - FIFA, Copa das Confederações - FIFA, Copa América - CONMEBOL, Eurocopa - UEFA, Jogos Olímpicos de Verão - COI), sendo referência mundial na modalidade.

Quadro 2		
Adílio	Giovanni Manson	Mário Fernandes
"Alex"	Guilherme Arana	Pedro "Geromel"
"Alisson" Becker	"Guga"	"Pedrinho"
André Anderson	Gustavo Mantuan	"Pelé"
"Amoroso"	"Jamelli"	Philippe Coutinho
Athirson	Júlio César	Rafael Alcântara
"Belletti"	"Juninho Pernambucano"	Renato Augusto
Bismarck	Júnior "Moraes"	Renyer
Bruno Bertinato	"Jô"	"Ricardinho"
Bruno Guimarães	Juary	Richarlison
Caio Henrique	Júlio Baptista	Rivaldo
Caio Ribeiro	Júlio César	"Rivelino"
"Casagrande"	"Juninho Paulista"	"Robinho"
"Claudinho"	"Juninho Pernambucano"	Robson "Bambu"
Cristiane	Júnior	Rodrigo Dourado
Cristiano Ronaldo	Kaio Jorge	"Rodrygo" Góes
David Luiz	"Kaká"	"Roger" Flores
Dener	Kaiky	Ronaldinho "Gaúcho"
Denilson	Kayky	Ronaldo "Fenômeno"
"Diego" Ribas	Lucas Mendes	"Rubinho"
"Djalminha"	Lucas Piazón	"Sandry"

67

O SEGREDO DO FUTEBOL BRASILEIRO FUTSAL E FUTEBOL DE BASE

Douglas Augusto	Luizão	Sócrates
Douglas Costa	"Malcon" Filipi	"Sylvinho"
Douglas Santos	"Marcelo" Vieira	Thiago Maia
Elano	"Marquinhos"	Thiago Motta
Emerson Palmieri	Marta	Victor Andrade
Ewerton Ribeiro	"Messi"	Victor Yan
Fagner	"Miranda"	Vinicius Júnior
"Felipe" Jorge	Nélio	Willian
Felipe Anderson	Neto	Yuri Alberto
Felipe Luis	"Neymar"	Zeca
Gabriel Barbosa "Gabigol"	Paulo Henrique "Ganso"	Zé Elias
Gerson	Pedro	"Zico"

Ex-jogadores e jogadores de Futebol com convocações para as Seleções nacionais de Base, Olímpica, Principal

O FUTSAL NO DESENVOLVIMENTO/FORMAÇÃO E SEUS DESCRENTES

Enfatizando mais uma vez, temos a convicção que o Futsal e Futebol são duas modalidades diferentes, porém se completam, e como o conteúdo deste livro não tem a intenção de confrontar pensamentos contrários à prática simultânea entre o Futsal e o Futebol nos processos de desenvolvimento/formação do jovem futebolista, entende-se que deva haver um consenso "desarmado" entre os envolvidos nesses processos. Infelizmente ainda é muito comum, observar-se profissionais das duas modalidades e principalmente alguns acadêmicos/cientistas colocarem dificuldades para que haja execução de uma prática simultânea bem definida e estruturada. Não é tão difícil defrontar-se com alguém nos Clubes que não acredite na contribuição do Futsal para o Futebol de formação, alegando simplesmente a falta de pesquisas/investigações mais conclusivas, levando-nos ao estado de *empirismo* presente, sendo que alguns desses profissionais mal conhecem o real cenário da modalidade e tão pouco a modalidade em si.

> **Pensamento:**
> "A prática sistêmica do Futsal deve fazer parte do currículo esportivo do jovem jogador de Futebol"

EMPIRISMO

Conceituando um pouco mais a palavra *empírico*, pode-se afirmar que o empirismo se coloca como o oposto ao científico, pois se trata de algo assimilado posteriormente, acertos e erros, sem testes e sem comprovação que se possa ser reproduzida. Não é sem valor, nem melhor ou pior que o conhecimento científico: apenas difere deste em suas características. O *empirismo*, aliás, está na maior parte do que se sabe.

Autores como Lakatos e Marconi (2003) e Fachin (2003) definem como *empíricos* os conhecimentos que se desenvolvem do cotidiano ou da necessidade. Entretanto, pode-se desenvolver conhecimento científico com base no que se conhece por senso comum: experiências do cotidiano podem gerar questões capazes de levar à pesquisa e à investigação científica. Ou seja, a ciência pode responder àquilo que o *empirismo* não responde. Conforme Ferrari (1974), o *empirismo* se dá pela familiaridade com algo, resultante tanto de experiências pessoais quanto de suposições. Por não dispor de modelo ou fórmula geral, é algo difícil de transmitir de forma fácil e compreensível a outras pessoas.

Partindo desse ponto, acredita-se que a implementação da prática do Futsal no processo de formação para o Futebol, deve ser respeitosa, seguindo todos os cuidados necessários em relação as faixas etárias, e tendo como referências principais o treinamento esportivo, pedagogia dos esportes, entre outros.

Práticas Simultâneas Esportivas

Apesar de não ser o foco do livro o aprofundar-se no treinamento esportivo, pedagogia do esporte e os grandes aspectos do cognitivo e capacidades motoras, sabe-se que existem correntes de profissionais ligados às duas modalidades Futebol e Futsal que, além da prática constante e sistemática do Futsal, não abrem mão no currículo de formação do jovem futebolista, ou seja, a vivência de outras práticas esportivas (multidesportos) formais/sistematizados e não formais em consonância aos princípios já citados neste parágrafo.

Segundo Araújo e Davids (2011), a participação em diferentes esportes, pode fortalecer as capacidades adaptativas dos atletas, fornecendo uma plataforma para um desempenho habilidoso no esporte.

Já Steve Kerr (2019), comenta que há muito mais benefícios em praticar vários esportes, e o mais importante é que eles podem expandir seu conjunto de habilidades e desenvolver uma melhor coordenação.

Wormhoudt (et al., 2018) considera que um programa projetado para aumentar a versatilidade de movimentos será benéfico para crianças e adolescentes que jogam Futebol.

Sobre a prática simultânea de várias modalidades podemos considerar que:

> As crianças devem experimentar uma variedade de atividades físicas e esportes, mesmo que os padrões de movimento necessários não pareçam ter uma relação específica com um esporte-alvo específico. Podem ser projetadas para envolver-se com tarefas abertas em uma variedade de ambientes, do mais variado a mais específico (Wormhoudt et al. 2018).

Para entender o conceito do esporte formal e não formal no Brasil, optou-se pela definição da escrita na Lei Federal Nº 9.615, em seu Art. 1º e parágrafos:

> "O desporto brasileiro abrange práticas formais e não--formais e obedece às normas gerais desta Lei, inspirado nos fundamentos constitucionais do Estado Democrático de Direito.
> § 1o A prática desportiva formal é regulada por normas nacionais e internacionais e pelas regras de prática desportiva de cada modalidade, aceitas pelas respectivas entidades nacionais de administração do desporto.
> § 2o A prática desportiva não-formal é caracterizada pela liberdade lúdica de seus praticantes." (BRASIL,1998)

Traçando-se um cenário com exemplos de práticas esportivas formais/sistematizadas e não formais mais utilizadas na formação curricular do futebolista no Brasil, pode-se dizer que as seguintes práticas são as mais exercidas nos processos metodológicos dos Clubes e nos locais, espaços informais/externos disponíveis:

- Práticas formais/sistematizadas - pés: Futsal, Futebol 07 e/ou Futebol *Society, Beach Soccer*, entre outros;
- Práticas formais/sistematizadas - geral: Capoeira, Basquete, Handebol, Atletismo, entre outros; e
- Práticas não formais - pés: Futebol de Rua/*Street*, Futebol na Areia, Futebol no Campinho de terra ou grama, entre outros.

Assim como diversos autores, concorda-se que as práticas de outros esportes são de fato grandes contribuintes e devem ser aplicadas no Futebol de Base, porém, ainda sim, consideramos a modalidade Futsal como principal atividade a ser implementada nos processos de formação para o Futebol.

Conforme afirma (Paoli, 2020):

> *Tradicionalmente as modalidades são entendidas isoladamente, perdendo essa oportunidade de interação por meio de um fluxo intenso de transferência de conceitos, comportamentos, princípios. O Futebol é distinto do Futsal devido as suas dimensões do campo, regras e outros aspectos. Nesse momento existe uma circunvizinhança maior.*

A seguir, apresenta-se um QUADRO onde se demonstra que, além da prática simultânea entre o Futsal e Futebol, também se pode inserir outros estímulos de outros *"Futebóis"* nos processos de desenvolvimento/formação do jovem atleta em um Clube de Futebol, na tentativa de potencializar o talento brasileiro.

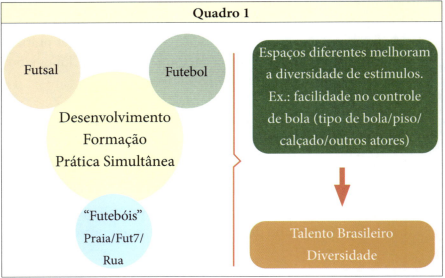

Possibilidades de práticas de outros "Futebóis" direcionados aos jovens atletas de um Clube de Futebol, nos processos de Futebol de Base

O SEGREDO DO FUTEBOL BRASILEIRO FUTSAL E FUTEBOL DE BASE

FUTSAL DE BASE/FOMENTAÇÃO (CASE FEDERAÇÃO PAULISTA DE FUTSAL)

É interessante estar atento às evidências e conhecer todos os cenários, quando se compara o fomento do Futsal formal para crianças e adolescentes em relação aos outros "*Futebóis*[1]", pois, pode-se notar facilmente uma assustadora diferença na fomentação desses esportes em comparação ao Futsal. Exemplos práticos: número de competições oficiais e extraoficiais em disputa no Brasil, número de atletas/praticantes, número ativo de equipes/projetos/escolinhas, organização, benefícios, outros.

> *"Jogos de Futsal podem se tornar um excelente mecanismo de avalição para o Futebol"*

Para se ter um parâmetro oficial da magnitude do Futsal nos processos de captação, formação, fomentação, utilizou-se como parâmetro, o *"Case"* do Estado de São Paulo representado pela F.P.F.S. que durante ao decorrer do ano oferece aos Clubes os Campeonatos Metropolitano Séries A1 e A2 (Base, realizado no primeiro semestre - Sub 12, 14, 16, 18, 20, Adulto), Paulista (Iniciação, realizado durante ao decorrer do ano - Sub 07, 08, 09, 10), Estadual Séries A1 e A2 (Base, realizado no segundo semestre - Sub 12, 14, 16, 18, 20,

---

1 O termo "Futebóis" não é um neologismo de ocasião. O dicionário Aurélio contém, desde a sua edição de lançamento, o plural para o termo Futebol. Não se pode negar, contudo, que "Futebóis" é um termo usado com remota frequência de modo que soa estranho. Isso não implica, entretanto, no não reconhecimento social da diversidade de práticas, manifesta inclusive na linguagem. São usadas, quando pertinente, referências explicitas à diversidade, tais são os "Futebóis" compostos, casos do Futebol de Várzea (amador), Futebol de Salão, Futsal, Futebol Society, Futebol de Praia (Beach Soccer), Futevôlei, Futebol de Botão, Futebol Totó (pebolim), entre outros Damo (2005).

Adulto), Taça União de Clubes (Base, realizado ao final do ano - Sub 07, 08, 09, 10). Todas essas competições são oficiais e chanceladas pela Federação Paulista de Futsal (F.P.F.S.) e Confederação Brasileira de Futsal (C.B.F.S.).

Por hoje, em consonância com o tema do livro, optou-se por contabilizar apenas as categorias de Futsal - Sub 07, 08, 09, 10, 12, 14 que mais estão envolvidas nos processos da prática simultânea entre o Futsal e o Futebol, excluindo do estudo, dessa forma, as categorias de Futsal - Sub 16, 18, 20, Adulto. No Estado de São Paulo, também existem outras competições oficiais promovidas pela Liga Paulista de Futsal e diversos torneios extraoficiais, que ocorrem de forma independente, sem vínculo com a F.P.F.S./C.B.F.S, aumentando assim, o número de praticantes/fomentação, pois grande parte dessas equipes, não disputam as competições promovidas pela F.P.F.S..

É relevante salientar que todas as equipes de Futebol consideradas grandes no Estado de São Paulo, participam das competições organizadas pela F.P.F.S. (Santos F.C., S.C. Corinthians Paulista, S.E. Palmeiras, São Paulo F.C.), além de outros clubes menores de Futebol.

As referências dos números apresentados a seguir são do ano de 2022 e foram retiradas das tabelas oficiais da F.P.F.S., alusivas as primeiras fases de disputas dos Campeonatos Metropolitano Séries A1 e A2 (Categorias de Base - Primeiro Semestre) e Paulista (Categorias de Iniciação - competição única que acontece ao decorrer do ano).

Sistema de disputas (resumido):
Paulista Sub 07 - Na primeira fase são dois grupos de 06 equipes e dois grupos de 05 equipes (sem returno) e os jogos acontecem entre as equipes do mesmo grupo, com posterior sistema de *playoffs* nas fases seguintes.

Paulista Sub 08, 09, 10 - Na primeira fase são dois grupos de 12 equipes e dois grupos de 11 equipes (sem returno), e os jogos acontecem entre os grupos da mesma chave, com posterior sistema de *playoffs* nas fases seguintes.

Série A1 Sub 12 e Sub 14 - Na primeira fase são dois grupos de 09 equipes e um grupo de 08 equipes (sem returno), e os jogos acontecem entre as equipes do mesmo grupo, com posterior sistema de *playoffs* nas fases seguintes.

Série A2 Sub 12 e Sub 14 - Na primeira fase são três grupos de 11 equipes (sem returno), e os jogos acontecem entre os grupos da mesma chave, com posterior sistema de *playoffs* nas fases seguintes.

Ao todo, contabilizou-se, nas categorias Sub 07, 08, 09, 10 (Categorias de Iniciação - Paulista - Divisão única), o número de 46 equipes, sendo que apenas 22 destas equipes possuem a categoria Sub 07 (categoria não obrigatória), totalizando 1.552 participações (jogos), divididas entre as 04 categorias (Sub 07 - 100 jogos e Sub 08, 09, 10 - 1.452 jogos), não se somando a estes números as fases finais (*playoffs*) e/ou outras formas de continuidade na competição (série prata, bronze, outros).

Nas categorias Sub 12 e 14, existem duas divisões (Categorias de Base - Séries A1 e A2), sendo assim, na Série A1 calculou-se 26 equipes por categoria, e na Série A2, o número de 33 equipes por categoria, totalizando 59 Clubes separados entre as 02 categorias e séries, apresentando um resultado de 400 participações (jogos) na Série A1, e 330 participações (jogos) na Série A2, totalizando-se 730 participações (jogos) divididas entre as 04 categorias e séries, não se somando a estes números as fases finais (*playoffs*) e/ou outras formas de continuidade na competição (série prata, bronze, outros).

O SEGREDO DO FUTEBOL BRASILEIRO FUTSAL E FUTEBOL DE BASE

Por fim, são 2.282 jogos realizados no primeiro turno das competições acima citadas. Computando-se apenas a súmula oficial, onde a regra permite que cada equipe registre 15 atletas por jogo, pode-se dizer, que nas categorias Sub 07, Sub 08, Sub 09, Sub 10, Sub 12, sub 14 e suas respectivas divisões, tem-se aproximadamente uma média de 3.675 praticantes federados treinando e jogando formalmente o Futsal em nível competitivo.

FIGURAS 01 e 02 - Equipes participantes do Campeonato Paulista de Futsal nas categorias de Iniciação Sub *07, 08, 09, 10 (Grupos A, B)

*A categoria Sub 07 ainda não é obrigatória, portanto, das 46 equipes participantes do Campeonato Paulista de Futsal - Iniciação, optaram em 2022 por participar da categoria Sub 07 os 04 grandes Clubes de Futebol de São Paulo, totalizando-se 22 equipes.

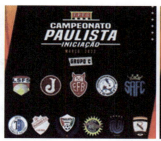 

FIGURAS 03 e 04 - Equipes participantes do Campeonato Paulista de Futsal nas categorias de Iniciação Sub *07, 08, 09, 10 (Grupos C, D)

*A categoria Sub 07 ainda não é obrigatória, portanto, das 46 equipes participantes do Campeonato Paulista de Futsal - Iniciação, optaram em 2022 por participar da categoria Sub 07 os 04 grandes Clubes de Futebol de São Paulo, totalizando-se 22 equipes.

FIGURAS 05, 06, 07 - Equipes participantes do Campeonato Metropolitano Série A1 (primeiro semestre) de Futsal nas categorias de Base Sub 12, 14, 16, 18 (Grupos A, B, C)

FIGURAS 08, 09, 10 - Equipes participantes do Campeonato Metropolitano A2 (primeiro semestre) de Futsal nas categorias de Base Sub 12, 14, 16, 18 (Grupos A, B, C)

MECANISMO DE SOLIDARIEDADE (FIFA) E O FUTSAL

Dos inúmeros benefícios de performance ao se integrar, na formação do jogador de Futebol, o Futsal, destaca-se, a estratégia para captação, retenção de jovens com potencial adequação ao desenvolvimento urbano das grandes metrópoles (local dos principais Clubes, adaptação ao mercado), o desenvolvimento e aprimoramento técnico esportivo.

Investir com responsabilidade nos processos de integração entre o Futsal e o Futebol de Base vem se consolidando como interessante alternativa para o aprimoramento esportivo. Os 07 *Modelos* em si, apresentados no Capítulo 7 conseguem gerar receita considerável ao Clube.

Dessa forma, se a captação e os processos de formação seguirem uma metodologia consciente, consegue-se entregar ao Futebol de Base e posteriormente Futebol Profissional atletas com amplo repertório motor, gestos técnicos refinados, excelente capacidade *tática*, eficiência nas tomadas de decisões, outros. Isso, além de valorização de mercado, onde também se cria uma atmosfera favorável para o processo de formação atraindo boas negociações.

Pensando-se em compensação financeira para médio e/ou longo prazo, cita-se o "*Mecanismo de Solidariedade*" da FIFA – aplicável em transferências internacionais ou em transferências dentre Clubes de uma mesma Federação quando o Clube formador pertença à Federação distinta – está previsto no artigo 21 do *FIFA Regulation on the Status and Transfer of Players* (FIFA RSTP), com a seguinte redação para a *Contribuição de Solidariedade*:

> *Caso um profissional se transfira durante a vigência de um contrato, 5% de qualquer compensação paga em função desta transferência, excluindo-se a indenização por formação paga a seu antigo Clube, deverá ser dedu-*

zido do montante total desta compensação e distribuído pelo novo Clube como contribuição de solidariedade ao(s) Clube(s) envolvido(s) no treinamento e formação ao longo dos anos.

O sistema denominado "*Mecanismo de Solidariedade*", inclusive, reconhece compensação financeira, em caso de transferência internacional, aos Clubes que tenham a certificação oficial de formadores (CCF – Clube Formador) conforme a *Lei Pelé n.º 13.155/2015*, e que demonstrem que o atleta esteve nas condições exigidas de vínculo dos 12 aos 23 anos de idade.

No Brasil, a entidade de prática desportiva formadora do atleta terá o direito de assinar com ele, a partir dos 16 anos de idade, o primeiro *Contrato Especial de Trabalho Desportivo*, cujo prazo não poderá ser superior a 05 (cinco) anos. Tal previsão encontra-se estampada no caput do art. 29 da Lei Pelé.

Ressalte-se que, o *Contrato Especial de Trabalho Desportivo* somente é permitido a partir dos 16 anos, tendo em vista que, antes dessa idade, poderá haver *Contrato de Formação Desportiva*, que não se confunde com o contrato de trabalho, podendo ser celebrado com o atleta não profissional com idade de 14 a 20 anos de idade e sujeitará ao clube o pagamento de bolsa aprendizagem.

Caso o Clube queira antecipar os processos de regulamentação dos seus atletas, é possível de acordo ao "*Regulamento Nacional de Registro e Transferência de Atletas de Futebol – CBF*", inscrever atletas de 12 e 13 anos de idade para atividades de *Iniciação Desportiva (Cadastro de Iniciação Desportiva)*, com validade máxima até o final da respectiva temporada, para fins de inserção do seu nome no respectivo *Passaporte Desportivo*, devendo apresentar os mesmos documentos constantes do art. 2º, §1º do *Regulamento* acima citado.

Como ainda não existem ferramentas legais (regulamento, leis) que consigam assegurar o direito do Clube sobre atletas abaixo dos 12 anos, a única segurança momentânea restante em relação as idades mais tenras é a inscrição do atleta nas respectivas Federações (Futsal e/ou Futebol). A maioria das Federações colocam em seus regulamentos a impossibilidade de transferência ao decorrer da competição (semestre), ou durante o ano vigente, exceção feita a um termo de liberação do atleta por intermédio de carta de transferência assinada pelo Clube atual.

Considera-se importante a necessidade de uma revisão imediata sobre a primeira idade com direito aos benefícios referentes ao "Mecanismo de Solidariedade", já que a grande maioria dos Clubes tem investindo bastante no Futsal em seus processos de formação, que se iniciam, na sua grande maioria, aos 07/08 anos (vide Capítulo 5). No formato atual, existe uma "janela" preocupante até os 12 anos, sendo comum o assédio esportivo de Clubes rivais, provocados pela falta de componentes legais que assegurem a permanência do atleta no Clube.

Além do problema recorrente do assédio esportivo, não validar essas categorias através dos órgãos competentes, faz com que realmente se perca praticamente todo o investimento empregado até os 12 anos do atleta, por isso reafirma-se que os órgãos competentes precisam estar atentos às mudanças de cenário em relação à captação, formação, transição para o Futebol.

Em abril de 2021, a CBF (Confederação Brasileira de Futebol) declarou por meio de Resolução de Diretoria, que os registros e transferências de jogadores de Futsal vão estar sobre sua responsabilidade administrativa. Com isso, como já comentado acima, espera-se que no futuro próximo se apontem meios para que os Clubes de Futsal ou os próprios Clubes de Futebol, consigam utilizar a modalidade para ativação dos processos do "mecanismo" em todas as idades, o que seria de fundamental importância para o crescimento do Futsal de Base e as suas estruturas.

O investimento deve ser sopesado com o excelente custo-benefício em retorno por peças de reposição, tecnicamente inseridos num processo de ascensão baseados na meritocracia a partir das categorias mais tenras, com identidade à proposta e adaptados ao modelo de jogo da equipe, além do financeiro em médio e/ou longo prazo.

Os dados a respeito do custeio operacional/despesas contábil e não contábil serão detalhados no Capítulo 8 deste livro, por meio de TABELAS e FIGURAS.

FUTSAL CONTRIBUINTE PARA O FUTEBOL

Antes de qualquer contestação, deve-se fazer algumas perguntas. Que outro esporte jogado com os pés, excluindo o Futebol, fomenta tantos praticantes? Onde é possível observar tantos atletas que podem ser captados para o Futebol? Imaginando se a pesquisa "Case Futsal Paulista" fosse mais abrangente, e os outros Estados participassem dessa análise semelhante, quantos praticantes formais e não formais ter-se-iam registrados no total no Brasil?

Pensando-se em números frios, não se pode comparar o alcance da modalidade Futsal e a importância dela como contribuinte técnico esportivo para o Futebol. Mesmo que ainda as outras modalidades possam ter a sua parcela de ajuda nos processos, acredita-se que o Futsal pode proporcionar maior assertividade e muito mais opções para a captação e formação de atletas em um ambiente de treinamento propício e de grandes jogos, sugerindo uma transição natural para o Futebol, conforme o projeto esportivo do clube.

Durante a coleta das informações para o livro, percebeu-se imensa quantidade de atletas profissionais de Futebol bem-sucedidos que tiveram, em sua formação esportiva durante anos, o Futsal como prática sistêmica. Esse número elevado de atletas oriundos do Futsal há tantas gerações não pode ser apenas mera *coincidência*. Tem-se diversos exemplos relevantes de atletas no Brasil e exterior que endossam a prática do Futsal como importante contribuinte para a formação direcionada ao Futebol, nesse sentido figurado podemos dizer que são *"Filhos do Futsal"* (vide os Capítulos de Sustentação 1,2,3,4).

Somando-se a essa corrente de grandes atletas em prol do Futsal, também se teve o cuidado de incluir nesse livro, (Capítulo 3), relatos relevantes de treinadores, ex-atletas, jornalistas, comentaristas, e inúmeras pessoas que trabalham com o Futebol, corroborando para a sustentação do tema.

Levando-se em consideração tudo que está exposto neste livro, seria injusto desprezar, por mero desconhecimento, melindre, carências de melhor investigação, o vasto material que valida o Futsal como excelente contribuinte para os processos de formação ao Futebol, além do que já foi entregue pela modalidade por tantos anos.

Não é tão complexo entender que o desenvolvimento técnico esportivo está entre os inúmeros benefícios de performance ao se integrar na formação do jogador de Futebol o Futsal, destacando-se a estratégia de captação, de retenção de jovens com potencial, diante da necessidade de adequação das práticas não formais de Futebol. Essa carência de práticas não formais está provavelmente *linkada* aos problemas de desenvolvimento urbano das cidades, violência social, economia instável, e consequente causando a redução de espaços, locais para as práticas (reflexos sobre as principais agremiações).

Portanto, devido a toda essa mudança de cenários que se está vivenciando nos últimos anos, é interessante reforçar e refletir que, cada vez mais, nas cidades, observa-se a escassez de espaços, locais - campos de Futebol - acessíveis ao público em geral, além da preocupante diminuição, em grande escala, do Futebol informal, geralmente praticado nas ruas pelas crianças e adolescentes (gol caixote, lelé gol, três dentro e três fora, entre outros), trazendo para uma realidade totalmente diferente de décadas atrás.

Com tantas alterações sociais e econômicas já comentadas, as quadras/ginásios de Futsal, campos de Fut 7/Futebol Society, naturalmente ganharam força, fazendo com que as crianças e adolescentes se adequassem as realidades disponíveis. Se ampliarmos os olhares, a modalidade Futsal, talvez tenha sido a grande beneficiária devido ao histórico, tradição, organização, fomentação já existente no Brasil há muito tempo, diferentemente do Fut 7/Futebol Society, ou outros "Futebóis", explicando-se talvez, o grande número de praticantes de Futsal nas idades mais tenras em todo o território nacional nos últimos anos.

Importante frisar, que não se está afirmando que a prática informal esportiva nos grandes centros urbanos está extinta, e sim, que houve uma sensível e inegável diminuição em tais práticas conforme já comentado, considerando o tema uma excelente provocação e objeto de pesquisa futura.

Nesse sentido, considera-se que, além da prática inserida do Futsal formal/sistêmico (treinos e jogos), sugere-se que os Clubes de Futebol insiram em seus processos de formação práticas informais de outros "Futebóis", esportes, em locais, espaços diferentes, na tentativa de compensar a falta desses estímulos em suas grades de treinamento.

Por fim, solicita-se aos leitores que apreciem todos os Capítulos com carinho e reflitam sobre o amplo assunto. O Futsal sempre foi um grande parceiro tradicional do Futebol e assim acredita-se que permanecerá e, mesmo que aconteça evolução dos outros "Futebóis" citados e/ou outros esportes formais e não formais, fica evidente que, se houver dentro do Clube um processo sério de implantação da prática simultânea entre o Futsal e o Futebol, independente do *Modelo* escolhido, é possível que se alcance uma excelente captação, formação, transição para os atletas do Futebol de Base.

O SEGREDO DO FUTEBOL BRASILEIRO FUTSAL E FUTEBOL DE BASE

Diagnóstico e abrangência do problema/descrição

A - Descrição detalhada do problema/oportunidade

Caracterização

Sabe-se que ainda existem deficiências nos processos de desenvolvimento/formação do jovem futebolista no Brasil. Um número significativo de jogadores brasileiros chega ao Futebol profissional com déficit técnico de fundamentos básicos e falta de entendimento tático do jogo (constatação de técnicos de Futebol, por exemplo, ainda nos anos 90, o treinador do São Paulo F.C., Telê Santana, já utilizava o lateral Cafu em treinamentos técnicos específicos (analíticos) para recuperar o que não foi estimulado nas categorias de Base).

O Futsal seria a "arma secreta" nos processos de formação do talento brasileiro?

B - Diagnóstico do problema/oportunidade

Situação e as suas causas/fundamentos

A situação atual do Futebol brasileiro, no que tange à detecção, seleção e desenvolvimento de talentos no Brasil, apresenta deficiências de ordens diversas.

As causas dessa situação são abrangentes, envolvendo desde aspectos políticos, sociais, culturais, econômicos, até a estrutura atual dos Clubes no país.

Um assunto que tem gerado muita discussão, é o fato de o Brasil encontrar dificuldades para elencar um camisa 10 clássico nas grandes equipes profissionais e de Base.

Praticamente houve um desaparecimento gradativo de jogadores que atuam no meio de campo e tomam decisões com inteligência, velocidade, técnica apurada, entendimento do jogo. Muitos treinadores e estudiosos do Futebol, consideram que esse problema vem dos processos de captação, formação nas categorias de Base, que hoje, privilegiam o jogador mais forte, com complexidade física superior aos da sua idade (maturação), levando essa vantagem de curto prazo para o campo.

Mesmo com tantos problemas nos processos de formação, consideramos que inúmeros fundamentos poderiam servir de início para uma reformulação dos processos formativos no Futebol de Base, contudo, os fundamentos que envolvem a identificação, escolha, desenvolvimento do jogador de Futebol podem ser alvo de propostas inovadoras, tais como a integração do Departamento de Futsal no Departamento de Futebol de Base, ou a fomentação da prática simultânea entre o Futsal e o Futebol de acordo o projeto esportivo do Clube, sistematizando melhor o processo citado.

C - Descrição detalhada do problema/oportunidade

Dimensionamento e consequências

Diversos Clubes do Futebol Brasileiro têm trabalhado em seus processos externos de observações técnicas e captação de jogadores, os "avaliadores" espalhados pelo Brasil e, ainda, são realizadas com muita frequência a detecção de talentos por meio de "avaliações" com formato ultrapassado. Alguns especialistas afirmam que isso não permite avaliação mais acurada dos jovens. (Universidade do Futebol - Curso Gestão Técnica no Futebol, turma 12)

Estudos estimam que, a cada três mil crianças que sonham em ser craques de Futebol, apenas uma consegue se transformar em jogador profissional. (Universidade do Futebol - Curso Gestão Técnica no Futebol, turma 12)

As mudanças das regras de Futsal ao decorrer dos tempos aproximaram o Futsal do Futebol, contribuindo para que os processos da prática simultânea se tornassem cada vez mais assertivos.

D - DESCRIÇÃO DETALHADA DO PROBLEMA/OPORTUNIDADE

Abrangência em termos de áreas/departamentos/pessoas envolvidas/recursos

- Departamento de Futebol de Base e Departamento de Futsal;

- Presidência, Gestores de Futebol e Futsal, Comissões Técnicas (Futebol e Futsal), Coordenadores, Supervisores, com profundo conhecimento de Futebol e Futsal;

- Processo de integração dos Departamentos de Futsal e Futebol de Base ou o processo da prática simultânea entre o Futsal e o Futebol de Base, devem estar no projeto esportivo do Clube e ou/ institucionalizado e/ou estatutário;

- Profissionais especializados, tais como: técnicos, preparadores físicos, preparadores de goleiros, analistas de desempenho, nutricionistas, fisioterapeutas, psicólogos, médicos, coordenador técnico, gestor administrativo, fisiologistas, outros;

- Profissionais da área técnica do Futsal precisam estudar e entender o Futebol, assim como os profissionais da área técnica do Futebol precisam estudar e entender o Futsal, sem maiores melindres ou sentimentos pessoais que prejudiquem os processos;

- Parceiros locais para captação e/ou condução dos processos (projetos, escolinhas, equipes menores);

- Competir -Federação Estadual de Futebol e Futsal;

- Criação do setor específico do Clube para a integração proposta;

- Inclusão no processo de construção do Documento Norteador do Clube, outros Documentos, processos internos;

- Futsal Institucional (aprovado/chancelado pelos poderes executivos do Clube);

- Futsal no Estatuto (Ex.: No Santos F.C., Fluminense F.C., C.R. Vasco da Gama, existe a citação da nomenclatura Futsal ou Futebol de Salão no Estatuto Social do Clube. No C.R. Flamengo existe a citação no Estatuto Social referindo-se a modalidade Futsal nos processos de Futebol do Clube);

- Recursos financeiros para contratação de novos colaboradores;

- Recursos para a formação integral do atleta;

- Recursos financeiros para adaptação/construção/reforma de Centro de Treinamento e/ou locais de treinamento, bem como locais para alojamento de jogadores;

- Ginásio dentro do Centro de Treinamento do Futebol de Base do Clube ou próximo a ele; e

- Discussão importante: a idade ideal para começar e terminar os processos da prática simultânea entre o Futsal e o Futebol, e quais as categorias envolvidas (*Ex.: Estado de São Paulo tem uma proposta diferente de faixas etárias Futebol e Futsal - Futebol Sub11, Sub 13, Sub 15, Sub 17, Sub 20, Sub 23/Futsal - Sub 07, Sub 08, Sub 09, Sub 10, Sub 12, Sub 14, Sub 16, Sub 18, Sub 20*).

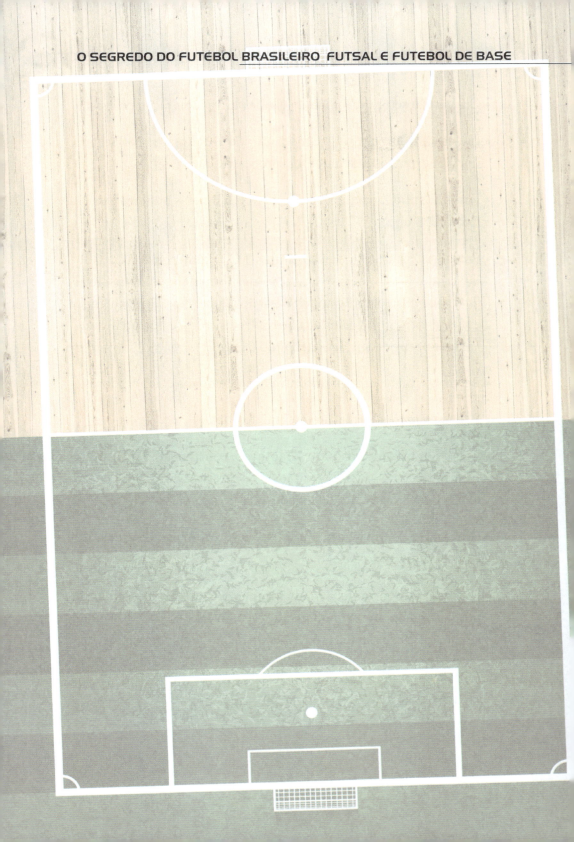
O SEGREDO DO FUTEBOL BRASILEIRO FUTSAL E FUTEBOL DE BASE

O SEGREDO DO FUTEBOL BRASILEIRO FUTSAL E FUTEBOL DE BASE

CAPÍTULO 1

Sustentação artigos resumidos – Brasil e exterior

1. Considerações

Foram selecionados diversos artigos produzidos no Brasil e em países do exterior, sendo, 07 artigos na língua portuguesa com produção no Brasil, 08 artigos na língua inglesa com produção em outros países, 01 artigo em francês, além de 01 trabalho de conclusão de curso - mestrado, realizado em Portugal, e 01 trabalho de conclusão de curso - graduação, realizado no Brasil, totalizando 16 artigos e 02 dois trabalhos de conclusão de curso (dissertações).

Os temas abaixo estão em conexão direta com o assunto proposto no livro, tendo como foco principal a possibilidade de contribuição da "prática simultânea entre as modalidades Futsal e o Futebol e seus benefícios", além de outras tantas considerações relevantes a temática.

Como não houve a intenção de reproduzir integralmente os artigos, se fez necessário excluir boa parte do conteúdo original, deixando "recortes" dos textos que possam nortear o entendimento da importância das duas modalidades - Futsal e Futebol nos processos de formação do jovem jogador.

Durante as transcrições, optou-se por utilizar citações diretas curtas e longas, referenciando sempre todos os autores nos parágrafos em questão, não deixando de mencioná-los juntamente com os seus respectivos trabalhos em "Referências" ao final do livro.

Obs.: Para uma coleta significante, utilizou-se as principais plataformas de pesquisa acadêmica, obtendo maior fidelidade às buscas - Scielo, PubMed, Bireme, Capes, Scoupus, Google Acadêmico, outros.

A tradução dos artigos em inglês aconteceu pela plataforma do Google tradutor e revisão de tradução do Word (Microsoft translator). Em alguns casos, foi necessário adaptar as palavras e/ou frases para uma melhor compreensão do texto.

2 Artigos resumidos – recortes Brasil

2.1 Características do futebol e do futsal: implicações para o treinamento de adolescentes e adultos jovens

"O Futebol e o Futsal são modalidades coletivas que se caracterizam pela necessidade de execução de ações motoras em um contexto (jogo) de elevada instabilidade e imprevisibilidade, ou seja, são modalidades que exigem a execução de habilidades motoras abertas. As ações técnicas (fundamentos) devem ocorrer em função das requisições momentâneas do jogo. Sendo assim, isoladamente, os diferentes fundamentos não são capazes de predizer a capacidade de desempenho (Ré, 2007), pois existe uma interação entre as ações motoras (com e sem bola) coletivas e individuais e o sistema de jogo. (Ré, 2008).

Devido à proximidade das regras do Futebol e do Futsal, as ações técnicas (fundamentos) são bastante semelhantes. Assim, apesar de algumas diferenças quanto à especificidade de sua aplicação em situação real de jogo, os fundamentos do Futebol e do Futsal são o passe, o drible, o chute, o cabeceio, o desarme e o domínio/controle de bola com diferentes partes do corpo. Evidentemente, existem inúmeras variações desses fundamentos, assim como a ação conjunta, por exemplo, controlar a bola durante um drible ou dominar e chutar. (Ré, 2008).

De acordo Ré (2008), apesar da semelhança entre as modalidades, diversos aspectos da tática, técnica e capacidade física são específicos à modalidade.

Devido à proximidade com o Futebol, a transição de jogadores entre essas modalidades é elevada, destacando-se o fato de diversos jogadores com história de sucesso na seleção brasileira de Futebol adulta, terem iniciado seus treinamentos no Futsal, quando crianças. Porém, pode ser argumentado que durante a infância esses jogadores praticavam ambas as modalidades simultaneamente. (Ré, 2008).

De modo informal, se aceita que o elevado número de contatos individuais com a bola, devido ao menor número de jogadores, o espaço reduzido de jogo e a rapidez nas tomadas de decisões, sejam fatores determinantes para o sucesso do Brasil no contexto tanto do Futsal como do Futebol mundial. (Ré, 2008).

O Futsal é jogado em quadra retangular, plana, horizontal, medindo 40m de comprimento por 20m de largura (dimensão para jogos oficiais). Ocorre um contato físico constante entre os atletas na disputa pelo espaço de jogo, sendo este muitas vezes um fator importante para a vitória de uma equipe (Ré et al., 2003).

Os jogadores necessitam possuir uma elevada capacidade de velocidade e agilidade de movimentos, além de excelente domínio espaço-temporal, permitindo assim uma rápida aceleração e mudança de direção, em espaços reduzidos e compartilhados por adversários e companheiros de equipe. A proximidade dos adversários faz com que as ações tenham que ocorrer de forma rápida e muitas vezes inesperada, motivo pelo qual os movimentos automatizados e inflexíveis limitam as possibilidades de desempenho (Ré & Barbanti, 2006). (Ré, 2008).

Idealmente, o jogo de Futsal é rápido e as ações ocorrem em espaços reduzidos. Assim, o desenvolvimento de uma boa técnica integrada a uma rápida capacidade de tomada de decisão, é fundamental para a otimização do desempenho e, se esses fatores não forem adquiridos de forma consistente durante a infância e a adolescência, podem comprometer aquisições futuras e a continuidade do envolvimento com a modalidade (Martindale et al., 2005; Ré & Barbanti, 2006; Williams & Hodges, 2005). (Ré, 2008).

O Futebol é a modalidade esportiva mais praticada no mundo. Apesar de possuir muitas características em comum com o Futsal, apresenta aspectos físicos, táticos e técnicos que são específicos. Evidentemente, existe uma elevada taxa de transferência de desempenho entre modalidades, em função das diversas características em comum (Abernethy et al., 2005). (Ré, 2008).

De modo geral, o treinamento do Futebol e do Futsal na adolescência deve ser organizado em função da disponibilidade de tempo, objetivos, estágio de maturação biológica e nível de desempenho dos praticantes. Em geral, o treinamento físico, técnico e tático para o jogo como forma de lazer, pode ser realizado com a utilização dos jogos formais e jogos reduzidos (regras adaptadas)". (Ré, 2008).

2.2 O FUTSAL COMO CONTRIBUINTE

"É muito satisfatório o processo de realização de jogos reduzidos e adaptados como forma de aprendizado e treinamento, por que não considerar o Futsal como uma dessas vertentes? Por que não usufruir de uma modalidade que pode nos dar recursos extremamente necessários para que tenhamos em nossos elencos futuros, grandes solucionadores de problemas?

Que jamais se confunda o Futsal apenas como um jogo reduzido, é uma modalidade independente, que cresce a cada ano em diversos aspectos. Mas, as propostas metodológicas que aproximam as duas modalidades, frequentemente nos dão inúmeros exemplos de sucesso.

Os salonistas não podem ser "ciumentos" ao perder atletas para o campo (mesmo não havendo sentido em vetar a prática das duas modalidades como maneira de formar melhor), e os Futebolistas precisam deixar de lado a insegurança para entender que as duas modalidades correm independentes, e podem se ajudar, sem interferir negativamente na performance e na formação do atleta.

Em resumo, o Futsal pode e deve ser contribuinte, colaborador. Jamais, concorrente". (Universidade do Futebol, 2013)

2.3 O FUTSAL COMO FERRAMENTA NA FORMAÇÃO DESPORTIVA DO ATLETA DE FUTEBOL DE CAMPO

"Segundo Balzano, Oliveira, Filho e Gonzalez (2011), é bastante comum jogadores brasileiros com destaque no cenário mundial relatarem que iniciaram suas carreiras esportivas no Futsal.

Os treinamentos de equipes de ponta nas categorias de Base do Futebol são realizados, não importando a faixa etária, normalmente no campo de jogo. Estes treinos são executados de forma tradicional, isto é, com ênfase na prática dos fundamentos técnicos e do jogo formal, outras vezes utilizando métodos alternativos como jogos reduzidos, adaptados ou modificados (Paoli, 2005). (Balzano et al. 2011).

Os programas de treinamentos no Futebol e Futsal segundo Filgueira e Greco (2008) estão concentrados nas capacidades técnicas, táticas, cognitivas e físicas. Estes trabalhos são orientados no campo de jogo ou em espaços livres do Clube quando o campo está ocupado. Muitas vezes, A utilização da quadra de Futsal (em Clubes que possuem esta) é frequentada apenas quando há imprevistos que impeçam a utilização do campo. Em alguns casos, o trabalho executado na quadra de Futsal, não é sistemático e não é programado com objetivos de qualificação e formação do atleta. São aplicados nestes espaços, treinos físicos ou "rachões" com bola de Futebol, com intuito de recreação, movimentação dos atletas e ocupação do tempo. (Balzano et al. 2011).

Considerando sobre o Futebol, alguns fatores podem levar, a não prática de um treinamento de Futsal especializado, no preparo formativo dos atletas: a falta de conhecimento de alguns técnicos no desporto (Futsal); a carência de espaço físico em alguns Clubes; "o medo" do técnico de ter que dividir o trabalho da equipe com outro profissional; a formação deficiente do treinador (muitas vezes ex-jogadores de Futebol); a busca precoce por resultados; a pressão de pais, torcedores e dirigentes ao treinador; a ausência de uma comprovação científica que o trabalho com o Futsal pode auxiliar no desempenho do atleta de Futebol. (Balzano et al. 2011).

Novas metodologias, pesquisas, experiências e conhecimentos científicos, muitas vezes "não são bem-vindos". Muitos são os exemplos de jogadores que se destacaram no Futebol de campo e tiveram sua origem esportiva no Futsal. Conforme Fonseca (2007) jogadores como **Ronaldo Nazário (Fenômeno), Ronaldinho (Gaúcho), Denílson, Emerson, Kaká, Belletti, Ricardinho, Zico, Rivelino, Robinho, Alex, Bebeto** e muitos outros são exemplos deste sucesso. Para o treinador Bicampeão Mundial de Futsal, o espanhol Javier Lozano Cid, no Brasil o Futsal é jogado a mais de cinquenta anos, e a maioria dos jogadores de Futebol jogaram Futsal. Javier descreve também que, atualmente, na Espanha todos os jogadores abaixo dos vinte e cinco anos têm praticado o Futsal em escolas e participam de campeonatos nas categorias mais jovens. (Balzano et al. 2011).

Müller (2009), considera que no Futsal acontecem um maior número de ações táticas; os jogadores de Futsal executam mais a cobertura ofensiva, a defensiva, a concentração e a contenção que no Futebol. No Futebol os jogadores utilizam mais os princípios espaço e unidade defensiva que no Futsal. Na fase defensiva no Futsal, a performance é superior à do Futebol. No Futsal acontece um maior número de ações devido ao melhor controle da bola; os jogadores ocupam posições de ataque e defesa (universais); e os atletas realizam ações mais perto ao portador da bola que no Futebol. (Balzano et al. 2011).

Fonseca (2007), cita que a bola mais perto do pé; o constante contato corpo a corpo; a marcação mais próxima; o pouco tempo para realizar as ações; a constante movimentação e a grande repetição dos fundamentos técnicos durante o jogo auxiliam na preparação do atleta de Futsal. Conforme Lopes (2007), o Futsal é um jogo reduzido do Futebol e neste sentido o espaço diminuto e o número menor de jogadores aumentam a frequência de intervenções com e sem bola, exigindo uma participação efetiva de todos, deixando as situações de jogo mais evidentes e objetivas. (Balzano et al. 2011).

A relação de oposição entre os elementos das duas equipes em confronto e a relação de cooperação entre os elementos das mesmas equipes, ocorridas num contexto aleatório, que traduzem a essência do jogo de Futebol e Futsal (Garganta, 2002). (Balzano et al. 2011).

Os princípios operacionais segundo Bayer (1994), como recuperar, conservar e fazer progredir a bola, tendo como objetivo criar situações de finalização e marcar gols são os mesmos para os dois desportos. Tanto no Futebol como no Futsal, para Graça (1998) o problema primeiro é de natureza tática, isto é, o praticante deve saber "o que fazer", para poder resolver o problema subsequente, "o como fazer", selecionando e utilizando a resposta motora mais adequada. Ambos os esportes exigem que os praticantes possuam uma adequada capacidade de decisão, uma boa leitura do jogo, para poderem concretizar as ações através de gestos motores específicos, os fundamentos técnicos/táticos. (Balzano et al. 2011).

O Futebol e o Futsal são modalidades coletivas também que se caracterizam pela elevada instabilidade e imprevisibilidade, ou seja, são modalidades que exigem a execução de habilidades motoras abertas (Ré, 2007). Para o autor as ações técnicas (fundamentos) devem ocorrer em função das requisições momentâneas do jogo. Sendo assim, de acordo com os diferentes fundamentos técnicos e táticos utilizados pelos jogadores durante o jogo, pode-se chegar a um bom desempenho e alcançar o objetivo esperado. (Balzano et al. 2011).

O SEGREDO DO FUTEBOL BRASILEIRO FUTSAL E FUTEBOL DE BASE

Quadro 1		
Diferenças	**Futebol**	**Futsal**
Área de Jogo	Perto de 8.000 m2	800 m2
Número de jogadores	11 por equipe	5 por equipe
Tempo de Jogo	Dois tempos de 45 minutos com 15 minutos de intervalo	Dois tempos cronometrados de 20 minutos com 10 minutos de intervalo
Substituições	Três substituições por equipe, dependendo da categoria pode chegar a cinco	Ilimitado
Área por jogador	Perto de 727 m2	Perto de 114 m2
Dimensão do alvo	Perto de 84 m2	6 m2
Níveis de atenção	Quando está no local da jogada	Constante
Maturação do atleta	Sub 16 anos	Sub 18 anos
Tipo de Jogo	Velocidade média pelo alto e pelo chão	Rápido e pelo chão
Fontes energia	Predominância aeróbia e anaeróbia de acordo com a posição	Predominância anaeróbia lática
Valências físicas mais utilizadas	Força, Velocidade, Resistência Aeróbia e Anaeróbia	Força, Velocidade e Resistência Anaeróbia
Participações técnicas no jogo	De 2 a 3 minutos por jogo com a bola	O tempo que está em quadra

| Participações táticas no jogo | Envolvimento regular no processo ofensivo ou defensivo (de acordo com a posição) Envolvimento regular no processo ofensivo ou defensivo (de acordo com a posição) | Envolvimento constante no processo defensivo e ofensivo do jogo |

QUADRO 01 - Principais diferenças entre o Futebol e o Futsal

Para Fonseca (2007), cada vez mais o Futsal tem sido apontado como importante fator de contribuição nos trabalhos de formação de jogadores de Futebol. O Futsal é um diferencial na aquisição e no desenvolvimento das habilidades motoras, na tomada de decisão, nas movimentações de curta e rápida mudança de direção. Neste sentido foi adaptado de (Muller et al, 1996; Freire e Scaglia, 2003), as estruturas funcionais dos jogos coletivos para demonstrar a contribuição do Futsal para o Futebol. (Balzano et al. 2011).

O Futsal se treinado de forma integrada com o Futebol, pode ser uma excelente ferramenta na formação desportiva do atleta de Futebol. Para que isto aconteça torna-se necessário que os profissionais que atuam nestas áreas trabalhem de forma conjunta. Ambos devem dar suas parcelas de experiência e conhecimento, para um treino contínuo e organizado no desenvolvimento esportivo dos atletas. Verificou-se que através das estruturas funcionais do jogo de (Muller et al, 1996; Freire e Scaglia, 2003), o Futsal pode contribuir na preparação do atleta de Futebol de uma forma diferenciada e particular, pois no Futsal as ações são tomadas com mais frequência, velocidade e existe um maior contato com o objeto do jogo que é a bola. (Balzano et al. 2011).

Já nas situações de ataque e defesa indicadas por Bastos (2010), no Futsal elas são mais constantes, as ações táticas individuais e coletivas podem se adaptar naturalmente ao Futebol se treinadas com organização e conhecimento por profissionais especializados. As referências citadas por Fonseca (2007) sobre atletas de Futebol formados no Futsal contribuem significativamente, para uma possível importância do treinamento de Futsal na formação do atleta de Futebol". (Balzano et al. 2011).

2.4 O PROCESSO DE FORMAÇÃO DO ATLETA DE FUTSAL E FUTEBOL

"Para Cavichiolli, Cheluchinhak, Capraro, Junior e Mezzadri (2011), cada vez mais cedo, as crianças praticam Futsal em escolinhas esportivas, projetos e Clubes com a esperança de que sejam encaminhadas/convidadas a jogarem o Futebol em Clubes profissionais.

O Futsal e o Futebol tornaram-se, com o passar do tempo, esportes diferenciados, sobretudo, do ponto de vista do alto rendimento, tanto no plano tático como nas regras, nos sistemas ou na parte técnica. Por outro lado, do ponto de vista da iniciação esportiva com crianças, pode-se perceber uma similaridade de desenvolvimento, partindo-se do pressuposto de que o Futebol e o Futsal são "jogos de bola com os pés". Desta forma, essa "similaridade" entre o Futebol e o Futsal, aliado ao fato de não existirem muitas opções de campos de várzea, têm direcionado as crianças e os jovens a primeiramente praticar o Futsal em escolas e escolinhas esportivas para que, mais tarde, sejam encaminhados ou convidados a jogarem o Futebol em Clubes profissionais". (Cavichiolli et al. 2011).

2.5 Futsal e futebol na formação: parceiros ou adversários?

"O Futsal se treinado de forma integrada com o Futebol, pode ser uma excelente ferramenta na formação desportiva do atleta de Futebol. O Futsal pode contribuir na preparação do atleta de Futebol de uma forma diferenciada e particular, pois no Futsal as ações são tomadas com mais frequência, velocidade e existe um maior contato com o objeto do jogo: a bola. (Lima, 2014)".

2.6 A importância do futsal na formação esportiva do jogador de futebol

Por se tratar de um trabalho com vasta escrita, resolveu-se focar apenas no que se refere aos assuntos que mais se aproximam ao conteúdo do presente trabalho.

"O Futsal está inserido na categoria dos JDC (Jogos Desportivos Coletivos), para fins didáticos pode-se entender como um jogo de Futebol adaptado para prática em uma quadra esportiva por times de 05 jogadores, sua relação com o Futebol desde sua Genesis e de acordo com literaturas especializadas, aponta o Futsal como "o berço do Futebol brasileiro". Diante disto o objetivo do presente artigo foi investigar a importância do Futsal na formação esportiva do jogador de Futebol. Foi utilizada uma pesquisa de campo por meio de um questionário estruturado realizado nos meses de março, maio e junho de 2018, com uma amostra de 59 jogadores de Futebol profissionais de 04 Clubes da Paraíba, Auto Esporte, Botafogo, Campinense e Treze. Destes um total

96,61% dos entrevistados responderam afirmativo para o quesito de ter jogado Futsal antes de ser jogador de Futebol; ainda e dos dados colhidos 89,65% acreditam que o Futsal contribuiu na sua formação esportiva. Na questão sobre se o Futsal pode ser o melhor início para formação do jogador de Futebol profissional 76,27% dos entrevistados responderam afirmativamente. Para fundamentar os dados da pesquisa foi realizada uma revisão bibliográfica em artigos, livros, sites e literaturas especializadas; transcritos depoimentos e entrevistas de jogadores, ex-jogadores e treinadores das duas modalidades (Futsal/Futebol); analisados metodologias de treinamentos de jogos reduzidos de Futebol e de treinamentos integrados de Futsal/Futebol na formulação de hipóteses que possibilitem afirmar ou não a importância do Futsal na formação esportiva do jogador de Futebol. (Júnior e Araújo, 2018).

Inicialmente pode-se dizer que o Futebol de Salão era só uma forma de jogar Futebol em espaço reduzido e adaptado e com o passar do tempo ganhou vida própria; Analogamente o Futebol pode figurar como o "barro" de onde o Futebol de Salão foi formado transferindo-lhe um fôlego de vida para torna-se no decorrer do tempo um dos esportes mais praticados no Brasil e no Mundo, descobridor e revelador de grandes talentos para o Futebol brasileiro e mundial, como **Rivelino, Zico, Djalminha, Romário, Amoroso, Denílson, Ronaldinho Gaúcho, Ronaldo Fenômeno, Kaká, Robinho, Neymar, Messi, Cristiano Ronaldo** e tantos outros. (Júnior e Araújo, 2018).

A busca por espaços, por aproximações de jogadas, por qualidade no passe, por compactação no jogo e por diferenciais competitivos que tornam o ambiente de jogo propício para um novo perfil de jogador, ou seja, aquele que pensa que articula que se sobressai que abre espaços e que decide; e talvez o Futsal possa contribuir nesta questão, pois como já citado anteriormente muitos jogadores de Futebol iniciaram suas carreiras futebolísticas jogando Futsal, a maioria destes, inclusive creditam a esta fase esportiva a formação de seu estilo de jogo, dos dribles curtos, da agilidade, do melhor controle de bola, das tomadas de decisões rápidas e de outras ações aprendidas no Futsal. (Júnior e Araújo, 2018).

Justificando-se na percepção de que como o Futsal tem se tornado cada dia mais popular, sendo uma das modalidades de quadra mais praticada no Brasil e no Mundo, seja para fins de lazer, recreação, educação ou alto rendimento e que a sua pratica esportiva está presente na iniciação futebolística da grande maioria das jovens promessas do Futebol brasileiro, produzir conhecimento científico que ajude a melhorar a formação esportiva destes atletas visando o aperfeiçoamento técnico e o desenvolvimento tático trabalhados no Futsal pode ser importante para aqueles que iniciam nesta modalidade e que cultivam o sonho de tornar-se um jogador de Futebol profissional de sucesso. (Júnior e Araújo, 2018).

"De onde vêm os craques" foi um dos títulos de reportagem extraído da revista placar n°. 832 de 05/maio/1986, especificamente a página 55 deste exemplar, que relata a chegada do jovem **Paulo César Carpegiani** e seu primeiro contato com o Futebol de Campo, o mesmo oriundo do Futebol de Salão do Rio Grande do Sul dá a seguinte declaração: "é difícil um bom jogador de Futebol de Salão fracassar no campo". Nesta mesma reportagem, **Zico** o maior ídolo do C.R. Flamengo e um dos grandes jogadores de Futebol mundial, falando sobre sua passagem pelo Futebol de Salão nos diz: "Foi lá que desenvolvi o raciocínio rápido, o drible curto e a velocidade". Pode-se extrair ainda o depoimento do craque **Roberto Rivelino**, ex-jogador do Futebol de Salão do E.C. Banespa de São Paulo: "Aprendi ainda a proteger a bola e apurei meus reflexos neste período". Tais declarações mesmo com o hiato do tempo parecem atuais! Muitos dos profissionais envolvidos com o Futebol amador ou profissional, bem como, jogadores que hoje são ex-jogadores que foram destaques na modalidade, atribuem ao início no Futsal o desenvolvimento ou aprimoramento de técnicas que lhe foram úteis para diferenciá-los entre os demais. Sem deixar de lado o talento intrínseco de cada um, citam que a formação de seu estilo de jogo, os dribles curtos, a agilidade, o melhor controle de bola, as tomadas de decisões rápidas e outras ações lhe foram proporcionadas pelo contato que tiveram no início de formação esportiva com o Futsal. (Júnior e Araújo, 2018).

A formação de um jogador de Futebol profissional e seu processo de aprendizagem pode ter no Futsal um grande aliado, pois devido às características próprias desta modalidade, e o espaço reduzido de jogo, exige de seus praticantes uma elevada capacidade de velocidade e agilidade de movimentos. Além de excelente domínio espaço-temporal, que permite assim uma rápida aceleração e mudança de direção, em espaços reduzidos e compartilhados por adversários e companheiros de equipe, neste cenário o jogador com maior habilidade técnica pode se sobressair, e o Futsal pode proporcionar este diferencial, pois tendo um maior contato com a bola, fará com que o desempenho do atleta, agregado a fatores cognitivos possibilitem sucesso nas ações individuais ou coletivas ajudando em todo o processo de formação esportiva estando envolvidos os diversos fatores que produzam o melhor desempenho, sendo entendido que o treinamento de uma determinada característica de forma isolada provavelmente não apresentará resultados positivos na vida esportiva do futuro jogador (Ré & Barbanti, 2006). (Júnior e Araújo, 2018).

Segundo Júnior e Araújo (2018), é neste contexto que o Futsal está inserido, nesta rapidez de ações e agilidade de pensamentos, na busca de soluções inesperadas diante de problemas existentes na dinâmica do jogo, e isto dentro de espaços reduzidos.

A evolução do Futebol teve como consequência mudanças na forma da disputa de jogo. O desenvolvimento científico e tecnológico possibilitou aos jogadores capacidade atlética até inconcebível, fazendo com que eles percorressem uma distância maior durante a partida. A velocidade do jogo aumentou juntamente com o avanço tático. Filosofia de jogo baseadas na marcação constante e incessante do adversário acarretaram uma diminuição de espaços de jogo e induziram o jogador à modernização. O futebolista moderno necessita ser capaz de tomar decisões rápidas e acertadas em um pequeno espaço de tempo (Leães, 2003, 26). Percebe-se então que a ideia de Futebol moderno perpassa pelo menos conceitualmente o que no Futsal já é sua própria identificação, espaço reduzido, marcação constante, ações ofensivas e defensivas rápidas, passes precisos, busca por superioridade numérica e definições ao gol. Neste raciocínio Ferreira (2001), colabora quando nos diz que o "Futsal orienta-se por movimentações e ações de ataque e de defesa realizadas quase que simultaneamente pelas duas equipes envolvida na partida tendo como objetivo principal a realização do maior número de gols na equipe adversária defesa". (Júnior e Araújo, 2018).

O Futebol moderno exige de seus praticantes cada dia mais ações rápidas e precisas como diferencial competitivo, antecipação nas jogadas, triangulações, aproximação com o companheiro, toques rápidos que envolva seu adversário, podem servir como exemplos de uma possível relação entre esta modalidade e o Futsal. Muitos dos treinos hoje do Futebol moderno já estão sendo realizados e integrados ao Futsal, inclusive sendo alternados os dias da semana com as duas modalidades. No campo de Futebol, frequentemente, já em categorias de base, treinos são idealizados com espaços reduzidos, ações ofensivas com dois toques, trabalhos com superioridades numéricas na definição de jogadas, sempre na busca de aperfeiçoar a técnica e a tática coletiva dos jogadores. Esta estratégia de abordagem ao Futebol atual, e sua aproximação com o Futsal especificamente no terreno de treinamento tem se tornado para o Futebol como uma nova alternativa metodológica, ou seja, espaço reduzidos como a transferência de componentes do jogo - sejam eles táticos técnicos ou psicológicos – para atividades coletivas em um pequeno pedaço de campo, sendo uma proposta que busca potencializar as principais determinantes da performance futebolista - criatividade e autonomia - decorrentes da inter-relação entre componentes estruturais do jogo (capacidades coordenativas) e os estímulos que influenciam na performance do jogador (capacidades psicológicas) (Leães, 2003, 27). (Júnior e Araújo, 2018).

O Futebol e, por conseguinte o Futsal principalmente sobrevive se desenvolve e se pratica - pela ausência de espaços livres e abertos - nas escolas de ensino fundamental através das aulas de Educação Física ou em escolinhas esportivas com atividades mais específicas da modalidade, tornando-se por assim dizer a iniciação esportiva de crianças e adolescentes. (Júnior e Araújo, 2018).

Levando em consideração as especificidades das modalidades aqui envolvidas, Barbanti (2005), entende que apesar de muitos princípios básicos da iniciação esportiva ser considerados gerais para ambas as modalidades pontos divergentes podem ser pedagogicamente adotados principalmente visando o respeito à maturação de cada jovem atleta, no que diz respeito à faixa etária mais apropriada para a iniciação. Enquanto para o Futsal é recomendada uma idade de 06 a 08 anos de idade para o início da prática, 10 a 12 para a especialização, sendo que o alto rendimento acontecerá com aproximadamente 20-26 anos de idade; no Futebol de Campo a recomendação já sinaliza para uma faixa etária entre 08 e 10 anos de idade para o início da prática, 11 a 14 anos para especialização, sendo que o alto rendimento deverá ser alcançado com aproximadamente 20- 26 anos de idade, assim como no Futsal. Porém, para ambas as modalidades esportivas se recomendam que quanto mais próximo da idade de formação do alto rendimento, maior deverá ser o caráter específico das sessões de treinamento (Barbanti, 2005). (Júnior e Araújo, 2018).

Esta construção ou este aprendizado do jogar Futebol e Futsal, na iniciação esportiva observada às características de cada modalidade, desenrola-se através de métodos e ações que visam ensinar e/ou aperfeiçoar os fundamentos básicos, a técnica, o conhecimento tático, as capacidades físicas e motoras, bem como, todo o processo de ensino-aprendizagem. Dito, isto e em consulta a literatura disponível pode-se ter acesso a diversos métodos de ensino e aprendizagem para as modalidades de Futebol e Futsal, não sendo unânimes os entendimentos de quais são os corretos, melhores ou únicos e muito menos que se encerre a discussão a respeito, pois com a dinâmica que estes esportes por características têm e com a evolução superficialmente citada no presente trabalho, relacionada ao Futebol moderno, aos jogos reduzidos ou treinamento integrado de Futebol e Futsal, percebem-se que não se pode adotar um e desprezar outro ou vice-versa, sendo assim não caberá aqui fazer julgamento de valores ou apontar o(s) métodos(s) que deverá (ão) ou poderá (ão) ser adotado(s), seja na fase de iniciação, especialização ou alto rendimento. (Júnior e Araújo, 2018).

Voltando a pesquisa, como já citado anteriormente, 57 (cinquenta e sete) dos entrevistados responderam "SIM" e apenas 02 (dois) disseram "NÃO", o que em termos percentuais representa 96,61% dos entrevistados que jogaram Futsal antes de ser jogador profissional de Futebol, de pronto, já pode indicar uma participação quase unanime desta modalidade na formação destes jogadores. Este dado pode ser correlacionado ao que foi dito por ex-jogadores de Futebol como: **Roberto Rivelino** quando diz "[...] jogando justamente na rua eu vou chegar ao Futsal que também foi onde aconteceu tudo por incrível que parece: Eu me tornar um atleta profissional"; **Djalminha** "[...]. Eu comecei no Futsal, antigo na época era Futebol de Salão com 10 anos no São Cristóvão [...]"; e ainda por **Amoroso** que acrescenta "[...] então é desde o início da minha carreira o Futsal sempre fez parte de tudo isso que eu conseguir adquirir ao longo da minha carreira como atleta profissional". (Júnior e Araújo, 2018).

Em relação até que idade foi jogado Futsal pelos entrevistados, 25 (vinte e cinco) destes, ou seja, 42,37% relataram que até os 16 (dezesseis) anos jogaram na modalidade, isto corrobora com o que disse o ex-jogador **Jamelli** ao externar a opinião que: "(...) eu acho que é a saída pro jogador até os 14, 15 anos"; também **Djalminha** em seu depoimento acrescentou que após a passagem pelo Futebol de Salão declarou que: "[...] passei para o Futebol de campo no C.R. Flamengo no infantil com 14 anos". (Júnior e Araújo, 2018).

No quesito de opinar sobre SE HOUVE contribuição do Futsal na sua formação, 91,23% dos jogadores entrevistados ou 52 (cinquenta e dois) deles, afirmaram que "SIM", tais respostas reforçam o que a pesquisa verificou nos depoimentos de jogadores e ex-jogadores, sendo até de entendimento pacífico a presente constatação, chamando atenção as declarações de **Amoroso** quando enfatiza "o Futsal pra mim ele é tudo foi tudo para que eu pudesse ter uma base no decorrer da minha carreira" e mais "principalmente em termos de habilidade [...]"; **Ronaldo fenômeno** quando destaca que "[...] os fundamentos básicos do Futebol de Salão você aproveita todos, todos absolutamente todos no campo"; **Caio Ribeiro** que em relação ao Futsal enfatiza: "[...] é fundamental! Porque você aprende a trabalhar em espaço curto, a bola é diferente não é chuteira é tênis tem uma serie de divergências, mas, o fundamental do Futebol de Salão é que você aprende a se virar e exercer o raciocínio rápido; na opinião de **Zico** foi no Futsal que ele adquiriu "[...] os dribles curtos, velocidade de raciocínio, né! Reflexos, tomar decisão rápida né!"; **Zé Elias** ex-jogador do S.C. Corinthians Paulista destaca que "[...] você adquire com o Futsal a proteção, você já domina a bola se protegendo se protegendo para não perder a bola para o do adversário; a visão periférica de enxergar todo o jogo, as movimentações [...]; finalizando temos "[...] todos os fundamentos são direcionados no Futsal" pensamento externado por um dos melhores jogadores de Futsal do mundo **Alexandre Rosa Vieira** ou simplesmente **Falcão**. (Júnior e Araújo, 2018).

Visando entender de forma direta ou especifica qual a contribuição dada do Futsal na formação dos jogadores de Futebol entrevistados, foi indagado especificamente em que aspecto? A isto foi respondido por mais da metade dos entrevistados, ou seja, 50,74% que o aspecto técnico foi aquele que o Futsal mais agregou a sua formação, e se for percebido ainda que 22,53% consideraram os aspectos técnico-tático como contributos do Futsal, torna-se disparado o fator técnico como o mais relevante aspecto da contribuição do Futsal em suas formações. Esta questão do aspecto técnico como maior contribuição do Futsal na formação esportiva do jogador de Futebol, pode ser alinhada em termos conceituais ao que acredita o ex treinador de Futsal **Paulo Cesar de Oliveira** ou **PC Oliveira** (atualmente auxiliar técnico na categoria Sub 20 do São Paulo Futebol Clube), quando enxerga no Futsal "[...] o início da ferramenta total para atingir um nível de jogador de Futebol melhor"; ainda em relação ao aspecto técnico é de entendimento que este é aperfeiçoado com a prática. Assim sendo o treinador de Futsal Eder Popiolski acredita que "[...] o ponto crucial favorável ao uso do Futsal é a frequente participação do jogador no jogo [...] devido a quantidade de ações com a bola [...]"; o jogador **Falcão** entende que a quantidade de vezes que o treino de Futsal proporciona ao pequeno atleta o contato com a bola torna-se um dos principais pontos positivos para esta modalidade quando comparado ao treino de Futebol de Campo; deste mesmo raciocínio é Bruno Pronta treinador e coordenador da equipe de Futsal do Mackenzie destacando que [...] o Futsal é uma modalidade onde o atleta possui maior contato com a bola, assim o mesmo acaba evoluindo com maior facilidade quanto a tomada de decisão e tecnicamente. (Júnior e Araújo, 2018).

Esta questão numa abordagem de concepção individual e de experiência profissional, relatada pelos atores da pesquisa, demonstram empiricamente o que as produções científicas tem apontado, inclusive fortalecidas com opiniões especializadas de profissionais da área das duas modalidades, ou seja, de que o "Futsal pode ser uma ferramenta para atingir um nível de jogador de Futebol melhor" conforme **PC Oliveira**; "que levou o Futsal muito a sério, por que sabia que ele podia agrega muito" de acordo com **Amoroso**; "começou no Futebol de Salão desde pequeno passando por todas categorias, fraldinha, mamadeira, chupetinha, pré-mirim e mirim" segundo **Jamelli**; e **Djalminha** que confessa: "[...]. Eu comecei no Futsal, antigo na época era Futebol de Salão com 10 anos no São Cristóvão F.R.". Todas estas declarações podem ser traduzidas nos dados da presente pesquisa, onde 76,27% dos jogadores participantes são de opiniões que o Futsal é ou pode ser o melhor início para formação do jogador de Futebol, observando que desta mesma opinião estão àqueles que declararam não ter jogado Futsal em sua carreira profissional. (Júnior e Araújo, 2018).

Outro fato que é possível relatar identificado na pesquisa foi sobre dificuldade de adaptação na transição do Futsal/Futebol, pois diferentemente do que se poderia prever 68,96%, declararam que não sentiram dificuldades ao trocar o Futsal pelo Futebol. (Júnior e Araújo, 2018).

Para fins didáticos e mesmo obtendo a informação que a maioria dos entrevistados não sentiram dificuldades na troca ou na transição do Futsal/Futebol é interessante constar que aqueles que atribuíram dificuldades neste processo, indicaram o posicionamento e o campo como fatores para adaptação, ambos com 39,13% em relação ao total. (Júnior e Araújo, 2018).

Esta abordagem mostra-se relevante pois a filosofia dos métodos de treinamentos pesquisados fortalece a importância do Futsal na formação esportiva do jogador de Futebol, visto que, transformam os treinos e metodologias de treinos do Futebol com conceitos, movimentações, ações e posicionamentos conceptivos do Futsal e que fazem com que seus praticantes estejam ou procurem estar familiarizados com esta modalidade. (Júnior e Araújo, 2018).

Relacionando os dados da pesquisa e a leitura que se pode fazer deles, além das colocações já expostas, percebe-se que as novas intervenções ao treinamento do Futebol podem apontar no sentido de que o jogador cuja formação esportiva transita ou transitou pelo Futsal possa levar alguma vantagem, **Zico** sobre esta questão é do entendimento que "[...] jogando as duas coisas, você leva uma vantagem muito grande, por que no campo você tem um espaço grande pra driblar [...]". Por que é dito isto? Atualmente e devido a competitividade, nivelamento e evolução física no Futebol, tem se procurado alternativas para que os treinamentos possam aprimorar a questão técnica dos jogadores, bem como, sua concepção e leitura tática do jogo, isto através de jogos reduzidos ou em espaços reduzidos e jogos condicionados, bem como, através de treinamentos integrados Futsal/Futebol na perspectiva de que o jogador de Futebol, em cada sessão de treino possa sentir e ser cada vez mais e extremamente participativo, algo que no Futsal já é característico. Neste contexto é trazido a discussão a seguinte declaração do treinador **Pepe Guardiola** "no Futsal não há ataque, nem defesa tudo é a mesma coisa. O princípio de tudo é não perder a bola, finalizar ao gol nem sempre é a melhor opção, antes há que desequilibrar o rival para que a finalização seja imparável", esta concepção teórica, foi vista de forma prática quando ele dirigiu o F.C. Barcelona/Espanha, ao implantar uma filosofia de jogo que ficou conhecido como "tic-tac", que na essência traduz o jogo de Futsal. Em termos práticos os resultados observados no estudo de caso e as novas formas metodológicas de treinamento do Futebol tendem a sedimentar o entendimento e alinhar com o que se tem produzido nas pesquisas e nas literaturas disponíveis, quando enfatiza o papel do Futsal na formação esportiva de jovens atletas, existe quase que um consenso unanime nesta linha de produção do conhecimento, e esta pesquisa direcionou a isto. Porém o que foi visto na pesquisa também é e pode ser externado, inclusive baseado em matérias acessadas, com os títulos: "As principais preocupações no processo de transição Futsal para Futebol de campo" e "Talentos se perdem na transição Futsal-Campo" é que novas discussões ocupam o cenário do Futsal e Futebol, ou seja, qual o momento ideal no processo de transição do Futsal para o Futebol? Se existe nos Clubes esta preocupação ou este processo de transição do Futsal para o Futebol? E principalmente como criar um consenso entre o jovem atleta e seu sonho de ser jogador de Futebol, seus pais que anseiam que este sonho despreze o tempo e a maturação de seus filhos e que haja cooperação entre treinadores de Futsal e Futebol para respeitar o trabalho e o momento ideal da formação de um possível talento, questões estas que precisam de mais trabalhos e mais pesquisas para tentar respondê-las". (Júnior e Araújo, 2018).

2.7 Satisfação com a vida e status social subjetivo em atletas de Futsal e Futebol de campo

Por se tratar de um trabalho com vasta escrita, resolveu-se focar apenas no que se refere aos assuntos que mais se aproximam ao conteúdo do presente trabalho.

"No esporte, a satisfacão de um atleta caracteriza-se por ser uma condicão afetiva positiva a qual pode ser determinada por estruturas, processos e resultados avaliativos e complexos, relacionados com sua experiência esportiva (Chelladurai e Riemer, 1997). Ela pode estar associada aos resultados, aos padrões de melhorias pessoais nos esportes (Gaudreau e Antl, 2008), bem como, com a qualidade de vida ou a maneira como o atleta percebe e administra sua carreira esportiva (Riemer, 1998). (Silva et al. 2018).

Esse conceito traduz o nível de encontro entre o que é vivenciado pelo atleta e seus padrões de exigência (Borrego et al., 2010), pois a satisfacão com a vida (SV) é um dos componentes do bem-estar subjetivo e está diretamente ligada ao aspecto cognitivo do indivíduo, refere-se a um julgamento da própria vida, a uma avaliação da vida de acordo com seus critérios (Shin e Johnson, 1978; Diener et al., 1985; Albuquerque & Trócolli, 2004). A partir desse julgamento, dessa avaliação, o indivíduo busca um melhor status na sociedade, na comunidade, no grupo em que está inserido, visto que o status é um atributo que tem grandes influências nas relações sociais e se refere às avaliacões coletivas de superioridade e inferioridade que adquirem uma existência além das crenças individuais (Ollivier, 2009). (Silva et al. 2018).

Dessa forma, o status pode ser visto como subjetivo, em que o indivíduo se percebe frente ao grupo; e social, que é o consenso do grupo sobre esse indivíduo (Morris, 1967). Além disso, o status social também é marcado pela presença da hierarquia (Macleod et al., 2005) em algumas situações no contexto esportivo, no qual, geralmente, o técnico e o capitão da equipe são percebidos como os indivíduos que ocupam os níveis mais altos de hierarquia e liderança dentro do grupo (Loughead, Hardy & Eys, 2006; Rúbio, 2003). (Silva et al. 2018).

Quando se trata do ambiente esportivo, as modalidades coletivas, principalmente as de alto rendimento, apresentam um ambiente de alta cobrança sobre os atletas, seja do técnico, da torcida, família ou sociedade em geral (Hoshino, Sonoo & Vieira, 2007). Assim, o trabalho fundamentado na psicologia do esporte corresponde um importante aspecto do treinamento desses atletas (Rúbio, 1999). Nesse contexto, destacam-se as modalidades que têm maior apelo perante a população, como o Futebol e as suas duas principais variações: Futebol de Campo e Futsal. De acordo com a literatura, o Futebol e o Futsal operam como um importante elemento da cultura brasileira, exercem um papel transformador e socializador. Além disso, cultiva-se a ideia de que todo brasileiro é um jogador em potencial, o que influencia a busca de meninos para serem jogadores (Rinaldi, 2000; Zaratim, 2012; Tedesco, 2014). (Silva et al. 2018).

Sabe-se que no Futebol brasileiro a busca de jovens pela profissionalização no Futebol é intensa, motivados pela fama, pelo dinheiro e status de ídolos (Morato, Giglio & Gomes, 2011) e influenciados pela família, mídia e pelos anônimos do Futebol (Anjos, Saneto & Oliveira, 2012). Por outro lado, o Futsal ainda não tem o apelo popular e comercial do Futebol, os valores envolvidos tanto em números de torcedores quanto em exibição em mídia apresentam uma grande diferença entre as duas modalidades. (Silva et al. 2018).

No entanto, o Futsal e o Futebol são modalidades esteticamente semelhantes, porém com características distintas, como regras, dimensões do espaço de jogo, indicadores físicos e fisiológicos requeridos dos atletas e até mesmo o reconhecimento e destaque frente à mídia. Entretanto, esses são fatores tradicionalmente investigados na literatura (Nunes et al., 2012; Ribas et al., 2014; Milistetd et al., 2014). Assim, destaca-se a escassez de estudos que verifiquem os aspectos psicológicos e sociais nessas modalidades. Na avaliação desse panorama nacional e da influência de fatores psicosociais no ambiente esportivo, pergunta-se: qual seria o impacto desse ambiente extremamente competitivo do Futebol nos parâmetros de satisfação com a vida e o status social subjetivo de seus jogadores em relação a uma modalidade similar, Futsal, porém de natureza mais amadora? (Silva et al. 2018).

Este estudo é de natureza quantitativa e do tipo descritivo exploratório com delineamento transversal (Thomas, Nelson & Silverman, 2012).

Participaram do estudo 142 atletas, do sexo masculino, 78 de Futsal (54,9%) e 64 (45,1%) de Futebol de Campo, com média de 20,25 anos (DP 4,29). Os critérios de inclusão foram: ter o mínimo de 16 anos, estar federado a um Clube, associação ou Secretaria de Esporte no mínimo havia um ano, treinar de forma sistematizada havia pelo menos um ano, treinar no mínimo três vezes por semana e treinar regularmente no período da coleta de dados. (Silva et al. 2018).

Usou-se um questionário que buscava identificar as características gerais dos atletas, como idade, grau de instrução, modalidade esportiva que pratica e tempo de treinamento sistematizado. Para determinar a classe econômica foi aplicado o questionário da Associação Brasileira de Empresas e Pesquisa. A satisfação com a vida foi verificada por meio da Escala de Satisfação com a Vida (ESV), elaborada por Diener et al. (1985), que faz um julgamento sobre o quão satisfeitas as pessoas estão com suas vidas. (Silva et al. 2018).

A amostra constitui-se de 142 atletas, com média de 20,25 anos (DP 4,29), 78 (54,9%) praticantes de Futsal e 64 (45,1%) de Futebol de Campo, todos do sexo masculino. Foram apresentadas nos trabalhos as características gerais da amostra, sendo que as maiores proporções de atletas avaliados não tinham companheiro, 81,3% no Futebol e 69,2% no Futsal, 85,9% dos atletas de Futebol e 89,7% do Futsal pertenciam ao estrato econômico médio, tinham ensino médio completo 50% do futebol e 60,3% do Futsal. E a maior parte dos atletas competia em nível estadual, 92,2% Futebol e 89,7% Futsal. Em outro momento do trabalho é apresentada a comparação do nível de satisfação com a vida e o status social subjetivo entre as modalidades Futebol e Futsal. Os jogadores de Futsal mostraram-se mais satisfeitos com a vida e com status social subjetivo, além de perceber um maior status na família e no Clube. Ao considerar a relação entre a satisfação com a vida e as variáveis que compõe os status social subjetivo, foram observadas correlações fracas, porém consideradas significantes. (Silva et al. 2018).

Dentre tantas amostras apresentadas durante este artigo, resolvemos destacar através deste recorte para o livro, que quando foi analisado o nível de satisfação com a vida, os atletas de Futsal apresentaram melhores níveis de satisfação em relação aos atletas de Futebol. Esse resultado pode ser explicado pela diferença midiática entre as modalidades. Segundo Leme (2005), o Futebol profissional no Brasil apresenta dois níveis qualitativamente diferenciados: o primeiro, o dos atletas de sucesso, bem remunerados; o segundo dos atletas "comuns", da grande massa, que não têm "mercado" e que limitam sua carreira a atuar em times "pequenos" ou completar o elenco das grandes equipes. Assim como os atletas do presente estudo competem em nível estadual, esses ainda galgam um crescimento na carreira. Já no Futsal, Nascimento Jr, Vieira e Souza (2011) associam o nível de satisfação com a vida do atleta com a percepção de coesão das equipes esportivas. Além disso, sabe-se que não somente a coesão do grupo (equipe), mas outros fatores influenciam na satisfação com a vida dos atletas, como, por exemplo, a motivação, a liderança do treinador, a liderança no grupo, o número relativo de líderes dentro de grupos esportivos está relacionado com a percepção individual de satisfação (Eyes, Loughead & Hardy, 2007). (Silva et al. 2018).

Pereira (2008) descreve que um jogador de Futebol está sempre em busca da realização de um sonho, o qual inclui necessariamente sucesso, dinheiro, constituir família, consumir bens materiais (carros, casas, joias etc.). Sonho esse importante para todos os atletas, mas não com a mesma intensidade como no Futebol de Campo, o que é visível por meio da mídia televisiva e outras. (Silva et al. 2018).

Ao encontro disso, quando observamos o status social subjetivo os jogadores de Futsal apresentam médias superiores em relação aos jogadores de Futebol em todos os aspectos. Uma menor percepção dos jogadores de Futebol em relação ao lugar em que a família está corrobora o estudo de Medeiros, Ferrari & Cardoso (2014) que avaliou os atletas de Futebol de Campo de acordo com suas posições e concluiu que somente os goleiros percebem o status da família na comunidade como mais elevado. Esses resultados podem ser explicados pela família dos jogadores de Futebol de forma geral pertencer a uma classe socioeconômica média baixa e baixa (Marques, Samulski, 2009), esse é um dos critérios de julgamento do status social subjetivo. (Silva et al. 2018).

Com base nos resultados do presente estudo, é possível concluir que os atletas de Futsal do universo investigado têm uma maior percepção de satisfação com a vida e status social subjetivo quando comparados com os atletas de Futebol, devido ao apelo social que cada modalidade apresenta. A satisfação com a vida e o status social subjetivo estão igualmente relacionados, aparentemente atletas com uma alta percepção do status social subjetivo tendem a estar mais satisfeitos com as suas vidas. Ainda, os jogadores de Futebol são mais satisfeitos quando percebem sua família com um bom status. No entanto, apesar de esses resultados irem, de um modo geral, ao encontro da literatura, pesquisas sobre o tema ainda são escassas. (Silva et al. 2018).

Nesse sentido, essas relações devem ser ainda mais analisadas de forma a compreender quais características do envolvimento físico e esportivo (nível competitivo, características da modalidade, prática não federada organizada ou de lazer, prática coletiva ou individual etc.) estão relacionadas à satisfação com a vida e o status social subjetivo, uma vez que o contexto da prática esportiva tem características muito específicas." (Silva et al. 2018).

3 Artigos resumidos – Recortes Exterior

3.1 Could futsal hold the key to developing the next generation of youth soccer players? Tradução: O futsal poderia ser a chave para desenvolver a próxima geração de jovens jogadores de futebol?

"A identificação e desenvolvimento de jogadores talentosos é uma prioridade dentro de Clubes de elite do Futebol e órgãos nacionais. Métodos de treinamento de jogos de pequeno porte são sempre utilizados para ajudar o desenvolvimento de jogadores. (Yiannaki, Carling e Collins 2018).

Apesar do potencial papel do esporte no desenvolvimento do jogador ser um ponto de discussão crescente (Coyle 2010; Syed 2010; Fahey 2012; Moore et al. 2014; Moore & Radford 2014), evidências informais sugerem que vários jogadores profissionais de elite do Futebol têm o Futsal em suas histórias de práticas esportivas (Coyle 2010; Syed 2010; Fahey 2012) e que isso poderia ser um fator preponderante explicando por que eles eventualmente atingiram o status de profissionais de elite do Futebol, carregando um conjunto particular de habilidades/estilos de jogo para a prática do Futebol. (Yiannaki et al. 2018).

Alguns países como o Brasil têm uma abordagem diferente para o desenvolvimento de talentos no Futsal e no Futebol, fornecendo evidências informais dentro das histórias práticas (Coyle 2010; Syed 2010; Fahey 2012). (Yiannaki et al. 2018).

Pode-se sugerir uma deficiência geral na compreensão do potencial do Futsal para auxiliar na aquisição de habilidades específicas do Futebol e seu papel no apoio ao desempenho em outro esporte, este último claramente relacionado à transferência dessas habilidades. (Yiannaki et al. 2018).

A noção de "transferência e habilidades", teoriza que aprender uma determinada tarefa ou domínio pode influenciar a aquisição de novas habilidades, e/ou desempenho, em uma tarefa semelhante ou relacionada (Causer & Ford 2014). Assim, a questão chave diz respeito se as habilidades de jogo adquiridas através da competição no Futsal podem ser efetivamente transferidas para um ambiente do Futebol. (Yiannaki et al. 2018).

O Futsal foi originalmente gerado como uma variante do Futebol, com regras e marcações de campo criadas para replicar a versão original do jogo de Futebol. Diante dessa gênese, é justo sugerir que algumas técnicas e habilidades necessárias serão semelhantes; notavelmente, controle de bola, finalização, passe, percepção, antecipação e tomada de decisão (Milligan et al. 2002). (Yiannaki et al. 2018).

Também há diferenças claras e potencialmente importantes nas habilidades específicas que um jogador pode adquirir através da participação no Futsal. Uma compreensão do impacto das restrições impostas pelo esporte pode proporcionar oportunidades para aquisição de habilidades e consequente transferência de habilidades. (Yiannaki et al. 2018).

Uma restrição relacionada ao equipamento é a bola utilizada no Futsal, inicialmente criada para reduzir o salto em superfícies internas, mantendo a bola no chão (Davids & Chapman 2001). (Yiannaki et al. 2018).

Consequentemente, isso impacta no número de toques, passes longos e tipos de condução de bola que um jogador pode usar (Milligan et al. 2002). (Yiannaki et al. 2018).

Há também notável impacto na capacidade aérea, pois as ações de direção são pouco frequentes no Futsal. Os passes mais longos, uma característica comum no Futebol (Hughes & Franks 2005), também são menos comuns devido ao tipo de bola e dimensões da quadra. (Yiannaki et al. 2018).

Semelhante ao Futebol, o Futsal é caracterizado pela necessidade de velocidade de movimento (Moore et al. 2014) para criar espaço, combinado com a consciência espacial. (Yiannaki et al. 2018).

Os elementos físicos externos e internos, táticos, técnicas, do Futsal interagem para criar um esporte intenso e rápido, um ambiente que exige que os jogadores pensem rapidamente e façam julgamentos corretos rapidamente enquanto atuam sob intenso estresse físico (Moore et al. 2014). (Yiannaki et al. 2018).

Se o Futsal for acontecer de acordo com as regras de forma autêntica, os treinadores terão a oportunidade de criar um jogo, com demandas variadas, exigindo respostas dinâmicas e estratégicas, muitas vezes sob intensa pressão. (Yiannaki et al. 2018).

Yiannaki et al. (2018) comenta, que essas habilidades criativas de tomada de decisão sob pressão são muitas vezes admiradas por treinadores de Futebol.

A tomada de decisão no Futsal é um elemento fundamental para consideração, com algumas pesquisas orientando os treinadores a entender as demandas do jogo, informando a tomada de decisão dos jogadores (Travassos et al. 2012; Vilar et al. 2013; Corrêa et al. 2016). (Yiannaki et al. 2018).

O Futsal também deveria ser considerado como uma metodologia alternativa de treinamento para sanar a perda de acúmulo de horas de treinamento que são cruciais para o desenvolvimento de talentos de longo prazo (Ericsson et al. 1993; Ford et al. 2009, 2012)". (Yiannaki et al. 2018).

3.2 From soccer to futsal: Brazilian elite level men players' career pathways – TRADUÇÃO: DO FUTEBOL AO FUTSAL: TRAJETÓRIAS DE CARREIRAS DE JOGADORES BRASILEIROS DE ELITE

"Desenvolver uma carreira no Futebol profissional não é fácil no Brasil e o Futsal oferece uma possibilidade alternativa para esse fim. Como resultado, é comum que os meninos brasileiros que não são ou são deselecionados de times de Futebol se mudem para o Futsal. (Marques, Schubring, Ruchti, Nunomura e Menezes, 2020).

Conforme Marques et al. (2020), o Futsal é um jogo regido por suas próprias regras e é praticado globalmente. Apesar das regras distintas, o Futebol e o Futsal são semelhantes em termos de culturas esportivas e ações de jogadores.

Os Clubes brasileiros de Futebol que oferecem Futsal nos seus processos de formação, estão acostumados que seus jogadores participem dos dois esportes antes de chegar à elite. Às vezes, essa troca entre os dois esportes é apoiada pela crença de que o Futsal e o treinamento de Futebol têm efeitos técnicos complementares. Em termos de participação, o Futsal é a quarta atividade recreativa mais praticada por crianças e adolescentes de 15 anos no Brasil, principalmente no ambiente escolar. No total, o país tem aproximadamente 20 milhões de jogadores (as) informais entre homens e mulheres, e cerca de 300 mil jogadores registrados pelas federações que participam do Futsal". (Marques et al. 2020).

3.3 Futsal as a potential talent development modality for soccer – a quantitative assessment of high-level soccer coach and player perceptions – tradução: Futsal como potencial modalidade de desenvolvimento de talentos para o Futebol – uma avaliação quantitativa das percepções de treinadores e jogadores de alto nível

"Uma questão contemporânea no desenvolvimento de talentos do Futebol é o uso potencial do Futsal como ferramenta de treinamento. Este artigo utilizou métodos de pesquisa para avaliar quantitativamente as perspectivas de treinadores de alto nível que atuam na educação de jovens jogadores, e jogadores de Futsal e Futebol (n= 77). Os entrevistados responderam à pesquisa antes e depois de um jogo de exibição entre uma equipe internacional de Futsal Sub 21 competindo contra um time de Futebol Sub 21 da Premier League (Inglaterra). As respostas foram positivas sobre o Futsal como um auxílio de treinamento e especificamente em relação à transferência de habilidades do Futsal para o Futebol. A maioria das respostas (89,6%) indicou "pós-jogo" que o Futsal poderia ser útil para o desenvolvimento de talentos do Futebol. Da mesma forma, 90,9% afirmaram que considerariam sua integração em seus programas. A análise sobre as regras específicas de Futsal e o impacto que se pode ter sobre a aquisição de habilidades foram positivas: 89,6% dos participantes sugeriram que o tamanho da quadra melhorou as habilidades (concordam fortemente = 33,8%, concordam = 55,8%), 88,3% perceberam que a regra de passe para trás aumentava as habilidades de recepção da bola (concordo fortemente = 27,3%, concordam = 61%), e 89,2% perceberam que o Futsal pode ajudar a desenvolver jogadores "multifuncionais" (concordam fortemente = 27,3%, concordam = 62,3%). O conhecimento das restrições e o potencial de aquisição de habilidades ligadas à participação do Futsal é um primeiro passo para ajudar os treinadores de Futebol a entender potenciais retornos de aprendizagem a partir de sua inclusão em políticas e programas de desenvolvimento de talentos. (Yiannaki, Carling e Collins, 2018).

Evidências informais de entrevistas de jogadores relatam que vários jogadores de nível internacional de Futebol participavam regularmente de jogos de Futsal em uma idade mais jovem (UEFA 2017). Evidências científicas da análise de "histórias práticas" de jogadores de elite do Futebol também mostram que a participação no Futsal é muito grande em jogadores de países Sul-americanos como o Brasil (Ford et al. 2012a). O potencial de qualificação para a transferência do Futsal para o Futebol, contam com pesquisas sugerindo que a alta semelhança entre as duas modalidades é um fator decisivo nesse sentido (Causer e Ford 2014). Dada a origem do Futsal, fica claro que muitas técnicas utilizadas e habilidades serão semelhantes ao Futebol, (Milligan et al. 2002; Travassos et al. 2017), e, portanto, pode-se supor que é muito provável que haja transferência na prática simultânea entre o Futsal e Futebol. (Yiannaki et al. 2018).

Este artigo também nos mostra respostas conclusivas dadas "pós-jogo", onde a grande maioria dos treinadores (~90%) sugeriu que o Futsal poderia ser útil para o desenvolvimento do talento para o Futebol. (Yiannaki et al. 2018).

Além disso, a grande maioria (~91%) afirmou que consideraria o uso do Futsal em seus programas de treinamentos/jogos? (Yiannaki et al. 2018).

A transferência de habilidades adquiridas através da participação no Futsal é crucial, fundamentando como ótima ferramenta de desenvolvimento de talentos para o formato do Futebol. O Futsal e o Futebol carregam semelhanças significativas, que segundo Causer e Ford (2014) são decisivas para permitir a transferência positiva entre os esportes. Antes da observação da partida de Futsal, ~86% (concordo fortemente = 33,8%, concordam = 51,9%) dos participantes sugeriram que o Futsal pode desenvolver habilidades que se transfiram com sucesso para o Futebol. As percepções sobre a similaridade tornaram-se mais positivas após o jogo, com ~92% (concordo fortemente = 27,3%, concordam = 64,9%) dos participantes sugerindo que as habilidades de Futsal podem ser transferidas com sucesso para o Futebol. (Yiannaki et al. 2018).

Das cinco principais habilidades identificadas para ambos os formatos de jogo, quatro foram destaque em ambas as listas: tomada de decisão, controle de bola, conscientização e passes. Esses resultados implicam que os participantes percebem uma alta semelhança entre os formatos de jogo, apoiando teorias previamente sugeridas em relação às habilidades exigidas no Futsal e no Futebol, respectivamente (Yiannaki et al. 2018). Pesquisas sugerem que essa alta semelhança é propícia à transferência potencial de habilidades (Causer e Ford 2014) e poderia fornecer uma justificativa para o uso do Futsal em programas de desenvolvimento de talentos de Futebol. (Yiannaki et al. 2018).

Yiannaki et al. (2018)., nos demonstra que os entrevistados também sentiram que as regras do Futsal podem desenvolver a criatividade, o que os autores muitas vezes sugerem ser um atributo reverenciado no esporte de alto nível (Memmert et al. 2010).

As respostas da pesquisa também implicaram que o espaço reduzido pode facilitar a precisão no passe? (Yiannaki et al. 2018).

As habilidades adquiridas através do jogo de Futsal podem indiretamente ajudar os jogadores a desenvolver confiança em situações de alta pressão que são identificadas como uma "estratégia de enfrentamento" para jovens jogadores de elite do Futebol (Reeves et al. 2009). (Yiannaki et al. 2018).

Os participantes também sugeriram que as regras do Futsal melhoraram a frequência de ações de contra-ataque com 87%, sugerindo que esta é uma habilidade necessária no Futsal? (Yiannaki et al. 2018).

Segundo Yiannaki et al. (2018), quando consideramos o uso das habilidades do Futsal no desenvolvimento do Futebol, é crucial entender os benefícios específicos da participação de curto prazo, mas também o desenvolvimento de atletas há longo prazo.

Os resultados estudo sugerem que o Futsal desenvolve jogadores mais multifuncionais como consequência da forma como os jogadores trocam constantemente as posições na quadra. Isso ajuda a facilitar o desenvolvimento de habilidades ofensivas e defensivas, ao mesmo tempo em que potencializa o desenvolvimento de habilidades ambidestras, utilizando os pés esquerdo e direito em cada lado da quadra. Aproximadamente 89% (concordam fortemente = 27,3%, concordam = 62,3%) dos entrevistados sugeriram que o Futsal desenvolve jogadores multifuncionais, com ~82% (concordo fortemente = 19,5%, concordam = 62,3%) sugerindo sua importância para o desenvolvimento de talentos no Futebol. A participação em partidas de Futsal pode ser considerada uma ferramenta para ajudar a desenvolver uma amplitude e variedade de habilidades que podem se alinhar positivamente a algumas recomendações identificadas em modelos de desenvolvimento de atletas de longo prazo (Bailey et al. 2010; Ford et al. 2011, 2012b). (Yiannaki et al. 2018).

Para concluir, os presentes achados mostram que a grande maioria dos treinadores (89,6%) sugeriram "pós-jogo" que o Futsal é útil no desenvolvimento de talentos do Futebol, e 90,9% considerariam o uso dele em sua provisão de treinador/jogo. (Yiannaki et al. 2018).

Uma boa discussão, portanto, é o potencial de transferência de habilidades do Futsal para o Futebol. Os entrevistados identificaram uma alta semelhança entre os esportes, ao mesmo tempo em que comentaram sobre a importância que certas restrições do Futsal têm na aquisição de habilidades para o desenvolvimento do Futebol. (Yiannaki et al. 2018)".

3.4 Futsal task constraints promote the development of soccer passing skill:
Evidence and implications for talent development research and practice – Tradução: As restrições da tarefa de Futsal promovem a transferência da habilidade de passe para as restrições da tarefa de Futebol: evidências e implicações para a pesquisa e prática de desenvolvimento de talento

"Conforme Oppici, Panchuk, Serpiello e Farrow (2018), tanto evidências informais quanto de pesquisa sugerem que o Futsal pode ser uma atividade chave de desenvolvimento para o Futebol.

As restrições da tarefa de Futsal (por exemplo, equipamento e área de jogo) têm sido argumentadas para promover a aquisição de habilidades motoras perceptuais que se transferem positivamente para o Futebol e, por sua vez, melhoram o desempenho no Futebol. (Oppici et al. 2018).

Neste contexto, o Futsal, poderia ser uma atividade de desenvolvimento primordial para promover talentos no Futebol (FIFA, 2012b). Elementos do jogo de Futsal, como tamanho da bola e dimensões da quadra, combinado com uma mudança contínua do ambiente de aprendizagem e fatores sociológicos (por exemplo, alto valor do tempo de brincadeira das crianças) são argumentados para melhorar a aquisição de habilidades perceptuais-motoras, promovendo a transferência positiva para o Futebol (Araújo et al., 2010; Travassos, Araujo, & Davids, 2017; Yiannaki, Carling, & Collins, 2018a). (Oppici et al. 2018).

As crianças no Brasil, um dos melhor classificados países do Futebol mundial (FIFA, 2018), jogam uma grande quantidade de Futsal até os 10 anos (Ford et al., 2012). (Oppici et al. 2018).

As evidências atuais são geralmente informais, ou seja, declarações de jogadores e treinadores de Futebol de elite (FIFA, 2012a), e histórias em livros populares (Coyle, 2010; Syed, 2010). Uma pesquisa mostrou recentemente como treinadores de Futebol de alto nível e jogadores apoiam o Futsal como atividade de desenvolvimento para o Futebol (Yiannaki, Carling, & Collins, 2018b). (Oppici et al. 2018).

Tem sido argumentado que praticar a habilidade de passe com restrições de tarefa de Futsal pode promover a capacidade de um jogador de unir funcionalmente a percepção e a ação e se adaptar às mudanças dinâmicas das restrições de informação que ocorrem em um jogo de Futebol (Travassos, et al., 2017; Yiannaki, et al., 2018a). Em relação ao Futebol, o Futsal é jogado em uma área menor, com menor tempo para agir, e com uma bola que é relativamente mais fácil de controlar. (Oppici et al. 2018).

Os passes no Futsal são altamente imprevisíveis (Corrêa, Alegre, Freudenheim, Dos Santos, & Tani, 2012) e muda continuamente devido aos movimentos de alta intensidade dos jogadores (Corrêa, et al., 2014). Em teoria, estas restrições específicas de Futsal devem encorajar os jogadores a canalizar rapidamente sua atenção para as principais informações que especificam os passes a cada momento, e para rapidamente adaptar-se as mudanças repentinas durante um jogo em relação ao Futebol. (Oppici et al. 2018).

A semelhança das informações que orientam a ação promove a transferência de habilidades entre tarefas (Pinder, Davids, Renshaw, & Araújo, 2011; Snapp-Childs, Wilson, & Bingham, 2015), e consequentemente a semelhança relativa das informações que guia a ação dos passes no Futsal e no Futebol deve promover transferência de habilidades. Portanto, a capacidade aprimorada dos jogadores de Futsal para executar passes precisos e para rapidamente se adaptar a cenários de jogo devem se transferir positivamente para o Futebol. (Oppici et al. 2018).

A implementação do Futsal pode parecer cara e logisticamente desafiadora para Clubes de Futebol (a construção de uma instalação de Futsal é realmente cara), especialmente para Clubes não profissionais (alguns Clubes profissionais têm potencial econômico e já possuem instalações de Futsal). No entanto, o Futsal pode ser jogado em qualquer ginásio de escola, e os Clubes de Futebol podem estabelecer parcerias com escolas locais, projetos, e assim, implementar sessões de Futsal em seus ginásios. (Oppici et al. 2018).

O Futsal poderia se provar válido em variabilidade crescente do ambiente de aprendizagem e promover adaptabilidade de habilidades, que sustentaria o desempenho de especialistas (Seifert, Button, & Davids, 2013). (Oppici et al. 2018).

De acordo Oppici et al. (2018), o Futsal pode representar uma adequada solução para os Clubes de Futebol para aumentar a variabilidade do ambiente de aprendizagem e para fomentar o desenvolvimento de talentos".

3.5 Is futsal a donor sport for football?: Exploiting complementarity for early diversification in talent development – Tradução: O Futsal é um esporte doador para o Futebol? Explorando a complementaridade de uma diversificação precoce no desenvolvimento do talento

"Ao praticar o Futsal em um estágio inicial, os futuros jogadores de Futebol terão a oportunidade de explorar os comportamentos táticos do Futsal que enriquecerão seu panorama motor perceptivo em desenvolvimento.

Especificamente, em esportes coletivos como o Futebol, foi demonstrado que o desenvolvimento de habilidades e conhecimentos pode ser alcançado por meio da experiência e prática de atividades variadas sob uma variedade de tarefas e restrições ambientais (Araújo et al. 2010). Essas restrições incluem jogar Futebol na rua, na praia, em diferentes campos com diferentes formatos, com ou sem gols e com diferentes condições e regras de equipe (Araújo et al. 2010). (Travassos, Araújo e Davids, 2017).

Na visão de Travassos et al. (2017), o Futsal pode fornecer uma base útil para apoiar a transferência de habilidades para o desempenho no Futebol.

Os atletas especialistas tendem a ter participado de um maior número de esportes diferentes quando jovens, enquanto também experimentam um número maior de horas de prática em esportes diferentes do que os não especialistas (Côté et al. 2007; Davids et al. 2017). (Travassos et al. 2017).

A participação em diferentes esportes, podem fortalecer as capacidades adaptativas dos atletas, fornecendo uma plataforma para um desempenho habilidoso no esporte (Araújo e Davids 2011). (Travassos et al. 2017).

A prática diversificada inicial e brincadeiras em crianças e atletas em desenvolvimento podem fornecer uma base comportamental antes que atletas talentosos se envolvam extensivamente na prática especializada, uma quantidade significativa da qual pode ocorrer quando o atleta está pronto para isso, física, psicológica, social e emocionalmente (Davids et al. 2017). (Travassos et al. 2017).

Como descrito por Travassos et al. (2017), a experiência e a prática no Futsal podem contribuir para o desenvolvimento de habilidades no Futebol, assim como o Futebol pode contribuir para o desenvolvimento do desempenho no Futsal.

De acordo com Travassos et al. (2017), as relações complementares entre os diferentes esportes podem apoiar as intervenções de treinadores para projetar tarefas práticas que destacam as restrições de informação que promovem a exploração, descoberta e adaptações.

O Futsal é um esporte jogado entre 05 indivíduos de cada lado, jogado dentro de uma quadra em uma área de jogo de 40mx20m - medidas oficiais (80m2 de área por jogador). É um esporte intenso que requer constantes mudanças de direção, acelerações e desacelerações, ações táticas e técnicas rápidas e precisas com e sem a bola para um bom desempenho (Castagna et al. 2009). (Travassos et al. 2017).

As variações restritas no espaço de execução das ações individuais, bem como as variações nos sistemas de jogo coletivo ofensivo e defensivo, oferecem uma grande oportunidade aos jogadores de melhorarem as capacidades técnicas e táticas individuais, mas também a gestão do espaço a partir de um coletivo (Travassos et al. 2012a). (Travassos et al. 2017).

Em contraste, o Futebol é um jogo de 11 de cada lado jogado em uma área de jogo de 90m x 120m - medidas oficiais (490m2 de área por jogador). O Futebol é caracterizado por ações intermitentes, combinando períodos de esforços máximo/quase máximos com padrões de movimento imprevisíveis e ações técnicas explosivas (Mohr et al. 2003; Di Salvo et al. 2007). O grande espaço de ação e o número de jogadores envolvidos no jogo fazem com que os jogadores passem grandes períodos do jogo sem a bola em estados físicos de menor intensidade e engajados em menos atividades decisórias, em contraste com períodos menos frequentes gastos em atividades de alta intensidade quando perto ou com posse da bola (Di Salvo et al. 2009). (Travassos et al. 2017).

Estudos anteriores destacaram que as ações táticas individuais e coletivas no Futsal (Corrêa et al. 2012; Travassos et al. 2016) e no Futebol (Lago et al. 2010; Duarte et al. 2012; Sampaio et al. 2014) dependem do contexto. Nesse sentido, o gerenciamento da bola e os padrões gerais de movimento são regulados por informações em ambos os esportes. Porém, devido ao número de jogadores envolvidos e, principalmente, ao espaço e tempo disponível para jogar, o Futsal exige ações técnicas e táticas precisas com e sem bola. Já o Futebol exige atividades de alta intensidade com e sem bola, mas com mais tempo e espaço para realizar essas ações em comparação ao Futsal. (Travassos et al. 2017).

Destacando movimentos básicos semelhantes comparando o Futsal com o Futebol, devido ao pequeno espaço disponível para o jogo, a ênfase principal do Futsal está no controle e manipulação da bola, tomando diferentes tipos de toques da bola em espaços apertados (ou seja, usando "toques sutis" para manipular suavemente a bola em pequenos espaços), usando diferentes partes dos pés (como sola, lados, costas e dedos) e tempo para passar, chutar e driblar (Araújo et al. 2004). (Travassos et al. 2017).

Em contrapartida, no Futebol a ênfase está na execução de movimentos brutos, devido ao maior espaço e tempo de execução, exigindo mais força e poder explosivo. Associado à necessidade de movimentar a bola com rapidez e precisão, ou de manter o equilíbrio defensivo para recuperar a posse de bola, o Futsal promove a agilidade individual geral, em termos de coordenação, capacidade de reação, capacidade rítmica e capacidade de equilíbrio. (Travassos et al. 2017).

Do ponto de vista do sistema coletivo, o Futsal requer equilíbrio nas jogadas defensivas e ofensivas com ajustes precisos de acordo com as variações nas inter-relações espaço-temporais entre companheiros e adversários, promovendo o desenvolvimento da orientação espacial dos jogadores e a capacidade de atuação, gerenciando o espaço e o tempo durante a apresentação. (Travassos et al. 2017).

As constantes mudanças no posicionamento dos jogadores aumentam a variabilidade no espaço coberto e nas relações estabelecidas com companheiros de equipe e adversários, proporcionando uma percepção mais ampla das relações de jogo. (Travassos et al. 2017).

Adicionalmente, o menor número de jogadores que constituem uma equipe de Futsal, em comparação com o Futebol, contribui para o desenvolvimento de um amplo leque de habilidades técnicas e táticas. O Futsal também oferece oportunidades mais frequentes para realizar habilidades e se envolver com a bola, em comparação com o Futebol (Fenoglio 2003; Davids et al. 2013). Cada jogador deve usar os dois pés para realizar todas as habilidades necessárias durante o desempenho competitivo, bem como se envolver em comportamentos táticos coletivos, com e sem a bola. Essa redução no número de jogadores no Futsal diminui a complexidade do jogo, em comparação com o Futebol, focando os jogadores nas possibilidades disponíveis de ação em um campo mais estreito de possibilidades durante a execução. (Travassos et al. 2017).

Ou seja, descobrir, explorar e explorar informações e possibilidades de ação que podem ajudar os jogadores a manipular a bola em espaços apertados para mover a bola para além do adversário e criar instabilidades nas linhas defensivas (Lopez-Felip e Turvey 2017). (Travassos et al. 2017).

Além disso, o Futsal poderia ser uma opção melhor para promover os efeitos de transferência na prática do que os jogos de Futebol de pequeno porte (por exemplo, 4 vs 4), devido às diferentes adaptações motoras perceptivo-motoras das ações necessárias devido ao tipo de bola usada, as características da quadra de Futsal, superfícies e até o tipo de calçado de Futsal utilizado. Além disso, ao iniciar o Futsal, os futuros jogadores de Futebol terão a oportunidade de explorar diferentes comportamentos táticos ofensivos e defensivos, baseados no Futsal, que irão enriquecer o seu panorama perceptivo-motor em desenvolvimento. Este cenário pode fornecer um recurso para o desenvolvimento de padrões de movimento e comportamentos que o jogador pode explorar ao procurar melhorar a transferência entre doador e esportes alvo. (Travassos et al. 2017).

Para garantir uma transferência complementar de capacidades entre os esportes, as intervenções do treinador devem destacar as restrições informativas para melhorar o acoplamento de percepção e ação em jogadores de Futsal e Futebol e promover a utilização de recursos relevantes disponíveis nos projetos de tarefas de prática. O desenvolvimento de tais complementaridades não podem ser baseados em tarefas práticas que promovam a repetição de exercícios estruturados ou tarefas práticas pré-determinadas (Araújo e Davids 2015). Em vez disso, a natureza complementar dos dois esportes pode ser explorada para aquisição de habilidades na diversificação inicial por meio da ênfase em recursos selecionados com base no desempenho, correspondência comportamental entre esportes e avanços evidentes em direção aos objetivos da tarefa". (Travassos et al. 2017).

3.6 Is futsal kicking off in England?: A baseline participation study of futsal – Tradução: O futsal está começando na Inglaterra? Estudo de participação de base do futsal

"Na Inglaterra, há um crescente interesse pelo Futsal, impulsionado por pessoas que gostam de participar do esporte e outras que veem o Futsal como uma ferramenta de desenvolvimento para quem quer ter sucesso no Futebol. O desenvolvimento do esporte tem sido supervisionado pelo órgão regulador do Futsal, que é o mesmo do Futebol, a Associação de Futebol (FA). (Moore e Radford, 2014).

A Inglaterra tem sido bem documentada, particularmente porque é um esporte relativamente novo para as pessoas, não só porque é divertido, vibrante e rápido em seu próprio direito, mas em parte porque também é empregado como uma ferramenta, usada por alguns Clubes de Futebol, para desenvolver jovens jogadores de Futebol. Esta visão é apoiada pela FA que afirma que o, "... jogo de Futsal coloca uma grande ênfase na habilidade técnica e habilidade em situações de alta pressão, e é, posteriormente, um excelente terreno de reprodução para competências utilizadas no Futebol". (Moore e Radford, 2014).

Na Inglaterra já é possível encontrar programas financiados que englobam a atividade de Futsal, permitindo que um público mais amplo se envolva com o esporte. Por exemplo, 39 Clubes profissionais do Futebol inglês operam um programa de bolsas de Futsal, que oferecem treinamentos regulares no Futsal vinculado à educação superior permitindo aos jovens obterem uma qualificação reconhecida. (Moore e Radford, 2014)".

3.7 Match performance in a reference futsal team during an international tournament – implications for talent development in soccer – Tradução: Referência de performace de um time de futsal durante um torneio internacional – Implicações para o desenvolvimento de talentos no futebol

"De acordo os autores Yiannaki, Barron, Collins e Carling (2018), evidências informais sugerem que o Futsal pode ajudar o desenvolvimento de talentos para o Futebol através do potencial de transferência das habilidades e restrições do jogo

Para Yiannaki et al. (2018), semelhante ao Futebol, o Futsal tornou-se uma área de pesquisa contemporânea com autores quantificando várias demandas físicas e técnicas.

Os pesquisadores também estão cada vez mais evidenciando o potencial do Futsal como ferramenta de desenvolvimento de talentos para o Futebol. No entanto, apesar de algumas evidências acadêmicas e informais de seu potencial, modelos de desenvolvimento de talentos de Futebol dedicam tempo de treinamento variado para integrar o Futsal, possivelmente devido, em parte, à necessidade de pesquisas adicionais baseadas em evidências. (Yiannaki et al. 2018).

Conforme Yiannaki et al. (2018), ao contrário do Futsal, pesquisas que investigam a contribuição de outras formas de jogos de pequeno porte, sem dúvida, receberam maior cobertura literária científica.

Os benefícios de jogar jogos de formato reduzido geralmente são reconhecidos devido a estes reduzidos números de ações habilidosas e decisões que os participantes tomam, com e sem a bola, enquanto constroem condições realistas semelhantes a partidas em treinamento e preparação para a competição de Futebol. (Yiannaki et. al 2018).

Segundo Yiannaki et al. (2018), pesquisas recentes sobre Futsal têm buscado melhorar a compreensão do impacto das restrições do jogo, examinando habilidades técnicas adquiridas através da participação.

Essa pesquisa, examinou as percepções do treinador de Futebol e dos jogadores sobre as características do jogo de Futsal através da observação de partidas oficiais, com resultados sugerindo que a participação no Futsal pode desenvolver bipedalismo e habilidades aprimoradas de recepção de bola. (Yiannaki et al. 2018).

Portanto, com base nisso, a análise de partidas poderia ser usada para quantificar essas características técnicas durante uma competição de Futsal fornecendo novos dados para retratar as características do jogo, bem como respostas às percepções do treinador sobre o Futsal como um potencial modalidade de desenvolvimento de talentos para o Futebol. Essa análise seria de grande valia para os praticantes de Futebol, considerando que o Futsal possui habilidades técnicas potencialmente transferíveis. (Yiannaki et al. 2018).

Nas palavras de Yiannaki et al. (2018), algumas pesquisas relatam que as demandas físicas de alta intensidade experimentadas por jogadores de Futsal estão ligadas a restrições mentais e de tarefas com os participantes realizando múltiplas corridas e mudanças de direção.

Quando o Futsal é comparado ao Futebol, é evidente que um conjunto menos abrangente de evidências científicas examinam as demandas físicas. (Yiannaki et al. 2018).

Pesquisas mostram que o Futsal é um esporte intermitente de alta intensidade, repetindo ações físicas intensas. Essas demandas físicas estão diretamente relacionadas com as restrições ambientais e de tarefas do jogo. (Yiannaki et al. 2018).

As habilidades perceptivas são desenvolvidas através do Futsal, com os participantes utilizando comportamentos de varredura imediatamente antes, e sobre a recepção de bolas. A aquisição de habilidades através da prática de Futsal, especialmente durante eventos de recepção de bola, poderia, portanto, ter potencial para desenvolver orientação espacial aprimorada e habilidades perceptivas-motoras como consequência de restrições de tarefas com consequências positivas para aquisição de habilidades. (Yiannaki et al. 2018).

Pesquisas sugerem que as restrições de tarefa inerentes à prática do Futsal poderiam promover a proficiência técnica. De fato, uma pesquisa recente sobre as percepções dos treinadores de Futebol de elite mostrou que eles acreditavam que o Futsal desenvolve jogadores multifuncionais capazes de formar uma infinidade de diferentes ações técnicas associadas ao bipedalismo. (Yiannaki et al. 2018).

Na opinião de Yiannaki et al. (2018), um dos elementos mais notáveis do Futsal se diz respeito à capacidade dos jogadores realizar dribles e "enfrentar" adversários, e essa criatividade é uma habilidade muitas vezes reverenciada por praticantes e espectadores.

Como descrito por Yiannaki et al. (2018), o Futsal pode facilitar o desenvolvimento de habilidades de drible devido a restrições de jogo, é visível que a interação da bola com a superfície, poderia ser útil ao desenvolvimento dos jogadores a longo prazo.

O passe também é um fator que caracteriza esportes em equipe como o Futsal e é considerada uma complexa habilidade perceptiva-motora. Os jogadores de Futsal devem combinar habilidades de recepção e passe durante o jogo dinâmico com as marcações/limites de quadra impactando nos comportamentos de jogo. (Yiannaki et al. 2018).

Investigações preliminares utilizando tarefas específicas de domínio (Futebol e Futsal) descobriram que os jogadores de Futsal transferiam positivamente suas habilidades de passe para um jogo de Futebol e realizavam passes mais precisos do que o grupo de Futebol sugerindo transferência positiva entre Futsal e Futebol em relação às ações de passe. (Yiannaki et al. 2018).

Para Yiannaki et al. (2018), as implicações do aumento das evidências que apoiam a transferência de habilidades entre o Futsal e o Futebol poderiam levar a uma maior inclusão do Futsal, e suas restrições, em programas de desenvolvimento de talentos para Futebol".

3.8 THE DEVELOPMENTAL ACTIVITIES OF ELITE SOCCER PLAYERS AGED UNDER-16 YEARS FROM BRAZIL, ENGLAND, FRANCE, GHANA, MEXICO, PORTUGAL AND SWEDEN – TRADUÇÃO: AS ATIVIDADES DE DESENVOLVIMENTO DE JOGADORES DE FUTEBOL DE ELITE COM MENOS DE 16 ANOS DO BRASIL, INGLATERRA, FRANÇA, GANA, MÉXICO, PORTUGAL E SUÉCIA

Por se tratar de um artigo com vasta escrita, resolveu-se focar apenas no que se refere ao Brasil em relação às atividades de desenvolvimento para o Futebol e Futsal, excluindo, deste resumo, os outros países envolvidos.

"No presente estudo, os autores descrevem as atividades de desenvolvimento e os caminhos adotados por jogadores de Futebol de elite de vários países ao redor do mundo. Apresentando a primeira avaliação abrangente dos vários caminhos de desenvolvimento em um único esporte em vários países e continentes. Esperava-se que jogadores do Brasil, Inglaterra, França, Gana, México, Portugal e Suécia começassem o esporte na primeira infância por volta dos cinco anos de idade (Ward et al., 2007). Previa-se que suas atividades de desenvolvimento seguiriam o caminho do engajamento inicial, ao invés dos caminhos iniciais de diversificação e especialização (Ford et al., 2009).

O caminho do engajamento inicial envolve jogadores comprometidos com o esporte em grande parte por meio de atividades lúdicas específicas do Futebol durante a infância, que é definida como menores de 06 a 12 anos de idade. (Ford, Carling, Garces, Marques, Miguel, Farrant, Stleling, Moreno, Gall, Holmström, Salmela e Willians (2012).

Também envolve a participação em um número limitado de outros esportes durante esse período. Esperava-se que a natureza das atividades formais de prática e competição do Futebol praticadas durante a infância dependesse do país e de seu sistema de desenvolvimento juvenil. Os países com academias de desenvolvimento de elite que recrutaram jogadores em tenra idade, como a Inglaterra (Ward et al., 2007), eram propensos a ter jogadores que se engajaram em mais prática e competição no Futebol durante a infância, em comparação com aqueles que tiveram menos sistemas de recrutamento formal, como o Brasil (Salmela et al., 2004; Salmela & Moraes, 2003). Esperava-se que jogadores em países com academias de desenvolvimento de elite

O SEGREDO DO FUTEBOL BRASILEIRO FUTSAL E FUTEBOL DE BASE

com recrutamento precoce começassem o esporte e começassem as atividades formais mais cedo, em comparação com aqueles que recrutaram mais tarde. Previa-se que os jogadores começariam seu envolvimento em uma academia de treinamento de elite no final da infância ou no início da adolescência. (Ford et al. (2012).

Na opinião de Ford et al. (2012), durante o início da adolescência, esperava-se que eles se engajassem em uma quantidade relativamente grande de prática de Futebol e reduzissem seu tempo em atividades de jogo específicas do Futebol.

Os participantes foram 328 jogadores de Futebol juvenil de elite com menos de 16 anos do Brasil, Inglaterra, França, Gana, México, Portugal e Suécia (n ¼ 50 para cada país, exceto Gana onde n ¼ 28). Todos os países foram classificados no top 20 da Fédération Internationale de Football Association (FIFA)/Coca-Cola World Ranking na época do estudo, além de Gana, que estava em 36º lugar (FIFA, 2011). (Ford et al. 2012).

Conforme Ford et al. (2012), o questionário de História de Participação (PHQ) foi utilizado para obter informações relacionadas às atividades que os jogadores realizaram durante seu desenvolvimento.

Neste questionário, os autores pontuaram que o Futsal foi praticado na infância por 44 dos 50 jogadores brasileiros. Eles se envolveram no Futsal para uma média de 181,4, s = ¼ 161,9 h · ano em uma média de 3,6, s ¼ = 1,78 · anos de sua infância. As atividades de desenvolvimento dos jogadores de Futebol de elite no Brasil não seguiram o caminho inicial de especialização ou diversificação. Eles acumularam quantidades muito baixas de prática e competição específicas do Futebol durante a infância, e geralmente não se envolvem em esportes adicionais. Suas atividades de desenvolvimento durante a infância seguiram a definição estrita do caminho do engajamento inicial. Eles acumularam uma quantidade relativamente alta de tempo em atividades de jogo específicas para Futebol e Futsal durante a infância. Os jogadores que acumulam quantidades relativamente altas de horas em atividades de jogo específicas do Futebol durante a infância demonstraram possuir tomada de decisão superior (Williams et al., 2011), níveis mais elevados de realização (Ford et al., 2009; Ford & Williams, 2012) e possivelmente maior motivação positiva (Coˆteˊ et al., 2007) em comparação com aqueles que não o fazem. Esses jogadores só começaram a acumular quantidades relativamente altas de prática e competição específicas do Futebol no início da adolescência. (Ford et al. 2012).

Os dados do Brasil mostram que jogadores de Futebol de elite podem não ter que se envolver em uma grande quantidade de prática específica de Futebol e competição durante a infância, em vez disso, eles se envolveram em quantidades relativamente altas de atividades de jogo específicas do Futebol durante este período. (Ford et al. 2012).

Em resumo, as atividades de desenvolvimento de jogadores de Futebol de elite com menos de 16 anos do Brasil, Inglaterra, França, Gana, México, Portugal e Suécia foram mostradas para seguir o caminho da especialização inicial e do engajamento precoce, mas não o caminho inicial da diversificação. Durante a infância, os jogadores se engajaram em uma quantidade relativamente alta de práticas e jogos específicos do Futebol, enquanto nem todos se engajaram em esportes adicionais e aqueles que o fizeram se engajaram em um número baixo. (Ford et al. 2012).

Durante o início da adolescência, eles se envolveram em quantidades relativamente altas de prática específica do Futebol? (Ford et al. 2012).

As preocupações com a especialização precoce levaram vários pesquisadores a defender o caminho da diversificação precoce (Baker, 2003; Baker et al., 2009; Coˆte´ et al., 2007). O caminho inicial de diversificação é seguido quando os atletas se envolvem em uma série de atividades esportivas diferentes durante a infância. Envolve o envolvimento principalmente em atividades lúdicas nesses esportes durante a infância (Coˆte´ & Hay, 2002)". (Ford et al. 2012).

3.9 LE FUTSAL: UN AUTRE MONDE DU FOOTBALL? – TRADUÇÃO: O FUTSAL: UM OUTRO MUNDO DO FUTEBOL?

"Em alguns países, o Futsal é simbolicamente a antecâmara do Futebol, um reservatório de jogadores em potencial. O Brasil, ou mais recentemente, Portugal e Espanha são frequentemente retratados como países de vanguarda e referências no Futebol, onde o pool de jogadores oriundos do Futsal enriquece regularmente as seleções de Futebol. Apesar da difusão da modalidade pelo mundo, muitos países com tradição no Futebol ainda não entendem que a prática do Futsal pode ser importante nos seus processos de formação, como por exemplo a Inglaterra, a mais antiga das nações do Futebol, só recentemente percebeu o potencial do Futsal e agora está tentando torná-lo um ativo (Moore e Radford, 2014)." (Gaulbert et al. 2016)

4 DISSERTAÇÃO RESUMIDA – RECORTE BRASIL

4.1 A TRANSIÇÃO DO FUTSAL PARA O FUTEBOL: A VISÃO DOS TREINADORES

Por se tratar de uma dissertação com vasta escrita, focou-se apenas no que se refere aos assuntos que mais se aproximam ao conteúdo do presente trabalho.

> "Considerando a história dos dois esportes, pode – se dizer que o Futsal, primeiramente chamado de Futebol de salão, é um "filho" do Futebol. (Stürmer, 2017).
>
> O Futsal tem demonstrado ser um grande celeiro de craques para o Futebol. Ao longo dos últimos anos, vários atletas profissionais de Futebol relatam o fato de praticarem o Futsal, esporte de quadra, antes de serem atletas do campo. Apesar do Futsal ser oriundo do Futebol e os dois esportes apresentarem muitas semelhanças, pouco se sabe sobre quais são os benefícios que o Futsal traz para quem tem como objetivo melhorar a sua prática no Futebol. Assim, esse estudo tem como objetivo analisar as contribuições do Futsal na formação de jogadores Futebol, entendendo na teoria, um fenômeno que têm acontecido na prática. O estudo é de caráter qualitativo descritivo em que participaram quatro treinadores da categoria de base de um Clube federado de Porto Alegre e teve como instrumento de análise, uma entrevista semiestruturada. Concluiu – se que o Futsal, se praticado até os quatorze anos, pode trazer muitos benefícios para o praticante de Futebol, sendo os principais benefícios a

constante participação no jogo; a melhora do processo de ensino – aprendizagem; a melhora da técnica e a melhora da tática, tanto individual quanto coletiva. (Stürmer, 2017).

Apesar de não apresentar grande popularidade na mídia, o Futsal brasileiro, por sua vez, é heptacampeão mundial e possui o jogador que mais vezes foi nomeado o melhor jogador do mundo, o **Falcão**. Porém, é muito difícil de encontrar uma criança cuja o sonho é se tornar jogador de Futsal, muito provavelmente por apresentar uma remuneração menor em relação ao Futebol, além do menor apelo midiático. Por isso, por mais que boa parte das crianças pratiquem o Futsal nas escolas e praças, o desejo de muitas delas é se tornar jogador de Futebol. (Stürmer, 2017).

Uma das críticas que se faz ao ensino do Futebol, é que muitas vezes as dimensões do campo e das traves não são adaptadas proporcionalmente ao tamanho das crianças, além do número de jogadores, já que com onze jogadores para cada lado, como ocorre no Futebol, a participação acaba sendo muito pequena, gerando desmotivação, pois as tarefas de jogo acabam sendo mais difíceis de se cumprir e a criança acaba não tendo a situação de sucesso. No Futsal, onde as dimensões de quadra e tamanho das traves, além do tamanho da bola e número de jogadores serem muito menores, as crianças se adaptam melhor e poderiam ter um aprendizado introdutório ao Futebol, em lugares onde não se apresentam as condições de se ter um ensino do Futebol adaptado às crianças. (Stürmer, 2017).

Pensando em termos práticos, em uma escola, é muito mais fácil se ter uma quadra de Futsal, em que qualquer espaço de pátio com uma pintura e duas goleiras pode se adaptar, do que um campo de Futebol, que exige uma área maior e uma manutenção mais minuciosa. (Stürmer, 2017).

Muitas escolas disputam competições de Futebol sem apresentar as condições de se preparar para a competição, por não possuir o campo e sim a quadra.

Baseado no exposto acima, tem-se como objetivo geral analisar as contribuições do Futsal na formação de jogadores Futebol através da opinião dos treinadores. (Stürmer, 2017).

Na prática, já se tem inúmeros exemplos de grandes craques brasileiros do Futebol que começaram sua trajetória no Futsal. Segundo Marques e Samulski (2009), craques como **Rivelino, Tostão, Kaká, Ronaldinho e Robinho**, deram seus primeiros passos nas quadras, sendo apenas uma pequena amostra de todos os talentos que o Futsal já proporcionou para o Futebol brasileiro. Outros estudos confirmam que cada vez mais atletas do Futebol de Campo tem iniciado sua trajetória no esporte através do Futsal: Em um estudo citado por Lencin et al. (2015, apud Neto, 2013) realizou uma entrevista com 30 atletas profissionais do Clube Atlético Paranaense, e todos os atletas responderam que há desenvolvimento da inteligência de jogo no Futebol se houve a prática do Futsal anteriormente. (Stürmer, 2017).

Esses dados comprovam um movimento que tem sido visto na prática, mas que só nos últimos anos tem se admitido e entendido a importância de a criança iniciar no Futsal para depois passar a praticar o Futebol. (Stürmer, 2017).

Esse "êxodo" do Futsal para o Futebol tende a aumentar consideravelmente, uma vez que está se perdendo um local que já foi grande revelador de craques no Brasil: O Futebol de rua. Ainda segundo Sá et al. (2010), a falta de segurança, a diminuição das áreas de lazer e casas, que normalmente teriam um quintal para essa prática, mesmo que lúdica, deixaram de fazer parte da infância dessa geração atual e a que está por vir, direcionando assim a criança para a prática do Futsal, já que é mais fácil de se encontrar uma quadra do esporte nas escolas, praças e parques. (Stürmer, 2017).

Ainda não existem muitos estudos científicos que comprovem porque o Futsal é um excelente formador de atletas para o Futebol, o que se tem, como dito anteriormente, são as evidências na prática, a partir do depoimento de grandes jogadores que dizem ter começado sua trajetória no Futsal. (Stürmer, 2017).

Ré (2008), caracteriza o Futsal e o Futebol como modalidades coletivas que exigem a execução de ações motoras em um contexto (jogo) de elevada instabilidade e imprevisibilidade, ou seja, são modalidades que exigem a execução de habilidades motoras abertas. Ainda segundo Ré (2008), embora existam diferenças significativas entre os dois esportes, como será mostrado no quadro abaixo, a proximidade das regras dos dois esportes proporciona que a técnica seja semelhante entre os dois esportes, possuindo fundamentos iguais entre si, como por exemplo a finalização, passe e domínio. Claro que, devido as suas diferenças, cada esporte acaba por ter, dentro dos fundamentos técnicos, suas variações. (Stürmer, 2017).

Seguindo na linha da comparação entre o Futsal e o Futebol, as diferenças entre um esporte e o outro são o que os caracterizam como esportes distintos, diferenças estas que foram geradas pelas adaptações que foram sendo feitas através do tempo, desde o início da história do Futebol de salão, conforme já apresentamos no item 1.1.3 deste Capítulo. (Stürmer, 2017).

Todas essas diferenças propiciam algo muito importante para a criança: maior participação ao jogar o Futsal do que o Futebol. Principalmente com a redução do tamanho da quadra e do número de jogadores, ela consegue realizar maior número de ações táticas e técnicas como argumenta Cavichiolli et.al. (2011) referenciando Freire (1998). O mesmo autor relata que, para os especialistas, o Futsal possibilita maior contato com a bola, e consequentemente a participação efetiva também aumenta, as crianças aprendem a jogar em espaços reduzidos e desenvolvem o raciocínio rápido, entre outros pontos, que são considerados vantajosos para quem pretende iniciar posteriormente a prática do Futebol de Campo. Não à toa, muitos treinadores de Futebol, desde as categorias de base até os profissionais, utilizam dentro de sua metodologia os mini-jogos, buscando exatamente o que acontece no Futsal: Envolvimento constante nas ações do jogo, tanto técnicas quanto táticas. (Stürmer, 2017).

A respeito disto, foi proposto em quatro estudos uma periodização de treinamento em que, na mesma semana, os atletas executariam treinos de Futsal e de Futebol. Cada estudo diz respeito a uma categoria diferente, levando em conta as características específicas que cada idade implica no jogo de Futsal e Futebol. Nos quatro estudos, é mantido o mesmo volume de treinamento para o Futsal: uma vez por semana, havendo alteração somente no volume de treinamento de Futebol. Na categoria Sub - 11 (Balzano, Lopes, Bandeira, 2011), Sub -13 (Balzano, Bandeira, Pereira Filho, 2011) Sub - 15 (Balzano et al., 2011) e Sub - 17 (Balzano et al., 2012), os autores estabelecem uma periodização em que, uma vez por semana, se treina o Futsal, alterando, de acordo com a idade, o número de vezes por semana que se treina o Futebol, por ser o foco dos estudos. (Stürmer, 2017).

Seguindo nesta linha Balzano et.al. (2011, apud Bello JR, 1998), cita que Clubes importantes do Brasil como Vitória/BA, Flamengo/RJ e Vasco da Gama/RJ já utilizaram em suas categorias de base, o treino em paralelo de Futsal e Futebol, porém não se treinava especificamente o Futsal, e sim eram realizados treinamentos do Futebol nas condições do Futsal, sendo muitas vezes treinamentos analíticos em que somente a técnica era aperfeiçoada. (Stürmer, 2017).

Neste estudo, foram coletadas informações de quatro sujeitos, de categorias diferentes para ter a visão do treinador em diferentes estados da formação do jogador de Futebol. Os sujeitos foram selecionados de maneira intencional e voluntária, fazendo parte da pesquisa treinadores que o autor da dissertação mantém contato. Os critérios de inclusão foram: ser treinador da categoria de base de um Clube de Futebol federado de Porto Alegre. (Stürmer, 2017).

É importante salientar que, apesar de todos treinadores serem graduados em Educação Física, cada um teve uma trajetória na sua carreira que lhe dá mais ou menos propriedade para falar sobre o assunto, mas todos contribuíram de maneira satisfatória para o estudo, trazendo novos conhecimento no sentido de buscar entender o papel do Futsal na formação dos jogadores de Futebol. (Stürmer, 2017).

Assim sendo, foram abordados cinco temas que são importantes para seguir esse caminho: O primeiro deles, tentar entender, no geral, qual o benefício da prática do Futsal para o praticante de Futebol; depois, mais especificamente, foram abordadas as questões sobre a técnica e a tática, o que há de comum nesses aspectos nos dois esportes, que pode beneficiar o praticante de Futsal quando ele transfere seu aprendizado para o Futebol; e, por fim, qual a idade ideal para que haja a especialização no Futebol e se o treinador recomenda a prática do Futsal para os seus alunos. (Stürmer, 2017).

Buscando identificar os benefícios da prática do Futsal, foi destacado nas entrevistas, por todos os treinadores, principalmente em idades menores, a importância de a criança estar com a bola, estar próxima da ação do jogo, devido ao espaço reduzido e o menor número de jogadores em relação ao Futebol. Isso gerou dois desdobramentos, na visão dos treinadores: Essas condições propiciam tanto à melhora na questão de tática individual, como no refinamento técnico do participante, como destaca um dos entrevistados: "Por ser um campo reduzido, a quadra ser um espaço reduzido, eles vêm a tocar muito mais vezes na bola, vem a participar muito mais na questão do jogo, as questões técnicas deles começam a se refinar cedo, a percepção de jogo, alguns comportamentos táticos(...)". A respeito disso, Balzano et al. (2011, apud Graça, 1998), relata que em ambos os esportes o primeiro problema é de natureza tática, isto é, o praticante deve saber "o que fazer", para poder resolver o problema subsequente, "o como fazer", ou seja, o os dois esportes têm essa característica de solucionar os problemas, escolhendo o que fazer e como fazer, mas o Futsal exige que essas escolhas sejam feitas e executadas a todo momento do jogo, sendo assim mais proveitoso para a criança. (Stürmer, 2017).

Um outro motivo para reflexão está na fala de outro entrevistado: "(...) mas tem muitas outras coisas que o Futsal pode acrescentar, a importância dele, que é o envolvimento muito mais próximo com o treinador, um envolvimento muito mais próximo com os atletas, isso são coisas que as vezes não se valoriza, mas quem trabalha sabe que o atleta de Futsal ele acaba desenvolvendo uma proximidade muito grande, isso facilita pela questão de ensino-aprendizagem(...)". Esses aspectos de ensino aprendizagem, a relação com o treinador ou professor, realmente acontece e acredito que é um dos grandes benefícios, principalmente para crianças que estão tendo seu primeiro contato com o esporte. No Futsal, as turmas de treinamentos tendem a ser menores que no Futebol, pela exigência do mínimo para se realizar um jogo, e, logo, o professor pode dar uma atenção muito maior, pode chamar pelo nome, o que é um detalhe, mas para a criança é essencial, além de que, pela curta distância, o professor pode estar sempre orientando de perto, criando uma relação aluno-professor muito boa. (Stürmer, 2017).

Seguindo para a questão técnica, todos concordaram que a técnica utilizada no Futsal pode ser transferida para o Futebol, e que ela também traz um diferencial em relação ao jogador que fez toda sua trajetória somente no campo. Destaco o trecho de um dos entrevistados, em que, seguindo na mesma linha do que já foi dito anteriormente, as condições do jogo de Futsal, principalmente seu dinamismo, propiciam um desenvolvimento da técnica: "(...) o jogo é muito próximo então o aluno tem que a todo momento estar com a bola então ele vai ter que desenvolver vários domínios de bola, domínio com a sola, domínio com o lado, domínio com o lado interno, domínio com o lado externo, porque o jogo é muito rápido, então o raciocínio nesse momento ele vai ter que ficar condicionado a técnica, ele vai ter que estar entrelaçado, então desenvolve muito a questão de domínio, passe, drible, drible no espaço curto, finalização, o jogo é muito próximo, então a todo momento tem finalização, então essas coisas acrescenta muito pro desenvolvimento da criança, do adolescente(...)", embora outro entrevistado tenha levantado uma questão importante, de que se não houver uma adaptação correta, a criança vai tentar executar um movimento aprendido no Futsal e não vai ter sucesso: "(...) agora já tem outros atletas que se vão tentar dominar uma bola de sola ou de algum outro tipo já vão acabar se atrapalhando, então que é uma técnica específica do Futsal que facilita, no campo já e mais difícil pelo fato da chuteira, a chuteira de trava, o campo ser mais irregular, então tem um pouco dessa dificuldade." No tocante a este ponto, Balzano (2007), apontou que, no Futsal, a técnica é utilizada constantemente nas tomadas de decisão, sendo a execução do gesto motor de grande velocidade e intensidade, enquanto que Balzano et al. (2011, apud Leães, 2003) aponta que no Futebol, a técnica está relacionada ao piso irregular, a bola mais leve, e, ainda ao calçado utilizado pelo praticante, sendo a intensidade e a velocidade do gesto motor, mais lenta. (Stürmer, 2017).

O próximo ponto de análise é a questão tática, em que os treinadores apontaram dois fatores importantes a serem transferidos do Futsal para o Futebol, a questão de tática individual e de tática coletiva. Quanto à tática individual, definida por Balzano (2014, apud Frota, 2012) como: "(...) o entendimento da função em determinada posição do jogador no campo desde a forma de se movimentar até o momento e a forma da execução do gesto técnico.". Destaco, sobre esses aspecto, a fala deste entrevistado, que fala sobre a tática individual ofensiva: "(...) todos jogadores tem que estar sempre em constante movimentação para dar opções de passe, para criar linha de passe então ele tem que usar de artifícios de dar uma finta no marcador, para dar um balanço nele para aparecer no espaço vazio, andar e levar o marcador para liberar espaço para outro(...)" e sobre a tática individual defensiva, a fala de outro entrevistado: "Dentro da situação defensiva uma coisa que a gente acha de muita importância é a base de marcação, com joelhos flexionados, a leitura de interceptar a bola através do facão com a perna(...)", indo de encontro à essa fala, Balzano et al. (2011, apud Lozano CID, 1995) destaca que o Futsal é um desporto com ênfase no sentido estratégico e com mais ações táticas individuais, grupais e coletivas entorno da bola e quadra, enquanto que em situações de tática coletiva, o mesmo entrevistado diz "(...) nós entendemos que ações táticas coletivas a gente pode trazer muitas situações de jogadas ensaiadas, padrões de saída de bola, padrões de movimentação para se desmarcar, padrões de bola parada, acho que ações coletivas do Futsal auxilia nesse quesito no Futebol de Campo." E esses padrões, executados desde cedo no Futsal, onde há uma atenção maior para cada indivíduo, quando o mesmo chegar no Futebol e o treinador exigir um padrão de movimentação, a criança já vai entender, como mostra Balzano et al. (2011, apud Fonseca, 2007), os atleta do Futsal se habituam desde cedo com o processo tático, como pode ser percebida nessa fala de um outro entrevistado "(...) padrões de marcação diversos que se tem, e quando está com a bola também, as manobras que são ofensivas elas tem que ser de forma organizada, tem que ser um padrão organizado para poder ter sucesso, então tu trazendo esses movimentos, alguns movimentos, adaptando para o Futebol, se tem um resultado bem bom.". (Stürmer, 2017).

Saindo das questões do jogo propriamente dito, consegui identificar uma idade que seja propicia para que haja especialização no Futebol, caso seja esse o objetivo do praticante. Todos os treinadores relataram a importância de se praticar o Futsal o mais cedo possível até os treze e quatorze anos. A partir daí, como há uma mudança de característica do jogo de Futebol devido à maturação dos meninos e começam a se diferenciar mais os dois esportes, há que escolher entre um e outro para se ter o resultado desejado, como enfatiza o entrevistado: "(...) eu acho que nas menores, nas categorias menores, é uma obrigação eles participarem do Futsal e eu entendo que até uma faixa etária de quatorze anos, eu acho que ele já pode fazer essa transferência e ficar só no campo, acho que ele conciliando o Futsal até os quatorze anos eu acho de muita importância (...)" e, seguindo na mesma linha, relata outro entrevistado " (...) mas eu acredito que a partir dos quatorze anos a criança já tem que escolher a área que ela vai querer seguir, se é o Futebol de campo mesmo e tem que haver uma especialização maior (...) então a partir dos quatorze anos tem que dar essa atenção maior pro Futebol de Campo, trabalhar questões mais específicas do Futebol de Campo, até porque a partir dos quatorze tu também já tem uma especialização de posição no Futebol, começa a ter uma especialização de posição, então fica um treino muito mais específico, então acredito que a partir dessa idade seria um marco bom pra haver essa distinção." Em um estudo de Klemt e Voser (2009), foram entrevistados doze atletas de Futebol em que, assim como os treinadores, concluiu – se que a idade recomendada para a transição do Futsal para o Futebol é entre treze e quatorze anos. (Stürmer, 2017).

Por último, todos os treinadores entrevistados, assim como o autor deste trabalho, recomendam a iniciação no Futebol através do Futsal, como atualmente se verifica quem vem acontecendo. De acordo com Lencin et al. (2015), o primeiro real contato com o jogo se dá por volta dos 4/5 anos de idade nas escolas, através do Futsal, nas ruas e até mesmo em casa, já aos 7 anos é mais frequente a disputa de campeonatos das federações regionais e estaduais. Neste ponto, destaco a fala de um dos entrevistados, quanto à importância da prática do Futsal, mas o cuidado que não haja muita cobrança em cima da criança: "(...) isso pra mim é uma regra, todos os atletas que eu tenho na categoria é uma obrigação eles jogarem Futsal, não a nível de competição, não competir o Futsal, mas sim nem que seja pra brincar (...)" e, seguindo na mesma linha de Lencin et al. (2015), outro entrevistado aponta a importância da prática do Futsal e onde a escola se encaixa nesse processo: "(...) que eles estejam vivenciando uma escolinha, que eles escolham uma escolinha e joguem lá, e treinem uma vez por semana, ou conforme dá e nas escolas, que eles joguem pelas escolas, tem muitos campeonatos escolares e que eles possam vivenciar aquilo ali, aquele momento do jogo de Futsal, para que ele traga para o campo alguma coisa diferente (...)". (Stürmer, 2017).

Nesta trajetória de buscar o objetivo analisar os benefícios que o Futsal traz para a prática do Futebol, conclui – se que, embora há muito tempo já se vêm tendo exemplos na prática de atletas profissionais do Futebol que relatam ter uma passagem pelo Futsal, há argumentos para indicar que o Futsal é um contribuidor para a melhor da prática do Futebol. Embora haja limitações no estudo, como poucas referências teóricas sobre os benefícios do Futsal para o Futebol e o não conhecimento declarativo de alguns treinadores entrevistados sobre o Futsal, acredito que foi definido alguns pontos importantes relativos à transição do Futsal para o Futebol:

• Maior participação em todos aspectos do jogo, proporcionado pelo espaço reduzido;

• Envolvimento mais próximo com o treinador/professor, facilitando o processo de ensino – aprendizagem;

• Melhora dos fundamentos técnicos, pela constante execução;

O SEGREDO DO FUTEBOL BRASILEIRO FUTSAL E FUTEBOL DE BASE

- Melhora da tática individual, tanto ofensiva quanto defensiva, pela necessidade de se executar a todo momento;

- Melhora da tática coletiva no que diz respeito à padrões de organização, seja padrões de saída de bola quanto padrões de marcação ou jogadas de bolas paradas; e

- A importância de se praticar o Futsal até os quatorze anos, momento em que é importante a especialização no Futebol, caso seja a escolha da criança, devido às mudanças significativas que ocorrem nas características do jogo de Futebol pelas alterações físicas." (Stürmer, 2017)."

5 Dissertação resumida – recorte estrangeiro

5.1 Treino de alto rendimento esportivo – comportamentos táticos no Futsal – estudo comparativo referente a escalões de formação e ao Futebol

Por se tratar de um trabalho com vasta escrita, resolveu-se focar apenas no que se refere aos assuntos que mais se aproximam ao conteúdo do presente trabalho.

"O presente trabalho teve por objetivos: a) comparar os comportamentos táticos desempenhados por jogadores de Futsal das categorias Sub 13, Sub 15, Sub 17 e Sub 20; e b) comparar os comportamentos táticos desempenhados pelos jogadores de Futsal e Futebol. Foram avaliados 96 jogadores sendo 48 de Futsal e 48 de Futebol das categorias Sub 13, Sub 15, Sub 17 e Sub 20. Em cada categoria foram avaliados 12 jogadores. No Futsal foram analisadas 3347 ações táticas, sendo

1573 ofensivas e 1774 defensivas. No Futebol observaram-se 2830 ações, das quais 1325 ofensivas e 1305 defensivas. (Müller, 2010).

A partir das avaliações que compararam as categorias no Futsal, verificou-se que nas categorias de faixa etária superior, os jogadores tendem a efetuar mais ações associadas aos princípios "cobertura ofensiva", "espaço", "contenção", "cobertura defensiva", "concentração" e "unidade defensiva", e nas categorias de Base executam mais ações de "penetração" e "mobilidade". Os jogadores da categoria Sub 20 cometeram menos erros que as outras categorias na "fase defensiva" e no "jogo" e obtiveram melhores índices de desempenho tático na "fase defensiva" comparados ao Sub 15 e Sub 17. Assim pode-se constatar que os atletas de Futsal apresentam características particulares em função da idade e essas particularidades podem servir de apoio para a planificação dos treinos e para o jogo propriamente dito. Já para a comparação entre o Futsal e Futebol constata-se que para além de efetuarem um maior número de ações tácticas, os jogadores de Futsal demonstraram efetuar com maior frequência os princípios "cobertura ofensiva", "contenção", "cobertura defensiva" e "concentração". (Müller, 2010).

No Futebol foram executados com maior frequência que no Futsal os princípios "espaço" e "unidade defensiva". Conclui-se que na fase defensiva os jogadores de Futsal têm performance superior e os jogadores de Futebol erram mais. Os jogadores de Futsal demonstram peculiaridades inerentes à modalidade que de acordo com os resultados obtidos suportam a ideia de que o Futsal pode servir de ferramenta para os treinadores e jogadores de Futebol. (Müller, 2010).

O Futsal é um jogo de invasão caracterizado pela participação simultânea de duas equipes em um espaço comum e com particularidades que demonstram um forte apelo à inteligência dos jogadores (Silva & Greco, 2009). A simultaneidade das ações confere aos jogos de invasão uma constante atitude tático-estratégica que se associa aos processos cognitivos relacionados à percepção e a tomada de decisão (Silva & Greco, 2009; Tavares, Greco, & Garganta, 2006) e se manifesta pela organização espacial dos jogadores no campo de jogo face às circunstâncias da partida (Duprat, 2007). (Müller, 2010).

No Futsal, as exigências atribuídas pelas regras e a complexidade das ações induzem aos jogadores uma permanente atitude tática para superarem as diversas situações do jogo. Assim, a essência da performance é essencialmente tática e implica uma atitude cognitiva, que lhe faculta reconhecer, orientar e regular suas ações (Moreira, 2005; Silva & Greco, 2009; Souza, 2002). (Müller, 2010).

Em função da aleatoriedade, imprevisibilidade e variabilidade dos comportamentos no jogo (Garganta & Oliveira, 1996), essa forma de entendimento da tática concede relevância para todas as movimentações dos jogadores que são norteadas por princípios táticos de jogo (Costa, Garganta, Greco, & Mesquita, 2009b). Eles compreendem um conjunto de normas de orientação que viabilizam a possibilidade de atingir soluções para os problemas decorrentes do jogo (Garganta & Pinto, 1994; Wilson, 2002). (Müller, 2010).

Em função da baixa frequência de determinadas ações no jogo, uma das atividades utilizadas pelos treinadores de jogos esportivos coletivos são os jogos reduzidos, os quais proporcionam aos jogadores a possibilidade de vivenciar um maior número de vezes situações semelhantes às que podem ocorrer durante as partidas. Os jogos reduzidos têm a vantagem de possibilitar ao treinador induzir a realização de ações que necessitam ser treinadas para facilitar a compreensão dos aspectos tácticos (Holt, Strean, & Bengoechea, 2002). Em função disso, já se verificam estudos que investigaram essas atividades (Grant, Williams, Dodd, & Johnson, 1999; Jeffreys, 2004; Jones & Drust, 2007; Katis & Kellis, 2009; Kelly & Drust, 2009; Owen, Twist, & Ford, 2004; Platt, Maxwell, Horn, Williams, & Reilly, 2001), devido à alta interferência contextual e à grande variabilidade de ações que tais jogos evidenciam (Stratton, Reilly, Williams, & Richardson, 2004). (Müller, 2010).

O Futsal nos últimos anos está passando por um processo de ascensão que têm impulsionado o aumento número de praticantes e espectadores. Apesar disso, ainda continua sendo um campo de aplicação pouco explorado pela comunidade científica (Amaral & Garganta, 2005; Sampedro, 2002). As referências existentes centram-se em investigações associadas a aspectos técnicos (Chagas et al., 2005; Voser, 2001), físicos (Dantas & Filho, 2002; Facchin, Seno, & Osimani, 1999; Ré, Teixeira, Massa, & Böhme, 2003) e táticos (Amaral & Garganta, 2005; Duarte, 2008; Souza, 2002). Não obstante, algumas investigações focalizam suas atenções em avaliar as movimentações dos jogadores de Futsal em jogos reduzidos, com o objetivo de avaliar os métodos de ensino-aprendizagem (Corrêa, Silva, & Paroli, 2004; Moreira, 2005; Silva & Greco, 2009). (Müller, 2010).

O progresso do Futsal estimulou o aumento de incentivos na modalidade e consequentemente nos últimos anos verifica-se a partir da detecção de talentos a colaboração na formação de jogadores de Futebol. Um indicativo desta afirmação pauta-se no número de jogadores de Futebol de grande expressão internacional que passaram pelo Futsal em categorias de formação - **Ronaldinho (Gaúcho), Figo, Kaká, Deco**, outros. Tanto o Futsal como o Futebol apresentam características particulares, tais como as dimensões da bola, campo e balizas, o tipo de piso e as regras. (Müller, 2010).

Entretanto, vários comportamentos afiguram algumas similaridades entre as duas modalidades. Provavelmente por isso, os métodos de treino também apresentam características em comum, principalmente no que se diz respeito aos exercícios desenvolvidos. Apesar da influência do Futsal no Futebol, existem poucas investigações que relacionam ou comparam as duas modalidades desportivas. Os estudos que se conhece centralizam-se em fatores físicos (Barbieri & Gobbi, 2009; Matos et al., 2008) e psicológicos, estes associados à liderança e motivação (Gomes, Pereira, & Pinheiro, 2008; Hernandez, Voser, & Lykawka, 2004; Olivera, Voser, & Hernandez, 2004). (Müller, 2010).

Como já comentado acima, a proposta desse estudo foi avaliar os comportamentos táticos desempenhados por jogadores de Futsal nas categorias Sub 13, Sub 15, Sub 17 e Sub 20. Diante dos resultados verifica-se que as categorias Sub 13 e Sub 15 efetuaram menos ações que os Sub 17 e Sub 20 demonstrando que os jogadores de Futsal de categorias superiores executaram maior número de ações táticas. Os resultados das ações permitem constatar que isto ocorreu devido a maior fragmentação do jogo (ações que resultaram em falta, lateral, escanteio ou tiro de metas) e maior número de posses de bola deste grupo. De acordo com Garganta, os jogadores mais experientes possuem um melhor controle de bola, o pode explicar o maior número de ações táticas dos jogadores de categorias superiores, que já passaram pelas principais fases do processo de ensino-aprendizagem- treinamento. Para Beilock e Carr são as estruturas do aparelho cognitivo, responsáveis pelo planejamento e execução das ações, que distinguem os novatos dos experts. Essas estruturas são associadas a formas particulares de memória e a atenção, e neste caso, os jogadores de idade superior possuem maior vivência e consequentemente já tem um repertório cognitivo-motor mais apurado. (Müller, 2010).

Em relação à localização da ação no campo de jogo, verifica-se que nas quatro categorias foram efetuadas mais ações ofensivas no "meio campo defensivo" e mais ações defensivas no "meio campo ofensivo". Estes dados demonstram que a marcação em bloco alto, denominada por Mutti como marcação pressão ou meia pressão, foi mais utilizada pelos defensores, e eventualmente, as equipes de ataque efetuaram mais ações ofensivas no setor defensivo. Ao efetuar mais ações ofensivas no setor defensivo as equipes de ataque facilitam a criação de linhas de passe e aumentam o espaço de jogo efetivo que proporciona de acordo com Costa a criação e exploração de espaços livres e melhores condições ao portador da bola para dar sequência à ação. (Müller, 2010).

Verificou-se diante das diferenças significativas que as categorias com idade inferior tendem a efetuar mais ações de "penetração" e "mobilidade", enquanto, que as categorias com idade superior tendem a efetuar mais ações de "cobertura ofensiva", "espaço", "contenção", "cobertura defensiva", "concentração" e "unidade defensiva" e, consequentemente, na "fase ofensiva", "fase defensiva" e "jogo". As categorias de faixa etária inferior, neste caso, efetuaram mais ações que independem dos companheiros de equipe o que supostamente pode-se constatar que os jogadores mais novos executaram ações mais isoladas, que de acordo com Garganta é característico de um modelo de jogo mais rudimentar. Já as categorias de idade superior apresentam, em função dos princípios realizados, comportamentos mais característicos aos modelos de jogo intermediário e avançado. Estas diferenças demonstram que é fundamental para os treinadores de formação conhecer os objetivos do jogo, os princípios gerais do jogo e as orientações básicas para facilitar a tomada de decisão, e assim, identificar os problemas do jogo e guiar os jogadores para as soluções táticas. (Müller, 2010).

Observa-se também que os jogadores da categoria Sub 20 cometeram menos erros que as outras categorias, principalmente nas ações defensivas, e obtiveram melhores índices de performance tática na "fase defensiva". Isto reflete o maior número de fragmentação do jogo nas categorias superiores e na quantidade de finalizações, onde na categoria Sub 20 há um menor número de chutes ao gol. A partir da literatura observa-se que nas categorias iniciais de formação os treinadores de Futsal optam por utilizar metodologias de treino centradas na técnica e no jogo formal e as atenções são voltadas principalmente para as ações ofensivas. Nas abordagens tradicionais de ensino os treinadores dividem o treino em dois momentos, um reservado para o trabalho das técnicas isoladas e outro para o jogo completo. Este pode ser um dos indicativos para os maiores índices de performance na fase defensiva nas categorias superiores, já que nestas idades os treinos contemplam atividades mais complexas, e assim afiguram em grande parte as situações inerentes ao jogo, neste caso não excluindo o treinamento defensivo. Partindo desta temática, é conveniente que a partir das fases iniciais o treinamento do processo defensivo compreenda situações de cobertura, dobra e compensação que referenciem a posição da bola, dos colegas e dos adversários oportunizando o desenvolvimento da atitude tática. (Müller, 2010).

Os jogadores das categorias avaliadas apresentam diferenças no número de ações táticas, sendo que nas categorias de maior faixa etária os jogadores tendem a efetuar mais ações associadas aos princípios "cobertura ofensiva", "espaço", "contenção", "cobertura defensiva", "concentração" e "unidade defensiva" e nas categorias de Base executam mais ações de "penetração" e "mobilidade". (Müller, 2010).

Nestas idades os treinos contemplam atividades mais complexas, e assim afiguram em grande parte as situações inerentes ao jogo, neste caso não excluindo o treinamento defensivo. Partindo desta temática, é conveniente que a partir das fases iniciais o treinamento do processo defensivo compreenda situações de cobertura, dobra e compensação que referenciem a posição da bola, dos colegas e dos adversários oportunizando o desenvolvimento da atitude tática. (Müller, 2010).

Em todos as categorias as equipes demonstraram utilizar mais a marcação pressão ou meia pressão que é efetuada no meio campo ofensivo, e eventualmente, as equipes de ataque efetuaram mais ações ofensivas no setor defensivo, para aumentar o espaço de jogo efetivo e facilitar as movimentações. Quanto aos resultados das ações verificou-se que nas categorias superiores manteve-se mais a posse de bola e os jogadores fragmentaram mais o jogo, enquanto nas categorias de faixa etária inferior os jogadores finalizaram mais ao gol, devido principalmente à menor performance defensiva. (Müller, 2010).

Segundo Müller (2010), os jogadores da categoria Sub 20 cometeram menos erros que as outras categorias na "fase defensiva" e no "jogo" e obtiveram melhores índices de performance tática na "fase defensiva" comparados ao Sub 15 e Sub 17".

O SEGREDO DO FUTEBOL BRASILEIRO FUTSAL E FUTEBOL DE BASE

O SEGREDO DO FUTEBOL BRASILEIRO FUTSAL E FUTEBOL DE BASE

CAPÍTULO 2

Sustentação Bibliográfica - Livros

1 Considerações

A título de contextualização e sustentação do assunto, 05 livros foram escolhidos (Capas 1, 2, 3, 4, *5), de acordo a temática principal do presente livro.

Os seus conteúdos foram revisados e selecionados para compor a argumentação que se segue, utilizando-se de citações transcritas (partes do livro em consonância ao assunto). Existem outros 06 excelentes livros devidamente identificados no item 2.6, que, em algum momento, abordam a temática da prática simultânea entre o Futsal e Futebol, porém, neste momento optou-se por citar os seguintes autores conforme apresentado nos itens 2.1, 2.2, 2.3, 2.4, *2.5, sendo eles: (Bellos, 2010), (Coyle 2010), (Balzano, Basso, e Lunardelli, 2020), (Antonelli e Moreira, 2021), (Andrade e Voser, 2022).

Capa 1   Capa 2   Capa 3   Capa 4   Capa 5

Capas dos livros utilizados para Sustentação Bibliográfica

2 Livros

2.1 Livro – O Brasil em Campo

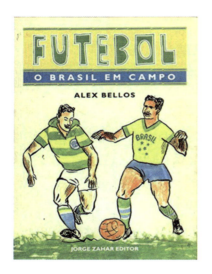

A dificuldade em se manter campos gramados oficiais num país tropical em desenvolvimento - os custos, o clima e a falta de espaço nas cidades-fez com que o esporte se adaptasse a qualquer terreno disponível. A incessante modificação do Futebol é também uma característica resultante de uma sociedade que não se constrange com mudanças de regras. Uma marca da cultura popular brasileira é a inclusão. O carnaval é um modo de derrubar as barreiras entre as classes. A religião é maleável, o que permite quase qualquer tipo de crença. Do mesmo modo, ninguém se vê impedido de se apropriar do Futebol para adaptá-lo a suas ideias ou necessidades práticas. (Bellos, 2010)

O filho pródigo da descendência brasileira do Futebol é o Futsal, que fez tanto sucesso que se estima que seja o jogo mais praticado no país mais que o próprio Futebol. O Futsal é um Futebol de cinco para cada lado, jogado numa quadra semelhante à do Basquete, com dois tempos de vinte minutos e uma bola menor. Os jogadores precisam ser muito rápidos, versáteis, e possuir grande controle de bola. O Futsal é uma espécie de cruzamento de Hóquei no gelo com Futebol. A bola, que quase não quica, é passada de pé em pé como se fosse um disco de Hóquei esférico. O jogo é elogiado por ter servido de base para vários dos mais talentosos jogadores brasileiros, como **Rivelino** e **Zico**. E visto como uma incubadora da alma futebolística brasileira. (Bellos, 2010)

A ideia de chutar uma bola numa quadra de Basquete foi inicialmente de um uruguaio, Juan Carlos Ceriani, na Associação Cristã de Moços de Montevidéu na década de 1930. Mas coube a seus colegas brasileiros de São Paulo regulamentar o jogo como um esporte. Como a bola de Futebol convencional quicava muito, os brasileiros experimentaram bolas menores cheias de serragem, cortiça e pelo de cavalo. O Futebol de Salão, como foi conhecido até que a abreviação Futsal pegasse, foi apelidado de "o esporte da bola pesada". (Bellos, 2010)

A primeira federação de Futsal foi fundada no Rio em 1954. Antes de 1959, quando as diferentes federações estaduais unificaram suas regras, o Futsal gerou algumas das práticas mais estranhas já vistas nos esportes de contato físico. Em algumas partidas, os jogadores de Futsal eram proibidos de falar. Qualquer manifestação vocal era punida com falta. A torcida também, por um pequeno período, foi proibida de fazer qualquer barulho. (Bellos, 2010)

Mas, a regra mais boba estipulava que os jogadores não podiam tocar na bola enquanto uma de suas mãos estivesse apoiada no chão. Isto significava que se alguém fosse derrubado, ou tropeçasse, tentaria evitar a utilização da mão como apoio - já que isto o tiraria da jogada. Os jogadores torciam o corpo para tentar cair sobre as costas, peito, ombros e cabeça. A regra foi abolida, segundo consta, quando uma publicação médica mostrou que, devido ao grande número de braços quebrados e ombros deslocados, o Futsal era o esporte mais perigoso do Brasil. (Bellos, 2010)

Em 1971, a Federação Internacional de Futebol de Salão, ou Fifusa, foi criada em São Paulo. Em 1989 o esporte foi incorporado pela FIFA, sendo cunhado o nome de Futsal e separando-se da Fifusa. Desde então o Futsal tem se espalhado pelo mundo inteiro. Mais de 160 países se inscreveram para disputar o Campeonato Mundial de 2000.

O SEGREDO DO FUTEBOL BRASILEIRO FUTSAL E FUTEBOL DE BASE

No Brasil existe uma liga profissional desde 1996, embora tenha imperado um profissionalismo disfarçado desde os anos 1960, quando os melhores jogadores recebiam polpudos "bichos". Hoje em dia, os astros do Futsal ganham tanto quanto alguns Futebolistas. (Bellos, 2010)

O esporte cresceu como capim. A Confederação Brasileira de Futsal (CBFS) registrou cerca de 160 mil novos jogadores em ligas amadoras desde 1991. "O Futsal é hoje o esporte que dá mais alegria aos brasileiros", diz Vicente Figueiredo, autor de "A história do Futebol de Salão". O Brasil domina a cena mundial. "De trinta e oito competições internacionais, o Brasil ganhou trinta e cinco. (Bellos, 2010)

2.2 LIVRO – O CÓDIGO DO TALENTO

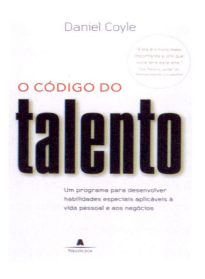

Pesquisas do mundo todo têm concluído que ninguém precisa nascer com um dom para, no final das contas, atingir bons resultados em qualquer atividade. **Ronaldinhos**, Leonardos da Vinci e Mozarts parecem ter praticado intuitivamente o treinamento profundo. Com isso, acionaram mecanismos que aumentam a produção de uma substância considerada o Santo Graal da aquisição de habilidades: a mielina. (Coyle, 2010)

O livro "Código do Talento" se baseia em descobertas científicas revolucionárias sobre um isolante neural chamado mielina, atualmente considerado por alguns neurologistas o Santo Graal da aquisição de habilidades. Vejamos por quê. Toda habilidade humana, seja ela a de jogar Beisebol ou a de tocar a Bach, é criada por cadeias de fibras nervosas que transmitem um minúsculo impulso elétrico - em resumo, toda habilidade nossa depende de um sinal que viaja por um circuito. Qual o papel da mielina nesse processo? Do mesmo modo que a borracha protege um fio de cobre, a mielina reveste essas fibras nervosas, tornando o sinal mais forte e mais rápido por impedir que os impulsos elétricos extravasem. (Coyle, 2010)

Quando disparamos nossos circuitos da maneira certa, quando buscamos movimentar um taco de beisebol ou tocar uma nota musical, nossa mielina reage, recobrindo o circuito neural com camadas isolantes, e cada nova camada aumenta um pouco mais a habilidade e a velocidade. Quanto mais espessa se tornar a mielina, melhor ela isolará as fibras e mais rápidos e precisos serão nossos gestos e pensamentos. A mielina é importante por várias razões. E universal: todos podem desenvolvê-la e, embora o façam mais rapidamente na infância, também o fazem ao longo da vida. Não é seletiva: seu crescimento viabiliza todo tipo de habilidade, mental ou física. É imperceptível: não podemos vê-la ou senti-la, e só notamos seu aumento pelos efeitos quase mágicos que provoca. (Coyle, 2010)

Mas, a grande importância da mielina reside no fato de que seu funcionamento nos forneceu um impressionante novo modelo para a compreensão do que seja a habilidade: a habilidade é um isolante celular que recobre os circuitos neurais e cresce em reação a determinados sinais. O autor visitou lugares minúsculos que produziam um número estratosférico de talentos. Essa jornada teve início em Moscou, numa quadra de Tênis em péssimo estado, e, nos 14 meses seguintes, levou-o a um campo de Futebol em São Paulo, no Brasil, a uma escola de canto em Dallas, no Texas, a uma escola no centro histórico de São José, na Califórnia, a uma surrada academia de música na região de Adirondacks, em Nova York, a uma ilha dominada pelo Beisebol, no Caribe, e a mais uma porção de locais tão pequenos, humildes e fantasticamente bem sucedidos a ponto de um amigo apelidá-los de "Harvards de fundo de quintal", em óbvia referência àquela que é tida como a melhor universidade do mundo. (Coyle, 2010)

Na cidade de São Paulo, no Brasil, em um playground de concreto, Daniel Coyle conheceu um menino de 11 anos que treinava um novo drible e se deslocava devagar, sentindo a bola rolar embaixo da sola de seu tênis barato. Tenta aprender o elástico, um drible em que o jogador empurra a bola com o lado de fora do pé e rapidamente a contorna para jogá-la na direção oposta com o lado de dentro do pé. Bem executado, o drible dá, a quem observa, a impressão de que o jogador está com a bola presa num elástico. A primeira vez que vemos o menino tentar essa finta, ele erra, para e pensa. Tenta outra vez mais devagar e erra novamente, a bola espirra para longe. Ele para e pensa de novo. Tenta executar o drible ainda mais devagar, decompondo-o nas diferentes partes - isso, isso e aquilo. Seu rosto está tenso, sua concentração é tão grande que ele parece ausente. Então acontece um clique: ele começa a dominar o drible. (Coyle, 2010)

Tentar descrever o talento coletivo dos jogadores de Futebol brasileiros é como tentar descrever a lei da gravidade. Podemos medi-lo devido às cinco copas do mundo, os quase novecentos jovens talentos contratados a cada ano por Clubes europeus. Podemos enumerar a procissão de superastros como **Pelé, Zico, Sócrates, Romário, Ronaldo (Fenômeno), Juninho, Robinho, Ronaldinho (Gaúcho), Kaká** e outros que foram merecidamente eleitos melhores jogadores do mundo. Ao fim, não se consegue expressar em nomes e números a força do talento brasileiro. (Coyle, 2010)

É preciso senti-la diariamente, fãs do Futebol no mundo todo presenciam esta cena típica: um grupo de jogadores do time adversário cerca um brasileiro, deixando-o sem opções, sem espaço, sem saída. Então se observa um movimento dançante e confuso, uma finta, um movimento súbito, uma explosão de velocidade, em seguida, o jogador brasileiro se vê livre e vai se afastando dos seus oponentes agora embolados, com a naturalidade despreocupada de quem salta de um ônibus lotado. (Coyle, 2010)

A cada dia, o Brasil consegue algo extremamente difícil e improvável: num jogo em que o mundo inteiro compete fervorosamente, o país continua produzindo um percentual extraordinariamente alto de jogadores ultra habilidosos. Tradicionalmente se atribui essa abundância de talentos a uma combinação de fatores genéticos e ambientais, um misto de natureza e educação. Nessa perspectiva, o Brasil é notável, porque possui uma confluência de fatores única: um clima favorável, uma profunda paixão pelo Futebol e uma população geneticamente diversificada de 190 milhões de pessoas; 40% das quais são paupérrimas e anseiam escapar dessa condição por intermédio do Futebol. Reunindo todos esses fatores, obtém-se a fábrica ideal para a supremacia futebolística. (Coyle, 2010)

Mas, como o Brasil produz tantos grandes jogadores? A resposta surpreendente é de que o país produz um sem-número de grandes jogadores porque, desde a década de 1950, os brasileiros têm treinado de um modo particular, com uma ferramenta específica que aprimora a habilidade no manejo da bola mais depressa que em qualquer outro lugar do mundo. (Coyle, 2010)

Assim como muitos fãs do esporte no mundo inteiro, o técnico de Futebol Simon Clifford tinha fascínio pela habilidade dos jogadores brasileiros. Contudo, diferentemente da maioria dos fãs, resolveu ir ao Brasil para tentar descobrir como os jogadores desenvolviam aquela habilidade. Tal iniciativa era de uma ambição incomum no caso dele, considerando que tinha adquirido toda a sua experiência profissional numa escola primária católica, na cidade inglesa de Leeds, verdadeiro túmulo do Futebol. No verão de 1997, quando tinha 26 anos, Clifford pegou oito mil dólares emprestados com o sindicato de professores e foi para o Brasil, levando consigo uma mochila, câmera de vídeo e um caderninho repleto de telefones que obteve de um jogador brasileiro a quem tinha sido apresentado. (Coyle, 2010)

Uma vez no Brasil, Clifford ficou explorando a região cada vez mais populosa de São Paulo, passou as noites em quartos infestados por baratas e os dias na rua rabiscando anotações viu muito do que esperava encontrar lá: a paixão, a tradição, os centros de treinamento altamente organizados, as longas horas de treino. (jogadores adolescentes gastam vinte horas por semana nas escolas de Futebol brasileiras, enquanto os britânicos se limitam a cinco horas semanais nas escolas de seus países.) E viu a extrema pobreza das favelas e a aflição nos olhos dos jogadores. (Coyle, 2010)

Mas, Clifford também viu algo que não esperava: um jogo estranho, semelhante ao Futebol, se esse fosse disputado dentro de uma cabine telefônica e os jogadores tomassem anfetaminas. A bola tinha metade do tamanho e o dobro do peso, quase não quicava. Os jogadores treinavam não num extenso campo de grama, mas em áreas do tamanho de quadras de Basquete, com piso de concreto ou de madeira, ou em terrenos baldios. Cada time tinha cinco ou seis jogadores, em vez dos onze de praxe. Pelo ritmo e pela incrível velocidade, o jogo mais parecia Basquete ou Hóquei que Futebol: consistia numa série intrincada de passes rápidos e controlados e numa constante movimentação de uma ponta a outra. Esse jogo se chamava Futebol de Salão, denominação hoje abreviada para Futsal. (Coyle, 2010)

"Para mim, estava claro que ali tinha nascido a habilidade brasileira no Futebol, era como achar o elo perdido", declarou Clifford. O Futebol de Salão tinha sido criado em 1930 por um técnico uruguaio, como uma opção de treinamento nos dias de chuva. Os brasileiros logo se apropriaram da novidade e elaboraram as primeiras regras do jogo em 1936. Desde então o Futebol de Salão se difundiu barbaramente, sobretudo nas grandes cidades do país, e não demorou para ocupar uma posição única na cultura esportiva brasileira. (Coyle, 2010)

O SEGREDO DO FUTEBOL BRASILEIRO FUTSAL E FUTEBOL DE BASE

Outras nações jogam Futsal, mas o Brasil foi dominado pelo esporte, em parte porque podia ser praticado em qualquer lugar (uma vantagem considerável num país onde não há tantos campos de grama). O Futsal ganhou a preferência dos meninos brasileiros, assim como o basquete, com times montados de improviso, é o favorito dos garotos americanos que moram no centro mais antigo e pobre das cidades. O Brasil é soberano na versão organizada do esporte, tendo vencido 35 de 38 campeonatos internacionais, segundo Vicente de Figueiredo, autor de A história do Futebol de Salão. Mas, esse número dá apenas uma ideia do tempo, do esforço e da energia que o país dedica a essa estranha versão doméstica do Futebol. Como escreveu Alex Bellos em Futebol: o Brasil em campo, o Futsal «é considerado a incubadora da alma brasileira». (Coyle, 2010)

Essa incubação pode ser percebida nas biografias dos jogadores. De **Pelé** em diante, quase todo grande jogador brasileiro jogou Futebol de Salão quando garoto, primeiro no próprio bairro e depois nas escolas de Futebol do país, nas quais, dos sete aos doze anos mais ou menos, os meninos destinavam três dias na semana a esse esporte. Um jogador brasileiro de alto nível certamente gastou milhares de horas jogando Futsal durante sua formação. **Juninho**, por exemplo, disse nunca ter chutado uma bola de tamanho oficial na grama antes dos catorze anos. Até os doze anos, **Robinho** passou metade de seu tempo de treinamento jogando Futsal. (Coyle, 2010)

Como um vinicultor que reconhece uma bela cepa vinífera, Emilio Miranda professor de Educação Física do Centro de Práticas Esportivas da Universidade a São Paulo (Cepeusp), no qual criou uma escola de Futebol para crianças consegue identificar a origem salonista de vários dribles brasileiros muito apreciados. O famoso drible do elástico, que **Ronaldinho** popularizou fazendo da bola um ioiô, veio do Futebol de Salão. O gol de bico que **Ronaldo** marcou na Copa do Mundo de 2002, idem. Jogadas na areia, dar de letra, dar um balão, chutar por cobertura encobrindo o goleiro adiantado, todas elas vieram do Futsal.

O SEGREDO DO FUTEBOL BRASILEIRO: FUTSAL E FUTEBOL DE BASE

Quando contei ao professor Miranda que tinha chegado a pensar que os brasileiros aumentavam sua habilidade jogando na areia da praia ele riu. "Jornalistas do mundo inteiro vêm aqui, vão à tiram fotos e escrevem histórias", disse o professor. "Mas grandes jogadores não surgem na praia, eles surgem na quadra de Futsal", arrematou. (Coyle, 2010)

Uma das razões para isso é puramente matemática. Jogadores de Futsal tocam na bola com muito mais frequência que os jogadores de Futebol - seis vezes mais por minuto, de acordo com um estudo da Universidade de Liverpool. A bola menor e mais pesada exige e recompensa um manejo mais preciso como assinalam os técnicos, o jogador não se livra da marcação simplesmente rifando a bola para a frente. Passes perfeitos são indispensáveis: o jogo todo se resume a buscar ângulos e espaços e fazer tabelas rápidas com os outros jogadores. Domínio de bola e visão são tudo no Futsal. (Coyle, 2010)

Por isso, quando passam da quadra para o campo, os jogadores têm a impressão de que sobra espaço para jogar, acres de gramado. Ao assistir comigo a jogos profissionais de Futebol em São Paulo, o professor Miranda me apontou os jogadores que tinham jogado Futebol de Salão: ele os distinguia pelo modo como tocavam a bola. Não se importavam com a proximidade do oponente. Conforme sintetizou o professor, "tempo e espaço reduzidos exigem maior habilidade; o Futebol de Salão é nosso laboratório nacional de improvisação", ou seja, o Futebol brasileiro é diferente do Futebol do resto do mundo, porque o país utiliza o equivalente esportivo de um *Link trainer*. (Coyle, 2010)

O Futsal comprime as habilidades Futebolísticas essenciais num pequeno espaço, situa os jogadores na zona de treinamento profundo, na qual vão cometendo erros que vão corrigindo, nunca deixando de criar soluções para problemas vivamente percebidos. Jogadores que tocam na bola 600% mais vezes aprendem mais depressa (e sem se dar conta disso) do que aprenderiam na vasta e expansível extensão de um campo gramado. O Futsal não é apenas a razão pela qual o

Futebol brasileiro é extraordinário. Os outros fatores tantas vezes citados acima, clima, paixão e pobreza - realmente importam. Mas o Futebol de Salão é a alavanca por meio da qual esses fatores transmitem sua força. (Coyle, 2010)

2.3 Livro – DOIS UM BRASIL "UM MÉTODO GENUINAMENTE BRASILEIRO NO ENSINO DO FUTEBOL E FUTSAL"

A consequência de um processo de ensino-aprendizagem e treinamento pautado no modelo tradicional analítico é o fato de os jogadores/alunos acabarem compreendendo pouco sobre o jogo e reproduzindo apenas situações pré-determinadas pelo treinador/professor, por meio de gestos técnicos e impor a ordem no terreno do jogo segundo uma repetição formal e estática, desprezando as características particulares dos alunos/jogadores, pois reduzem o grau de liberdade das ações e seguem um objetivo único. Visando às partes superar as concepções convencionais, estudiosos dos jogos coletivos de invasão defendem que a dimensão tática seja a linha do processo. (Balzano, Basso, e Lunardelli, 2020)

A proposta metodológica de treinamento do Futsal através de jogos foi lançada na Europa ocidental no início da década de 80, século XX e conhecida no país por meio de um curso de Futsal no ano de 1991, na cidade de Videira, SC, com o professor Fernando Ferretti. (Balzano, Basso, e Lunardelli, 2020)

A proposta de Balzano et al. utiliza-se, no modelo pedagógico de ensino do Futsal, a metodologia do jogo por compreensão, considerando que o problema inicial no jogo de Futsal, para o atleta e/ou aluno, é de natureza tática. Saber "o que fazer", em seguida apoiar-se no "como fazer", porque o modo de atuar do atleta/aluno está constituído pela forma como ele concebe e percebe o jogo. Nas aulas e/ou treinamentos, cabe o uso dos "jogos por compreensão", porque se entende que essa orientação de ensino é baseada em atividades/jogos onde o atleta/aluno deve compreender o que está fazendo no jogo e contextualizar para outras situações, isto é, uma proposta que considera o jogo numa perspectiva sistêmica, onde soluções para problemas dinâmicos sejam automatizadas como ferramentas para novas situações problemas do complexo ambiente de jogo. (Balzano, Basso, e Lunardelli, 2020)

Como princípio pedagógico fundamental desse método há a ideia de modificar o jogo em variadas formas e a progressão tática (aumento dos problemas táticos conforme o nível de discernimento). Ambientar jogos com problemas alternativos e simultâneos ao problema central do jogador/aluno, "o de jogar com e contra", vai potencializar a capacidade de resolução de problemas e de leitura do jogo pelo atleta/aluno. Estimulam-se competências que darão suporte a esse atleta/aluno, no momento de decidir qual ação deva tomar em determinada ocasião, em prol da eficácia coletiva e individual. As aulas/treinos acabam por promover atividades desafiadoras, onde os problemas táticos são alvo de constante exigência. A partir da estrutura complexa do jogo, são criadas situações com tomadas de decisão contínuas, estimulando o pensamento criativo e capacidade de avaliação dos jogadores, individual e coletivamente. (Balzano et al., 2020)

O Futsal é uma das modalidades esportivas de maior número de praticantes no Brasil, tanto no ambiente da escola quanto no Clube Balzano et al. (2020 como citado em Voser & Giusti, 2015), e segundo o senso comum, é um esporte genuinamente brasileiro. Normalmente, o primeiro contato da criança com a bola acontece nos primeiros anos de vida, frequentemente nas quadras de Futsal. Essa relação é incentivada pela família, aproximando a criança à prática desse esporte.

Cada vez mais cedo, as crianças praticam Futsal em escolinhas esportivas, principalmente pela diminuição dos aparelhos esportivos públicos, com a esperança de que sejam encaminhadas/convidadas a jogarem o Futebol em Clubes profissionais. (Balzano, Basso, e Lunardelli, 2020)

O Futsal é comumente lembrado como parte integrante da formação do atleta de Futebol, especialmente quando estes ganham notoriedade internacional e, por meio de gravações de vídeo antigas de sua infância, veem-se os mesmos em quadras de colégio ou em campeonatos estaduais de categorias menores, realizando dribles desconcertantes ou malabarismos com a bola. O Futsal, para muitos, está associado apenas ao desenvolvimento da habilidade técnica do atleta, e, devido à cultura tecnicista do nosso Futebol, exclusivamente ao drible, priorizando o aspecto individual e os movimentos ofensivos. Balzano et al. (2020 como citado em Junior, 2014)

Observa-se que muitos Clubes e escolas possuem quadras, mas poucos utilizam o Futsal como ferramenta para o ensino-aprendizagem treinamento no Futebol. Quando o trabalho e executado na quadra de Futsal, este não é sistemático e não é programado com objetivos de qualificação para a formação do atleta. (Balzano, Basso, e Lunardelli, 2020)

Outros Clubes de Futebol treinam Futsal para campeonatos, isto é, jogadas ensaiadas, sistemas táticos, situações especificas do desporto Futsal. Treinam o Futsal para o Futsal. Em nosso entendimento, os treinamentos de Futsal, nos Clubes de Futebol, devem ser adaptados aos objetivos específicos do Futebol. Para os treinos de Futsal, aplicados nos Clubes de Futebol, não possuem objetivos de trabalhar o atleta para um melhor rendimento no Futebol na tríade tática, técnica e cognição. Balzano et al. (2020 como citado em Filgueira e Greco, 2008)

Alguns fatores podem contrapor-se à prática de Futsal especializado como treinamento dos atletas de Futebol, como por exemplo: a falta de conhecimento dos técnicos de Futebol sobre Futsal; a carência de espaço físico em alguns Clubes; "o medo" de o técnico de Futebol dividir o trabalho da equipe com outro profissional; a formação deficiente do treinador (em muitos casos, ex-jogadores de Futebol sem formação científica); a busca precoce por resultados; a pressão de pais, torcedores e dirigentes ao treinador para formar rapidamente os atletas; a ausência de uma "comprovação científica" de que o trabalho com o Futsal pode auxiliar no desempenho do atleta de Futebol; e, por fim, a dificuldade de encontrar um profissional de Futsal capacitado para contribuir com trabalho no Futebol. Balzano et al. (2020 como citado em Gastaldo, 2006)

Balzano et al. (2020) pondera em seu texto, experiências que os meninos brasileiros e os sul-americanos vivenciam na sua formação motora e sinestésica, que podem fazer a diferença, na comparação com meninos de outros locais quando da prática do Futebol. Considera também que as dimensões são continentais:

> Diferentes colonizações, culturas, crenças, tradições, folclore, festas, danças, celebrações, sotaques pratos típicos, tipos de alimentos, climas, relevos, vegetações. Tem samba, frevo, capoeira, tem ginga, molejo, jogo de cintura, malandragem, esperteza. Tudo isso junto é, em linguagem acadêmica: psicomotricidade, desenvolvimento motor através de uma vivência motora rica, variada e lúdica desenvolvendo de maneira natural estratégias extremamente rápidas de percep-

O SEGREDO DO FUTEBOL BRASILEIRO FUTSAL E FUTEBOL DE BASE

ção, processamento de informações e tomada de decisões. Só os programas motores generalizados, uma ampla gama de gestos motores armazenados no seu 'HD' (sistema neuro-motor) que vão resultar em habilidade, agilidade, técnica, aguçada visão periférica (percebe de maneira mais rápida e precisa um maior número de estímulos/informações do ambiente para processamento e a tomada de decisões) rapidez de raciocínio, capacidade de improvisação e adaptação, precisão, inteligência específica. (Balzano et al. como citado em Ferreira, 2014, p.2)

De acordo com Balzano et al. (2020), esses fatores geram um jogador técnico, inteligente e habilidoso, capaz de encontrar soluções para as tarefas problemas inerentes ao jogo com rapidez, precisão e economia de energia.

Balzano et al. (2020 como citado em Risêrio, 2003), no mesmo caminho, descreve que esse estilo a brasileira teve como base e campo experimental a "pelada", isto é, o jogo improvisado, informal, simplificado em regras e equipamentos, na várzea, na praça, na rua plana ou enladeirada, no terreno baldio, no capinzal ao lado da estação de trem, num trecho de estrada esburacada, no quintal de fulano, na margem do rio, na beira da lagoa ou na areia da praia.

Diante disso, Balzano et al. (2020) considera que o Futsal nada mais é do que um jogo adaptado do Futebol, um "filho" do Futebol. Pois o Futebol de Salão foi criado na década de 30 para suprir as necessidades da prática do Futebol. No Futsal, o país também é referência mundial e reproduz o estilo brasileiro de jogar Futebol, que privilegia o drible, o improviso, a criatividade, e que ficou denominado de "Futsal-Arte". O Futsal "apesar de não ser criado" no Brasil, é "um esporte genuinamente brasileiro", pois o país o desenvolveu, produziu os melhores jogadores, as melhores equipes, possui quadras nos lugares mais longínquos e criou a maneira nacional própria de jogar esse esporte.

Hoje, seguramente, o Futsal é a modalidade esportiva que possui o maior número de praticantes em todo o Brasil[2]. Um dos motivos é que não impõe o biótipo geralmente requerido para certas modalidades, podendo praticá-lo o alto, o baixo, o gordo, o magro, o jovem ou o mais idoso. O país tem quadras em "quase todos os lugares", ele é o esporte que mais se aproxima do Futebol - a paixão nacional - e, precisa-se apenas de dez jogadores para jogar, como também pode ser jogado em qualquer clima. No Futsal, o atleta desenvolve a tão conhecida habilidade que só o jogador brasileiro tem. Devido aos reduzidos espaços da quadra, o jogador desenvolve condições de drible, controle de bola, passe, arremate e marcação que o Futebol não proporciona com a mesma frequência de oportunidades. (Balzano et al., 2020)

Balzano et al. (2020 como citado em Rufino, 1981), descrevendo o jogar a brasileira: "A maneira brasileira de jogar que se caracteriza pela finta, pelo drible, pelo suingue, por uma certa irresponsabilidade com relação ao jogo. Mas, uma fidelidade à bola. Essas são características brasileiras. A tradição não é só a de fazer gol, o objetivo principal é a bola. E lidar com a bola, brincar com a bola".

Ao analisar essa tendência da prática em quadras, entende-se que esse quesito ensino e treinamento conciliado do Futsal e do Futebol é uma tendência crescente, sendo essa prática do Futebol nas quadras uma realidade cultural esportiva do Brasil, e fato que se deve apropriar e utilizar-se como ferramental de formação de talentos não só para o Futsal, mas também para o Futebol, em nome da melhoria de

---

[2] O Futebol é a modalidade esportiva mais praticada em todo mundo, tendo no Brasil o maior número de praticantes, segundo a FIFA (Federação Internacional de Futebol *Association*, com 11 milhões de adeptos). Conforme a FIFA (2018) existem 1,7 milhões de praticantes de Futsal do sexo masculino e mais de 175 mil do sexo feminino. Atualmente, a FIFA possui um milhão e meio de praticantes confederados e a Confederação Brasileira de Futebol de Salão (CBFS) possui mais de trezentos e trinta mil inscritos.

qualidade técnica e tática desses dois jogos apaixonantes. (Balzano, Basso, e Lunardelli, 2020)

Se a criança e o jovem iniciam e desenvolvem seu aprendizado do Futebol em quadras de Futsal, entende-se que o ensino dos conceitos do Futsal, adaptados para o Futebol, podem render muito frutos no processo ensino-aprendizagem e no treinamento dos dois esportes, partindo do pressuposto de que a criança e o jovem, ao praticarem o Futsal ou Futebol na quadra, estão "carregando" aprendizagens significativas (motoras/físicas/táticas/cognitivas) nessa iniciação e desenvolvimento esportivo. (Balzano, Basso, e Lunardelli, 2020)

A contribuição e as semelhanças fisica-técnico-táticas do Futsal para a formação no Futebol podem ser constatadas em uma análise mais acurada. Próximo ao Futebol, o Futsal vem adquirindo números por consequentes adaptações do jogo, pela forma de falta de espaços para a prática do Futebol, esse aspecto tem relevância, pois a falta de segurança, a diminuição das áreas de lazer e casas, que normalmente teriam um quintal para essa prática, mesmo que lúdica, deixaram de fazer parte da infância dessa geração atual e a que está por vir, inibindo assim uma vivência tão importante para aquele futuro jogador. Balzano et al. (2020 como citado em SÁ et al., 2010)

Conforme Balzano et al. (2020 como citado em Fonseca, 2007), muitos são os exemplos de jogadores que se destacaram no Futebol de Campo e tiveram sua origem esportiva no Futsal, fato também a ser explorado no presente trabalho posteriormente por meio de depoimentos de atletas, ex-atletas, treinadores e profissionais que atuam no Futebol e no Futsal.

Embora não seja o foco principal deste trabalho, a título de embasá-lo, pretende-se demonstrar que, cada vez mais, o Futsal pode ser apontado como importante fator de contribuição na formação de jogadores de Futebol. O Futsal é um diferencial na aquisição e no desenvolvimento das habilidades motoras, na tomada de decisão, nas movimentações curtas, na diminuição dos espaços na marcação na rápida mudança de direção. Partindo-se dessa constatação, urge pensar em uma sistematização da gestão de um processo que congregue esses dois jogos da bola com os pés. (Balzano, Basso, e Lunardelli, 2020)

Segundo Balzano et al. (2020 como citado em Bettega, 2014), no livro de Daniel Coyle "O Código do Talento", a pesquisa estabelecida em território brasileiro aponta que o Futsal se caracteriza como a incubadora do Futebol, fomentando a formação de jogadores mais talentosos. Esse suporte que o Futsal constitui para consequente atuação no Futebol, vínculo à tomada de decisão em espaços e tempos reduzidos, bem como propicia que o atleta tenha um maior contato com a bola e interação direta com companheiros e adversários. Nessa perspectiva, segundo o citado autor, destacam-se alguns pontos do jogo que são de suma importância nessa transferência, como, a percepção e comprometimento nos confrontos de "um contra um" e a leitura antecipada das ações em nuances de igualdade e inferioridade numérica a partir de desarme e interceptações de linhas de passe.

Para Balzano et al. (2020 como citado em Scaglia, 2010), o Futsal comprime as habilidades Futebolísticas essenciais num pequeno espaço, situa os jogadores na zona de treinamento profundo, na qual vão cometendo erros e corrigindo erros, nunca deixando de criar soluções para problemas facilmente percebidos. Para o referido autor, jogadores que tocam 600% mais vezes na bola, aprendem mais depressa (e sem dar-se conta disso) do que aprenderiam na vasta e expansível extensão de um campo gramado. Segundo o autor já mencionado, o Futsal não é apenas a razão pela qual o Futebol brasileiro é extraordinário, outros fatores tantas vezes citados como clima, paixão e pobreza também importam. Mas, o Futsal é o meio no qual esses fatores transmitem sua força.

Balzano et al. (2020 como citado em Fonseca, 2007) relata, em "A importância do Futsal para atuação nos campos de Futebol", os seguintes resultados: no Futsal a bola fica mais perto do pé; existe o constante contato com o corpo, a marcação fica mais próxima; há pouco tempo para realizar as ações, acontece a constante movimentação e a grande repetição dos fundamentos técnicos durante o jogo.

Balzano et al. (2020 como citado em Müller, 2009), da pesquisa deste último sobre comportamentos táticos Futsal, destacou o estudo comparativo referente a escalões de formação e Futebol, que apresentou os seguintes dados: no Futsal acontece um maior número de ações táticas; os jogadores de Futsal executam mais cobertura ofensiva, defensiva, concentração e a contenção do que no Futebol, onde os jogadores utilizam, com maior frequência, mais os princípios espaço e da unidade defensiva que no Futsal. Na fase defensiva no Futsal, a performance é superior à do Futebol. Outras características, citadas do trabalho, referem que, no Futsal, acontece um maior número de ações devido ao melhor controle da bola; os jogadores ocupam posições de ataque e de defesa (universais), e os atletas realizam ações mais perto ao portador da bola que no Futebol de Campo.

Para Balzano et al. (2020 como citado em Casarin, 2017), o que mais se observa no Futsal é constante busca por espaços livres, permitindo que a interação entre os jogadores crie superioridade qualitativa, cinética, posicional ou numérica. Essa é uma constante disputa durante a partida e exige tomada de decisões instantâneas por parte dos jogadores, tendo em vista o espaço reduzido da quadra. Para o autor acima, no Futebol atual, presencia-se, cada vez mais, essa interação, devido à intensidade organizacional que o jogador de Futsal desenvolveu.

A primazia pela compactação horizontal pelos perfis distintos de organização defensiva e ofensiva e pela valorização das transições (troca rápida de atitude), exige uma mudança de perspectiva no jogo atual, obrigando os jogadores a encontrar soluções cada vez mais rápidas, tecnicamente eficazes e imprevisíveis também. (Balzano, Basso, e Lunardelli, 2020)

Conforme Balzano et al. (2020 como citado em Casarin, 2017), o Futsal é jogado em quadra retangular, plana, horizontal, medindo quarenta metros de comprimento por vinte metros de largura (dimensão para jogos oficiais), o piso não tem irregularidades, a bola é mais pesada que no Futebol e, normalmente, as quadras são fechadas, desta forma não acontecem alterações no jogo por causa do clima. Todos esses fatores facilitam para o atleta o domínio da bola e, por causa disso, há uma maior velocidade na próxima ação que irá tomar no jogo, bem como, uma maior percepção, ao seu redor, de colegas, adversários e espaço na quadra. Esses requisitos facilitam a automatização, percepção e contextualização do jogo no instante de tomar uma decisão ou no momento da leitura do jogo.

Segundo Balzano et al. (2020 como citado em Bettega, 2014), os jogos de Futsal e Futebol expõem características semelhantes na sua composição estrutural. Essa semelhança também se relaciona aos aspectos funcionais do jogo, ligados dos componentes estratégicos, táticos e técnicos. O autor referido destaca que as dimensões estruturais e funcionais do Futsal, também podem contribuir para a formação do atleta de Futebol. A organização das equipes contempla um lado funcional e um lado estrutural. No fenômeno Futsal e Futebol, estas dimensões acontecem ao mesmo tempo e simultaneamente, sendo no Futsal maneira mais constante devido ao espaço e ao número de jogadores.

O Futsal pode contribuir de maneira significativa na formação do jogador de Futebol, pois as dimensões estruturais no Futsal são executadas constantemente numa dinâmica menor e mais pedagógica, propiciando que futuramente este jogador possa levar a aprendizagem do Futsal para aplicar no Futebol, ou seja, num sistema mais amplo e complexo. Entende-se que no Futsal existem possibilidades tomadas de decisão que no Futebol, considerando a área de atuação, pois permite ao jogador tomar consciência da superfície da quadra e/ou campo de jogo, dos seus limites e das suas funções especificas, ou seja, conhece as missões dos seus companheiros e está preparado para ajudá-los em quaisquer situações do jogo, apoiando ou assumindo as suas funções. (Balzano, Basso, e Lunardelli, 2020)

Conforme Balzano et al. (2020 como citado em Bastos, 2010), existe uma relação entre os movimentos do Futsal para utilização intrínseca no Futebol. Para o autor em tela, o Futsal pode ser usado como uma ferramenta de auxílio na produção e na apropriação de ações nos treinamentos de Futebol.

Segundo Balzano et al. (2020 como citado em Junior, 2014), como as dimensões das quadras de Futsal são menores e as estratégias ofensivas podem, em virtude do menor número de interações entre os atletas podem ter menor complexidade, ser metodologicamente organizadas e controladas pela comissão técnica, conclui-se que a prática do Futsal competitivo em idades menores pode promover a consciência do jogar por meio de ações colaborativas e da técnica como ação tática. Conforme o autor acima, a construção de ações estratégicas no Futsal, assim como o desenvolvimento do modelo do jogo, quando confrontado com o Futebol, possuem um número de repetições maior na quadra e logicamente as ações necessárias para tal acontecem com mais frequência no Futsal. Portanto, a eficiência dos jogadores e das equipes de Futebol podem ser construídas na formação inicial dos atletas com apoio no Futsal.

Balzano et al. (2020 como citado em Junior, 2014), o treino do Futsal poderia contribuir para que os zagueiros, ao invés de realizar passes sem intenção (os famosos chutões para se livrarem da bola), possam realizar um passe para goleiro ou para os laterais que o apoiam e reiniciar uma ação ofensiva de qualidade. Assim como os meios campistas utilizam ações técnicas de acordo com a situação apresentada em termo de precisão e de velocidade para a criação das janelas de oportunidade, gerando vantagens competitivas, sejam posicionais ou numéricas, e os atacantes jogarão de maneira mais coletiva.

Balzano et al. (2020 como citado em Bueno, 2013), faz uma relação com a Espanha, também referência mundial nas duas modalidades (Futsal e Futebol), observando o exemplo do F.C. Barcelona/Espanha de **Guardiola**. Para Bueno, a posse de bola dessa equipe está alicerçada nos constantes apoios ao homem da bola. A capacidade de jogar sob pressão e sair da mesma utilizando jogadores de apoio são todos princípios do jogo de ataque no Futsal.

Para Balzano et al. (2020 como citado em Bueno, 2013), a ocupação de espaço, de maneira setorizada ou individual, também tem muitas dessas semelhanças no Futebol e no Futsal. A formação de linhas de marcação e a compactação defensiva da equipe, também podem ser "absorvidas" do Futsal para o Futebol. Conforme o mencionado autor, os jogadores condutores (os meias), se treinados e aproveitados nos movimentos das modalidades, não teriam problemas com o entendimento da velocidade da bola para a sua recepção. Os jogadores mudariam de direção com mais frequência. Os atletas identificariam a distância em que se encontra o adversário, e teríamos no Futebol um contra-ataque também um retorno defensivo mais bem organizados. O Futebol iria utilizar mais a bola de tempo com passe do meio para o atacante, extremamente similar ao jogo de pivô do Futsal.

De acordo Balzano et al. (2020 como citado em Casarin, 2017), o que se observa no Futsal é uma constante disputa durante toda a partida que exige tomada de decisões instantâneas por parte dos jogadores, tendo em vista o espaço reduzido da quadra de jogo. No Futebol atual, presencia-se isso de igual modo e cada vez mais, devido à intensidade organizacional que o jogo desenvolveu. A primazia pela compactação horizontal e vertical, pelos perfis distintos de organização defensiva e ofensiva e pela valorização das transições troca rápida de atitude), exigem uma mudança de perspectiva no jogo atual, obrigando os jogadores a encontrar soluções cada vez mais rápidas, tecnicamente eficazes e imprevisíveis também. Para o autor acima, o mais marcante dessa relação entre o Futebol moderno e o Futsal é que em cada zona do campo de Futebol, acontecem muitos "Futsais".

No que tange à faixa etária, Balzano et al. (2020) acredita que antes dos sete anos de idade, a criança deve brincar de Futsal sem nenhuma cobrança competitiva. A partir daí, já começa a ter uma melhor relação com "os seus" e interage melhor com o coletivo. Também entende que as competições, nessas faixas etárias iniciais, devem ser adaptadas à realidade física-técnica-tática e emocional das crianças, diminuída ao máximo a cobrança sobre elas.

Observou, ainda, que, em algumas pesquisas qualitativas e em discursos do meio do Futebol, que o atleta/aluno de Futsal poderia fazer a transição do Futsal para o Futebol, a partir dos doze ou treze anos. Não entende ele, dessa forma, primeiro porque considera que o trabalho no Futsal deve ser contínuo (integrado) com o Futebol de Campo, dos dezesseis aos dezessete anos, pois não concorda com o termo transição. (Balzano, Basso, e Lunardelli, 2020)

No Futsal não há ataque nem defesa, tudo é a mesma coisa. O princípio de tudo é não perder a bola finalizar ao gol nem sempre é a melhor opção, antes há que desequilibrar o rival para que a finalização seja imparável. Balzano et al. (2020 como citado em Guardiola, 2019)

Entende Balzano et al. (2020) que o atleta/aluno, ao compreender e contextualizar os conceitos de ataque e defesa do Futsal, tornar-se-á um jogador inteligente taticamente e criativo em sua forma de jogar, desta maneira estará apto a atuar em qualquer equipe, independentemente da forma de jogar e do sistema estratégico adotado. Acredita que os jogadores com domínio dos conceitos de ataque e defesa do Futsal, poderão contextualizar e aplicar esses conhecimentos no jogo de Futebol. Ou seja, formar-se-ão jogadores capacitados a atuar em alto rendimento ou mesmo por lazer, pois entenderão o jogo e com competências para jogar, tanto no Futsal como no Futebol. Compreende que o grande diferencial do treino de Futsal está na intensidade da realização as ações, em relação as ações realizadas nos treinos de Futebol de Campo.

Segundo Balzano et al. (2020), o Futsal é um ótimo plano de voo para o aprendizado do Futebol. Apresentar uma estrutura de gestão que permita aproveitar os ganhos do método do treino de Futsal, aplicando-o na formação de talentos também para o Futebol é o escopo geral do presente trabalho.

2.4 LIVRO - O FUTEBOL POTENCIALIZADO PELO FUTSAL

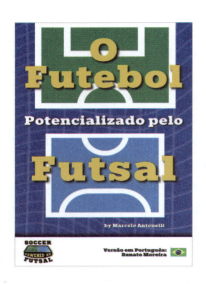

Antonelli e Moreira (2021), acreditam que os dois esportes (Futebol e Futsal) são atrativos, divertidos e competitivos. Eles podem ter vida independente um do outro e proporcionar alegrias e benefícios aos respectivos praticantes, seja pela própria prática, pelo lúdico, pelas possibilidades de desenvolvimento social e motor, ou como esportes profissionais.

Segundo Antonelli e Moreira (2021), uma formação integrada de jogadores e o uso do Futsal para se desenvolver jogadores de Futebol não tira os méritos ou impacto negativo em nenhum dos dois esportes. Principalmente dentro de uma perspectiva internacional, em que a formação integrada proposta pode trazer muitos benefícios para o Futsal em países onde a cultura desse esporte é quase inexistente.

Antonelli e Moreira (2021), defendem que o impacto e as possibilidades que o Futsal pode trazer ao Futebol transcendem o ambiente das quadras e que a riqueza das técnicas e táticas "do Futsal" têm muito a colaborar com o Futebol, através de uma variedade de possíveis formas de serem trabalhadas até mesmo diretamente nos campos de Futebol.

Há alguns anos, dizer que as táticas do Futsal poderiam ser aplicadas no Futebol geraria desconfiança às pessoas (Antonelli e Moreira, 2021).

Para Antonelli e Moreira (2021), nos Estados Unidos, a visão da interação entre os esportes é exclusivamente tecnicista. Muitos Clubes de Futebol oferecem treino extra em quadras de Futsal, que, na maioria das vezes, baseia-se exclusivamente na prática de dribles, cada jogador com uma bola e longe do contexto do jogo.

Na Itália, as teses de conclusão das licenças de Futsal que os citados autores tiveram acesso abordaram a interação entre os esportes e apontaram para os ganhos técnicos e para o aumento da velocidade de raciocínio, mas deixavam claro que as "táticas" eram diferentes entre os dois esportes (Antonelli e Moreira, 2021).

De acordo Antonelli e Moreira (2021), uma visão integrada entre o Futsal e Futebol também pode proporcionar a Clubes que investem na formação de jogadores de base praticando os dois esportes uma oportunidade muito melhor de organização e integração curricular, além de permitir as comissões técnicas (sejam elas separadas ou não entre os dois esportes) a elaboração de treinamentos complementares entre as práticas. Mas os benefícios das táticas individuais e de grupo integradas entre os esportes vão muito além da iniciação. Por exemplo, o Futsal possui uma variedade de táticas de grupo que muitas vezes não são trabalhadas de forma ótima no Futebol. Um treinador com conhecimento dessas táticas do Futsal e uma visão integrada entre as modalidades pode se utilizar de uma variedade de recursos (métodos de treinamento e aplicação) para praticamente "emprestar" do Futsal uma tática que possa melhorar o desempenho de sua equipe até mesmo com equipes adultas e de alto rendimento.

Antonelli e Moreira (2021), comentam que se pode discutir a importância do Futsal na facilitação das atividades informais, pois o acesso aos campos públicos vem diminuindo nas grandes cidades. As quadras de Futsal, sejam elas em parques públicos, Clubes privados, escolas ou qualquer outro ambiente, podem fornecer uma forma eficaz de se facilitar atividades não formais e permitir a jogadores de todas as idades passarem mais tempo brincando e jogando com a bola.

O "brincar com a bola" por meio de jogos informais pode ser tão importante para o sucesso do desenvolvimento dos jogadores quanto os métodos de treinamento específicos, sendo relevante para treinadores que trabalham com atletas de uma certa localidade considerar a possibilidade de intervenção nos espaços físicos disponíveis (Antonelli e Moreira, 2021).

Segundo Antonelli e Moreira (2021), outro fator importante a se considerado é a história cultural/futebolística de cada país. No Brasil, o Futsal vem ajudando a desenvolver jogadores de alto nível há muitas décadas.

Sendo assim, tem-se que pensar que cada país tem uma cultura futebolística diferente, além de diferentes demandas, realidades e percepções sobre o Futsal. No entanto, em comum, existe uma compreensão limitada sobre as possíveis contribuições do Futsal para o desenvolvimento do atleta de Futebol (Antonelli e Moreira, 2021).

Para Antonelli e Moreira (2021), o Futsal tem características que facilitam o desenvolvimento da técnica, especialmente em crianças. O layout físico do Futsal, que inclui um solo homogêneo e bola mais pesada (em comparação ao Futebol de campo), faz com que a criança fique em contato constante com a bola, tornando-se mais suscetível aos principais gestos técnicos, como passe e drible, sendo, portanto, mais adequado à iniciação esportiva.

Além disso, ao jogar dentro de um ginásio, há menos estímulos de distração e baixa interferência de fatores ambientais (vento, chuva, temperatura etc.), tornando a comunicação e o processo ensino-aprendizagem mais efetivos. É claro que o menor número de jogadores por equipe é outro benefício; no entanto, esse aspecto pode ser facilmente adaptado no Futebol de campo (Antonelli e Moreira, 2021).

Antonelli e Moreira (2021) citam que o Futsal pode ajudar a desenvolver a paixão pela prática esportiva. A modalidade é adequada para torneios e campeonatos envolvendo jovens jogadores, ajudando-os a estabelecer laços afetivos com o esporte.

Mais toques na bola, raciocínio rápido e criatividade, é assim que a maioria das pessoas abordam o uso do Futsal como método de desenvolvimento do Futebol. Durante uma partida ou treino, cada jogador provavelmente tocará na bola mais vezes do que se estivesse em um campo de Futebol. Existem várias pesquisas que mostram esses números. Tudo é mais rápido numa quadra de Futsal, por isso os jogadores desenvolvem o "raciocínio rápido". Em teoria, como a quadra é um espaço menor, os jogadores precisam encontrar maneiras criativas para atacar. Na prática, o desenvolvimento dependerá do ambiente de jogo (Antonelli e Moreira, 2021).

De acordo Antonelli e Moreira (2021), o Futsal de alto nível tem combinações, variações e estratégias que são consideradas como "específicas da modalidade". Mas, ao analisar os conceitos dessas "táticas específicas", percebe-se que também são replicáveis ao Futebol, podendo, inclusive, contribuir para o desenvolvimento de atletas de Futebol de campo.

Um exemplo é a variação do "um-dois" (1-2). O Futsal leva esse tipo de combinação, tão utilizada no Futebol, a um nível mais alto. Opções para quando o passe está sendo fechado pelo jogador que pressiona a bola ou pelo jogador que defende o passe são bem exploradas no Futsal. Como consequência, os jogadores devem avaliar o cenário até o último segundo e ajustar seus movimentos conforme apropriado (Antonelli e Moreira, 2021).

Para Antonelli e Moreira (2021), todas as características "modernas" do Futebol tem algo em comum com o Futsal: são conceitos parecidos com os que o Futsal de alto nível apresenta há muito tempo. Assim, podemos dizer que quanto mais o Futebol evolui, mais se parece com o Futsal de alto nível.

Enquanto esses conceitos podem ser trabalhados diretamente nos campos de Futebol, o ambiente do Futsal na iniciação apresenta uma série de condições ótimas para o ensino e aperfeiçoamento delas (Antonelli e Moreira, 2021).

Dessa forma, uma sólida formação nas quadras de Futsal, adquirindo e aperfeiçoando uma variedade de conceitos que são exigidos tanto no Futsal quanto no Futebol de alto nível, oferece ao jogador moderno muitas vantagens em comparação aos que não tiveram a possibilidade de uma formação similar (Antonelli e Moreira, 2021).

Antonelli e Moreira (2021), consideram que esse jogador, com uma formação proporcionada por um método ótimo nas quadras, e seguindo um caminho de desenvolvimento eficiente, estará pronto para os desafios que o Futebol moderno apresenta, incluindo aqueles decorrentes da evolução tática.

Levando em conta esses fatores é importante encontrar um caminho "ideal" e condições adequadas. Times brasileiros como C. Athletico Paranaense, Santos F.C., C.R. Vasco da Gama e Ceará S.C. compartilharam em cursos da CBF como gerenciam suas categorias de base, integrando o Futsal e o Futebol. Como ideia geral, todos apresentaram propostas defendendo que quanto mais jovens os jogadores, maior deve ser a frequência do Futsal, enquanto que em idades avançadas deve-se priorizar o Futebol de campo (Antonelli e Moreira, 2021).

Antonelli e Moreira (2021), citam que alguns poucos Clubes brasileiros já integram as comissões técnicas, enquanto a maioria dos Clubes que proporcionam os dois esportes na base o fazem de maneira desintegrada.

Os autores referenciados defendem que para jovens jogadores a predominância da base deve ser realizada no Futsal, seguida por uma alternância equilibrada entre os dois esportes e, a partir daí, o treino deverá focar cada vez mais na especificidade do Futebol de campo.

Antonelli e Moreira (2021), lembram que a riqueza da diversidade de ambientes (campo de grama, campo de areia, quadra, rua etc.) tem sido historicamente um grande diferencial na construção do talento brasileiro e que não controlamos todo o tempo de um jogador (pelo menos até passar a viver em um regime integral em uma categoria de base). Sendo assim, temos que considerar todas as atividades informais em que o jogador participa, inclusive em outros esportes/jogos, o que pode trazer muitos benefícios para o desenvolvimento.

A participação do jogador no Futsal acaba sendo mais efetiva que no Futebol. Pelo fato de o espaço de jogo e o número de jogadores serem menores, o jogador acaba participando mais ativamente do jogo. Seja com ou sem a bola, a relação entre ataque e defesa acontece quase que de forma simultânea, o que faz com que o jogador esteja atento o tempo todo ao que acontece no jogo. Um momento de desatenção é extremamente prejudicial à equipe, diferentemente do Futebol, em que o jogo tende a se concentrar em partes específicas do campo. Analisar e compreender a relação entre o Futsal e o Futebol é, sem dúvida, algo complexo. Essa análise pode ser feita através de olhares diferentes (Antonelli e Moreira, 2021).

Antonelli e Moreira (2021), mencionam que podemos considerar os esportes Futsal e Futebol diferentes se pensarmos nos números de jogadores e no espaço de jogo, mas também podemos considerá-los similares se pensarmos nos princípios que norteiam as ações dos jogadores nos dois esportes.

O SEGREDO DO FUTEBOL BRASILEIRO FUTSAL E FUTEBOL DE BASE

2.5 A TRANSIÇÃO DE ATLETAS DO FUTSAL PARA O FUTEBOL

*Infelizmente não foi possível citar partes do livro, devido à necessidade eminente de submissão deste trabalho à Editora. Porém, mesmo assim, ressalta-se deixar registrado que se trata de uma das mais importantes obras literárias com ênfase no assunto - Transição entre as modalidades Futsal e Futebol, conforme nos apresenta a breve resenha elaborada pelos autores:

"O Futsal e o Futebol são modalidades que fazem parte da marcante cultura esportiva do nosso país. O aspecto positivo da ligação entre elas é a facilidade com que as crianças se adaptam ao jogo. Entretanto, a falta de conhecimento nessa relação pode prejudicar o desenvolvimento de diversas formas, sendo que a diferença de essa associação ser positiva ou não pode estar interligada ao modo como elas são administradas. Esta obra tem como objetivo geral analisar o processo de transição de atletas do Futsal para o Futebol. O estudo destaca os métodos formativos desenvolvidos e aplicados, especificamente, para o processo de transição, e descreve os modelos existentes e os caminhos que poderão ser seguidos. Nesta perspectiva, é possível imaginar um universo de descobertas que nos permitirá um olhar mais ecológico sobre o tema, contrariando os pressupostos tradicionais que apontam apenas na direção da produção de conteúdos técnicos, sob alegação de que estes são capazes de formar talentos para o Futebol. Tendo em vista a natureza complexa do tema, a única certeza que temos é que precisamos seguir estudando este processo formidável (Andrade e Voser, 2022)."

2.6 Outras sugestões de livros complementares

Conforme já comentado, para engrandecer ainda mais sustentação referente ao assunto principal do livro, é cabível colaborar com outras 06 sugestões de publicações complementares, optando por não os transcrever no presente Capítulo, sendo eles: (Sales, 2011), (Jober, 1996), (Lopes, 2010), (Fonseca, 2007), (Rezer e Saad, 2005), (Piçarro e Santos Filho, 2012).

Capa 6

Capa 7

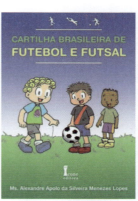
Capa 8

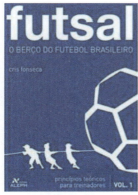
Capa 9

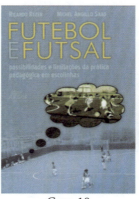
Capa 10

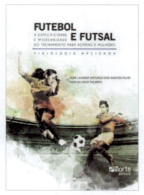
Capa 11

Capas 6, 7, 8, 9, 10 e 11 - Livros sugeridos como leitura complementar de acordo a Sustentação Bibliográfica

O SEGREDO DO FUTEBOL BRASILEIRO FUTSAL E FUTEBOL DE BASE

CAPÍTULO 3

Sustentação transcrita – entrevistas, relatos, frases jogadores, imprensa, treinadores, outros

1. Considerações

Com intuito de ilustrar os conhecimentos sobre aplicabilidade de diversos conceitos da técnica e tática do Futsal como contribuinte para o Futebol, entende-se importante a coleta de relatos qualificados que sustentam o exposto até o momento. Buscou-se, ao máximo, preservar as ideias, considerações e sugestões das entrevistas e relatos dos profissionais abaixo relacionados. Foi necessário alterar algumas palavras e frases para que o texto ficasse mais apropriado para a leitura, com o cuidado máximo de não interferir no pensamento dos profissionais, mantendo a originalidade da ideia exposta por eles. Registra-se o respeito às opiniões e comentários de todos os profissionais mencionados.

A intenção foi coletar depoimentos do maior número possível de profissionais qualificados envolvidos de alguma maneira no Futsal e no Futebol, para que o livro seja o mais completo e diversificado possível, dando sustentação fática à ideia de que o Futsal é ferramenta contribuinte para o Futebol e seus processos. Destaca-se que os cargos e clubes descritos dos profissionais depoentes se referem as datas contidas nas referências deste livro. Na época das entrevistas e relatos, a maioria deles estava comprometida com outra equipe ou instituição.

Ao finalizarmos as transcrições minuciosas abaixo, ficou evidente a contribuição e a importância da prática da modalidade Futsal nos processos de desenvolvimento/formação/transição do jovem futebolista, endossando todo o conteúdo e ideia apresentada nesse livro.

2 Depoimentos do vídeo "O Futsal na formação do atleta – parte 1"

Falcão fala que, durante a formação no Futsal, a criança tem a oportunidade de participar muito mais do jogo, comparando-se ao Futebol. As crianças são mais estimuladas no Futsal e podem desenvolver melhor as capacidades técnicas e coordenativas que o jogo exige.

Caio Ribeiro fala que o Futsal é fundamental, porque o atleta aprende a jogar em espaço curto e desenvolver o raciocínio rápido. Disse, também, que isso facilita quando o atleta está em campo com mais espaço e passa por situação de pressão, pois o atleta tem mais facilidade para sair do problema e o improviso aparece. A escola do Futsal ajuda em várias outras situações.

Zico fala que o Futsal trabalha bem o drible curto, a tomada de decisão e os reflexos. Disse que jogar as duas modalidades dá vantagem para o atleta em formação. Quando o atleta vai para o campo, sente facilidade nas ações pelas dimensões maiores. Em seu caso particular, afirmou ter sido ajudado pelo Futsal durante a carreira, principalmente no drible curto seguido de finalização.

Amoroso fala que o Futsal foi essencial para ele ter um pensamento mais rápido e sair da marcação com poucos toques na bola. Disse também que, no Futebol, utilizava muito do Futsal para sair da marcação mais justa e finalizar com velocidade ao gol.

O SEGREDO DO FUTEBOL BRASILEIRO FUTSAL E FUTEBOL DE BASE

✖. PC de Oliveira fala que, no Futsal, se começa muito cedo. A maioria das Federações já iniciam as competições com 07 - 08 anos, portanto, a criança já toma decisões e resolve problemas em frações de segundos por diversas vezes. Já no Futebol, esse processo é mais lento, participam pouco das ações do jogo (muitas vezes ficam minutos sem tocar a bola). No Futsal, há proporcionalidade, já no Futebol não há proporcionalidade, as crianças jogam em campos imensos, com bolas e traves fora do padrão para idade, o que dificulta o processo de aprendizagem.

✖. PC de Oliveira também comenta que essa distância na formação, fez com que a grande maioria dos Clubes tenha investido nos pequenos jogos ou jogos reduzidos. É uma tendência no treinamento esportivo, com informações vindas de fora do país. Mas, na visão do **PC**, não se está gerindo esse conhecimento. Não estão conseguindo formar jogadores que resolvam os problemas do jogo dentro do jogo e isso engloba não só tomar a decisão. É mais do que isso: o jogador precisa encontrar o problema, resolver o problema, no próximo instante e assim sucessivamente. Se a base for no Futsal, pode contribuir muito para que isso aconteça com maior assertividade.

✖. Victor Ferraz comenta que toda criança deveria iniciar no Futsal. Considera os fundamentos do Futsal diferenciados e acha mais fácil dar atenção à técnica e à tática quando se tem a formação no Futsal. **Victor Ferraz** considera que o atleta que passou pelo Futsal leva vantagem muito grande para aquele que não o jogou.

✖. Zé Elias comenta que o Futsal ajudou muito ele no Futebol, porque ofereceu uma técnica em que o domínio da bola praticado no Futsal facilitava o controle dela mais próximo aos pés, além do drible curto, da melhor proteção da bola, da visão periférica e das movimentações mais rápidas.

✖. Juary comenta que o Futsal é importante, porque ensina a criança a proteger melhor a bola, se deslocar, raciocinar rápido - devido ao espaço limitado -, desmarcação com maior facilidade e marcação mais apurada. Disse que tudo isso se leva para o Futebol e quem não jogou Futsal tem mais dificuldade nesse aprendizado. Disse, também, que levou muito do Futsal para o Futebol e que isso foi fundamental em sua carreira. Disse que o menino que joga Futsal tem mais facilidade de migrar para o Futebol, já o menino que joga Futebol e nunca jogou Futsal, até os 12 anos, pode ter dificuldades na adaptação.

André Bié (treinador do S.C. Corinthians Paulista - Futsal profissional) comenta que, no Futsal, a tomada de decisão e o espaço curto facilitam à criança a solucionar os problemas do jogo. Isso tudo pode ajudar a criança quando migrar para o Futebol.

3 Depoimentos do vídeo "O Futsal na formação do atleta – parte 2"

Denílson afirma que o Futsal o ajudou bastante na questão dos dribles curtos, de noção de espaço, e foi fundamental na formação para o Futebol. **Denílson** considera que os meninos do Futebol de Base que não jogaram Futsal, teriam muita dificuldade nas quadras pelo dinamismo do jogo. Considera que o diferencial do Futsal é o drible curto, devido ao espaço reduzido, e, se o jogador não tiver o raciocínio rápido e o drible curto para sair das situações, ele não sobrevive ao jogo. Também considera que o jogador de Futebol atual se baseia muito na força e teria dificuldade no Futsal e diz que existe uma carência em jogadores mais habilidosos e individualistas no Futebol atual. Citou **Robinho, Neymar, Vinicius Junior** como referências atuais em habilidade (todos jogaram Futsal).

Rivelino comenta que o Futsal o ajudou muito na proteção da bola, no pensamento rápido, no contato e no toque rápido. Disse também que não tirava o pé da bola e fazia as jogadas com velocidade e reafirmou que o Futsal o fez jogar dessa maneira no Futebol, dando dribles curtos e finalizando com rapidez. Disse que sempre jogou Futsal e Futebol ao mesmo tempo e que isso o ajudou demais.

🏃. **Petros** fala que o Futsal é importantíssimo e cita que os principais jogadores do Brasil iniciaram no Futsal. Comenta que ajuda na variedade de dribles, na dinâmica, na versatilidade, em saber jogar em todas as posições, no domínio de bola, no controle, em acelerar o jogo e na rapidez. Diz também que são fatores que fizeram, por muito tempo, o Brasil ser rotulado no Futebol por essas características presentes no Futsal. Citou **Ronaldinho Gaúcho, Neymar, Djalminha e Felipe**, como referências do Futsal no Futebol, em questão de técnica em alto nível. Considera o Futsal ainda o maior formador dos grandes jogadores brasileiros.

🏃. **Djalminha** diz que o Futsal foi importantíssimo, diz que gostava mais de jogar Futsal do que Futebol, mas a projeção no Futebol foi inevitável. Disse que a parte técnica e a habilidade fazem do Futsal um aliado para resolver problemas do jogo em espaço reduzido, com o raciocínio rápido e que isso ajuda muito quando se transfere tais capacidades para o Futebol. Disse que o Futebol tem muito mais espaço, o que facilita o drible e ajuda a sair de uma marcação mais apertada, para quem já praticou o Futsal.

🏃. **Marcelo Rodrigues** (comentarista do canal Sportv) afirma que o Futsal traz mais agilidade ao atleta, velocidade de raciocínio e sempre uma atitude proativa para o jogo. A tomada de decisão, para o jogador de Futsal, precisa ser cada vez mais intensa, e o jogador de Futsal, quando vai para o Futebol, tem mais espaço e acaba desenvolvendo muito melhor fintas, dribles e visão do jogo. Citou treinadores oriundos do Futsal que estão trabalhando em alto nível no Futebol (**Zé Ricardo, PC de Oliveira e Fernando Diniz**).

🏃. Zé Ricardo comenta que enxerga de forma bem simples, fora aquilo que todos falam do raciocínio rápido, da qualidade técnica e da habilidade em espaços curtos. Diz que enxerga o Futebol dividido em dois momentos bem distintos do jogo - Fase Cognitiva/Mental e a Fase Motora. Se fosse dividir por porcentagem, ele considera que mais de 70% estão na fase cognitiva. Disse que a exigência do Futebol precisa de tomadas de decisões corretas e velocidade nesse processo, bem como de análise do jogo. Ele considera o atleta de Futsal bastante estimulado nesse sentido do desenvolvimento cognitivo. Não acha tão fácil o atleta fazer essa transição do Futsal para o Futebol, mas, quando acontece, percebe que o atleta leva vantagem nos quesitos apresentados.

🏃. Elano considera que o Futsal na formação oferece à criança um grande contato com a bola e cita também o dinamismo do jogo no qual ela está inserida. Ainda considera que acha mais fácil o Futsal estimular a utilização das duas pernas para melhorar a capacidade técnica. Disse também que o Futsal o ajudou muito nas finalizações, pois aparecem situações a todo o momento no jogo de Futsal, diferentemente do Futebol.

4 Depoimentos do vídeo "O Futsal na formação do atleta – parte 3"

🏃. Casagrande comenta que o Futsal ajuda em jogar bem no espaço reduzido, na movimentação, no raciocínio rápido, na decisão para a finalização ao gol, na habilidade, na técnica e na facilidade para utilizar os dois pés. Disse que o Futsal o fez melhorar na utilização dos dois pés para finalizar durante o jogo no Futebol.

✖. **Neto** comenta que o Futsal ajuda no momento de passar a bola, em antever a jogada, em finalizar com maior qualidade, sem a necessidade de tanta força. Disse que o Futsal foi importante para ele no Futebol, mas não foi decisivo para ser um jogador profissional, porque jogou muito tempo nas categorias de base do Guarani F.C. e sua formação foi muito boa.

✖. **Cuca** afirma que a técnica adquirida no Futsal é sensacional. Cita que há jogadores que têm a cara do Futsal. Citou **Luan** como um exemplo. Não sabe ao certo se ele jogou Futsal, mas tem as características de quem jogou. Falou que só o Futsal promove a habilidade em espaços reduzidos e a troca rápida de pés em uma jogada de drible. **Cuca** considera o Futsal um jogo muito dinâmico e técnico em comparação ao Futebol, não o enxergando como um jogo físico.

✖. **Luizão** comenta que o Futsal o ajudou no Futebol na proteção de bola, no drible curto e no raciocínio rápido. Falou que o pouco espaço que o Futsal propicia, ajuda no pensamento rápido, e quem consegue levar isso para o Futebol tem vantagem em relação aos demais jogadores.

✖. **"Alê" Oliveira** (imprensa) comenta que, quando jogava Futebol, tinha uma abordagem mais forte que os outros pelo fato de ter jogado Futsal. Disse que, pelo fato de participar muito durante o jogo e treinamento de Futsal, dava a ele uma condição técnica mais apurada em comparação aos outros jogadores que participavam só do Futebol.

✖. **Zeca** comenta que o atleta que sai do Futsal para o Futebol é muito mais habilidoso do que o atleta que nunca jogou Futsal. Destaca o drible curto como maior virtude de quem jogou Futsal.

✖. **Tuca Guimarães** considera o Futsal fundamental, destacando a tomada de decisão com ganho. Diz que a parte cognitiva do atleta de Futsal é diferente se comparada ao Futebol. Afirma que consegue identificar no Futebol quando um atleta jogou Futsal pela tomada de decisão, pelo domínio de bola e pela velocidade em resolver problemas no jogo.

5 Depoimentos do vídeo "A transição – parte 1"

🏃. **Amoroso** comenta que começou no Futsal com 08 anos de idade e ficou até os 14 jogando Futsal, antes de iniciar definitivamente no Futebol do Guarani F.C.. Disse que o Futsal contribuiu uma parcela muito grande em seu desenvolvimento para o Futebol. Considera que, a partir dos 07 anos, a criança já pode iniciar no Futsal e esse período pode se estender até os 14 anos, definindo, nesse momento, em qual modalidade deve permanecer. Amoroso também considera fundamental esse período no Futsal para criança.

🏃. **Caio Ribeiro** comenta que jogou Futsal até os 16 anos e teve que optar naquela idade, quando estava jogando Futsal e Futebol pelo São Paulo F.C..

🏃. **Denílson** começou no Futebol, mas durante toda a base jogou Futsal em nível amador, até ser descoberto quando se machucou.

🏃. **Zé Ricardo** comenta que uma fase boa transição Futsal – Futebol acontece aos 14 anos, quando o atleta vai ter tempo suficiente para se adaptar e se desenvolver no Futebol.

🏃. **André Bié** considera que o atleta migre para o Futebol aos 16 anos. Acredita que a carga de treinamento começa a ficar maior a partir dessa idade, dificultando a participação no Futsal e Futebol.

🏃. **Tuca Guimarães** comenta que, até os 15 anos de idade é possível conciliar Futsal – Futebol. Disse que o Clube que entender o Futsal como parte do processo de formação, vai sair na frente.

O SEGREDO DO FUTEBOL BRASILEIRO FUTSAL E FUTEBOL DE BASE

✠. **Barata** acredita que na janela de 07 a 13 anos, a criança de 07 a 10 anos deve praticar exclusivamente Futsal com pouca participação no Futebol (formato de apresentação). Já na janela de 10 a 13 anos é interessante que se intensifiquem os processos no Futebol com as primeiras participações em competições de Futebol, dando continuidade à prática simultânea entre as duas modalidades nos processos de formação. **Barata** também comenta que até os 13 e 14 anos é possível fomentar esse processo, porém acredita que a partir dos 14 anos, existe uma maior dificuldade de continuidade devido a modificação estrutural do atleta, e necessidade de um treinamento mais forte, sendo que talvez nesse momento se definiria apenas com o Futebol. **Barata** cita, que algumas correntes consideram que o Futsal poderia continuar participando apenas em sessão de treinamentos pela riqueza da especificidade, e nada mais competitivo.

✠. **Luizão** considera que até os 14 anos a criança deveria praticar Futsal, ele considera o campo muito grande para as crianças.

6 Depoimentos do vídeo "A Transição – Parte 2"

✠. **Djalminha** comenta que fez a transição Futsal – Futebol aos 14 anos de idade. Teve dificuldade inicial nas dimensões do campo, acostumado com espaço menor da quadra e com a maior facilidade de chegar perto do gol. **Djalminha** diz que não deve haver pressa para que a criança se inicie no Futebol. Comenta que o Futsal promove uma base muito boa para que se descarte tão rápido, pois é a favor que se vivencie mais o Futsal.

O SEGREDO DO FUTEBOL BRASILEIRO FUTSAL E FUTEBOL DE BASE

🏃. **Zico** comenta que, mesmo no início da carreira profissional, ainda de forma amadora, gostava de jogar Futsal e que isso durou até os 18 anos.

🏃. **Elano** relata que, durante a transição, ele treinava pela manhã Futsal e na parte da tarde Futebol e, naturalmente, foi se destacando no Futebol e optou pelo Futebol de campo. Disse que começou a jogar Futsal com 07 a 08 anos de idade. Disse que o Futsal trouxe a perfeição na finalização e no passe, porque os espaços são muito reduzidos e, por isso, não se pode errar. Disse que a criança também pode ter sucesso no Futsal, caso não continue no Futebol. Elogiou a organização e o crescimento do Futsal no mundo.

🏃. **Casagrande** começou a jogar campeonatos oficiais de Futsal com 06 anos de idade. Com 12 anos, iniciou no Futebol do S.C. Corinthians Paulista. Dos 12 aos 17 anos, praticou Futsal e Futebol e teve que optar por pressão da diretoria do S.C. Corinthians Paulista. Acha que poderia ter jogado um pouco mais de Futsal e considera que esse processo poderia chegar até os 19 e 20 anos.

🏃. **PC de Oliveira** comenta que o Brasil precisa ter o seu modelo. O modelo brasileiro é da criança que joga na rua o tempo inteiro. O europeu descobriu o Futebol de Rua, mas o Brasil tem abandonado isso. Para **PC de Oliveira** nós somos diferentes, somos Brasil, se ferir a essência do Futebol brasileiro, ferindo o estilo, a história do Futebol brasileiro, está se criando jogadores extremamente dependentes, principalmente de sistemas de jogo, o que se utiliza muito atualmente. Disse que o atleta profissional de hoje precisa de um roteiro com grande interferência do treinador, e que existe dificuldade de se ver o improviso. O Futsal, tendo uma formação única, exclusiva do Brasil, contribuindo para o Futebol respeitando essa progressão de espaço, de tamanho, de número de atletas, agregado às melhores práticas do mundo, pode-se formar e ter uma metodologia própria do Brasil, e não só copiar o que é bom, desprezar o que é ruim, sem ter uma gestão profissional do conhecimento que está sendo adquirido agora, principalmente depois do 7x1, na Copa de 2014.

🏃. **Dorival Júnior** comenta que a transição do Futsal para o Futebol deva acontecer entre os 12 - 14 anos de idade. É a favor de que se treine Futsal e Futebol durante a semana de forma escalonada na faixa etária mencionada.

🏃. **Neto** considera que 14 anos seria a idade máxima para transição Futsal – Futebol. Considera também que um jogador profissional de Futsal, se for migrar para o Futebol, vai ter grande dificuldade de adaptação e não acredita que será o mesmo atleta.

7 Depoimentos do vídeo "a importância do Futsal na formação de atletas para o futebol"

🏃. **Ronaldo** fala que a passagem pelo Futsal foi incrível, determinante e importantíssima na vida esportiva dele. **Ronaldo** considera que todo o atleta deveria iniciar no Futsal, afirmando também que os fundamentos básicos do Futsal são todos aproveitados no Futebol.

8 Depoimentos do vídeo "a importância do Futsal para o futebol"

🏃. **Ronaldo** comentou que o Futsal ajudou muito na transição para o Futebol. O espaço reduzido, pensar rápido e o contato com a bola com maior frequência foram aspectos pontuais nesse sentido.

🏃. **Richarlison** afirmou que o Futsal o ajudou a ser mais rápido e disse que é fundamental para quem está começando a jogar, inclusive ajudando-o na marcação. Também falou que os dribles curtos que ele faz no Futebol são oriundos do que vivenciou no Futsal.

9 Depoimentos do vídeo "Neymar e Robinho: início nas quadras e sucesso nos gramados"

🏃. **Neymar** comenta que aos 11 começou a jogar Futsal e Futebol ao mesmo tempo. Disse que pela tarde treinava Futebol e na parte da noite Futsal.

10 Depoimentos do vídeo "Xavi Hernandéz fala da importância do Futsal no seu estilo de jogo"

🏃. **Xavi** comentou que no Futsal é mais fácil apreciar um talento, diferente do Futebol que é mais físico. Considera o Futsal mais técnico e tático e diz que se aproxima muito ao seu estilo de jogo e gosta de praticá-lo sempre quando é possível, pois é um adepto da modalidade.

11 Depoimentos do vídeo "Jamelli fala sobre a importância do Futsal para o atleta de campo"

🏃. **Jamelli** comentou que o Futsal é uma base fundamental para o jogador de Futebol. Disse que a falta de espaços nas cidades faz do Futsal uma boa solução para iniciação da criança ao esporte. Considera que o Futsal facilita que a criança participe mais do jogo, diferente do Futebol. Disse que é possível ter uma melhor noção de marcação, movimentação, de participação do jogo e de situações de um contra um (1x1). Acostumar-se ao espaço pequeno é facilitado pelo Futsal.

12 Depoimentos do vídeo "hoje o jogo é jogado num espaço menor que o Futsal"

🏃. **Pedrinho** comentou que o jogo de Futebol hoje é jogado em um espaço menor que o Futsal. Afirmou que no Futsal não existe ninguém que não saiba marcar ou não saiba criar. O Fixo tem que criar, o pivô tem que marcar, então o Futebol é um jogo de Futsal jogado em uma dimensão maior. Quando jogado em um espaço menor, todo mundo precisa participar, como no Futsal.

🏃. **Casagrande** disse que jogou Futsal muito tempo e enxerga também que o jogo de Futebol ficou reduzido a espaços menores e muita marcação, onde o jogador tem que ser muito mais proativo, inteligente e com pensamento rápido (desempenho cognitivo alto) do que os jogadores de antigamente, aspectos ajudados pelo Futsal.

13 Depoimentos do vídeo "a importância do Futsal para o Futebol"

🏃. **Zico** comentou que foi o Futsal que mostrou ele para o C.R. Flamengo. Na sua época, as Federações não permitiam jogar as duas modalidades nas competições oficiais, e ele estava registrado no Futebol. Sendo assim, continuou a jogar Futsal de forma amadora em jogos não oficiais. Mesmo já profissional consagrado do C.R. Flamengo, **Zico** comentou que continuou a jogar Futsal.

🏃. **Zico** explica que o tempo de reação adquirido no Futsal, devido à grande pressão na marcação e ao espaço reduzido, ajudou muito posteriormente no Futebol. Também disse que o domínio com a sola do pé foi importante para ajudar a segurar/travar a bola quando jogava Futebol. A finalização curta e rápida de bico também é precisa e foi um recurso que aprendeu no Futsal, além do drible curto e rápido. Disse que o Futsal o ajudou na rapidez nas finalizações, principalmente em espaços pequenos. Reafirmou que o fato de não ter parado de jogar Futsal o ajudou muito em tudo no Futebol.

🏃. **Zico** citou outros jogadores de sucesso que jogaram Futsal: **Rivelino, Júnior, Adílio, Júlio César, Robinho, Neymar**. Disse que o Futsal amplia muito os recursos se levar para o Futebol. Ele acredita que, no Futsal, o atleta participa muito mais dos treinamentos, repete com maior intensidade os fundamentos e ações do jogo. Critica o Futebol por não proporcionar tantos momentos de repetição.

🏃. **Zico** comentou que no Futsal se repetem muito mais ações do que no Futebol, existem mais oportunidades de desenvolvimento. Também comenta que, se os Clubes de Futebol conseguirem fazer um trabalho de Futsal e Futebol em conjunto, a evolução vai ser fantástica até os 17/18 anos.

🏃. **Pedrinho** comentou que jogou Futsal de 1983 a 1989 e Futebol – Futsal, de 1989 a 1991. Disse que, nessa transição, se começa a adaptar os fundamentos do Futebol e se começa a aprender os fundamentos do Futebol, os movimentos diferentes e domínios, e é nesse momento que se juntam todos os fundamentos de Futsal e de Futebol. Devido a isso, tem-se um repertório cognitivo, repertório motor muito amplo. Comentou que o jogo de Futebol está muito próximo do Futsal, porque as ações no Futebol estão cada vez mais próximas, onde o jogador precisa ter raciocínio rápido em espaço curto, tabelas, dribles, sendo assim, quem joga Futsal leva uma grande vantagem.

🏃. **Pedrinho** citou que ainda, quando criança, jogava Futsal no C.R. Vasco da Gama com uma geração de muito sucesso, no seu time estavam **Roger Flores, Filipe,** entre outros.

🏃. **Pedrinho** comentou que o Futsal obriga o jogador a ter o drible rápido, raciocínio rápido, grande repertório motor, e destaca que, no Futsal, o atleta atua pressionado, o homem da bola sempre sofre grande pressão da marcação, sendo assim, você sempre tem que ter soluções rápidas para sair dessa pressão com o raciocínio rápido.

🏃. **Pedrinho** disse que cada vez mais o jogo de Futebol se aproxima do Futsal, devido às ações estarem muito concentradas em pequenos espaços.

🏃. **Pedrinho** citou que no Futsal o atleta precisa atacar e defender, precisa entender do jogo e a participação é mais completa, facilitando as ações no Futebol.

🏃. **Pedrinho** comentou que o **Falcão** faria muito sucesso no Futebol, que poderia acontecer dele não ser tão "mágico", mas jogaria muito. Disse que **Falcão** pegou pessoas não preparadas para fazer uma transição.

🏃. **Pedrinho** comentou que no Futsal o jogador participa de todas as ações, então ele chega muito mais preparado no jogo de Futebol moderno, é preciso saber jogar ofensivamente e defensivamente.

🏃. **Ronaldo Nazário**, em participação especial, comentou que o Futsal foi essencial e levava vantagem no Futebol sobre os outros meninos porque já estava acostumado com espaço reduzido, e ter bastante tempo com a bola no pé e buscar soluções em espaço reduzido, habilidade, controle de bola com a sola do pé e a finalização de bico recurso clássico do Futsal (citou o gol na Semifinal da Copa do Mundo de 2002 contra a Turquia).

Falcão comentou que aprender os fundamentos do Futsal, depois do momento em que você praticar Futsal e Futebol, depois você direciona para o Futebol. Disse também que a maioria dos Clubes de Futebol que fomentam o Futsal, não faz um trabalho integrado entre o Departamento de Futebol de Base e Futsal, ambos têm as suas Comissões Técnicas e desenvolvem o trabalho separadamente. **Falcão** não enxerga um trabalho específico para esses jogadores, então o Futebol hoje, trata o menino de 12/13 anos como um jogador profissional e isso não pode acontecer, porque quando se tem uma Comissão Técnica, não pode se dividir Futsal e Futebol, o correto seria ter a Comissão Técnica do Futebol de Base, que contemplaria as duas modalidades. **Falcão** acredita que esse processo de conversa entre os profissionais ajudaria muito na evolução dos jogadores. **Falcão** considera que o Futsal não melhora só os atacantes e jogadores mais habilidosos, cita que os zagueiros, laterais e outras posições mais defensivas ganham muito em qualidade técnica, melhorando passe, marcação, por exemplo.

Outro ponto que **Falcão** comenta é que não existe certo ou errado, por exemplo, pisar na bola com a sola do pé no Futsal e não fazer isso no Futebol. Se você trabalhou isso na base, sem dúvida vai colher resultados e não tem por que não executar. Reiterou que os Clubes de Futebol estão tirando os meninos de 12/13 anos do Futsal e tratando-os como estrelas, e isso interrompe um processo de melhora. Deu um exemplo de um zagueiro alto com 13 anos, ele vai dar 03 chutões para frente e já vira zagueiro, já no Futsal não. Considera que quando esse menino completar 18 anos, essa estatura talvez não faça mais tanta diferença, só que ele deixou de melhorar passe, uma situação de escanteio "bate e rebate", finalização, deixou de aprender melhor o desarme de cortar um passe do volante e já fazer um passe direto para o "camisa 10". Então, tudo isso que se traz do Futsal para o Futebol vai ajudar demais. No Futsal, faz você trabalhar com o lado de dentro do pé, lado de fora, sola do pé, peito do pé, além da visão em 360 graus do jogo.

O SEGREDO DO FUTEBOL BRASILEIRO FUTSAL E FUTEBOL DE BASE

🏃. **Falcão** comentou que, se o Brasil tivesse a consciência de pegar o Futsal e o Futebol de Base e virar uma coisa só, os jogadores iriam ter uma grande melhora em tudo. Também citou que no Futsal a criança participa ativamente muito mais do que no Futebol e que todas as posições do Futebol podem ser melhoradas no Futsal.

🏃. **Falcão** citou os zagueiros **Marquinhos** e **Geromel**, com diversas convocações para seleção Brasileira de Futebol, como referências de jogadores de sucesso que iniciaram no Futsal. Comentou que ambos têm uma qualidade técnica muito grande e, por isso, são zagueiros diferentes, fogem do padrão do zagueiro tradicional.

🏃. **Falcão** considerou que no Futebol você tem uma tolerância muito grande para errar passes, já o Futsal não propicia isso, um passe errado pode acarretar um gol tomado pela proximidade das ações.

14 Depoimentos do vídeo "influência do Futsal em suas vidas: 'o jogo é do indivíduo'"

Figura 1 - Alex na Seleção Brasileira de Futebol

🏃. **Alex** comentou que foi campeão brasileiro de seleções estaduais jogando pela seleção do Paraná com 13/14 anos, torneio realizado pela CBFS em 1991, na cidade de Vitória/ES, no Clube Álvares Cabral (Paraná 4 x 3 Rio de Janeiro).

Jogou Futsal na AABB de Curitiba durante muito tempo e disse que até essa idade o Futsal o ajudou financeiramente.

O SEGREDO DO FUTEBOL BRASILEIRO FUTSAL E FUTEBOL DE BASE

⚽. Alex jogou no Futebol Profissional do Coritiba Foot Ball Club aos 17 anos (estreia), treinando e jogando Futsal e Futebol. Aos 17 anos, teve que parar e fazer opção pelo Futebol. Comentou que nunca teve problema em jogar Futsal e Futebol. Citou que, em 1990, começou a jogar Futsal e Futebol e sempre o treinador de Futsal estava em contato com o de Futebol.

⚽. Alex não concorda também com limitação de idades - Futsal e Futebol, mas concorda que depende do Clube, cidade, Estado, projetos e do treinador de Futsal.

⚽. Alex também comentou que a criança deve estar onde haja possibilidade de crescimento e evolução. Não concorda também com a busca pelo resultado a qualquer preço nas equipes de formação. Disse que respeita que cada Clube ache seu modelo, e muitas vezes, dentro desse modelo, a definição é do garoto, porque frequentemente o biotipo da criança é para o Futsal, e acaba se perdendo no sonho de jogar Futebol, ficar famoso, porque achou que o Futebol teria um alcance maior que o Futsal, mas muitas vezes o caminho melhor para o menino é permanecer na quadra, ser um "salonista" de bom nível, mas caso defina-se isso com 12/13 anos, perde-se o "salonista" e o futebolista, então a exclusividade deve ser a busca de todos os Clubes de Futebol. Comentou que definir e limitar as idades pode prejudicar o atleta no futuro.

⚽. Alex citou ter usado muito aquilo que aprendeu no Futsal no Futebol, e que o jogo dele foi construído em cima das decisões, e que as tomadas de decisão dele eram muito boas, devido ao Futsal. Comentou também que não era tão veloz e compensava no espaço menor essa deficiência, e era muito similar ao que ele fazia na quadra, porque ele foi conquistando no Futsal tudo isso naturalmente e levava para o Futebol.

O SEGREDO DO FUTEBOL BRASILEIRO FUTSAL E FUTEBOL DE BASE

Disse que se picotar o jogo de Futebol de hoje, vão aparecer vários joguinhos de Futsal, e isso vai ajudando. Também considera que existem muitos "salonistas" jogando Futebol, e cita ele como exemplo e outros jogadores da sua época, **Ricardinho, Zé Elias, Fernando Diniz, Tcheco, Pedrinho, Filipe, Athirson**. Citou **Ewerton Ribeiro e Filipe Luís** como "salonistas" jogando Futebol atualmente no C.R. Flamengo, o que se percebe no gestual, na postura, na hora de tentar roubar a bola, de driblar. Então, considera que tudo que ele aprendeu no Futsal, de alguma forma, quando ele levou para o Futebol, conseguiu utilizar, e viu alguns jogadores de Futsal que não deram certo no Futebol porque, na transição entre as duas modalidades, alguma coisa errada aconteceu, mesmo sendo excelentes jogadores de Futsal.

✦. **Alex** disse que acompanha o Futsal atual de perto em todas as categorias, além de *network* constante. **Alex** citou o jogador **Neto**, ex-jogador da Seleção Brasileira de Futsal, considerando que ele poderia ter sido um ótimo jogador de Futebol pelas características de bom passe e de movimentação, inclusive o compara ao **Diego Pituca**, ex-jogador do Santos F.C., e atualmente jogador do Kashima Antlers F.C./Japão, dizendo que **Neto** tem as mesmas características do meio campista citado.

✦. **Marcelo Rodrigues** comentou que antigamente a preocupação era formar jogadores para o Futsal, e alguns jogadores que se destacavam no Futsal, iriam para o Futebol para ter esse desenvolvimento.

✦. **Marcelo Rodrigues** comentou que o Futebol do C.R. Flamengo, contratou um jogador da Seleção Colombiana de Futsal Sub 17, por indicação de **PC de Oliveira**. Esse jogador virou capitão da equipe Sub 20 de Futebol do Clube e já está sendo relacionado em alguns jogos da equipe profissional.

✼. **PC de Oliveira** comentou que iniciar no Futsal é normal e que agora muitos Clubes começam a utilizar o Futsal para formar jogadores de Futebol. Clubes diversos, em diferentes Estados, interrompem a carreira do menino para levar para o Futebol, em diferentes idades. Tem Clube que, com 11 anos de idade, interrompe a trajetória do garoto no Futsal, tem Clube que com 12 anos interrompe. Então, o que estamos vendo hoje no mundo é um processo, em que a prática simultânea está se estendendo, o que vai ser muito bom para o Brasil, porque quanto mais você estender a prática simultânea, melhores serão os resultados. Por exemplo, a Juventus F.C./Itália se joga Futsal até os 17 anos.

Disse que recebeu uma proposta da Hungria para treinar meninos de 17/18 anos que só jogavam Futebol. Disse também que os Clubes na China já estão colocando os meninos de 06/07/08 anos do Futebol em quadras para praticar o Futsal.

✼. **PC de Oliveira** indagou o que os Clubes e países estão buscando? Um método exclusivo. Citou que muitos Clubes do Brasil utilizam, mas ainda seguem interrompendo esse processo em determinado momento. Disse que está acontecendo, durante a Pandemia, um olhar da captação para meninos que foram dispensados de Clubes de Futebol e foram para o Futsal, que ainda podem ter potencial para jogar Futsal. Então, essa ida e volta, em teoria, é uma reação em cadeia, que vai acabar necessitando ter no seu Clube, categorias com idades mais elevadas e até uma equipe adulta profissional. Disse que para o Brasil é cultural, para os outros países ainda é uma descoberta, mas, cada vez mais cedo, os processos têm sido acelerados, principalmente devido à Pandemia. Sendo assim, considera que podem acontecer coisas boas em relação à formação do atleta, e vamos ter necessariamente que cuidar de uma situação em que ninguém está muito ligado, principalmente no jogador de Futsal e Futebol, que é a saúde mental. Disse que antigamente os meninos tinham um compromisso com os pais, dar uma casa e melhorar a vida da família, agora, precisam melhorar a vida do pai, do tio, do sogro, do cunhado, porque muita gente perdeu o emprego, então a pressão sobre os meninos aumentou de fora para dentro, então o Clube vai ter sim, que se responsabilizar por essa saúde mental.

🏃. **PC de Oliveira** comentou que o Futsal e Futebol não caminham separadamente, e que, olhando o menino, consegue identificar se ele vai jogar Futsal, mas tem meninos que se olha para ele diz que ele precisa tentar jogar Futebol. Ao mesmo tempo que o Futsal e Futebol são complementares, e não se pode excluir simplesmente o atleta no meio do caminho/processo.

Não se podem interromper os processos à medida que se está buscando para o Futebol de hoje excelência cognitiva, jogadores que tomam a decisão mais rápido, resolvem problemas do jogo com mais velocidade, porém eles perdem a memória de longo prazo, precisando relembrar a parte tática muito mais vezes, porque você fica dando estímulo cognitivo, estímulo para resolução de problemas e precisa de um equilíbrio, a ciência está estudando muito isso, e tem muita gente produzindo conteúdo, e o Futsal entrega tudo isso, os ajustes no Futsal são menores, e os Clubes estão atentos.

🏃. **PC de Oliveira** considera que um trabalho vitorioso em um lugar, não necessariamente pode ser vitorioso em outro. Os Clubes cada vez mais estão procurando exclusividade de acordo sua história e intenções. Cada Clube é um Clube, e existem as diferenças. Os Clubes devem procurar o seu modelo.

Considera fundamental avaliar primeiro a biotipia (esguio, alto, passadas largas, controle de bola com as duas pernas, joga bem em todas as posições), então se enxergava conceitualmente que ele executaria tecnicamente tudo muito bem. Mas, o biotipo era o principal, porque se percebia que ele não tinha tanta explosão muscular, não é o jogador com velocidade curta, que chega muito rápido, e se percebe que, para um espaço maior, vai ser uma vantagem competitiva. Então, reiterou que a biotipia é o primeiro atributo que se deve observar, a maneira como ele se comporta, daí se fala de controlar a bola, orientar esse controle, a maneira de ele passar a bola e disse que esse tipo de jogador precisa tentar o Futebol. Já no Futsal, enxerga-se que o jogador praticará apenas esse esporte de acordo algumas características específicas.

🏃. **PC de Oliveira** considera que os profissionais do Futsal precisam ser respeitados pelos analistas de mercado e *scouts*, e precisam estar alinhados. Acredita que o profissional do Futsal tem outro olhar e pode colaborar muito.

Comentou também que a situação financeira deficitária dos Clubes brasileiros separou, já há algum tempo, a necessidade de formar os jogadores daquilo que se chama formatar para a venda. Então se começa a formatar jogadores com um entendimento de jogo, ou seja, uma bagagem tática muito maior que a bagagem técnica. Isso propicia àquele Clube, no médio, longo prazo, oferecer para Europa jogadores formatados para jogar na Europa com menos qualidade de um jogador brasileiro. Jogador brasileiro hoje não chega lá fora como protagonista, ele chega como mais um.

Se o treinador pede para o analista de mercado um jogador extremo que joga pelo lado esquerdo com a perna direita, potente, veloz e com estrutura física boa. Qual a diferença do **Mané** - jogador do Liverpool Football Club - Inglaterra, **Sterling** - jogador do Manchester City F.C./Inglaterra, **Vinicius Júnior** - jogador Real Madrid/Espanha? Nenhuma! Todos são iguais! São potentes, jogam com a perna direita na extrema esquerda, ou seja, com a perna para dentro, são bons no "um contra um", sendo assim, nós passamos a figurar no mercado concorrendo na Europa com "jogadores tabelados", porque são muito parecidos. A Europa concorda em pagar alguns milhões de euros pelo jogador brasileiro, porque se realmente ele for bom, esse investimento vai se multiplicar, e se por um acaso, o jogador não se adapte, eles emprestam por lá mesmo.

O jogador brasileiro formatado para a venda, tem bagagem técnica muito inferior ao jogador do passado, segundo **PC de Oliveira**. Ele também comentou que antigamente existiam os craques e, com o passar dos tempos, o brasileiro já aceita o bom jogador como referência. Então, quando se permite que o nosso jogador vá embora do Brasil com menos de 16 anos, o europeu passa a achar que o forma melhor. Tanto é, que eles vêm para o Brasil, montam escolas de Futebol, ministram cursos, e trabalham com nossa formação.

✖. **PC de Oliveira** comentou que se preocupa como estão desconstruindo o treinador brasileiro. Disse que gosta do intercâmbio com treinadores estrangeiros, mas não gosta de ser colonizado, e que existe uma mania de querer vender uma situação que já temos aqui no Futebol brasileiro: o treinador brasileiro tem 06 meses de contrato, ou até a próxima derrota, e o treinador que vem de fora ganha dois anos de contrato e ninguém mexe com ele. Isso tudo, na visão de **PC de Oliveira**, é um grande diferencial, e se enxerga nos treinadores de Futebol de Base, querendo ser treinadores de equipes profissionais de Futebol, mas o que fazer: formato para venda ou para o Clube? Quando se vai para um Clube tem que fazer um trabalho exclusivo, mas acredita que o trabalho deve ser feito no sentido do jovem atleta, que por ali está, amar o Clube de alguma maneira, criando uma identidade entre ambos. E considera um problema quando se pergunta ao um menino de hoje onde ele quer jogar e a resposta é o Real Madrid C.F./Espanha. A questão não é apenas chegar ao profissional, então esse deve ser o principal resgate, o Clube envolver esse menino de tal forma, envolver a saúde mental da família dele, para que esse menino não tenha decepções no futuro.

PC de Oliveira citou que, aos 14 anos, na assinatura do contrato de formação, numa sala estão: o advogado do Clube, o intermediador do material esportivo (patrocínio), um representante, o pai, e o menino que já sai da sala achando ser jogador de Futebol profissional. **PC de Oliveira** tem a opinião que, nesse caso, o empresário deveria depositar uma quantia mínima suficiente para esse menino fazer uma faculdade, garantindo o estudo dele, caso não fosse possível uma carreira no Futebol profissional. E, caso esse menino se transforme em jogador profissional, esse dinheiro seria doado para outro menino iniciante ou outra pessoa. O empresário, a pessoa que negocia, sai sempre limpo, vai pegar comissão, vai se dar bem.

Em resumo, disse que o principal é criar mesmo um amor pelo Clube, formar pelo Clube, para o Clube e para família pelo Clube, aí sim se vai ter identidade e trabalhos exclusivos formando para o Clube e não para a venda. Disse, também, que a gestão de carreiras hoje está voltada para o menino sair do Brasil.

PC de Oliveira comentou que, quando se fala de Futsal e Futebol em relação a outros jogos, ele classifica o Basquete como o esporte coletivo mais individual que existe. Quando se estuda o Esmouball, é aquele momento de ruptura entre função e posição. O Esmouball é nada mais do que você fazê-los pensar no ponto em que eles estão na quadra. Disse que o Futsal é isso, é encontrar espaços onde não existe mais no Futebol, oferecer vantagem para eles nessa maneira como eles resolvem espontaneamente os problemas do jogo, baseado na técnica individual que eles têm e, por consequência, saber que essa melhora ou destaque técnico, seja ele coletivo ou individual, vai refletir na vida civil de alguma maneira que precisa ser controlada ou acompanhada pela instituição, Comissão Técnica e psicólogos.

Fabrício Crepaldi comentou que antigamente alguns Clubes de Futebol proibiam que o menino jogasse Futsal e Futebol ao mesmo tempo. Citou que essas ações de bloqueio podem ter atrapalhado muitas carreiras e o desenvolvimento de muitos jogadores, e que, pelo fato de serem Departamentos diferentes em locais diferentes dificultava os processos.

15 Depoimentos do vídeo "A influência do Futsal no Futebol"

Eduardo Dias considera que o Futsal está no que se chama hoje a raiz do Futebol brasileiro, talvez o Futebol de Rua e o Futsal como sejam os maiores pilares do "jogo bonito". **Eduardo** comentou que, hoje no Futebol, o espaço sumiu. Os jogadores atuais são atletas de elite, extremante preparados no quesito físico. Antigamente se tinha tempo para pensar, hoje, se o jogador não tiver um pensamento rápido, vai ter dificuldades, e se considera que isso é um ponto onde o Futsal se aproxima do Futebol em alto nível na atualidade.

Alex comentou que, na época dele, uma criança de 14, era um menino com potencial para ser um jogador de Futebol. Hoje um menino, em um Clube grande de Futebol, é um menino com potencial para ser um bem maior para o Clube. Citou a situação do contrato de formação, disse que tem meninos que se comportam como um jogador profissional de Futebol. Disse que os contratos levam ao jogador da base ter uma leitura errada de que ele é jogador de Futebol com 15/16 anos. Disse que ele estreou no profissional do Coritiba Foot Ball Clube no domingo e, na segunda de noite, se apresentou na AABB de Curitiba para jogar no time adulto pelo Campeonato Metropolitano, mas acabou não jogando, mais porque os diretores do Coritiba Foot Ball Clube pressionaram e acertaram a situação dele. Comentou também que o Futsal o sustentava até esse dia, e isso foi determinante para continuar no esporte.

🏃. **Alex** comentou sobre o jogo de rua e diz que nada o substitui, porque o jogo de rua não tem regras. Disse que, a partir do momento que um jogador fica sujeito a regras impostas pelo treinador, desconfigura o jogo de rua. Disse que o Futsal complementa a base, ajuda, mas não substitui o cenário da rua.

🏃. **Alex** considera que a idade de início não importa tanto, depende da cidade, das oportunidades, da família. Considera que os meninos, antes dos 12 anos no Futsal, têm muito mais estímulos para utilizar no Futebol, diferente do menino que só joga Futebol. **Alex** citou que isso é uma grande diferença. Se estiver na rua ou na praia, o menino vivencia os acontecimentos do ambiente, se estiver na quadra, o treinador, as exigências do treino, as competições e exigências dos jogos criam estímulos no jogador que, às vezes, o Futebol, nessa idade, não oferece pela dimensão do gramado, pela forma como se fica colocado dentro do campo. Então, a quadra, nesse sentido, dos 12 anos para trás, oferece situações naturais, desde que a regra da quadra os proteja. Cita a regra de Futsal no Paraná, onde o goleiro é obrigado a repor uma bola curta, obrigando o jogador a pensar mais o jogo em espaço reduzido e utilizar-se de uma série de recursos para sair dessa situação, sendo assim, ele pode migrar para o Futebol com 13/14 anos tranquilamente, que vai ter subsídios suficientes para fugir dessas situações que, no Futebol, acontece todo instante e diz que é possível transferir isso para o Futebol tranquilamente. Diz que a saída de bola no Futebol é com numa quadra de Futsal, onde as dimensões são curtas e semelhantes.

🏃. **Alex** comentou que os espaços ainda existem no Futebol, só mudaram de local. Antigamente existia espaço entre as duas linhas, hoje você tem esse espaço, porém nem tanto. Citou que a maneira de o jogador dominar a bola corretamente no Futebol é muito importante, assim como a posição corporal. Essas ações podem facilitar a

O SEGREDO DO FUTEBOL BRASILEIRO FUTSAL E FUTEBOL DE BASE

construção da jogada, e o Futsal exige isso a todo o momento. Em resumo, mesmo com pouco espaço no Futebol e suas diferenças, é possível que se a primeira ação do jogador tiver qualidade e for bem executada, acaba criando espaços naturalmente, então esse arrumar espaço, essa quebra de alguma situação que o adversário de ofereça, se tiver essa qualidade, o jogador consegue ajudar. Disse que o treinador organiza, mas o jogador faz com que essa organização seja algo a mais, é a qualidade do jogador, porque se ele dominar mal complica as ações, e o que o treinador organizou não vai dar certo.

⚽. **Alex** falou da importância da movimentação sem a bola que o Futsal trás e disse que, no Futebol, isso ajuda muito, porque os jogadores acabam tendo várias características técnicas positivas, independentemente da posição quando migram.

⚽. **Alex** falou que, quando estava no Futebol profissional e chovia no horário do treino, as atividades aconteciam no ginásio, devido às más condições do gramado. Naquela situação, disse que, nas atividades práticas, a diferença era visível entre quem tinha jogado Futsal na formação e quem não tinha.

⚽. **Rodrigo Leitão** comentou sobre as práticas simultâneas Futsal – Futebol. Ele comenta que vêm acontecendo várias mudanças no Futsal e Futebol, que as regras têm um impacto muito grande nas formas que as equipes passam a jogar. Citou que, no momento que se proíbe o goleiro de Futebol a pegar a bola recuada com as mãos, isso muda a conformação das equipes, passa valer a pena tentar pressionar mais a frente, porque os zagueiros não podem mais recuar a bola, os zagueiros também precisam melhorar a saída de bola e as alternativas, assim como o goleiro que tem que utilizar mais os pés, e, no Futsal, isso não é diferente. As mudanças impactam e podem ser mais íntimas ou não. Disse que precisa entender melhor algumas coisas e não se tem certeza de muitas situações que envolvem as transferências, se sabe de algumas coisas, existem algumas direções, mas como o Futsal e o

Futebol são coisas vivas e dinâmicas que vão mudando, tanto regra, como formato, forma de jogar, é preciso entender tudo isso em um debate bem amplo, porque não considera tão fácil entender essas nuances de práticas simultâneas.

Rodrigo Leitão questionou se o Futsal tem que ter fim nele mesmo ou no Futebol? A percepção dele é que enquanto o Futsal tiver fim nele mesmo, ele acha muito melhor de quando se usa o Futsal pensando apenas no Futebol. Quando se usa o Futsal para colocar o jogador de Futsal para o Futebol acaba não tendo nem um jogador de Futsal e nem um jogador de Futebol e se começa a adaptar o Futsal ao de campo. **Rodrigo Leitão** pensa que não, o Futsal tem a sua essência e, com o aumento das práticas formais dentro dos Clubes, e ele pensa que seria muito bom que ele continuasse com a essência dele e que isso contribuiria demais para o Futebol posteriormente.

Rodrigo Leitão enxerga que, por ter jogado e ter sido treinador de Futsal, que os jogadores de Futsal têm uma excelente relação com a bola, entendimento do jogo, velocidade para agir e para decidir o que vai fazer. No Futebol, ele percebe que a cultura é bem diferente, os jogadores de Futebol que estão acostumados com o Futsal, quando eles estão no campo, eles também estão acostumados com uma cultura diferente, treino, bola, movimentação, time, então, de certa maneira, até a linguagem para poder definir certas coisas. Fica muito interessante quando o jogador tem uma experiencia prévia com o Futsal. Disse que o entendimento do jogo do jogador que passa pelo Futsal é diferente, pela cultura de treino do Futsal e pela cultura de ter que se desafiar a todo o momento, de pressão de tempo e espaço. **Rodrigo Leitão** comentou que no Futsal se enxerga muito a cultura do drible, da espontaneidade do drible, e destacou também a velocidade nas ações ofensivas do jogo e na grande desenvolvimento da coordenação motora, e considera que, quando esse jogador vai para o Futebol, ajuda porque são elementos do jogo que estão presentes no Futsal e, junto com essa cultura de melhor entendimento e de explorar melhor as circunstâncias e os problemas que estão acontecendo no jogo, dão vantagem e tiram uma vantagem que é o quão rápido ele é capaz de ser adaptar ao gramado, dimensões do campo, bola. Comentou também que, estando em um processo de formação integrado e bem pensado, isso pode ser bem ajustado também enquanto são simultâneos, isso de certa maneira vai para um lado e vai para o outro, vai para o campo e vai para o Salão e isso pode ser possível. Disse também que, se o treinador de Futebol souber aproveitar a cultura do Futsal dentro do Futebol, ele vai conseguir trazer à tona para que o jogador consiga resolver problemas em velocidade no tempo e, acima de tudo, em mobilidade, poque o Futsal promove muita mobilidade para achar espaço, para marcar, criar espaços para linha de passe e outros.

⚽. Rodrigo Leitão comentou sobre o primeiro toque na bola e que o domínio orientado sempre fez parte do jogo, e enxerga que as pessoas agora estão valorizando demais isso tudo, e considera que isso sempre foi importante. Acredita que, dentre outras coisas, isso agora foi formalizado, e várias coisas que não se davam nomes e não se sabiam bem o que era, começaram a ter nomes, e considera que, para trabalhar, fica mais fácil de entender. Pensa que o Futsal não tem o impedimento, se o Futsal não tem o impedimento, a maior parte das disputas e da movimentação da bola está na iminência de um confronto, nunca se está tranquilo. Quando um jogador de Futsal ergue a cabeça para fazer um passe no Futsal, o próximo jogador que recebe a bola vai ter um confronto que pode ser no corpo a corpo ou no drible, ele não tem espaço para correr; os jogadores de Futsal tentam criar espaços para correr, mas não tem o espaço, o tempo todo a bola está sendo disputada. No Futebol, o jogo hoje está cada vez mais próximo da bola sem esse espaço. **Rodrigo Leitão** comentou que hoje comparado aos anos 70, se tem três vezes menos tempo para receber a bola e para achar espaços, o jogo está muito mais reativo, e, no Futsal, é isso o tempo todo, o jogador precisa achar espaço porque não está disponível quando a bola está em disputa. No Futebol, com a regra do impedimento, as regiões de disputas estão congestionadas, se tem situações em que a velocidade, uma bola nas costas acaba entrando e gerando um desequilíbrio no adversário. Disse que, antes de pensar em domínio direcionado ou qualquer outra coisa que sempre esteve presente ali e sempre foram contribuições do Futsal e sempre estiveram no Futebol também, essa identidade particular do Futsal, que é a bola mais pesada, piso rápido, reatividade, disputa constante da bola, a procura pelos espaços em velocidade. Acredita que essa necessidade de pensar rápido e de pressão na marcação aumenta a capacidade do jogador de Futsal nos repertórios. Reforçou que o Futsal tem uma identidade própria, tem fim nele mesmo, então essa riqueza do Futsal traz um monte de situações, muito mais que um domínio direcionado, que atacar o espaço e do que qualquer outra coisa. Concluiu que, se fosse só isso, desenharia uma quadra de Futsal no campo, colocaria cinco contra cinco com a bola e ver-se-ia o que vai acontecer, e não é isso. As particularidades do Futsal, estão muito além só da ação técnica de estar com a bola, existem tantas outras coisas que vão mexer com a percepção para o jogador tomar decisão rápida, e refinar a relação dele com a bola, com qual parte do corpo ele vai tocar na bola, é muito mais amplo pensar sobre isso do que se vê pensando isoladamente essa característica ou aquela característica.

✗. Rodrigo Leitão disse que veio do Futsal e se sente privilegiado, podendo dizer que, no Futebol, o treino tem uma série de coisas que, por ter vivido o Futsal ajudou demais, e conhecimento nunca é demais, e, no Brasil, ainda se briga com o conhecimento. O importante é, se ele está no Futebol, precisa entender as outras modalidades e refletir se elas podem ou não contribuir de alguma maneira na dinâmica, na essência, na abordagem.

🏃. **Wilton Santana** comentou que antigamente se jogava Futsal e Futebol até quase virar jogador de Futebol Profissional (17/18 anos), e hoje, nos Clubes de Futebol, a prática das duas modalidades simultaneamente acontecem em determinado período, e citou que no Club Athletico Paranaense incentivam o atleta a jogar Futsal até os 13 anos de idade como limite (citou Santos F.C., Fluminense F.C., Ceará S.C. e S.C. Corinthians Paulista). Existe uma grande diferença entre o passado e o presente em se tratando de práticas simultâneas. Disse que, em vários Clubes, está se institucionalizado que a criança só jogue Futsal até os 13/14 anos no máximo.

🏃. **Wilton** disse que as demandas atuais de um jogador de 14 anos são bem diferentes do passado. A trajetória que está sendo ofertada é exatamente essa. Essa prática simultânea acontece até um determinado período e, depois, esses meninos que estão sobretudo nos Clubes de maior visibilidade, não são mais jogadores de Futsal. Comentou que a extensão da idade na prática de um grande Clube as demandas são outras, esses meninos já são remunerados, já têm contrato, têm empresários, alguns já são patrocinados, eles vivem uma dinâmica e cotidiano diário como se fossem um jogador profissional. Comentou que tem preocupação sobre o assunto, sobre a precocidade dos processos e exclusividades, não se sabe onde vai parar isso. Disse que o Club Athletico Paranaense tem outras iniciativas como inglês, outros esportes (basquete, badminton, futsal), tem outras práticas que tentam dar um "colorido" maior nesse momento da vida. Não há garantias de que esse menino de 14 anos vai ser um jogador de Futebol profissional. Deu exemplo do Campeonato Brasileiro Sub 17, onde a rotina desses meninos é uma semelhança, já é uma antecipação do que vai ser a vida de um jogador profissional.

🏃. **Wilton Santana** comentou que o assunto é de uma complexidade que só se está enxergando uma prática simultânea existir, entre o Futsal – Futebol, por volta dos 13/14 anos, por conta das questões que cercam essa criança, jovem, adolescente.

✗. **Wilton Santana** citou que, dos 24 jogadores do Futebol Sub 14 do Club Athletico Paranaense, 19 são oriundos do Futsal, e a grande maioria iniciou no Futsal com 07/08 anos. Considerou que é uma transição anunciada, onde os jogadores de Futsal, de modo geral, adentrarão ao Futebol.

✗. **Wilton Santana** acha importante pensar que os espaços de treinamentos no Futsal e no Futebol com crianças precisam ser criativos para mitigar um pouco a pressa que se tem de ver esses jogadores atuando como atletas confirmados, como jogadores profissionais. Então, tanto na quadra quanto no campo, é preciso de treinadores que tenham uma pedagogia do treino, que tenham uma metodologia que favoreça a criatividade e abertura de possibilidades. É preciso que se tenha, desde cedo, essa convivência com a organização, porque se joga coletivamente e se compete com um tributo à abertura de possibilidades. Organização com a criatividade, porque se não se corre o risco de não fazer bem isso, existe a possibilidade de se fazer muito bem, mas pode não acontecer, sendo assim, seria muito melhor não ter sistematização e acontecer que nem foi na década de 70/80, ou seja, os garotos jogavam Futsal e treinavam Futebol de vez em quando e mesmo assim se tornavam jogadores de Futebol de qualidade. Quando se coloca treinadores, Clube, processos, currículo de formação não se pode esquecer de que são aprendizes, são iniciantes e precisam de espaços para criatividade, abertura de possibilidades - o treino não pode ser chato. Existem categorias de formação que já treinam todos os dias, então o garoto que joga Futsal e Futebol vai ter de 04 a 05 estímulos por semana entre treinos e jogos, precisa ser aberto, precisa ser criativo, senão podemos nos enforcar com isso ainda. Quanto ao Futsal e ao Futebol são jogos de informação, portanto são jogos de decisão, e essas são as semelhanças dos dois jogos.

✱. **Wilton Santana** considera que os jogadores de Futsal têm a possibilidade de explorar as informações, de explorar os ambientes, então esse agir no ambiente, vai afinando a percepção, e essa percepção afinada retorna e é retribuída no campo de Futebol. Essa possibilidade da ação e da percepção é um movimento que interessa muito, são esportes complementares, são esportes de um mesmo grupo, se nós pensarmos o Futebol para revelar jogadores, embora não precise pensar assim sempre, porque o Futsal tem vida própria com 05 títulos mundiais FIFA, mas são esportes que você tem essa semelhança, são jogos de informação, portanto, são jogos que demandam comportamentos de decisão, onde vai entrar a tática individual, a tática de grupo.

✱. **Wilton Santana** tem percebido em alguns estudos, e isso é um fato, no Futsal há que se ter ações mais precisas, porque se tem menos tempo para decidir, e essa transferência para o Futebol já foi comprovada cientificamente. Por exemplo, em 2018, foi feito um estudo por um pesquisador Australiano, utilizando 24 garotos de 13 anos que fazem Futsal e 24 garotos que fazem Futebol, onde ele os faz jogarem de maneira controlada, com restrições na tarefa de jogar; jogos modificados onde jogam em um espaço menor, 5x5 com o goleiro ou, no espaço maior, 5x5 com o goleiro, os dois grupos que só jogam Futebol e só jogam Futsal. O Australiano verificou que os meninos que jogam Futsal, quando passam para a tarefa de campo, jogam no campo maior, acabam sendo mais precisos, eles têm um comportamento em relação à habilidade de passar a bola que é um elo entre os jogadores mais calibrados e afinados. E os jogadores que só jogam Futebol, não conseguem fazer a transferência para o Futsal, e aí sugere-se, no estudo, que o Futsal em um espaço menor, com maior contato com a bola, ele reverte para o Futebol, tendo uma grande vantagem. Então, isso sugere que os jogadores de Futebol precisavam fazer mais treinos de Futsal. É bom considerar que foram treinos com crianças, mas por

O SEGREDO DO FUTEBOL BRASILEIRO FUTSAL E FUTEBOL DE BASE

quê? Porque, quando se entra em uma quadra, a aderência, o piso é diferente, então já se tem um favorecimento de ações mais precisas, e essa transferência para o Futebol, pelo menos nesse estudo com aquela população, foi verificado que o jogador de Futsal consegue ser mais preciso quando jogava Futebol em um espaço maior, exatamente porque um dos componentes é essa afinação perceptiva motora que é transferida de um jogo para o outro.

✗. **Wilton Santana** também falou da ideia de que a licença "C" da CBF seja unificada, considerando uma boa aposta. Disse que os treinadores precisam estudar, precisam ser inquietos, informar-se. Disse que, no Futsal, o treinador precisa tomar muitas decisões devido às substituições volantes e ao próprio jogo que exige participação com mais frequência. Já o Futebol, acaba exigindo do treinador uma visão prospectiva diferente do Futsal, porque se tem menos substituições. Então seria interessante que os jogadores desempenhassem mais funções para se amenizar o fato de não conseguir mexer tanto no time, sendo assim, é preciso que se tenha jogadores mais versáteis, jogadores que alterem a gestão de espaço que vão ocupar e, com isso, ganha-se alguma vantagem qualitativa. Considerou que os jogadores subam de categoria na base pela versatilidade tática posicional como um dos princípios, porque os treinadores de Futebol não podem mexer muito. Reiterou que tenta fazer com que os jogadores dele no Club Atlhetico Paranaense consigam atuar em mais funções. Não acha interessante ter um especialista de função logo cedo.

✗. **Maurício Marques** comentou que antigamente a maioria das práticas simultâneas eram aleatórias, sem conexão com o Futebol do Clube, ou seja, jogavam Futsal em um determinado Clube e Futebol em outro. Disse que tem dúvidas sobre a idade que se deve interromper o processo no Futsal, porque não esticar até os 15/16 anos? Disse que se precisa estudar mais, principalmente no meio científico. Considera as práticas simultâneas sempre bem-vindas.

🏃. **Maurício Marques** comentou que o Futebol de Rua ainda existe no interior do Brasil e que, nas grandes capitais, é muito mais raro. Diz que os captadores de talentos (futsal e/ou futebol) poderiam enxergar esses meninos no ambiente informal. Comenta que acha diferente como se tratava o jovem jogador no passado e como é hoje. Disse que hoje a precocidade na especialização é visível, e que se precisa deixar esses meninos terem um espaço livre e de lazer e poder jogar o que quiser. Concorda que o mecanismo dos Clubes atrapalha, e os Clubes precisam tomar providências e ter criatividade. Considera que o Futsal é um esporte que vai crescer e se profissionalizar cada vez mais. Disse que a FIFA e Conmebol estão investindo e é preciso tomar cuidado para não colocar o Futsal apenas como um simples fornecedor para o Futebol. Existem também boas opções no Futsal, caso não seja possível jogar Futebol e cabe apenas ao jovem optar. Comentou que as licenças CBF poderiam ser unificadas Futsal – Futebol, ampliando o leque profissional para o treinador. Considera que um não pode ser subserviente ao outro, os dois se ajudam muito nos processos.

🏃. **Mauricio Marques** considerou um absurdo crianças de 11 anos jogarem Futebol 11x11. Pensa que, apenas aos 13 anos, esse modelo de 11x11 deveria ser inserido, considerando também que o Futsal e Futebol de 07, até os 11 anos, seria o mais ideal como prática.

Disse que o Brasil precisa voltar a fazer isso, comentou que o europeu veio aqui, levou isso para fora e transformou em metodologia própria. Disse que o Futsal exercita a tática individual e tática de grupo o tempo todo, como a forma de pisar a bola, de enxergar se vai pela beirada do campo ou pelo meio. Disse que, no Futsal, se vivencia as fases do jogo o tempo todo e que os conteúdos do Futsal e Futebol se casam muito fácil, e esse casamento de currículos é muito legal e quem estiver fazendo isso vai sair na frente.

⚽. Mauricio Marques comentou que, em relação aos treinadores, a CBF hoje separa as licenças de Futebol e de Futsal. Ele considerou, mais uma vez, que no futuro próximo vai conseguir que pelo menos a licença "C", seja uma licença comum, com os conteúdos, conceitos e talvez alguma coisa que considerem eletivas e, a partir da licença "B", optar pelas licenças de Futsal ou de Futebol. Acha que os treinadores de iniciação deveriam se aprofundar nas duas modalidades, pois considera importantes os dois conhecimentos.

16 Depoimentos do vídeo " pedagogia do futsal – programa companhia esportiva - transição do futsal para o futebol"

⚽. PC de Oliveira comentou que o Futsal, como formador para o Futebol, é um caminho promissor e sem volta. Comentou sobre os vários jogadores brasileiros de Futebol que são contratados para jogar no exterior, e a grande maioria são oriundos do Futsal, e as exceções são raríssimas. Disse que a maneira como se treina o Futsal, para levar para o Futebol, a maneira como se tira o menino do Futsal só para jogar Futebol, isso já é um outro problema, porque não existe no Brasil uma visualização das boas práticas disso no mundo, porque, cada país, está tentando de alguma maneira diminuir o espaço e formar o jogador melhor. Como fazer isso com um esporte apenas? Ele acredita que é possível inserir mais modalidades, e o principal: competir. Afirmou que só se cria isso, nas categorias de base de Futebol junto com o Futsal, se o menino permanecer mais tempo dentro do Clube. **PC de Oliveira** acredita que essa identidade se perdeu. Porque se treina pouco e se joga pouco em um modelo comum.

⚽. **Wilton Santana** considerou que o Futsal como formador para o Futebol é um tema de relevância atual. Considerou, também, que não são modalidades ou esportes que se podem privar de uma conjugação. Disse que existem vários excelentes jogadores de Futebol com passagem pelo Futsal. **Wilton** comentou que já ouviu um questionamento sobre o porquê de o Futebol investir no Futsal formativo se, no final desse processo, todo menino quer jogar Futebol. E eles acabariam se beneficiando de qualquer forma. Os meninos que jogam Futsal querem o Futebol, então eles não precisariam se preocupar com o Futsal.

⚽. **PC de Oliveira** respondeu que, se fosse feito um levantamento de jogadores dispensados nos Clubes, seja no Futebol ou Futsal, a proporção é apavorante. Se estão no Futebol têm dificuldade para retornar ao Futsal, se estão no Futsal têm que procurar outro lugar para jogar ou Futsal ou Futebol. **PC de Oliveira** não enxerga uma preparação ou uma base completa, ou seja, todo mundo quer jogar Futebol, mas criar identidade com o Clube, oferecer para o jogador a área social, o estudo e as oportunidades dentro do Clube, para que ele se forme no Clube como jogador ou como outro profissional. Cita que é possível formar uma gama de profissionais dentro do Clube que não vão vingar como jogadores, e com grande identificação com o Clube, o que gera uma economia a médio e longo prazo significativa.

⚽. **Wilton** comentou que o Futebol pode se beneficiar muito mais com o Futsal, e que talvez o caminho fosse exatamente sistematizar o Futsal dentro do grande Clube de Futebol, fazer isso de uma forma planejada, fazer essa transição, vindo do Futsal para o Futebol, vindo de uma combinação desde os primeiros momentos, e não uma situação que aleatoriamente pode acontecer. E reafirmou que alguém do Futebol deve estar no Futsal e potencializar isso, nesse caso alguém da Comissão Técnica.

✖. **PC de Oliveira** comentou que essa potencialização não é para falar de parte tática, e sim falando de comportamento, com 06 ou 07 anos a criança controla a bola com a sola do pé, precisa controlar com o lado, precisa orientar esse controle para passe ou para drible que já são comportamentos do Futebol. Então, pode-se entregar melhor os jogadores para o Futebol e, se, com 12, 13 ou 14 anos o Clube for dispensar esse jogador no Futebol, ele poderá voltar a ser um jogador de Futsal. O que não acontece se, por exemplo, se é tirado com 12 anos e devolvido com 19, ele dificilmente vai jogar Futsal de novo.

✖. **Wilton** comentou que, nessa transição Futsal – Futebol, os Clubes de Futebol não poderiam prescindir de um especialista de Futsal em seu organograma. **PC de Oliveira** comentou que são duas correntes. Disse que a UEFA faz um pedido para os grandes Clubes europeus terem seus Clubes de Futsal. A Inglaterra já tem, Alemanha já tem, a liga da França é um sucesso, Espanha, Portugal, Itália já são tradicionais. No Brasil, existe um movimento para que os grandes Clubes tenham seus Departamentos de Futsal, disputando as competições, a exemplo do que está sendo feito no Futebol Feminino. Por quê? Para convencer o menino a jogar Futsal no Clube grande, ele precisa visualizar as duas coisas. Por isso, não é verdadeiro que o menino de Futsal quer jogar só Futebol. Se ele enxerga que existe time profissional de Futsal no Clube, ele pode também vislumbrar uma carreira no Futsal. **PC de Oliveira** cita o jogador **Marquinhos**, zagueiro do PSG F.C./França, que jogou Futsal no S.C. Corinthians Paulista como pivô até os 13 anos.

✖. **Wilton Santana** citou o Santos F.C. que já entende o Futsal como Futebol. Citou também o Fluminense F.C., C.R. Vasco da Gama, Clube Atlético Mineiro, E.C. Bahia, e mais Clubes que anexaram o Departamento de Futsal ou Futebol de Base, mas ainda, todo mundo procurando uma maneira de conduzir o processo para o time profissional de Futebol, por isso, essa transição precisa dos especialistas de Futsal, para estabelecer uma metodologia diferente e que esteja contida no modelo de cada Clube. Afirmou que o Brasil é um país continental, formar um jogador para o S.C. Corinthians Paulista é diferente do que formar um jogador para o Grêmio Foot-Ball Porto Alegrense ou formar um jogador para o Sport Club do Recife. Então os especialistas passam por um entendimento geopolítico, o tipo de jogador do Nordeste, é diferente do jogador do Sul do país, que é diferente do Sudeste. Esse entendimento geopolítico da característica de cada um traz para o Futebol brasileiro sua essência, mas a contribuição do Futebol vai estar aí, você potencializa geopoliticamente a velocidade dos jogadores da parte do nordeste do país, com a força dos jogadores da parte Sul do país, para ter um jogador de Futebol completo e melhor.

⚽. **Wilton Santana** comentou que, se o menino, com aproximadamente 13 anos, estiver num processo de formação combinado Futsal – Futebol, ele não começaria o Futebol aos 14 anos, na verdade ele já é um jogador de Futebol aos 06 ou 07 anos, e é um jogador de Futsal com essa mesma idade.

⚽. **PC de Oliveira** comentou que, quando se fala em combinar metodologicamente Futsal e Futebol, o tamanho dos campos, a dimensão das traves, peso e tamanho da bola, devem ser levados em conta para se respeitar a proporcionalidade. Citando as boas práticas no mundo, aludiu que, no Japão, o menino sai do Futsal e vai para o Futebol de grama sintética e depois vai para o campo, porque eles enxergam uma transição de materiais. Como executar isso aqui? Por que o Futebol de 07 é tão legal na Espanha? Porque tem até linha de impedimento para que se comece a treinar a linha de defesa, vai se identificando por idades, a necessidade desses meninos para o campo, tendo o Futsal colado, ele vai fazer as duas coisas, justamente para ele continuar resolvendo problemas um atrás do outro, continuar no espaço menor e aí ele vai desfrutando desse aumento de espaços de campo, de número de jogadores, com a cabeça muito veloz para resolver problemas. Eles parecem diminuir no campo, mas na cabeça não diminuem, ele resolve, resolve, e vai para cima, e dribla o primeiro, e chuta no gol, então os comportamentos precisam estar combinados sim.

O SEGREDO DO FUTEBOL BRASILEIRO FUTSAL E FUTEBOL DE BASE

17 Depoimentos do vídeo "Do Futsal ao Futebol: PC Oliveira leva ensinamentos da quadra para o campo"

🏃. **PC de Oliveira** enxerga o Futebol brasileiro com uma coisa única. O Futebol brasileiro começou a ser discutido de 2014 para cá, depois do 7 x 1, devido uma derrota acachapante. Disse que já tivemos outras derrotas e nunca se discutiu tanto o assunto. Começam a aparecer no mundo treinadores ousados, jogando de maneira diferente. Depois que esteve na Espanha, visitando Centros de Treinamento de Clubes de Futebol e observando o trabalho do Futebol de Base lá, começou a ver algumas coisas que o fizeram traçar um comparativo. Essa experiência despertou nele a vontade de fazer algo no sentido da formação, tentando tornar o Futsal como se fosse o início da ferramenta total para se atingir um nível de jogador de Futebol melhor.

Considerou que a formação no Brasil precisa recuperar o que o jogador brasileiro sempre teve, que é a capacidade de romper o sistema, a fronteira, onde o treinador atua e solta o jogo na mão do jogador. Disse que o jogador brasileiro de hoje quer receber tudo mastigado, e essa não é a nossa essência, qual seria resolver problemas, e isso, o Futsal sempre fez muito bem. Por mais tático que se seja no Futsal, chega um momento que o rapaz nem te olha mais, ele sabe que ele vai resolver o problema, ele precisa resolver o jogo, e eles resolvem o jogo.

🏃. **PC de Oliveira** comentou que no Futsal é outra bola, outro espaço, outro piso, então se resolve problema com mais facilidade, a bola não foge tanto do seu controle, já no Futebol ela foge mais do seu controle, mas, está se treinando no pouco espaço muito passe e pouco controle, e o que é o controle? Controle é dominar e escapar da marcação, o problema já se apresentou e sua cabeça está limpa para resolver esse problema. Hoje se vê esse atraso, o jogador consegue controlar a bola e escapar, e o problema ainda não processou o próximo instante do jogo. Citou que a Bélgica, que não tem quase nenhuma tradição no Futebol, forma um jogador mais caro que o brasileiro com treinamento, concluindo que, no treinamento esportivo, é possível treinar o controle.

18 Depoimentos da entrevista de Muricy Ramalho para o programa "Bem, Amigos" e de Ricardinho para o "Seleção SporTV"

🏃. **Muricy** comentou que, na Cidade de Santos, se joga muito Futsal. Disse que, no Santos F.C. a maioria dos jogadores iniciaram no Futsal, por isso são habilidosos, driblam fácil. Disse também que é uma "febre jogar Futsal em Santos", e comentou, ainda, que não é só praia não, o menino joga muito Futsal.

Figura 2 - Ricardinho na Seleção Brasileira de Futebol

🏃. **Ricardinho** falou que o Santos F.C faz um trabalho importantíssimo com os jovens jogadores do Futebol de Base. Citou que não são todas as equipes de Futebol que fazem esse trabalho do Santos F.C. na captação e na integração entre Futsal e Futebol. Disse que o menino joga Futsal e Futebol no Clube e tem esse duplo treinamento, sempre com planejamento, e que o Futsal, na formação do atleta, faz uma diferença enorme, por isso também, observa-se vários jogadores de qualidade na equipe profissional, que driblam, que dominam bem a bola, que têm a bola perto do seu pé, sempre ativos. **Ricardinho** finalizou afirmando que o Santos F.C. faz esse trabalho muito bem há muitos anos.

19 DEPOIMENTOS DO VÍDEO "FALCÃO É HOMENAGEADO PELO SANTOS F. C."

. **Alberto** citou que o Santos F.C. trabalha bem o Futsal, e muitos grandes jogadores do Clube são oriundos da modalidade. Disse que jogou Futsal quando criança, e teve uma base muito grande vinda do Futsal e, por isso, deve muito ao Futsal.

. **Falcão** comentou que os Clubes europeus querem implantar o Futsal nos seus processos de formação do Futebol, e o Brasil já tem isso. Disse também que poucos Clubes de Futebol tem um cargo que relacione Futsal e Futebol. Comentou, ainda, que o Santos F.C. sempre trabalhou bem essas questões e exemplifica a situação do zagueiro de 13 anos do Futebol que é grande e forte. Ele só leva vantagem porque é grande e forte. Se fosse colocado no Futsal, ele iria melhorar o passe, a finalização, iria desarmar e sair jogando. Diante disso, disse que o Futsal vai sempre acrescentar, pelo menos até os 15 anos. O Futsal tem que ser um complemento do Futebol, afirmou. Os Clubes da Europa querem implantar o Futsal no Futebol. No Brasil, os Clubes que têm essa oportunidade, muitas vezes não sabe aproveitá-la. Comentou que, quando se coloca um menino de 13 anos em um treino de uma hora, ele acaba tendo pouco contato com a bola. No Futsal, ele vai ter contato muito maior com a bola, ficando mais fácil de aprender qual o seu defeito. No momento que os Clubes entenderem, assim como o Santos F.C., que tem isso na base e no "sangue", cada vez mais vão revelar excelentes jogadores de Futebol.

20 Depoimentos do vídeo "Entrevista coletiva da Comissão Técnica da Seleção Brasileira de Futebol – Convocação para os jogos eliminatórios da Copa do Mundo de 2022 (Tite, Cesar Sampaio, Juninho Paulista)"

✖. **Tite** comenta que foi contagiante ver a seleção de Futsal usufruindo das dependências lá na Granja Comary.

O repórter pergunta "se é diferente, qual a diferença, se ela existe, quando você recebe um atleta que já tenha passado por um longo período na base do Futsal? Ou não há diferença nisso?"

✖. **César Sampaio** responde que "É a base de tudo, né? Eu entendo que primeiro é a rua... São plataformas diferentes, no Futsal você raramente ou nunca tem um momento passivo, você tá sempre ativo, ou atacando ou defendendo, tomada de decisão com menos tempo e espaço, tudo isso quando você cumpre esses processos de transição, quando vai, logicamente, aumentando mais o espaço, você vai se sentindo mais confortável. Lógico que tem a diferença do piso, na minha época ainda era uma quadra sintética para a grama, mas ainda indico aqueles que estão iniciando começarem pelo Futsal. Pegam muito mais na bola, se você põe um menino de 07 - 08 anos num campo ele vai cansar rápido, não vai tocar na bola, enfim... No Futsal, não só joguei como jogo ainda, né? Tem o "Veteranão" não com a mesma dinâmica, mas ele é um jogo que eu gosto muito e acho que serve muito nessa transição do pequeno espaço para um espaço maior."

✖. **Juninho Paulista** também comenta "Joguei, joguei! Iniciei aos 06 anos de idade. Acho que é muito importante para a formação do atleta, né? O Futsal. Vejo muitos jogadores, companheiros, com quem eu joguei também no campo. Eu só fui jogar "campo" com 13 anos. A gente traz todas essas características, que o **César** falou, pro campo, né? Essa tomada de decisão. Isso quando você transporta para um ambiente maior ela te traz benefícios."

Tite ratifica o pensamento "Como ela te traz esse benefício, complementando: quando uma equipe adversária está marcando baixo, compactada, compactação é um princípio defensivo, e ela traz atrás, no último terço do campo, onde tem os jogadores criativos, há necessidade e a partir daí se joga Futsal, que é gostar de raciocínio e execução. **Pedrinho** fala isso e fala com muita sabedoria também, num comentário que ele fez. Ele fala com muita sabedoria: É a rapidez de raciocínio e execução, há muito pouco espaço, há muito pouco tempo e o teu raciocínio, a tua antevisão, as tuas percepções, a tua visão periférica, o teu "3D", tudo tem que ser muito aguçado. Então ele te traz alguns benefícios específicos, este é o mais específico."

21 Depoimento da entrevista de Vanderlei Luxemburgo para o podcast "Flow Sport Club"

Vanderlei cita que não se deve colocar um garoto de 12/13 anos, em um campo de Futebol com dimensões de 110 x 75, porque na opinião dele, o garoto praticamente não tem contato com a bola, sendo assim, considera que nessas idades, é aconselhável que o garoto treine em um campo irregular e de barro, com dimensões menores, como por exemplo 10 x 20.

Para **Vanderlei**, essa dimensão alterada faz com que o garoto tenha maior possibilidade de participar ativamente do jogo, sendo conduzido ao um processo de propriocepção natural, e não direcionado, melhorando consideravelmente o cognitivo e o raciocínio rápido. **Vanderlei** também comenta que os melhores jogadores brasileiros são oriundos do Futsal, e usa a modalidade como exemplo, afirmando mais uma vez, que o garoto precisa jogar em espaçõs reduzidos para ter mais contato com a bola, e o Futsal comtempla tudo isso, aumentando o repertório motor e cognitivo do jovem atleta.

O SEGREDO DO FUTEBOL BRASILEIRO FUTSAL E FUTEBOL DE BASE

CAPÍTULO 4

Sustentação em mídias virtuais e clubes - sites, redes socias, cases, outros

1. Considerações

Os conteúdos apresentados a seguir, foram escolhidos de acordo com a temática - "prática simultânea entre o Futsal e Futebol e suas contribuições", como forma de aumentar a sustentação ao tema em relação ao livro apresentado. Para isso, dividiu-se todo o conteúdo em 11 anexos, onde selecionou-se e resumiu-se a grande maioria deles. As matérias jornalísticas foram as que mais sofreram "recortes" textuais, devido ao seu tamanho ou assunto não pertinente. Infelizmente, por motivo de direito de imagem, fez-se necessário excluir do Capítulo, vasto material de fotos e de imagens de jogadores e de ex-jogadores em razão da dificuldade de se conseguir as autorizações legais para utilização delas na obra.

De forma geral, pesquisou-se os materiais descritos em sites, *blogs*, jornais, postagens realizadas nas redes sociais (Instagram, Facebook, Twitter), documentos internos de Clubes, outros, no período entre 2018 e 2022.

Fez-se questão de selecionar apenas informações recentes, colocando o ano de 2018 como "start" para as pesquisas, desconsiderando

O SEGREDO DO FUTEBOL BRASILEIRO FUTSAL E FUTEBOL DE BASE

os anos anteriores, com exceção feita a uma matéria realizada em 2012, onde optou-se por fazer parte da escrita devido à sua relevância para o assunto.

> Obs.: Devido ao dinamismo do mercado futebolístico, é possível que aconteçam empréstimos ou venda de alguns atletas citados abaixo para outras equipes, durante a elaboração e publicação deste livro, ocasionando divergências de informações entre ambos.
> Também motivados pelos direitos de imagem, tivemos que retirar deste Capítulo a grande maioria das fotos que fazem parte do conteúdo.

2 Matérias em sites

ge MUNDO DO FUTSAL

12 dos 23 jogadores da seleção foram federados no futsal; confira as fichas

Alisson, Douglas Costa, Fágner, Filipe Luís, Marcelo, Marquinhos, Miranda, Neymar, Pedro Geromel, Philippe Coutinho, Renato Augusto e Willian passaram pela quadra antes de irem para o campo

Por Flávio Dilascio — Rio de Janeiro
12/06/2018 17h37

Figura 1 - Notícia 01
FONTE: https://globoesporte.globo.com/blogs/mundo-do-futsal/post/2018/06/12/11-dos-23-convocados-por-tite-foram-federados-no-futsal-confira-as-fichas.ghtml

O SEGREDO DO FUTEBOL BRASILEIRO FUTSAL E FUTEBOL DE BASE

Neymar jogou torneios intercolegiais na Baixada Santista e uma Liga de Futsal Regional antes de resolver seguir carreira no Futebol do Santos F.C. **Marcelo** passou pelo Futsal de C.R. Vasco da Gama, Helênico e Fluminense F.C. antes de firmar-se nos gramados pelo próprio Tricolor das Laranjeiras. História semelhante têm **Alisson, Douglas Costa, Fágner, Filipe Luís, Marquinhos, Miranda, Pedro Geromel, Philippe Coutinho, Renato Augusto e Willian**. Dos 23 convocados por Tite para a Copa do Mundo da Rússia, 12 foram atletas federados de Futsal na infância.

Titular de Tite na época da matéria, **Willian** disputou competições importantes pelo Futsal de Base do S.C. Corinthians Paulista.

Criado na Zona Norte do Rio, **Renato Augusto** atuou por Grajaú Country Club, Tio Sam E.C. e Grajaú Tênis Clube nos anos 90, antes de migrar para o Futebol do C.R. Flamengo. Já o lateral **Filipe Luís** defendeu o tradicional Jaraguá-SC no ano de 1996. O goleiro **Alisson**, por sua vez, foi federado pelo S.C. Internacional em 2002.

Obs.: Por motivo de direito de imagem retirou-se deste item todas as fotos e "Fichas dos Atletas - CBFS" que foram citados no texto acima. A visualização completa desta matéria está disponível no endereço apresentado na "FONTE" logo abaixo da "FIGURA 01".

BLOG DO MILTON NEVES

Relíquias: veja grandes craques, ainda garotinhos, no futebol de salão

Milton Neves
16/08/2021 15h46

Figura 2 - Notícia 02
FONTE: https://blogmiltonneves.uol.com.br/blog/2021/08/16/reliquias-veja-grandes-craques-ainda-garotinhos-no-futebol-de-salao/

253

O SEGREDO DO FUTEBOL BRASILEIRO FUTSAL E FUTEBOL DE BASE

Esta matéria contém um grande número de fotos pinçadas do acervo do grande fotógrafo Sarkis, consideradas verdadeiras relíquias!

Nelas, é possível observar grandes craques do Futebol brasileiro, como: **Caio Ribeiro, Zé Elias, Sylvinho, Juninho Paulista, Jamelli, Gilmar (zagueiro São Paulo F.C.), Rubinho (goleiro S.C. Corinthians Paulista), Thiago Motta, Falcão (futsal)**, ainda garotinhos, no Futebol de Salão.

Figura 3
Juninho Paulista no Futsal do C.A. Juventus e na Seleção Brasileira de Futebol

Figura 4
Jamelli no Futsal da S.E. Palmeiras e na Seleção Brasileira de Futebol
Foto da Seleção: Getty Images

O SEGREDO DO FUTEBOL BRASILEIRO FUTSAL E FUTEBOL DE BASE

Figura 5
Gilmar (zagueiro) na forte e tradicional equipe do E.C. Banespa e São Paulo F.C.

Obs.: Por motivo de direito de imagem, retirou-se deste item quase todas as fotos dos jogadores que foram citados no texto acima. A visualização completa desta matéria está disponível no endereço apresentado na "FONTE" logo abaixo da "FIGURA 02".

Lembre craques que vieram do futsal, como Neymar e Messi

21 nov 2012 07h50

Figura 6 - Notícia 03
FONTE: https://www.terra.com.br/esportes/futebol/copa-coca-cola/lembre-craques-que-vieram-do-futsal-como-neymar-e-messi,5c6803052ceed310VgnCLD200000bbc ceb0aRCRD.html

O SEGREDO DO FUTEBOL BRASILEIRO FUTSAL E FUTEBOL DE BASE

No último domingo, o Brasil ganhou o Mundial de Futsal pela sétima vez. Porém, muito mais do que render taças para a nossa história, esta modalidade já ajudou a revelar alguns dos nossos maiores jogadores, como **Rivellino, Ronaldo e Neymar**.

Rivellino
O craque **Rivelino** deu os primeiros passos no esporte jogando Futebol de Salão, fundamental para desenvolver seus dribles curtos, como o elástico.

Ronaldo Nazário
As famosas arrancadas do Fenômeno seguidas de rápidos dribles infernizaram os zagueiros e goleiros que o enfrentaram. E boa parte desse talento despontou no Futsal. Antes de brilhar nos campos, **Ronaldo** jogou pelo Social Ramos Clube e pelo Grajaú, entre 1991 e 1992.

Robinho
Muito antes de liderar a geração dos Meninos da Vila do Santos F.C., em 2002, **Robinho** aperfeiçoava sua técnica nas quadras. Seu começo se deu em 1994, atuando pela A.A. Portuários, de Santos, no litoral paulista.

Neymar
O craque mal havia surgido no profissional e já pipocavam na internet vídeos de suas façanhas nas quadras. Com 13 anos, **Neymar** infernizava os coleguinhas do colégio pedalando, driblando e marcando inúmeros gols.

Messi
Não são apenas os brasileiros que desenvolvem seu talento nas quadras. Melhor do mundo nas últimas três temporadas, o argentino **Lionel Messi** começou no Futebol de salão do C.A. Newell's Old Boys, da Argentina. Além de jogar no Clube, ele também atuava na rua de casa e, segundo ele, o Futsal foi fundamental para ele se tornar o que é hoje.

✯. Cristiano Ronaldo

Habilidoso e de dribles velozes, **Cristiano Ronaldo** também passou a infância jogando Futsal em Portugal. Segundo o craque, as quadras o ajudaram a aprimorar os fundamentos e ganhar agilidade.

✯. Denílson

Conhecido pela habilidade fora do comum, **Denílson** defendeu um Clube de Futsal do bairro de Santo Amaro, em São Paulo, antes de ser descoberto pelo São Paulo F.C. e se tornar a maior transferência da história do Futebol brasileiro na época.

Figura 7 - Ficha de registro CBFS/Denílson

Figura 8 - Denílson na Copa do Mundo Futebol FIFA/2002 (Seleção Brasileira)

O SEGREDO DO FUTEBOL BRASILEIRO FUTSAL E FUTEBOL DE BASE

🏃. Marta

Comparada a **Pelé**, a craque **Marta** é outra que deve muito de sua qualidade técnica ao Futebol de Salão. Em 2002 a jogadora defendia a Associação Atlética Banco do Brasil (AABB) de Belo Horizonte. Anos depois, brilharia com a camisa da seleção verde e amarela.

> Obs.: Por motivo de direito de imagem, retirou-se deste item quase todas as fotos e "Fichas dos Atletas - CBFS" que foram citados no texto acima.

Figura 9 - Notícia 04
FONTE: https://ge.globo.com/futsal/noticia/em-bate-papo-com-falcao-e-pedrinho-zico-revela-que-tentou-levar-o-camisa-12-para-o-flamengo.ghtml

Os três craques explicaram vantagens que jogadores de Futebol podem ter com uma iniciação no Futsal, como o domínio de bola, dribles e a velocidade de raciocínio para jogar. E foram unânimes ao defender a integração das divisões de Base dos Clubes entre campo e quadra.

O melhor exemplo é o zagueiro grandão de 13 anos. Só que esse menino de 13 anos, quando tiver 18, o tamanho dele já não vai fazer diferença, mas ele deixou de melhorar passe, deixou de melhorar finalização, desarme, a visão 360 graus do jogo. Então tudo isso que você traz do Futsal para o Futebol vai ajudar demais. Se o Brasil tiver essa consciência de pegar o Futsal e o Futebol na Base e virar uma coisa só, os jogadores vão melhorar pelo menos 30 a 40% de todo. O rapaz que tem melhor marcação, vai ter a bola melhor. O que tem mais qualidade com a bola, vai saber marcar. O Futsal pode dar tudo isso na formação - disse **Falcão**, sendo emendado por **Zico**.

Figura 10 - Zico em seus tempos de Futsal

Figura 11
Zico na Seleção Brasileira de Futebol

Uma das coisas importantes do desenvolvimento do atleta é a repetição. Nos treinamentos de Futsal, você repete muito mais do que no treinamento do Futebol. E a repetição é o que te faz chegar mais perto da perfeição. Então eu acredito que se os Clubes utilizarem bem isso, de em uma idade fazer Futsal e Futebol, a evolução vai ser fantástica até 17, 18 anos - opinou o Galinho de Quintino (**Zico**).

Pedrinho também fez a sua análise da questão, ressaltando que no Futsal em qualquer posição o jogador precisar jogar, marcar, dar um passe vertical e driblar.

– Um pivô tem que marcar, tem que saber cortar linha de passe, ele participa da construção ofensiva e da questão defensiva. Um fixo não tem só a função de marcar, ele constrói o jogo, ele tem que ter bom passe, visão de jogo. Ele chega muito mais preparado para um jogo moderno. Hoje, um zagueiro que não sabe jogar, não joga. Um goleiro que não usa os pés, não joga. Cada vez você tem menos espaço e precisa que todos saibam jogar. E o Futsal é isso, as cinco posições têm que saber jogar, saber marcar, saber dar um passe vertical, driblar. Então essa passagem pelo Futsal deixa muito mais preparado para um jogo moderno como o de hoje - finalizou **Pedrinho**.

Figura 12 - Notícia 05
FONTE: https://globoesporte.globo.com/sp/santos-e-regiao/futebol/times/santos/noticia/noticias-santos-dirigente-william-thomas-explica-pedido-demissao.ghtml

O atual projeto do Santos F.C. está unificado em todas as categorias, desde o Futsal Sub 09 ao time principal, com metodologia integrada e respeitando seu histórico DNA. Isto certamente tornará o processo mais eficaz, promovendo e confirmando sistematicamente jovens atletas ao fim do processo formativo - como já é de tradição do Santos F.C.

> **ge**   ESPORTE ESPETACULAR
>
> ## Estrelas olímpicas do Brasil estamparam álbum de figurinhas de torneio de futsal em 2010
>
> Bruno Guimarães, Vini Jr, Paulinho, Guga, Pedro, Gerson e Douglas são alguns dos nomes da competição que reuniu craques do futebol atual. Entenda a história e veja as entrevistas
>
> Por Caio Carvalho*, Eric Faria, Márcio Iannacca e Roberto Maleson — Rio de Janeiro

Figura 13 - Notícia 06
FONTE: https://globoesporte.globo.com/programas/esporte-espetacular/noticia/estrelas-olimpicas-do-brasil-estamparam-album-de-figurinhas-de-torneio-de-futsal-em-2010.ghtml?utm_source=Facebook&utm_medium=Social&utm_content=Esporte&utm_campaign=globoesportecom

A Superliga 2010 de Futsal do Rio de Janeiro criou um álbum de figurinhas que virou febre na época. Onze anos depois, vários dos pequenos sonhadores daquela competição hoje realizam o sonho de jogar profissionalmente.

A Superliga era um torneio à parte da Federação de Futsal do Rio de Janeiro e logo conquistou quem a disputava.

A época de Futsal traz frutos que muitos desses jogadores colhem até hoje. Lateral-direito do C.A. Atlético Mineiro, **Guga** foi outro que esteve na competição, atuando pelo Sub 13 do Botafogo F.R. De acordo com o jogador, a velocidade do jogo na quadra fez com que seu Futebol no campo se potencializasse e evoluísse bastante.

O Futsal me ajudou muito no jogo curto, o pensar rápido. O jogo é muito dinâmico, e isso ajuda muito no campo. O controle de bola

O SEGREDO DO FUTEBOL BRASILEIRO FUTSAL E FUTEBOL DE BASE

também, tudo isso ajuda muito. Acredito que todo mundo que começou no Futsal vá dizer isso. Acredito que esses fatores foram superimportantes - afirmou o lateral do Galo.

Outro atleta de nível mundial que atuou muitos anos pelas quadras do Rio de Janeiro foi **Bruno Guimarães**. Ex-Club Athletico Paranaense e atualmente no Olympique Lyonnais (Lyon da França), o volante relembrou a época de Futsal e citou as características que considera mais importantes em seu estilo de jogo, que lembra muito o praticado no Futsal.

Com certeza os dois pontos que posso afirmar que me ajudam muito é o controle de bola e o pensar mais rápido. Às vezes eu até erro um passe porque eu enxerguei e o cara não enxergou, mas eu vi o espaço por pensar rápido, acontece. Acho que isso tudo foi possibilitado graças ao Futsal - disse o ex-jogador do Furacão.

*Obs.: Por motivo de direito de imagem, retirou-se deste item todas as fotos e "Figurinhas" dos jogadores que foram citados na matéria. Manteve-se os Clubes que os jogadores se encontravam à época, sendo eles: **Gerson** meio-campo do C.R. Flamengo, **Pedro**/atacante do C.R. Flamengo, **Bruno Guimarães**/meio-campo do Olympique Lyonnais (Lyon da França), **Paulinho**/atacante do Bayer 04 Leverkusen Fußball GmbH (Alemanha), **Vinicius Junior**/atacante do Real Madrid C.F. (Espanha), **Guga**/lateral do C. Atlético Mineiro, **Gabriel Pec**/meio-campo do C.R. Vasco da Gama, **Ribamar**/atacante do América F.C., **Vinícius**/atacante do C.R. Vasco da Gama, **Luiz Henrique**/meio-campo do Fortaleza E.C..*

A visualização completa desta matéria está disponível no endereço apresentado na "FONTE" logo abaixo da "FIGURA 13".

262

FLUMINENSE 'SOU TRICOLOR DE CORAÇÃO'

Integração entre futsal e Xerém é um dos segredos da base do Fluminense

Tricolor é um dos poucos clubes do Brasil que tem essa total ligação entre as quadras e os campos no futebol de base

LANCE! · 25/05/2018 · 15:17 Rio de Janeiro (RJ)

Figura 14 - Notícia 07
FONTE: https://www.lance.com.br/fluminense/integracao-entre-futsal-xerem-dos-segredos-base-fluminense.html

O Fluminense F.C. tem um histórico muito positivo em sua Base e um dos segredos para esse é ter o Futsal voltado totalmente para a formação de jogadores para o campo. O Tricolor é um dos poucos Clubes do Brasil que têm o esporte ligado diretamente à diretoria de Xerém e possui uma integração completa com atletas e profissionais das duas áreas.

"Nós pensamos a formação de atletas de forma diferente. Não sei se é melhor, ou pior, mas pensamos de forma diferente dos nossos concorrentes aqui do Brasil. Nosso Futsal é ligado totalmente à Xerém. Sempre que possível estamos em contato com o professor Ivan Proença, que gerencia o nosso Futsal com maestria, para debatermos o melhor para o futuro do nosso Clube" - explicou o diretor esportivo da Base, Marcelo Teixeira.

"Começamos este trabalho lá atrás com o Marcelo e fomos aprimorando ao longo do tempo. Já temos mais de 100 meninos hoje treinando em Xerém que são oriundos do Futsal e a previsão é aumentar ainda mais este número nos próximos anos. Muitos integrantes das Comissões Técnicas e profissionais que trabalham em Xerém também vieram do Futsal" - completou. Em termos de resultados, o Fluminense se destaca no Rio de Janeiro. Em 2017, o Clube conquistou 19 títulos. Além do craque **Marcelo**, outros jogadores como **Gerson, Douglas, Ramon, Paulinho** e muitos outros já atuam de forma profissional e vieram do Futsal.

Figura 15 - Notícia 08
FONTE: https://oglobo.globo.com/esportes/dna-tricolor-conheca-metodologia-do-fluminense-que-transformou-xerem-em-uma-fabrica-de-craques-24996828

Ao chegar no Centro de Treinamento Vale das Laranjeiras, um imponente *outdoor* dá as boas-vindas. A música "vem que tem" cantada pela torcida, aliada às fotos de astros como o zagueiro **Thiago Silva**, o lateral-esquerdo **Marcelo** e o volante **Fabinho**, são uma mensagem clara do porquê Xerém é respeitada. Mais do que revelar jogadores, o Fluminense F.R. transformou a sua Base em exemplo esportivo e de metodologia.

Dos seis aos dez anos, todos iniciam no Futsal. Aos 13, vão para o Futebol para a fase de transição. Então, vão Subindo de categoria até chegar ao Sub 23.

– As pessoas perguntam "o que tem na água de Xerém?". "Nós temos que purificar ela cada vez mais para ter maior excelência. Nós queremos ser uma referência em formação sul-americana até 2025. No ambiente nacional, já conseguimos. Agora queremos dar um passo maior e continuar atento ao mercado pois não podemos nos abster. Há outros Clubes que trabalham muito bem" - afirma Marcelo Veiga, Coordenador Técnico em Xerém.

O SEGREDO DO FUTEBOL BRASILEIRO FUTSAL E FUTEBOL DE BASE

"Efeito Kayky" vira exemplo de sucesso no Fluminense em sua integração do futsal em Xerém

Dirigentes tricolores vibram com destaque da joia de 17 anos no time profissional

Por Redação do Ge — Rio de Janeiro
08/04/2021 22h00 · Atualizado há um mês

Figura 16 - Notícia 09
FONTE: *https://globoesporte.globo.com/futebol/times/fluminense/noticia/efeito-kayky-vira-exemplo-no-fluminense-e-aumenta-confianca-na-integracao-do-futsal-em-xerem.ghtml*

O brilho de **Kayky** em seu primeiro jogo como profissional, na goleada do Fluminense F.C. sobre o Macaé por 4 a 0, animou a torcida e foi motivo de orgulho nas Laranjeiras. Afinal, a joia de 17 anos é fruto de uma integração do Futsal em Xerém, e não ter uma pasta separada para as quadras, como é mais habitual nos Clubes de Futebol.

O projeto de começar a juntar o Futsal tricolor com as categorias de Base começou em 2008, foi atualizado em 2015 e em 2019 adotou de vez a metodologia de Xerém. Os garotos praticam a modalidade até os 10 anos, e os destaques vão migrando para o campo até os 13. Foi o que aconteceu com **Kayky**, que chegou ao Clube no Sub 09 e ficou durante quatro anos se revezando entre as quadras e os gramados.

– O Futsal é a nossa principal porta de entrada para o Futebol de Campo. Ver o **Kayky** se destacar no profissional nos deixa ainda mais orgulhosos e mostra que estamos no caminho certo. Temos como objetivo integrar cada vez mais os dois Departamentos. Queremos que nossos jovens jogadores, ao entrarem em quadra, seja para treinar ou jogar, saibam que já estão fazendo parte da nossa academia de formação, estão sendo observados e preparados para a transição ao campo. Termos o envolvimento dos profissionais que já fazem um ótimo tra-

O SEGREDO DO FUTEBOL BRASILEIRO FUTSAL E FUTEBOL DE BASE

balho no nosso Futsal neste processo é fundamental. Estou confiante na evolução de Xerém - comemorou o diretor da Base, Antônio Garcia, ao site oficial do Fluminense F.C.

De acordo com Ivan Proença, gerente de Futsal no Fluminense F.C., o Clube é um dos poucos do Brasil que têm a modalidade ligada diretamente à diretoria de Xerém e possui uma integração completa com atletas e profissionais das duas áreas:

– É um grande orgulho fazer parte da iniciação deste programa todo de desenvolvimento de atletas da base do Fluminense. Todos nós sabemos da importância e da responsabilidade de preparar os meninos como pessoas, para que eles se tornem um melhor jogador. O Fluminense F.C. pensa a formação de Futebol diferente dos nossos concorrentes aqui do Brasil. Nosso Futsal é ligado totalmente à Xerém - explicou, também em entrevista ao site oficial.

Considerado uma das grandes joias de Xerém, **Kayky** foi eleito o melhor Sub 17 do mundo no ano passado, em votação popular em um perfil especializado em jovens talentos, e já tem a venda acertada para o Manchester City F.C., da Inglaterra, por € 10 milhões de euros (R$ 66,6 milhões na cotação atual) mais bônus por metas. Ele, porém, ficará no Fluminense F.C. pelo menos até o final de 2021.

*Obs.: Por motivo de direito de imagem, retirou-se deste item a foto de **Kayky**. A visualização completa desta matéria está disponível no endereço apresentado na "FONTE" logo abaixo da "FIGURA 16".*

Futsal do Flamengo é sucesso nas categorias de base

Os Meninos da Gávea chegaram em todas as finais da Série Ouro e da Série Ouro Especial.

Por Nathã Soares - em 05/03/2021 às 15:47

Figura 17 - Notícia 10
FONTE: https://www.flamengo.com.br/noticias/futebol-de-base/futsal-do-flamengo-e-sucesso-nas-categorias-de-base

266

"Os meninos do Futsal vêm fazendo um trabalho de adaptação ao Futebol. Estamos realizando um trabalho para contribuir na formação quanto ser humano, quanto atleta, para no futuro renderem frutos para o C.R. Flamengo." concluiu Leandro Américo, Supervisor das categorias de Base do C.R. Flamengo.

Figura 18 - Notícia 11
FONTE: https://globoesporte.globo.com/futebol/times/corinthians/noticia/noticias-corinthians-garotos-passado-futsal-roni-piton-donelli.ghtml

A chegada de jovens jogadores do time profissional do S.C. Corinthians Paulista em 2021 não é apenas uma vitória de suas famílias e dos membros do Departamento de formação do Clube. Mas também do Futsal.

Este espelho já vem da época do **Malcom**, do **Marquinhos**, e mais atrás com **Fagner** e **Jô**. Hoje nossos jovens já olham para esses meninos, **Biro, Lucas Piton, Roni, Matheus Donelli** e **Rodrigo Varanda**. Espero formar mais jogadores, fazer mais histórias dentro do Clube. Isso nos engrandece, minha função é formar jogadores vencedores na vida e no esporte - contou Daniel, treinador de Futsal do Clube que já tem 21 anos de estrada na modalidade.

Uma das maiores referências do S.C. Corinthians Paulista no Futsal foi o **Malcom**. Ele chegou no Corinthians aos dez anos, jogava Futsal e Futebol, jogou até os 15 no Futsal, e deixou claro que não tem a idade certa para ir para o campo. Claro que quanto mais cedo for, vai se adaptar mais rápido e

O SEGREDO DO FUTEBOL BRASILEIRO FUTSAL E FUTEBOL DE BASE

entender o processo, mas hoje sabemos que não precisa ir muito cedo. Não passar num primeiro momento não é o fim. **Lucas Piton** é o maior exemplo. Aos 13 anos ele não foi aprovado no Futebol, eu o trouxe aos 14 para o Corinthians no Futsal, ele viveu um processo até ir ao campo aos 16. Às vezes a maturação é tardia, e nosso Departamento enxerga isso - destacou o profissional.

Para você ver a importância do Futsal, o **Matheus Donelli** foi campeão mundial com a seleção brasileira Sub 17 de Futebol e o diferencial dele era saber trabalhar com os pés. Uma situação que ele evoluiu muito, ele tinha dificuldade quando era criança e desenvolveu. O diferencial é essa resposta cognitiva. Hoje o treinador quer que o atleta venha com uma carga de cognição para chegar resolvendo os problemas. A técnica e o talento eles têm. O atleta trabalhar com o pé direito e com o pé esquerdo, saber defender e atacar, são situações que ele a todo momento enfrenta no Futsal. São o diferencial, a carga de cognição e a intensidade do jogo. Por isso esses meninos estão inseridos no profissional do S.C. Corinthians Paulista.

*Obs.: Por motivo de direito de imagem, retirou-se deste item as fotos de **Lucas Piton** e **Matheus Donelli**. A visualização completa desta matéria está disponível no endereço apresentado na "FONTE" logo abaixo da "FIGURA 18".*

DA INTEGRAÇÃO COM A BASE AO FUTEBOL DE CAMPO: GESTOR DE FUTSAL DO CORINTHIANS FALA AO MEU TIMÃO

POR ANDREW SOUSA | 23 de Outubro de 2019 às 09:33

FIGURA 19 - Notícia 12
FONTE: https://www.meutimao.com.br/noticias-do-corinthians/331190/da-integracao-com-a-base-ao-futebol-de-campo-gestor-de-futsal-do-corinthians-fala-ao-meu-timao

Ponto de partida para grandes jogadores do Futebol, o Futsal do Corinthians também se preocupa em andar lado a lado com as delegações de Futebol de Base. Com planos para aproximar ainda mais as duas modalidades, o Clube trabalha em conjunto para formar novos talentos para os dois caminhos.

"Temos uma integração bem importante com o Futebol, principalmente na Base. Os atletas entre 09 e 14 anos também praticam o Futebol. Em algum momento eles vão se identificando com uma outra modalidade e seguem seu caminho. Por mais que tenham autonomia, existem vários pontos de sinergia entre as modalidades para promover essa integração e essa transição", explicou o gestor do Departamento de Futsal, Edson Sesma.

"Sabemos que faz parte do nosso papel como Futsal auxiliar na formação de atletas que migram para o Futebol. Os principais jogadores do Corinthians e do Mundo começaram suas carreiras no Futsal. Aqui temos exemplos recentes, com **Malcom, Guilherme Arana, Jô, Fagner**. Foram atletas que começaram no Futsal e migraram para o Futebol. Essa integração existe e tem alguns projetos para crescer, porque entendemos que as duas modalidades podem e devem ser grandes parceiros na formação de um atleta". Acrescentou, Edson Sesma.

Federação Francesa envia representante ao Santos para observar formação de jogadores

Pierre Jacky é treinador da seleção francesa profissional de futsal e esteve nas dependências da Vila Belmiro e CT Rei Pelé

Bruno Lima
11.12.18 19h12 · Atualizado em 12.12.18 5h20

FIGURA 20 - Notícia 13
FONTE: *Jornal A Tribuna - Santos SP (11/12/2018)*

O SEGREDO DO FUTEBOL BRASILEIRO FUTSAL E FUTEBOL DE BASE

Técnico da seleção francesa profissional de Futsal há 14 anos e membro da Federação Francesa de Futebol (F.F.F.), Pierre Jacky visitou as dependências da Vila Belmiro e do CT Rei Pelé nesta terça-feira (11) para conhecer a metodologia do Santos na transição dos garotos do Futsal para o Futebol. De acordo com ele, o Santos F.C. é o berço do Futebol mundial e, por isso, tem muito a ensinar. Na visão de Jacky, a forma com que o Santos F.C. integra as modalidades é única. E isso fica evidente no número de jogadores de alta classe que o Peixe revelou nos últimos anos. "Como treinador da seleção francesa de Futsal, vim para entender como o brasileiro e o Santos F.C. fazem o Futsal e como tratam essa transição para o Futebol. O Santos é o berço do Futebol mundial pela grande quantidade de jogadores que revela. Foi aqui que começaram **Pelé**, **Neymar, Robinho** e agora o **Rodrygo**. Mas não só por isso, e sim também pela metodologia que desenvolveu, pela forma como trabalha", disse ele. Ainda de acordo com Jacky, atualmente a Federação Francesa se preocupa com a formação de atletas somente a partir dos 14 anos. A sua visita ao Santos F.C. tem como objetivo entender o trabalho que o Peixe realiza no Futsal com garotos ainda mais novos. Tudo isso pensando no futuro do Futebol nacional e almejando novos títulos mundiais - a França conquistou o bicampeonato mundial de Futebol, em julho, na Copa da Rússia. "Nesse momento, por exemplo, não há nenhum jogador revelado no Futsal no elenco da nossa seleção de Futebol. Temos um polo de formação muito forte, mas só a partir dos 14 anos. Se amanhã fizermos como o Santos F.C. faz, poderemos ser grandes no Futsal, o que não somos hoje, e termos grandes jogadores na seleção de Futebol. Não podemos nos contentar com o título mundial e nos acomodarmos. Por isso, uma das ideias é ter um Futsal de Base forte e passar essa técnica para os jogadores de campo", comentou Jacky.

O SEGREDO DO FUTEBOL BRASILEIRO FUTSAL E FUTEBOL DE BASE

> **Santos integra categorias de base e futsal: "Porta de entrada do clube"**
> São Paulo, SP
> 16-03-2018 11:09:14

FIGURA 21 - Notícia 14
FONTE: https://www.gazetaesportiva.com/times/santos/santos-integra-categorias-de-base-e-futsal-porta-de-entrada-do-Clube/

O Santos anunciou nesta sexta-feira a integração do Futsal ao Departamento de Futebol de Base. O Futsal agora faz parte, oficialmente, da formação dos "Meninos da Vila". Nomes como **Neymar**, **Robinho** e **Gabigol** começaram na quadra.

"Quando lembramos da infância de **Robinho** e **Neymar** com a bola, a primeira coisa que recordamos são esses moleques rabiscando no Futsal. Não tenho dúvida que em pouco tempo veremos mais um Menino da Vila oriundo do Futsal, fazendo a alegria de toda nação santista", disse o Gerente de Base, Marco Antônio Maturana.

A integração vai contemplar, inicialmente, os atletas entre 07 e 13 anos. Os treinadores de Futsal terão liberdade para observar e captar jogadores em qualquer lugar de atuação do Peixe.

"O Futsal é a primeira porta de entrada no Clube. O garoto chega aqui aos 07 anos, e desde pequeno, viaja com a gente pelo Brasil e o mundo, onde temos o privilégio de conhecer inúmeros atletas, portanto, como funcionários do Santos F.C., como olhos do Clube, nossos treinadores agora além de orientar nossos jogadores têm também a importante missão de captar, iniciar e capacitar o futuro atleta de Base", explicou Rodrigo Neves, Coordenador do Futsal.

A comissão unificada do Futebol de Base e Futsal planeja para 2019 um elenco único nas categorias Sub 10, 11, 13 e 15. Os jogadores se dividiriam entre a quadra e o campo.

O SEGREDO DO FUTEBOL BRASILEIRO FUTSAL E FUTEBOL DE BASE

CLUBE ▾   ELENCO ▾   ESPORTES ▾   PELÉ   HISTÓRIA ▾   CONTATO

Home / Futebol de Base / Integração do Departamento de Futebol de Base e Futsal do Santos FC começa em julho

Integração do Departamento de Futebol de Base e Futsal do Santos FC começa em julho

Publicado em 25 de junho de 2018 por André Mendes

FIGURA 22 - Notícia 15
FONTE: https://www.santosfc.com.br/integracao-do-departamento-de-futebol-de-base-e-futsal-do-santos-fc-comeca-em-julho/

A integração entre o Departamento de Futebol de Base e o Departamento de Futsal, oficializada pelo presidente José Carlos Peres em 1º de março de 2018, entra em vigor a partir de 30 de julho. Na segunda-feira (25/06/2018), aconteceu a primeira reunião entre as Comissões Técnicas das categorias de Futebol (Sub 11 e Sub 13) e as Comissões do Futsal (Sub 08, ao Sub 12). O encontro foi encabeçado pelo gerente executivo do Departamento de Futebol de Base, Marco Antônio Maturana, o Coordenador de Futsal, Rodrigo Neves, o Supervisor das categorias de Futebol, Paulo Robson Góes da Silva, e o Supervisor de Futsal, José Alexandre (Barata).

"A integração é muito importante para as duas modalidades. Tanto o Futsal como o Futebol irão evoluir como essa junção, mas o principal beneficiado será o Santos F.C., que ao unir essas duas grandes forças, ganha na captação de atletas de qualidade, na revelação de jogadores bem-preparados. Eu não tenho dúvidas de que o Santos F.C. é o grande favorecido nessa integração, que com certeza será um sucesso", comentou Felipe Sá Cabral, treinador do Futsal categoria Sub 08.

No primeiro momento, essa integração vai contemplar os atletas com idades de 07 a 13 anos. A sugestão principal é que as duas Comissões Técnicas trabalhem em conjunto na captação e formação de novos talentos com o objetivo único de fomentar as Categorias de Base.

"Antes mesmos da oficialização da integração por parte da diretoria, eu e o Bruno Silva, técnico do Sub 11, compareciámos nos jogos do Futsal para observar atletas. Acredito que com essa medida de integrar duas modalidades, será muito importante principalmente para os nossos meninos. Embora ambos os esportes tenham a bola como principal instrumento, e o gol como grande objetivo, não podemos esquecer que são práticas distintas. Desta forma, a integração faz todo o sentido, pois irá facilitar na captação, no desenvolvimento, na monitoração, e correção dos nossos jogadores, respeitando, claro, as diretrizes, e especificidades de cada modalidade", ressaltou Sérgio Amaral treinador do Sub 13.

FIGURA 23 - Notícia 16
FONTE: https://br.bolavip.com/Futebol/Me-via-no-profissional-do-Santos-Menino-da-Vila-Claudinho-afirma-que-deixou-o-Peixe-apos-ser-desvalorizado-pelo-Clube-20210202-0066.html

Claudinho é um legítimo "Menino da Vila", começou a jogar pelo Santos F.C. aos 05 anos, no Futsal do Clube. Fez a transição para atuar no Futebol e se transferiu do Peixe aos 18 anos de idade. Teve destaque e protagonismo na Base, em 2014, foi vice-artilheiro do Campeonato Paulista Sub 17. Em 2014, também disputou a Copa São Paulo de Futebol Júnior.

Em 2020, já no profissional, **Claudinho** se tornou o artilheiro do Campeonato Brasileiro 2020 Série A, atuando pelo Red Bull Bragantino.

> Obs.: Logo após ser campeão Olímpico com a Seleção Brasileira, o jogador foi negociado com o F.C. Zenit São Petersburgo - Rússia, por 15 milhões de euros e já se apresentou à equipe.
> Por motivo de direito de imagem, retirou-se deste item as fotos de **Claudinho**. A visualização completa desta matéria está disponível no endereço apresentado na "FONTE" logo abaixo da "FIGURA 23".

FIGURA 24 - Notícia 17
FONTE: https://www.lance.com.br/santos/claudinho-revela-motivo-saida-nao-fui-valorizado.html

Claudinho chegou ao Santos com 05 anos, passou pela transição do Futsal ao Futebol e saiu quando tinha 18 anos. Ele foi vice-artilheiro do Campeonato Paulista Sub 17 de 2014 e disputou a Copa São Paulo de Futebol Júnior daquele ano.

> Obs.: Por motivo de direito de imagem, retirou-se deste item a foto de **Claudinho**. A visualização completa desta matéria está disponível no endereço apresentado na "FONTE" logo abaixo da "FIGURA 24".

FIGURA 25 - Notícia 18
FONTE: https://www.cearasc.com//noticia/daniel-sena-representa-o-ceara-em-curso-da-cbf-aca

No Clube desde 2017, Daniel ressalta a importância do Futsal na formação dos atletas. "Aqui no Ceará S.C. nós entendemos e sabemos do quão é importante saber utilizar bem o Futsal na formação dos nossos atletas e deixá-los associados com a ideia de jogo dos dois pisos. A utilização do que chamamos de "campo e quadra" pode ser um trunfo para os Clubes a encontrarem cada vez melhores valores que nos ajudarão com ganhos desportivos", disse. Daniel também destacou que o Clube vem se adiantando nesse trabalho de aproveitamento do Futsal na formação do atleta. "É muito importante o Ceará S.C. não só andar alinhado com a vanguarda como também promovê-la. Fluminense F.C., Santos F.C. e S.C. Corinthians Paulista são algumas referências para nós nesse processo, mas temos condições de produzir e executar essas ações e passarmos a ser influenciadores para as pessoas com esse trabalho com a Base, utilizando o Futsal nesse processo formador", afirmou o professor. O Futebol Total é um método que consiste em oferecer às crianças que estão iniciando suas trajetórias no esporte a maior quantidade possível de vivências no Futebol, independente do terreno onde ele esteja sendo jogado, para que os pequenos possam adquirir as valências necessárias para que se tornem atletas mais completos no futuro. O foco do método está nos atletas entre 06 e 13 anos, período da maturação do atleta chamado de iniciação, ou seja, onde a criança está tendo seus primeiros contatos com o mundo do Futebol.

Integração na base de futsal e futebol é debatido em evento realizado pela FPFS e FPF

fevereiro 19, 2019   Assessoria Comunicação   0 comentários

FIGURA 26 - Notícia 19
FONTE: *https://futsalpe.com.br/2019/02/19/integracao-na-base-de-futsal-e-futebol-e-debatido-em-evento-realizado-pela-fpfs-e-fpf/*

A integração nas categorias de Base foi o tema principal do 1º Congresso de Futebol e Futsal de Base, no Auditório da F.P.F. O evento, realizado peal Federação Pernambucana de Futsal (F.P.F.S.) em parceria com a Federação Pernambucana de Futebol, reuniu referências do Estado nas duas modalidades para discutir os melhores caminhos a seguir para a melhor formação dos atletas.

"É um momento inicial de manifestação em relação ao trabalho conjugado que o Futebol e Futsal podem desenvolver. Foram debatidas formas de como reorientar as categorias de Base, como corrigir problemas na formação dos profissionais e uma melhora até na intervenção dos dirigentes. Tudo isso para repercutir na qualificação da Base. O congresso contou com grandes nomes do nosso Estado das duas modalidades, com experiência e serviços prestados. Que isso se repita, com uma sistemática pontual tanto para o casamento Futebol e Futsal como para o trabalho na formação de atletas", explicou Fabiano Chokito, treinador do Sub 15 do C. Náutico Capibaribe.

O 1º Congresso de Futebol e Futsal de Base ainda abordou assuntos como processo e transição do Futsal para o Futebol, a gestão social de Base e o modelo de transição Base-profissional.

O SEGREDO DO FUTEBOL BRASILEIRO FUTSAL E FUTEBOL DE BASE

Início > Quadra > Futsal > Vila Nova terá trabalho integrado de base no futebol e no futsal

Quadra Futsal Futebol Vila Nova

Vila Nova terá trabalho integrado de base no futebol e no futsal

Por **Rafael Tomazeti** 28 de outubro de 2020

FIGURA 27 - Notícia 20
FONTE: https://esportegoiano.com.br/vila-nova-trabalho-integrado-base-futsal-futebol/

O Vila Nova F.C. do Estado de Goiás. e Universo definiram um projeto para integrar o trabalho de equipes de Base no Futsal e no Futebol. A intenção é colocar o plano em ação já a partir de janeiro.

De acordo com o gestor de Esportes Olímpicos do Clube, Willian Mendes, a Base começará no Futsal, a partir do Sub 07 até o Sub 15. No Futebol, os garotos serão aproveitados no Sub 13 e Sub 15.

O projeto será aberto para a comunidade em geral. No Futsal, será utilizada a estrutura de treinos do C.T. Universo, além de um outro ginásio que está em negociação, cujo nome não foi revelado.

Conforme Mendes, os trabalhos nas duas modalidades terão "conteúdos e linha didática alinhados. Os garotos das categorias Sub 13 e Sub 15 treinarão tanto Futsal quanto Futebol. "No Sub 15, a gente define se ele fica no Futsal, no Futebol ou vai estudar", afirma o gestor.

Com a estratégia, o Vila Nova F.C. pretende fomentar tanto o profissional do Futebol quanto o adulto do Futsal. A ideia é colocar os times das duas modalidades em um grande número de competições de Base. No Futsal, o Tigre almeja conquistar vagas na Taça Brasil. "Nos inspiramos em grandes Clubes como o S.C. Corinthians Paulista revela Mendes.

O SEGREDO DO FUTEBOL BRASILEIRO FUTSAL E FUTEBOL DE BASE

CATEGORIAS DE BASE

No Paraná, parceria une futsal e futebol de campo na formação de novos jogadores

08/01/21 às 22:10 - Atualizado às Atualizado às 23:39

Redação Bem Paraná

FIGURA 28 - Notícia 21
FONTE: https://www.bemparana.com.br/noticia/no-parana-parceria-une-futsal-e-futebol-de-campo-na-formacao-de-novos-jogadores#.YKuxAahKjIU

O Hope Internacional e o Cancun Futsal, dois dos principais Clubes formadores de jogadores no Paraná, anunciaram uma união e passam a oferecer o Futebol e o Futsal de forma complementar na formação de seus atletas.

Com a parceria, o Hope terá o Futsal no processo formativo a partir dos 06 anos de idade. Aos 10 anos começa a transição para o Futebol quando os atletas terão as duas atividades até os 17 anos. Os atletas Sub 15 e Sub 17 que se destacarem vão integrar as categorias de Base do Londrina E.C.

"Nossa visão é proporcionar as melhores condições de alcançar a alta performance a nossos atletas. Essa parceria, com uma escola que é referência em Futsal no Brasil, vai trazer muitos benefícios. O Futsal sempre foi um berço na formação de grandes craques do Futebol brasileiro", disse o gestor do Hope, Marcelo Lipatin, ex-jogador de Futsal e de Futebol.

Responsável pela revelação e lapidação de jogadores para o Coritiba F.C. e C. Athletico Paranaense nas últimas duas décadas, o Cancun formou vários jogadores que hoje despontam nos gramados do Brasil e do Mundo. Nomes como **Lucas Mendes, Lucas Piazon, Thiago Primão, Thiago Real, Daniel Bessa, Dirceu, Raphael Lucas, Vilela, Bruno Bertinato** e **Mosquito** passaram pelas quadras do Cancun.

"Para nós, essa parceria é tudo que sempre esperamos. Mesmo em bons momentos com Coritiba F.C. e C. Athletico Paranaense, nunca os pensamentos dos envolvidos foram tão sincronizados. Pois o Lipatin já foi jogador de Futsal e sabe da importância da modalidade como ferramenta na formação do jogador de Futebol. Acho que em pouco tempo faremos algo em que quebraremos paradigmas", afirma Sandro Mendes, um dos coordenadores técnicos do Cancun ao lado de Rafinha Przybyszeweski.

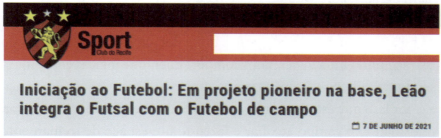

FIGURA 29 - Notícia 22
FONTE: https://sportrecife.com.br/base/iniciacao-ao-futebol-em-projeto-pioneiro-na-base-leao-integra-o-futsal-com-o-futebol-de-campo/

Visando a integrar definitivamente o Futsal do Clube com as categorias de Base, o Sport iniciou, há cerca de duas semanas, o projeto para fazer com que o seu tradicional e sempre forte Futsal faça parte da formação de atletas no Rubro-Negro. A ideia, que já está saindo do papel de forma prática, conta inclusive com uma obra inédita que está sendo feita no Campo Auxiliar, que se tornará um "CT na Ilha" e terá um novo campo adicional, para abrigar times nas categorias Sub 07, Sub 09, Sub 11 e Sub 13. O viés da integração também visa que os atletas de campo dessas faixa-etárias continuem, dentro de um cronograma específico, treinando e disputando competições também na quadra, em um visor de estimulo com calma até a transição definitiva, que ocorre na categoria Sub 17.

Em fase de ajustes finais na modelagem de todo o projeto, já é definido que as Comissões Técnicas das categorias citadas acima serão, por sinal, oriundas do Futsal e interligadas entre elas. Times ainda em fase de iniciação na vida esportiva, como os de Futsal Sub 07, Sub 09, Sub 10 e Sub 13 irão realizar treinamentos no campo, com um quantitativo de ao menos uma vez durante a semana para os de 07 a 09 anos, e um maior, para os de 10 a 13. Um estímulo definitivo, como explica, de forma geral, Felipe China, que faz parte da coordenação da integração com Nathan Figueiredo.

"Os meninos vão para o campo se acostumar desde cedo ao peso da bola, ao tipo de jogo em grama, que é diferente do de quadra. Tudo isso seguindo uma lógica, com comportamentos e lógicas em comum sendo trabalhados. Respeitaremos também as progressões do espaço e é por isso que estamos, com a chancela do Presidente Milton Bivar, reformando o campo auxiliar e fazendo um espaço de treinamento menor. Com balizas menores, respeitando justamente o processo de naturalidade que exige em casos de crianças de uma faixa-etária ainda inicial na vida esportiva."

É importante mencionar que, apesar da integração se tornar bem vívida dentro de toda a metodologia de trabalho com a categoria de Base, as competições de Futsal continuarão a acontecer, com o Sport participando normalmente, sendo uma das potências nacionais em categorias menores. E foi justamente por isso que se deu a idealização do projeto. Atualmente, o Leão conta com inúmeros casos de craques do Futsal do Clube que acabaram não sendo oportunizados por faltar esse elo de aproximação. Casos, apenas como gancho recente, como os dos atacantes **Kaio Jorge** e **Matheus Cunha**, jogadores hoje já destacados mundialmente.

"O mais importante é que observaremos o Sub 07 até o Sub 13 como Departamento de Base. Uma iniciação ao Futebol. Uma subdivisão do Departamento, com quadra e campo juntos, sem mais a diferença entre os Departamentos de Futsal e de Base. Será a mesma coisa, com as crianças tendo os conteúdos de treino mutuamente. Algo alinhado também com o Henrique Coelho, que é o Coordenador do nosso Futsal. Há um documento orientador no Futsal e há um documento de orientador na Base, e agora trabalharemos metodologicamente na criação de um só que reunirá o modelo de ambos", reiterou Felipe China.

Com a incorporação do Futsal, o Departamento de Base que hoje conta 150 atletas dobrará de tamanho, passando a dispor de 300. Um aumento quantitativo que também significa uma maior retenção nos talentos da região dentro do Maior do Nordeste.

Estes 300 atletas terão acesso a reconhecida estrutura do Leão, uma das maiores e melhores do país e uma referência regional, que, como no caso do Campo Auxiliar, passará por mais melhorias ainda.

Juninho Pernambucano incentiva investimento no futsal para formação de jogadores

FIGURA 30 - Notícia 23
FONTE: https://Futsalpe.com.br/2020/02/08/juninho-pernambucano-incentiva-investimento-no-Futsal-para-formacao-de-jogadores/

Um dos craques do Futebol brasileiro e atualmente diretor do Clube francês Olympique Lyonnais (Lyon), **Juninho Pernambucano** deu seus primeiros passos no esporte no Futsal. E é na modalidade que o ex-meio-campista acredita que a formação de um atleta de Futebol deve iniciar. Em seu Clube, ele tem cobrado investimento e espera que isso seja realizado também em outros times.

"O Futsal foi crucial na minha carreira, para moldar o jogador de Futebol que eu era. Essa disciplina não é um concorrente ao Futebol: é complementar. O Futsal pressiona para jogar rápido e com um toque.

Se analisarmos o lado técnico e tático, encontramos apenas benefícios para aprender: Temos que reagir rapidamente, somos muitas vezes chamados, e há muitos duelos em um contra um. No Futebol de hoje, há cada vez menos espaço e ter praticado Futsal é, portanto, muito benéfico".

E ele não esconde a importância do Futsal na sua formação. Por isso, a defesa para que a modalidade seja mais valorizada nos Clubes de Futebol.

"Para mim, todos os Clubes de Futebol deveriam ser obrigados a investir no Futsal, é essencial. (Maxence) Caqueret, por exemplo, quando o vi jogar, notei imediatamente que ele tinha passado pelo Futsal, como a maioria dos jogadores brasileiros. No Lyon, não é meu papel gerenciar isso, então eu deixei as pessoas trabalharem, especialmente porque elas têm feito muito bem por vários anos. Mas para o Futsal, estou disponível, se necessário. Quero acompanhar esse desenvolvimento porque tenho essa cultura em mim", pontuou.

Obs.: Por motivo de direito de imagem, retirou-se deste item a foto de **Juninho**. A visualização completa desta matéria está disponível no endereço apresentado na "FONTE" logo abaixo da "FIGURA 30".

FIGURA 31 - Notícia 24
FONTE: https://ligaFutsal.com.br/noticias/juninho-pernambucano-se-encanta-com--projeto-de-falcao-e-quer-levar-o-Futsal-para-lyon/

O SEGREDO DO FUTEBOL BRASILEIRO – FUTSAL E FUTEBOL DE BASE

Falcão já parou de jogar há mais de um ano, mas segue ativo no Futsal. O maior jogador da história da modalidade tem um projeto de integração entre Futsal e Futebol para meninos da categoria de Base, e quem se interessou por esse projeto foi **Juninho Pernambucano**, diretor do time francês Olympique Lyonnais (Lyon). "Acho um desperdício o que se faz no Brasil, onde Futebol e Futsal disputam meninos de 12 e 13 anos. Tinha que ter um elo entre os dois e conversei com **Juninho** sobre isso, ele achou uma ótima ideia e combinamos de conversar nas férias", contou **Falcão** ao ESPN.com.br.

O ex-jogador afirmou que o projeto serve para qualquer país, mesmo que não tenha a qualidade e tradição do Futsal do Brasil. Se utilizado da melhor forma, ajudará na formação de um jogador mais completo.

"Menino de 12 anos em um treino no Futebol pega na bola cinco vezes, enquanto no treino de Futsal ele pega na bola 30 vezes. Com isso, vai evoluir passe, chute, pode ser um zagueiro que saiba passar ou um atacante que saiba marcar, por exemplo. Acho um desperdício um esporte estar tão distante do outro."

O que acontece hoje, segundo **Falcão**, é uma briga entre as modalidades nos grandes Clubes, nas quais um time tenta tirar o menino do outro.

"Vou conversar com o **Juninho** após a pandemia, mas é uma coisa que quero que os Clubes aqui enxerguem. É só juntar a captação e saber a hora de tirar o menino do Futsal. Não só retirar aos 11, 12 anos…dá para andar junto até uns 15 anos", concluiu.

O SEGREDO DO FUTEBOL BRASILEIRO: FUTSAL E FUTEBOL DE BASE

> **ge**   GE TV TEM
> FUTSAL
>
> ### Falcão desenvolve projeto para inserir futsal na formação de jogadores de futebol na Europa
>
> Craque defende que futsal ajuda no desenvolvimento de características fundamentais em jogadores de futebol; Ronaldo Fenômeno deve levar plano para a base do Valladolid
>
> Por Emílio Botta — Sorocaba, SP
> 21/05/2020 13h20 · Atualizado há 11 meses

FIGURA 32 - Notícia 25
FONTE: https://globoesporte.globo.com/sp/tem-esporte/Futsal/noticia/falcao-desenvolve-projeto-para-inserir-Futsal-na-formacao-de-jogadores-de-Futebol-na-europa.ghtml

Aposentado há dois anos, **Falcão** segue trabalhando e divulgando o Futsal ao redor do mundo. O projeto do craque agora é inserir a modalidade na formação de jogadores das categorias de Base de times de Futebol na Europa. **Ronaldo Fenômeno, Juninho Pernambucano** e **Edu Gaspar**, gestores de Clubes como R. Valladolid C.F. (Espanha), Olympique Lyonnais (Lyon - França) e Arsenal F.C. (Inglaterra), respectivamente, demonstraram interesse no projeto.

Na avaliação de **Falcão**, o Futsal aprimora muitos recursos utilizados pelos jogadores de Futebol. Além disso, o craque defende que crianças até uma determinada faixa etária pratiquem apenas Futsal. Por terem mais contato com a bola, os futuros jogadores desenvolvem mais rapidamente, segundo ele, características fundamentais como passe, domínio, drible, defesa e finalização.

Ficamos três anos criando um plano em que o Futsal melhora o jogador em 40, 50%. O **Neymar** seria o mesmo jogador sem o Futsal, mas não podemos deixar de falar dos jogadores que evoluíram passando pelo Futsal. Os Clubes possuem isso no Brasil e não aproveitam. Vejo você querendo levar para a Espanha, o **Juninho** na França. Todo mundo quer, o Brasil tem e não sabe usar – explica **Falcão**, durante bate-papo com **Ronaldo Fenômeno** em uma rede social.

O SEGREDO DO FUTEBOL BRASILEIRO FUTSAL E FUTEBOL DE BASE

O plano de **Falcão** e Marcos Sorato, ex-treinador da seleção brasileira de Futsal, é implementar o Futsal nas categorias de Base e aplicar os métodos de treinamento até determinada faixa etária, fazendo a transição gradual para o campo.

Você colocar um menino de 11 anos no gol de Futebol, por exemplo, é uma injustiça porque ao longo dos 90 minutos irão três bolas no gol e ele vai levar os três gols. No Futsal, serão umas 30 bolas e ele vai defender mais, saber sair para o jogo, dar passe. A gente deixa de falar de um zagueiro que pode ter bom passe, um volante que sabe desarmar e será o elemento surpresa. Vejo ganho em todas as posições, quando você tiver um trabalho de Futsal e Futebol será perfeito. O meu desenho ideal é até os 10 anos se divertir na quadra e se desenvolver. E depois ir desmembrando. O Futsal precisa estar na programação de um Sub 15, por exemplo. Acredito que esse desmembramento melhora o jogador – defende o craque do Futsal.

Falcão apresentou o projeto e conversou em uma *live* com **Ronaldo Fenômeno**, que pretende incluir o Futsal no cronograma de treinamentos do Valladolid. Durante o bate-papo, o Fenômeno disse que o gol de bico na semifinal da Copa do Mundo de 2002 foi um recurso adquirido durante a infância jogando Futsal.

Comecei jogando Futsal e sou louco por Futsal. Comecei jogando em um time pequeno perto da minha casa, passei por outros dois times antes do Futebol. O Futsal me deu um raciocínio grande em termos de raciocínio rápido, velocidade, habilidade e controle de bola - disse **Ronaldo**.

FIGURA 33 - Notícia 26
FONTE: https://sacandode,banda.com/2020/07/18/juventus-Futsal/

Tradução: A Juventus se lança no mundo do Futsal

Há poucos dias, a Juventus F.C. (Itália) anunciou oficialmente o nascimento do projeto Juventus Futsal.

A Juventus Futsal quer oferecer aos seus jogadores mais jovens uma evolução muito mais completa: "O projeto nasceu após uma análise cuidadosa e avaliação das oportunidades que oferece a aplicação de metodologias típicas do Futsal para completar a trajetória de crescimento das crianças".

Embora não seja nada novo, o Futsal permite aos jogadores desenvolver ou melhorar certas capacidades que no Futebol dificilmente acontecem. No entanto, eles podem ser tão importantes (ou mais) do que qualquer outro fator neste esporte.

O projeto da Juventus F.C. destina-se a jogadores entre os 07 e os 14 anos, com os quais serão trabalhadas sessões específicas todas as semanas. "O objetivo é criar novas formas de desenvolver e aprimorar as habilidades técnicas, táticas e cognitivas do jovem Futebolista", afirma Federico Cherubino, responsável pelo projeto.

*Obs.: Por motivo de direito de imagem, retirou-se deste item as fotos de **Cristiano Ronaldo** e outros atletas. A visualização completa desta matéria está disponível no endereço apresentado na "FONTE" logo abaixo da "FIGURA 33".*

La Juventus apuesta por el futsal para mejorar las habilidades de sus futbolistas
IN BANNER DESTACADO, DEPORTES, FÚTBOL

LA JUGADA FINANCIERA
JULIO 17, 2020

FIGURA 34 - Notícia 27
FONTE: http://lajugadafinanciera.com/juventus-Futsal/

Tradução: A Juventus aposta no Futsal para melhorar as habilidades de seus futebolistas

Neste projeto, a Juventus F.C. (Itália) tem o objetivo de garantir o melhor aos seus jovens atletas, transformando a experiência de formação num período de crescimento exponencial. A Juventus Futsal busca oferecer «extrema atenção às necessidades de cada criança e às metodologias».

A Juventus Futsal surge do desejo de integrar disciplinas, Futebol e Futsal. Pretende-se, desta forma, que o caminho de crescimento dos jovens jogadores seja muito mais completo, melhorando suas qualidades e todas as habilidades que o Futsal possa transmitir.

Para liderar o projeto Juventus Futsal foi escolhida uma lenda do Futebol da Itália: Alessio Musti. Ele é um ex-jogador de Futebol, com três Ligas e seis Copas da Itália em seu currículo com a missão de implementar uma metodologia na formação dos jovens jogadores.

O Futsal, é um complemento ao treino, o projeto nasceu após uma análise e avaliação criteriosa das oportunidades que a aplicação das metodologias típicas do Futsal oferece para completar o caminho de crescimento das crianças.

O objetivo é criar formas de desenvolver e melhorar as competências técnicas, táticas e cognitivas dos jovens Futebolistas.

3 Case Futsal e Futebol (S.C. Corinthians Paulista)

FIGURA 35 - Divulgação de banners - Ganhando & Formando (Conquistas, profissionais e atletas formados no Futsal Corinthiano.
FONTE: *Instagram @sccorinthians.futsal*

O SEGREDO DO FUTEBOL BRASILEIRO FUTSAL E FUTEBOL DE BASE

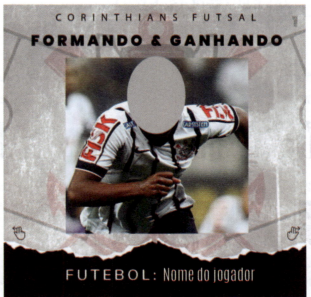

FIGURA 36 - Exemplo do banner publicado - Jogador profissional de Futebol do S.C. Corinthians Paulista, que jogou Futsal no Clube
FONTE: Instagram @sccorinthians.futsal

Obs.: Por motivo de direito de imagem, retirou-se deste item todos os "Banners de divulgação" dos jogadores: **Malcon**, **Lucas Piton**, **Jô**, **Rodrigo Varanda**, **Fagner**, **Roni**, **Gustavo Mantuan**, **Guilherme Mantuan**, **Marquinhos** (zagueiro do Paris Saint-Germain Football Club/França), **Matheus Donelli**, **Caique França**, **Rubinho** (ex-goleiro), **Keven Vinicius**, **Lucas Belezi**, **Willian**, **Vitinho**, **Edu Gaspar** (ex-volante), **Guilherme Biro**.
Os jogadores citados acima estão atualmente no S.C. Corinthianas Paulista, podendo haver alteração de Clube até a data de publicação deste livro.
A visualização completa desta matéria está disponível no endereço apresentado na "FONTE" logo abaixo da "FIGURAS 35 e 36".

O SEGREDO DO FUTEBOL BRASILEIRO FUTSAL E FUTEBOL DE BASE

4 Case Futsal e Futebol (Santos Futebol Clube)

Diego Ribas 2002 SFC	Marcelo 2008 SFC	Neymar Jr. 2009 SFC	Felipe Anderson 2012 SFC
2002 Flamengo	2002 Olympique Lyonnais	2002 PSG	2002 S.S. Lazio
Gabigol 2015 SFC	Emerson Palmieri 2015 SFC	Rodrygo Goes 2018 SFC	Kaio Jorge 2018 SFC
2002 Flamengo	2002 Olympique Lyonnais	2002 Real Madrid	2002 Juventus

QUADRO 1 - Todos os jogadores* pontuados neste quadro participaram do Futsal competitivo do Santos F.C. durante a infância - **Diego Ribas, Marcelo, Neymar, Felipe Anderson, Gabriel Barbosa (Gabigol), Emerson Palmieri, Rodrygo Góes, Kaio Jorge**

(*) Obs.: Até a finalização deste livro, os atletas do QUADRO 1 se encontram atuando nos Clubes citados.

O SEGREDO DO FUTEBOL BRASILEIRO FUTSAL E FUTEBOL DE BASE

QUADRO 2 - Elenco profissional** do Santos F.C. (primeiro semestre de 2022) e os jogadores formados no Clube que participaram do Futebol de Base e Futsal competitivo
Legendas:
– Quadrado cinza: grupo de jogadores que participaram de alguma categoria no Futebol de Base do Clube.
– Circulo preto: grupo de jogadores que participaram de alguma categoria no Futsal do Clube.
– Triangulo amarelo: grupo de jogadores que chegaram ao Clube no profissional.

(**) Obs.: Até a finalização deste livro, todos os atletas do QUADRO 2 permanecem com contrato no Clube, fazendo parte do elenco atual. Por motivo de direito de imagem, retirou-se deste item as fotos de todos os jogadores.
Fonte: Santos F.C.

O SEGREDO DO FUTEBOL BRASILEIRO FUTSAL E FUTEBOL DE BASE

Comentário sobre Rodrygo Goés

> **eulerfutebol_** Rodrygo é exemplo de um círculo virtuoso para um clube, que o captou para o futsal, fez toda a base, chegou ao profissional e foi vendido por R$197 milhões, só com esse valor o clube manteria a base por 15 anos. O ciclo que todos os craques do Brasil seguiram e hoje é copiado por vários países, futebol Lúdico, Futsal, futebol de base e profissional, sempre respeitando a maturação!

FIGURA 37 - Case **Rodrygo Goés**. Maior venda do Futebol Sul-Americano da história - Santos F.C para o Real Madrid C.F. (Espanha)
FONTE: Instagran pessoal - @eulerfutebol_

Obs.: Por motivo de direito de imagem, retirou-se deste Capítulo a montagem de fotos realizada pelo autor da referida publicação.

Comentário Muricy Ramalho sobre o Futsal

FIGURA 38 - O ex-treinador Muricy Ramalho, fala da importância do Futsal na Baixada Santista
FONTE: Twitter - @SantosFC

O SEGREDO DO FUTEBOL BRASILEIRO FUTSAL E FUTEBOL DE BASE

Diniz avisa que Santos vai recorrer a saída à la futsal

Treinador defende o expediente marcante em seu trabalho e diz que ele ajuda o time a construir vitórias
Bruno Lima - Da redação

FIGURA 39 - Notícia 28
FONTE: Jornal A Tribuna - Santos SP (20/05/2021)

(sem texto)
Matéria falando da importância tática do Futsal para o Futebol.

Léo Baptistão (declaração)
No Instagram - @santosfc, o até então jogador recém contratado **Léo Baptistão**, comenta no dia de sua apresentação (Agosto de 2021) a seguinte frase:

"Sentimento bom demais. Fiquei muito tempo fora de casa, então é um sonho poder voltar para a minha cidade natal e para um dos maiores Clubes do mundo. *Já joguei no Futebol de Salão na Base do Santos*, então eu já tinha essa vontade. Foi o momento ideal para isso".

Obs.: **Léo Baptistão** jogou junto com **Neymar** no Futsal do Santos F.C. Por motivo de direito de imagem, retirou-se deste Capítulo as fotos de **Léo Baptistão** e **Neymar**.

5 CASE FUTSAL E FUTEBOL (SÃO PAULO FUTEBOL CLUBE)

FIGURA 40 - Projeto piloto entre as modalidades Futsal e Futebol de Base do São Paulo F.C.
FONTE: Facebook pessoal - https://www.facebook.com/renato.bispo.14

FIGURA 41 - Projeto piloto entre as modalidades Futsal e Futebol de Base do São Paulo F.C.
FONTE: Facebook pessoal - https://www.facebook.com/renato.bispo.14

QUAL A IDADE INICIAL PARA CAPTAÇÃO DE TALENTOS E A IDADE LIMITE DA TRANSIÇÃO DO FUTSAL PARA O FUTEBOL?

FIGURA 42 - Projeto piloto entre as modalidades Futsal e Futebol de Base do São Paulo F.C.
FONTE: *Facebook pessoal - https://www.facebook.com/renato.bispo.14*

O SEGREDO DO FUTEBOL BRASILEIRO FUTSAL E FUTEBOL DE BASE

6 Outras fichas de inscrição no Futsal (CBFS)

FIGURA 43 - Ficha de registro CBFS/Belletti

FIGURA 44
Belletti na Seleção Brasileira de Futebol

FIGURA 45 - Ficha de registro CBFS/Júlio Baptista

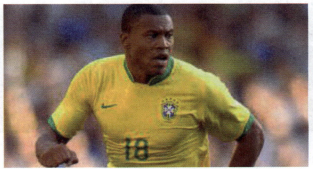

FIGURA 46 - Júlio Baptista na Seleção Brasileira de Futebol

> Obs.: Por motivo de direito de imagem, retirou-se deste item todas as "Fichas dos Atletas - CBFS" dos seguintes jogadores: **David Luiz, Douglas Santos, Gabriel Barbosa (Gabigol/Gabi), Paulo Henrique "Ganso", Luan, Rafael Alcantara, Rodrigo Dourado, Thiago Maia, Zeca, Cristiane**. É possível achar essas fichas com facilidade no mecanismo de busca "Google".

O SEGREDO DO FUTEBOL BRASILEIRO FUTSAL E FUTEBOL DE BASE

7 SELEÇÃO BRASILEIRA DE FUTEBOL - COPA DO MUNDO FIFA 2002

Jogadores convocados para a Copa do Mundo FIFA 2002 que praticaram o Futsal em sua formação: **Kaká, Belletti, Ronaldinho (Gaúcho), Ronaldo Nazário (Fenômeno), Ricardinho, Denílson, Juninho (Paulista)**.

FIGURA 47 - Seleção Brasileira de Futebol 2002 campeã da Copa do Mundo de Futebol FIFA.

*Obs.: Por motivo de direito de imagem, retirou-se os seguintes jogadores: **Lúcio, Edimílson, Roque Júnior, Gilberto Silva, Marcos, Kaká, Vampeta, Anderson Polga, Dida, Rogério Ceni, Ronaldinho (Gaúcho), Ronaldo (Fenômeno), Roberto Carlos, Kléberson, Rivaldo, Cafú, Júnior, Luizão, Edílson**. Deixando para apreciação os seguintes jogadores: **Belletti, Ricardinho, Denílson, Juninho (Paulista)**.*

8 Seleção Brasileira de Futsal – CBF (Confederação Brasileira de Futsal

CBF assume gestão da seleção brasileira de futsal; veja o que muda

Confederação passa a cuidar também da logística e administração de patrocínios, registros e transferências de jogadores. Vivendo crise financeira, CBFS continua na organização das competições

Por Caio Carvalho *, Redação do ge — Rio de Janeiro, Brasil
08/04/2021 11h40 · Atualizado há 4 meses

FIGURA 48 - Notícia 29
FONTE: https://ge.globo.com/futsal/noticia/cbf-assume-gestao-da-selecao-brasileira-de-futsal-veja-o-que-muda.ghtml

A CBF anunciou oficialmente que vai assumir a gestão da seleção brasileira de Futsal, além de representar a modalidade junto à FIFA e Conmebol. A organização confirmou em seu site o que já vinha sendo pleiteado pelos próprios atletas há anos. A CBFS, que antes administrava o esporte, passa por muitos problemas financeiros, o que dificultava seu trabalho.

Esse é um passo muito importante para o desenvolvimento da estrutura do Futsal brasileiro, já que a partir de agora toda a logística e administração fica por conta da CBF, assim como a captação de patrocínios, e registros e transferências de jogadores. Com isso, a seleção passará a utilizar uniformes da Nike, como é no Futebol.

A mudança de gestão, no entanto, não afeta a organização das competições nacionais e de Federações da modalidade (Liga Nacional, Supercopa e Taça Brasil, por exemplo), que continuarão administradas pela CBFS, que terá resguardada sua autonomia jurídica, administrativa e patrimonial, além de sua independência econômica e financeira com relação à CBF, como afirma a ata divulgada.

Vale lembrar que em 2017 a CBF já havia atuado na gestão da seleção brasileira de Futsal, através de uma parceria que envolvia o Grupo Águia, uma empresa de marketing esportivo, e a própria CBFS. Porém, o acordo foi rompido em menos de seis meses.

Veja abaixo a ata divulgada pela CBF:

RESOLUÇÃO DE DIRETORIA

RDI nº 01/ 2021

Revoga a RDI nº 04/92, no que dispõe sobre a representação internacional do Futsal brasileiro.

A Diretoria da **CONFEDERAÇÃO BRASILEIRA DE FUTEBOL**, no uso de suas atribuições estatutárias, neste ato representada por seu Presidente, nos termos do art. 69, inciso XXXIV, do Estatuto Social;

CONSIDERANDO o disposto no art. 12, inciso XVI, do Estatuto Social da entidade;

RESOLVE:

1º – Revogar a RDI nº 04/92, no que concerne à representação internacional do Futsal brasileiro, que passará a ser exercida diretamente pela CBF perante a FIFA e a CONMEBOL, assim como serão de responsabilidade exclusiva da CBF todas as questões atinentes aos registros e transferências dos atletas da modalidade, consolidadas em plataforma digital da FIFA junto à CBF.

2º – A Confederação Brasileira de Futebol de Salão (CBFS) seguirá organizando, no plano nacional, o desenvolvimento do Futsal brasileiro, em conjunto com as federações estaduais e as entidades de prática desportiva da modalidade, ficando resguardada e ressalvada a autonomia jurídica, administrativa, patrimonial e desportiva da CBFS, bem como sua total independência econômica e financeira em relação à CBF, sendo incomunicáveis as obrigações pretéritas e futuras assumidas por cada uma das referidas entidades.

3º – Esta Resolução entra em vigor na data de sua publicação no site da CBF, revogando-se, a partir de sua vigência, quaisquer disposições em contrário.

Rio de Janeiro, 02 de abril de 2021.

Rogério Langanke Caboclo
Presidente

FIGURA 49 - Resolução de diretoria (CBF), homologando a representação da Seleção Brasileira de Futsal e os registros dos atletas da modalidade

Seleção Brasileira Masculina de Futsal se apresenta na Granja Comary

09/08/2021 às 16:29 | Assessoria CBF

Atletas iniciam preparação para a Copa do Mundo da Lituânia nesta segunda-feira (9). Casa de todas as Seleções de futebol, Centro de Treinamento da CBF passa a receber também as equipes de futsal do Brasil.

FIGURA 50 - Notícia 30
FONTE: https://www.cbf.com.br/selecao-brasileira/noticias/futsal/selecao-brasileira-masculina-de-futsal-se-apresenta-na-granja-comary-1

A Copa do Mundo FIFA já começou para a Seleção Brasileira Masculina de Futsal. A delegação chegou a Granja Comary, em Teresópolis (RJ), na tarde desta segunda-feira 09/08/2021 e iniciou a preparação para o Mundial da Lituânia, marcado para o mês de setembro.

Os 16 atletas e integrantes da comissão técnica tiveram como primeira atividade o teste RT-PCR para controle de COVID-19. O grupo almoçou na sequência do exame e passou por atividades médicas e físicas.

Casa de todas as Seleções de Futebol, o Centro de Treinamento da CBF passa a receber também as equipes de Futsal do Brasil. Com 12 anos de Seleção no currículo, o fixo Rodrigo falou sobre a importância de ter esta estrutura à disposição para a modalidade.

"É um momento histórico para a gente, um momento marcante para o Futsal, e a gente vai fazer tudo para colocar nossa camisa aqui junto com a taça do Mundial desse ano. Estamos muito felizes. Tenho que fazer uma foto ali naquele símbolo, uma deitado naquele campo! Tantos ídolos passaram por aqui, é de arrepiar ver estas camisas assinadas na parede. Quarto que **Neymar** passou, **Romário** passou... Estamos muito felizes com isso. É um prazer enorme!", declarou. A Seleção Brasileira Masculina de Futsal fica na Granja Comary até quarta-feira (10). Neste mesmo dia, o grupo vai para o Rio de Janeiro seguir a preparação para a Copa do Mundo FIFA no Parque Olímpico, na Arena Carioca, até o dia 25. Três dias depois a delegação embarca para a Polônia para realizar quatro amistosos.

O Brasil enfrenta os donos da casa duas vezes, nos dias 2 e 4 de setembro, e encara a Sérvia também em duas oportunidades, nos dias 6 e 8. No dia seguinte, a delegação segue para a Lituânia para a disputa da Copa do Mundo FIFA. No Grupo D da competição, o Brasil estreia diante do Vietnã, no dia 13 de setembro, às 11h (de Brasília).

9 Redes sociais

FIGURA 51 - Instagram oficial do S.C. Corinthians Paulista (Futsal)
FONTE: Instagram oficial - @sccorinthinas.futsal

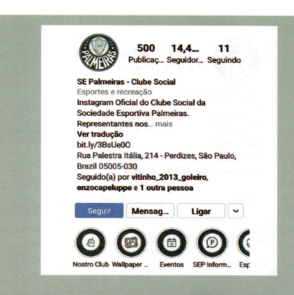

FIGURA 52 - Instagram oficial da S.E. Palmeiras (Clube Social)
FONTE: Instagram oficial - @palmeirasClubesocial

FIGURA 53 - Instagram oficial do São Paulo F.C. (Dir. de Esportes Amadores)
FONTE: Instagram oficial - @deaspfc

FIGURA 54 - Instagram oficial do São Paulo F.C. (Futsal)
FONTE: Instagram oficial - @futsalsaopaulofc

FIGURA 55 - Instagram oficial do Sporting C.P./Portugal (Modalidades)
FONTE: Instagram oficial - @sportingmodalidades

FIGURA 56 - Instagram oficial do F.C. Porto/Portugal (Sports)
FONTE: Instagram oficial - @fcportosports

Frases:

Ronaldo Nazário - Fenômeno (ex-jogador de Futebol), **Xavi** (ex-jogador de Futebol e treinador), **Messi** (jogador de Futebol), **Pelé** (ex-jogador de Futebol).

FIGURA 57
Frase*** de **Ronaldo** (Fenômeno)
FONTE: Facebook - United Futsal - https://www.facebook.com/theunitedFutsal
(***) Tradução: Acho que todo jogador de Futebol deve iniciar no Futsal. Desde os fundamentos básicos, eles vão tirar vantagem sobre todos em campo.

305

O SEGREDO DO FUTEBOL BRASILEIRO FUTSAL E FUTEBOL DE BASE

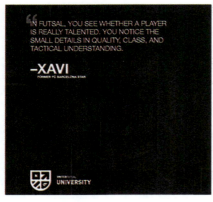

FIGURA 58
Frase**** de **Xavi**
FONTE: *Fonte: Facebook - United Futsal -https://www. facebook.com/theunitedFutsal*
(****) Tradução: No Futsal, você vê se um jogador é realmente talentoso quando percebe nos pequenos detalhes a qualidade, classe e compreensão tática.

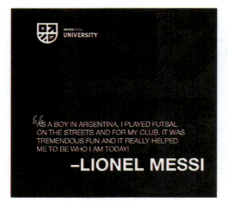

FIGURA 59
Frase***** de **Messi**
FONTE: *facebook.com/theunitedFutsal*
(*****) Tradução: Como garoto na Argentina, joguei Futsal nas ruas e no meu Clube. Foi muito divertido e realmente me ajudou a ser quem sou hoje.

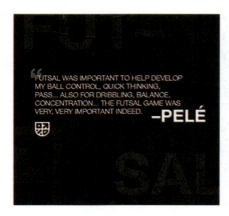

FIGURA 60
Frase****** de **Pelé**
FONTE: *Facebook - United Futsal - https://www. facebook.com/theunitedFutsal*
(******) Tradução: O Futsal foi importante para ajudar a desenvolver o controle da bola, raciocínio rápido, passe, também para driblar, equilíbrio, concentração. O jogo de Futsal foi realmente muito, muito importante.

10 Cursos CBF Academy

A Escola técnica da CBF Academy apresenta as Licenças para treinadores C e B (Futsal), os cursos "Tática no Futsal de Alto Rendimento" e "Futsal e Futebol - Desenvolvimento de Talentos", como contribuição para a qualificação dos profissionais que atuam no Futsal e no Futebol ou que desejam aprofundar seus conhecimentos acerca destes dois esportes.

FIGURA 61 - Licenças para treinadores C e B
FONTES:
https://www.cbf.com.br/cbfacademy/pt-br/cursos/40-nivelamento-licenca-c-futsal e
https://www.cbf.com.br/cbfacademy/pt-br/cursos/42-nivelamento-licenca-b-futsal

O SEGREDO DO FUTEBOL BRASILEIRO FUTSAL E FUTEBOL DE BASE

FIGURA 62 - Curso técnico "Tática no Futsal de Alto Rendimento"
FONTE: https://www.cbf.com.br/cbfacademy/pt-br/cursos/150-tatica-no-futsal-de-alto-rendimento

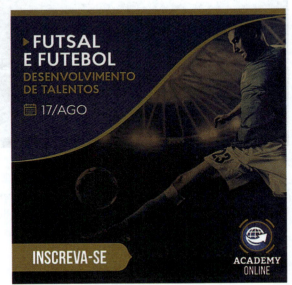

FIGURA 63 - Curso técnico "Futsal e Futebol - Desenvolvimento de talentos"
FONTE: https://www.cbf.com.br/cbfacademy/pt-br/cursos/70-futsal-e-futebol-desenvolvimento-de-talentos

11 Documentário Televisivo

Concrete Football (Bola no Asfalto) é um documentário que fala da importância do Futebol de Rua e Futsal na França, deixando claro não são apenas os anônimos que estão envolvidos com esta prática. O documentário conta com entrevistas de estrelas internacionais do Futebol, como **Riyad Mahrez, Serge Aurier** e **Ousmane Dembélé**, recentemente contratado pelo Barcelona F.C./Espanha.

Todos esses profissionais dividem algo em comum: as origens jogando nas quadras de rua francesas.

FIGURA 64 - Documentário falando da prática do Futebol de Rua e Futsal na França "Concrette Football" Ano de produção: 2016
FONTE: Já fez parte do catálogo - Netflix Brasil

12 Logos oficiais alusivos ao futebol de base

LOGO 01
Meninos da Vila/Santos F.C

LOGO 02
Made in Cotia/São Paulo F.C.

O SEGREDO DO FUTEBOL BRASILEIRO FUTSAL E FUTEBOL DE BASE

O SEGREDO DO FUTEBOL BRASILEIRO FUTSAL E FUTEBOL DE BASE

O SEGREDO DO FUTEBOL BRASILEIRO FUTSAL E FUTEBOL DE BASE

CAPÍTULO 5

QUESTIONÁRIO – CLUBES

1. CONSIDERAÇÕES

Nos últimos anos, tem-se observado discussões interessantes que envolvem duas modalidades bastante praticadas no Brasil, o Futsal e o Futebol. A prática simultânea desses dois esportes como contribuinte para o desenvolvimento/formação de atletas de Futebol, tem sido tema recorrente entre os profissionais das duas modalidades.

O curso 'Gestão de Futebol – CBF Academy' exigiu o projeto aplicativo com o nome original *"PROJETO DE INTEGRAÇÃO DOS DEPARTAMENTOS DE FUTEBOL DE BASE E FUTSAL: MODELOS PARA A PRÁTICA SIMULTÂNEA DAS MODALIDADES NA BUSCA PELA EXCELÊNCIA - CAPTAÇÃO E FORMAÇÃO DE JOVENS FUTEBOLISTAS."*

Para que essa pesquisa fosse o mais próxima possível das realidades atuais de cada Clube, desenvolveu-se as perguntas de acordo com a temática dos processos que envolvem o Departamento de Futsal em conjunto com o Departamento de Futebol de Base, ou com qualquer outro processo interno ou externo de se utilizar o Futsal e o Futebol nos processos de formação do jovem alteta, respeitando o projeto esportivo de cada um dos participantes.

2 Participantes

Foram convidados a responder ao questionário todos os Clubes da Série A do Campeonato Brasileiro de Futebol 2021, os quatro Clubes que desceram para a Série B no Campeonato Brasileiro de Futebol 2020, e o Cruzeiro E.C., que na época se encontrava e ainda permanece na Série B do Campeonato Brasileiro, somando-se 25 Clubes.

Todos os 25 Clubes receberam orientação prévia referente a proposta do trabalho e ao preenchimento do questionário. Para que houvesse maior assertividade nas respostas, teve-se o cuidado de analisar em conjunto a necessidade de preenchimento ou não do questionário de acordo aos processos de cada instituição.

Os 16 Clubes a seguir, sendo eles, Santos Futebol Clube, São Paulo Futebol Clube, S.E. Esportiva Palmeiras, S. C. Corinthians Paulista, C.R. Flamengo, C.R. Vasco da Gama, Fluminense F.C., Botafogo F.R., Cruzeiro E.C., Clube Atlético Mineiro, Coritiba Foot Ball Club, Goiás E.C., E.C. Juventude, E.C. Bahia, Sport Club do Recife, Fortaleza E.C., responderam ao questionário e foram qualificados para o tema, de acordo com prévia avaliação.

O Ceará Sporting Club foi contatado e convidado por diversas vezes a fazer parte do trabalho, porém não respondeu ao questionário. Pelo que se conversou com alguns colaboradores do Clube, o Departamento de Futsal está ativo, e existem bons processos de integração entre os Departamentos de Futsal e Futebol de Base.

O Club Atlhetico Paranaense também foi contatado e convidado a fazer parte do trabalho, porém, por questões internas administrativas, resolveu não participar. Sendo assim, não respondeu ao questionário.

De acordo com os colaboradores envolvidos nas categorias de Base, a inserção do Futsal nos processos de formação do Clube está acontecendo de forma gradativa, porém não se conseguiu obter informações mais precisas de qual o *Modelo* fomentado pelo Clube.

Em comum acordo, os 06 Clubes, Red Bull Bragantino, Atlético Clube Goianiense, Cuiabá E.C., Sport Club Internacional, A. Chapecoense de Futebol, América F.C.[3], não responderam ao questionário, porque não se enquadravam ao mesmo, já que atualmente não existe o Departamento de Futsal e/ou nenhum tipo de processo interno ou externo entre o Futsal e o Futebol de Base.

É importante registrar, que durante as tratativas, esses 06 Clubes consideraram importante a existência do processo da prática simultânea entre o Futsal e Futebol na formação do atleta, e pensam, no futuro próximo, implementar em seus projetos esportivos.

O Grêmio *Foot-Ball* Porto Alegrense respondeu ao questionário parcialmente, porém não se enquadrava na grande maioria das respostas, devido à inexistência de um Departamento de Futsal ou qualquer processo interno ou externo relacionando as modalidades Futsal e Futebol de Base. Apesar desta inconsistência, decidiu-se disponibilizar ao final do questionário as respostas em um Anexo para que não houvesse conflitos na tabulação de dados em relação aos outros 16 Clubes que responderam ao questionário e possuem processos de integração entre o Futsal e o Futebol, ou qualquer outra relação com a prática simultânea.

Por fim, independente da participação ou não do questionário, este grupo agradeceu a todos os 25 Clubes que atenderam, ouviram e entenderam o propósito acadêmico do trabalho.

Não se tem dúvidas de que o vasto e rico material abaixo apresentado vai ser um "divisor de águas" sobre o assunto que envolve o Departamento de Futsal como parte do Departamento de Futebol de Base, ou algum outro processo interno ou externo que valide a prática simultânea entre as modalidades Futsal e Futebol nos processos de formação do atleta.

---

3 O América F.C. possui atualmente apenas a equipe adulta, portanto não se enquadra ao trabalho.

2.1 MÉTODO DE PESQUISA

Os 16 Clubes participantes que se enquadraram ao questionário responderam às perguntas entre 22/04/2021 e 30/05/2021 através da plataforma Google Forms. Os contatos aconteceram por meio de conversas telefônicas, *WhatsApp* e e-mail. No dia 06/06/2021, desabilitou-se na plataforma a possibilidade de novas respostas ou correções por parte dos Clubes convidados.

Segundo Gil (1999, p.128):

> O questionário, segundo Gil (1999, p.128), pode ser definido "como a técnica de investigação composta por um número mais ou menos elevado de questões apresentadas por escrito às pessoas, tendo por objetivo o conhecimento de opiniões, crenças, sentimentos, interesses, expectativas, situações vivenciadas etc."

Pela densidade apresentada no questionário, optou-se por trabalhar com 03 tipos de modelos de perguntas (abertas, fechadas, dependentes), sendo que todas elas respeitaram uma ordem lógica de acordo com o tema do trabalho. Também se teve o cuidado de deixar os Clubes com liberdade nas respostas, não interferindo em nenhum momento no preenchimento dele.

2.2 Produção e análise de dados

As transcrições de todas as respostas estão fiéis ao arquivo original, mantendo cada palavra utilizada pelos colaboradores em questão. Em alguns casos, não houve respostas das questões, sendo assim, o referido Clube, não vai estar pontuado na resposta, dando sequência lógica ao próximo Clube e assim por diante.

Ao todo disponibilizou-se aos Clubes 09 Seções com 82 perguntas divididas em 07 Seções, sendo que a Seção 01 foi apenas introdutória/explicativa (informação do trabalho) e na Seção 02 apresentou-se os nomes dos componentes do trabalho (grupo de trabalho), não havendo possibilidade de resposta pelos participantes.

O processo de preenchimento do questionário iniciou-se de fato na Seção 03[4] (informações dos Clubes e colaboradores participantes) com 06 perguntas, porém, 05 perguntas e respostas não vão estar pontuadas neste trabalho, porque se referem aos dados pessoais e sigilosos dos colaboradores e Clubes que responderam ao questionário.

Nas Seções 04, 05, 06, 07, 08, 09, apresentamos aos Clubes o conteúdo principal do trabalho, viabilizando 76 perguntas divididas por temas. Todas as perguntas e respostas destas Seções vão estar contempladas e tabuladas nesta pesquisa, para que, por intermédio desse "Raio X", seja possível ter uma real noção do cenário dos processos de formação esportiva utilizando a prática simultânea entre o Futsal e o Futebol nos principais Clubes de Futebol no Brasil.

Em relação aos gráficos (39, no total), usou-se os elaborados pela plataforma do *Google Forms*, exceção feita aos gráficos 01 e 02, onde se fez necessária a utilização da ferramenta *"gráfico - pizza"* do *Word*.

Dentro dos gráficos no formato de *pizza*, inseriu-se na cor preta, a quantidade de Clubes em relação à porcentagem apresentada, no intuito de facilitar a leitura dos dados. A análise desses gráficos teve seu resultado exposto por meio da "leitura dos gráficos", logo após as imagens, deixando a compreensão dos dados apresentados mais clara e abrangente. Desta forma, entende-se que fica mais fácil pontuar quais Clubes responderam às perguntas e como foram as divisões das respostas.

---

[4] Abriu-se uma única exceção na Seção 03 e disponibilizou-se a relação de função/cargos dos colaboradores que responderam ao questionário, sem a citação dos nomes dos profissionais.

2.3 Implicações

Por se tratar de um questionário longo e com possibilidades diversas de preenchimento, erros pontuais eram previsíveis. Durante a transcrição das respostas, percebeu-se que algumas perguntas provavelmente foram interpretadas de forma errônea, provocando uma realidade inexistente nas respostas. A mesma divergência aconteceu quando houve a falta de preenchimento a perguntas importantes e sequenciais, causando desinformação em certos casos específicos.

Mesmo com uma margem de erro prevista, foram mantidas todas as respostas sem alterações, considerando que a riqueza do material selecionado e a quantidade de respostas obtidas é o mais importante, fazendo do trabalho, um inédito contribuinte para todos os participantes da pesquisa, CBF Academy, leitores do livro e profissionais do Futsal e Futebol.

2.4 Resultados e tabulações

Antes de iniciar a transcrição do questionário na íntegra, cabe deixar registrado, mais uma vez, que, dos 20 Clubes entrevistados da Série A que participaram do Campeonato Brasileiro de Futebol 2021, mais os 04 Clubes da Série B recentemente rebaixados (oriundos da Série A em 2020), além do Cruzeiro E.C. que continua na disputa da Série B do Campeonato Brasileiro de Futebol, apenas 07 Clubes *não possuem Departamento de Futsal e/ou nenhum tipo de relação com a prática simultânea entre o Futsal e o Futebol em seus processos* de desenvolvimento/formação esportiva.

O SEGREDO DO FUTEBOL BRASILEIRO FUTSAL E FUTEBOL DE BASE

GRÁFICO 01 - Existência ou inexistência do Departamento de Futsal no Clube, e/ou qualquer outro processo interno ou externo da prática simultânea entre o Futsal e Futebol. Clubes da Séria A e B do Campeonato Brasileiro de Futebol 2021

Leitura do gráfico:

⚽ Santos Futebol Clube, São Paulo Futebol Clube, S.E. Esportiva Palmeiras, S.C. Corinthians Paulista, C.R. Flamengo, C.R. Vasco da Gama, Fluminense F.C., Botafogo F.R., Cruzeiro E.C., Clube Atlético Mineiro, E.C. Juventude, Club Atlhetico Paranaense, Coritiba Foot Ball Club, Goiás E.C., E.C. Bahia, Cerará Sporting Club, Sport Club do Recife, Fortaleza E.C.: Sim, existe no Clube Departamento de Futsal e/ou processo interno ou externo da prática simultânea entre o Futsal e Futebol de Base.

⚽ Red Bull Bragantino, Atlético Clube Goianiense, Cuiabá E.C., Sport Club Internacional, Grêmio *Foot-Ball* Porto Alegrense, A. Chapecoense de Futebol, América F.C.: Não existe no Clube Departamento de Futsal e/ou qualquer outro processo interno ou externo da prática simultânea entre o Futsal e Futebol de Base.

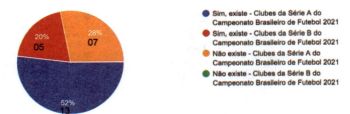

GRÁFICO 02 - Existência ou inexistência do Departamento de Futsal no Clube, e/ou qualquer outro processo interno ou externo da prática simultânea entre o Futsal e Futebol. Separados por divisão - Clubes da Série A e B do Campeonato Brasileiro de Futebol 2021

Leitura do gráfico:

⚽ Santos Futebol Clube, São Paulo Futebol Clube, S.E. Esportiva Palmeiras, S.C. Corinthians Paulista, C.R. Flamengo, Fluminense F.C., Clube Atlético Mineiro, E.C. Juventude, Club Atlhetico Paranaense, E.C. Bahia, Sport Club do Recife, Cerará Sporting Club, Fortaleza E.C.: Sim, existe - Clubes da Série A do Campeonato Brasileiro de Futebol 2021.

⚽ C.R. Vasco da Gama, Botafogo F.R., Cruzeiro E.C, Coritiba Foot Ball Club, Goiás E.C: Sim, existe - Clubes da Série B do Campeonato Brasileiro de Futebol 2021.

⚽ Red Bull Bragantino, Atlético Clube Goianiense, Cuiabá E.C., Sport Club Internacional, A. Chapecoense de Futebol, Grêmio Foot-Ball Porto Alegrense, América F.C: Não existe - Clubes da Série A do Campeonato Brasileiro de Futebol 2021.

⚽ 0 Clubes: Não existe - Clubes da Série B do Campeonato Brasileiro de Futebol 2021.

O SEGREDO DO FUTEBOL BRASILEIRO FUTSAL E FUTEBOL DE BASE

3 Conteúdo integral do questionário

Seção 01

Texto de apresentação do questionário aos Clubes

"O presente questionário tem por finalidade subsidiar nosso grupo para um Projeto Aplicativo como trabalho de encerramento do curso Gestão do Futebol (Tu IX) - CBF Academy. As perguntas visam obter dados relevantes para elaboração de uma proposta factível e exequível de Modelo de gestão para implementar um Departamento integrado de Futsal e Futebol em um Clube com o fulcro de formação e desenvolvimento de talentos para o Futebol. Obs.: Caso interesse aos participantes desta pesquisa obter acesso ao trabalho final do projeto mencionado, uma cópia do Projeto poderá ser disponibilizada para estudos e/ou implantação em qualquer Clube, de acordo com as condições estabelecidas pela CBF Academy."

Seção 02

Grupo de trabalho
Rodrigo Neves Fernandes
Moraci Vasconcelos Sant'Anna
Vinicius Alberto Bovo
Márcio Alencar de Souza Menezes
Henrique Fernandes Marques

O SEGREDO DO FUTEBOL BRASILEIRO FUTSAL E FUTEBOL DE BASE

Seção 03

Informações dos Clubes e colaboradores participantes

"Devido ao sigilo das informações, não foram disponibilizadas nesta Seção os dados referentes aos Clubes e colaboradores participantes, exceção feita às funções/cargos de quem respondeu ao questionário."

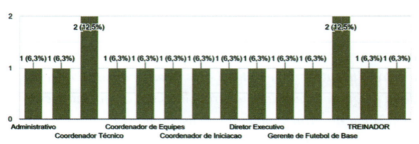

GRÁFICO 03 - Função/Cargo

Leitura do gráfico:

- Sport Club do Recife: Coordenador e treinador de Futsal.
- C. Atlético Mineiro: Coordenador metodológico.
- E.C. Bahia: Coordenador de iniciação.
- São Paulo F.C.: Técnico de Futsal.
- Santos F.C.: Coordenador de Futsal.
- C.R. Flamengo: Coordenador técnico.
- Goiás Esporte Clube: Coordenador técnico.
- S.C. Corinthians Paulista: Gerente de Futsal.
- Fortaleza Esporte Clube: Diretor executivo.
- Botafogo F.R.: Gerente de Futebol de Base.
- Fluminense F.C.: Gerente de Futsal.
- Esporte Clube Juventude: Treinador.
- Cruzeiro Esporte Clube: Coordenador da iniciação.

- Sociedade Esportiva Palmeiras: Administrativo.
- C.R. Vasco da Gama: Gerente de Futebol de Base.
- Coritiba Foot Ball Club: Coordenador de equipes.

Seção 04

Departamento de Futsal

Há quanto tempo aproximadamente existe o Departamento de Futsal?

Em qualquer formato de organização.

16 respostas

- Sport Club do Recife: Há mais de 50 anos.
- C. Atlético Mineiro: 04 anos.
- E.C. Bahia: 02 anos.
- São Paulo F.C.: Aproximadamente 67 anos (Desde 1954) - Clube fundador da Federação Paulista de Futsal.
- Santos F.C.: 20 anos.
- C.R. Flamengo: 40 anos.
- Goiás Esporte Clube: 20 anos.
- S.C. Corinthians Paulista: 40 anos.
- Fortaleza Esporte Clube: 10 anos.
- Botafogo F.R.: Sempre existiu.
- Fluminense F.C.: 60 anos.
- Esporte Clube Juventude: 01 ano.
- Cruzeiro Esporte Clube: 04 anos.
- Sociedade Esportiva Palmeiras: Aproximadamente 50 anos.
- C.R. Vasco da Gama: Não tenho ideia. Talvez uns 40 anos.
- Coritiba Foot Ball Club: Há mais de anos.

Quais os objetivos principais do Departamento de Futsal?

16 respostas

- Sport Club do Recife: Contribuir na formação de seres humanos, na formação de atletas de Futsal e fomentar o Futebol.
- C. Atlético Mineiro: Ferramenta de aprendizagem para o Futebol (Não existe Departamento de Futsal). Tudo integrado.
- E.C. Bahia: Desenvolver jovens talentos no Futebol.
- São Paulo F.C.: Formação, manutenção e desenvolvimento de futuros talentos esportivos para o alto rendimento para as equipes de Futsal e Futebol, além de preparar uma geração de cidadãos ativos e conectados à prática esportiva ao longo do ciclo da vida.
- Santos F.C.: Contribuir de maneira global no processo inicial de formação dos atletas da Base do Futebol do Clube.
- C.R. Flamengo: Seria o primeiro momento de captação de atletas para o Futebol.
- Goiás Esporte Clube: Iniciação esportiva de Futsal e treinamento de alto rendimento, visando integrar e alinhar o desenvolvimento do atleta de Futsal ao Futebol.
- S.C. Corinthians Paulista: Auxiliar no desenvolvimento desportivo e pessoal dos atletas e profissionais. Praticar de maneira competitiva o Futsal visando a formação de atletas e profissionais, a conquista de títulos e o fomento do esporte.
- Fortaleza Esporte Clube: Formar.
- Botafogo F.R.: Desenvolver atletas que possam integrar o Futebol de Campo.
- Fluminense F.C.: Na última década, formar e lapidar atletas para o Futebol.
- Esporte Clube Juventude: Aprimorar a parte técnica, física e tática como complemento ao Futebol - melhorar os aspectos cognitivos - integrar o papel de formação esportiva em conjunto com a parte social.
- Cruzeiro Esporte Clube: O objetivo do Departamento é de usar o Futsal como uma ferramenta para o desenvolvimento do Futebol com as vivências e estímulos, que somente, o Futsal pode proporcionar.

- Sociedade Esportiva Palmeiras: Promover o esporte de alto rendimento como forma de alavancagem e preparação para o Futebol.
- C.R. Vasco da Gama: Nesse momento é apenas parte do processo de formação dos atletas de Campo.
- Coritiba Foot Ball Club: Desenvolvimento técnico do atleta e captação de jovens para a prática do Futebol.

No próximo gráfico (04), a pergunta teve a intenção de saber se o Clube é o responsável por todas as operações do Departamento de Futsal, em relação aos *Modelos* possíveis de integração Futsal - Futebol. Devido à configuração imposta pela plataforma *Google Forms*, ao converter esses arquivos para o formato *Word*, automaticamente algumas palavras aparecem cortadas, sendo assim, elencou-se, logo abaixo, o texto completo do sumário.

GRÁFICO 04 - O Clube é responsável ou não por todas as operações no Departamento de Futsal em relação aos modelos possíveis de integração Futsal - Futebol

Texto do Sumário:
- Departamento de Futsal - 100% integrado ao Departamento de Futebol de Base com condução compartilhada dos processos.
- Departamento de Futebol de Base - Único condutor dos processos.
- Departamento de Futsal itinerante - Conexões externas extraoficiais.
- Departamento de Futebol de Base - Parcerias externas oficiais.
- Departamento de Futsal - Gerido por terceiros/empresa.

> Departamento de Futsal - Parceira interna com o Departamento de Futebol de Base apenas para jogos.
> Outro formato.

Atenção na resposta. Precisamos saber se o Clube é responsável ou não por todas as operações do Departamento de Futsal em relação aos *Modelos* possíveis de integração Futsal – Futebol.

Leitura do gráfico:

- E.C. Bahia, Santos F.C., C.R. Flamengo, Fortaleza Esporte Clube, Botafogo F.R., Fluminense F.C., Esporte Clube Juventude, Cruzeiro Esporte Clube, Sociedade Esportiva Palmeiras, C.R. Vasco da Gama: Departamento de Futsal - 100% integrado ao Departamento de Futebol de Base com condução compartilhada dos processos.
- C. Atlético Mineiro: Departamento de Futebol de Base - Único condutor dos processos.
- Coritiba Foot Ball Club: Departamento de Futsal - Gerido por terceiros/empresa.
- Sport Club do Recife, São Paulo F.C., Goiás Esporte Clube, S.C. Corinthians Paulista: Outro formato.

Quais as "conexões externas extras-oficiais"?

Apenas responder se existir "conexão externa extraoficial". Favor colocar todas as informações possíveis!

Ex.: Projetos, Clubes Sociais, escolinhas, outros.

1 resposta

- C. Atlético Mineiro: Não existe Departamento de Futsal. Tudo integrado.

Quais as "parcerias externas oficiais"?

Apenas responder se existir "parcerias externas oficiais". Favor colocar todas as informações possíveis!

Ex.: Projetos, Clubes Sociais, escolinhas, outros.

3 respostas

- Santos F.C.: Parcerias, na região, com escolinhas, projetos, Clubes Sociais, com fornecimento de materiais esportivos, trocas de conhecimentos entre os profissionais, avaliações sistemáticas dos atletas...etc...
- C.R. Flamengo: Clubes de bairros parceiros do Clube.
- Fluminense F.C.: Franquias das escolinhas de formação do Clube, chamada "Guerreirinhos".

Qual o "terceiro"?

Apenas responder se existir "terceiro". Favor colocar todas as informações possíveis!

1 resposta

- Coritiba Foot Ball Club: AABB e Escolas Coxas.

Qual o "outro formato"?

Apenas responder se existirem "outros formatos". Favor colocar todas as informações possíveis!

4 respostas

- Sport Club do Recife: O Departamento de Futsal pertence ao Clube, mas é autossustentável.
- São Paulo F.C.: O projeto visa através de uma estrutura pedagógica multidisciplinar e organizacional muito coesa e integrada das modalidades para poder atingir os objetivos e metas, através de planejamento a curto, médio e longo prazo, capacitar os atletas, para que estes possam enfrentar as dificuldades nas modalidades na sua trajetória da iniciação (Sub 07) até o profissional. Os atletas serão do Clube e não do Futsal ou Futebol, pois com orientação dos profissionais envolvidos no processo de formação (equipe multidisciplinar) ou decisão do atleta no decorrer da sua trajetória dentro do Clube ele poderá optar, em seguir carreira no Futsal,

ou no Futebol, e assim com o objetivo maior de formação para ambas, desde as faixas etárias mais tenras até o profissional.

⚽ **Goiás Esporte Clube:** As equipes de Futsal são ligadas ao Departamento de Iniciação Esportiva do Clube, pois esse Departamento é o responsável pela formação e integração de atletas/equipes do Futsal/Campo até o Sub 14 (14 anos).

⚽ **S.C. Corinthians Paulista:** Autonomia de funcionamento das modalidades com pontos de sinergia possibilitando a integração das modalidades dentro (aspecto metodológico) e fora (aspectos de gestão) das Quadras/Campos.

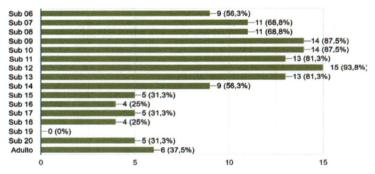

GRÁFICO 05 - Quais são as categorias de Futsal fomentadas?

Selecionar as categorias de acordo a Federação do seu Estado. Ex.: Sub 10, Sub 12, Sub, 14, Sub 16, Sub 18, Sub 20.

Leitura do gráfico:

⚽ 0 Clubes: Sub 19.

⚽ Sport Club do Recife: Sub 06, Sub 07, Sub 08, Sub 09, Sub 10, Sub 11, Sub 12, Sub 13, Sub 14, Sub 15, Sub 17, Sub 20, adulto.

⚽ C. Atlético Mineiro: Sub 11, Sub 12, Sub13.

⚽ E.C. Bahia: Sub 10, Sub 12, Sub 14.

- São Paulo F.C: Sub 07, Sub 08, Sub 09, Sub 10, Sub 12, Sub 14, Sub 16, Sub 18, Sub 20, adulto.

- Santos F.C: Sub 06, Sub 07, Sub 08, Sub 09, Sub 10, Sub 11, Sub 12, Sub 13, Sub 14, Sub 15, Sub 16, Sub 17, Sub 18.

- C.R. Flamengo: Sub 06, Sub 07, Sub 08, Sub 09, Sub 10, Sub 11, Sub 12, Sub 13.

- Goiás Esporte Clube: Sub 06, Sub 07, Sub 08, Sub 09, Sub 10, Sub 11, Sub 12, Sub 13, Sub 14, Sub 17, Sub 20, adulto.

- S.C. Corinthians Paulista: Sub 07, Sub 08, Sub 09, Sub 10, Sub 12, Sub 14, Sub 16, Sub 18, Sub 20, adulto.

- Fortaleza Esporte Clube: Sub 09, Sub 10, Sub 11, Sub 12, Sub 13, Sub 14, adulto.

- Botafogo F.R.: Sub 06, Sub 07, Sub 08, Sub 09, Sub 10, Sub 11, Sub 12, Sub 13.

- Fluminense F.C: Sub 06, Sub 07, Sub 08, Sub 09, Sub 10, Sub 11, Sub 12, Sub 13.

- Esporte Clube Juventude: Sub 09, Sub 11, Sub 13, Sub 15, Sub 17, Sub 20, adulto.

- Cruzeiro Esporte Clube: Sub 09, Sub 10, Sub 11, Sub12, Sub 13.

- Sociedade Esportiva Palmeiras: Sub 06, Sub 07, Sub 08, Sub 09, Sub 10, Sub 11, Sub 12, Sub 13, Sub 14, Sub 15, Sub 17, Sub 18.

- C.R. Vasco da Gama: Sub 06, Sub 07, Sub 08, Sub 09, Sub 10, Sub 11, Sub 12, Sub 13.

- Coritiba Foot Ball Club: Sub 06, Sub 07, Sub 08, Sub 09, Sub 10, Sub 11, Sub 12, Sub 13, Sub 14, Sub 15, Sub 16.

GRÁFICO 06 - Os atletas do Departamento de Futsal estão registrados na Federação? São Federados?

Leitura do gráfico:
- Sport Club do Recife, C. Atlético Mineiro, E.C. Bahia, São Paulo F.C., Santos F.C., C.R. Flamengo, Goiás Esporte Clube, S.C. Corinthians Paulista, Fortaleza Esporte Clube, Botafogo F.R., Fluminense F.C., Esporte Clube Juventude, Cruzeiro Esporte Clube, Sociedade Esportiva Palmeiras, C.R. Vasco da Gama, Coritiba Foot Ball Club: Sim.
- 0 Clubes: Não.

Quantos atletas "Federados" estão registrados no Departamento de Futsal?

Apenas responder caso "tenha atletas federados".
15 respostas
- Sport Club do Recife: Mais de 200 atletas.
- C. Atlético Mineiro: 150.
- São Paulo F.C.: Da iniciação até o adulto cerca de 230 a 250 atletas.
- Santos F.C.: 150 atletas.
- C.R. Flamengo: 120.

- Goiás Esporte Clube: Pontualmente alguns atletas. Mas a prioridade da prática do Futsal no Clube é para atletas na primeira fase de formação, até os 14 anos.
- S.C. Corinthians Paulista: 180.
- Fortaleza Esporte Clube: 40.
- Botafogo F.R.: 150.
- Fluminense F.C.: 148 atletas.
- Esporte Clube Juventude: Em torno de 20 a 25 por categoria.
- Cruzeiro Esporte Clube: 150 atletas.
- Sociedade Esportiva Palmeiras: 180.
- C.R. Vasco da Gama: Em torno de 140.
- Coritiba Foot Ball Club: 150.

Quantos atletas "Não Federados" estão registrados no Departamento de Futsal?

Apenas responder caso "não tenha atletas federados".

8 respostas

- Sport Club do Recife: Mais de 50 atletas.
- C. Atlético Mineiro: 0.
- C.R. Flamengo: Nenhum.
- Goiás Esporte Clube: Todos os atletas que treinam nas equipes de Futsal são federados junto a Federação Estadual de Futsal.
- Fortaleza Esporte Clube: 10.
- Fluminense F.C.: Na categoria Sub 05 temos 20 atletas.
- Sociedade Esportiva Palmeiras: 20.
- C.R. Vasco da Gama: Em torno de 100.

Quais as principais competições oficiais e/ou federativas que o Departamento Futsal participa?

Apenas responder "não participamos" caso o Clube não jogue essas competições.

16 respostas

- Sport Club do Recife: Competições oficiais da Federação PE de Futsal, bem como Taças Brasil da CBFS, entre outras.
- C. Atlético Mineiro: Metropolitano, Estadual e Brasileiro.
- E.C. Bahia: Taça Brasil e Campeonato Baiano.
- São Paulo F.C.: Competições oficiais promovidas pela Federação Paulista de Futsal (Copa São Paulo, Metropolitano e Estadual) e Competições oficiais da Liga Paulista (categoria adulto).
- Santos F.C.: Campeonato Metropolitano, Estadual e Taça Brasil de Clubes.
- C.R. Flamengo: Campeonato Estadual, Campeonato Metropolitano e Supercopa SC.
- Goiás Esporte Clube: Competições Municipais, Estaduais e Nacionais.
- S.C. Corinthians Paulista: Libertadores, Liga Nacional de Futsal, Copa do Brasil, Super Copa, Paulista, Taça SP, Taça Brasil, Estadual, Metropolitano.
- Fortaleza Esporte Clube: Cearense.
- Botafogo F.R.: Federação do Rio de Futsal e Rio Futsal.
- Fluminense F.C.: Campeonato Carioca, Campeonato Estadual, Super Copa Kids, Taça Brasil de Clubes e Sul Americano de Clubes.
- Esporte Clube Juventude: Campeonato Estadual.
- Cruzeiro Esporte Clube: Campeonato Metropolitano, Campeonato Estadual e Taça Brasil.
- Sociedade Esportiva Palmeiras: Campeonatos Estaduais promovidos pela Federação Paulista de Futsal e Campeonatos Brasileiro de Clubes promovidos pela CBFS.

- C.R. Vasco da Gama: Carioca.
- Coritiba Foot Ball Club: Estadual da NFP - Novo Futsal Paraná, Taça Paraná FPFS, Metropolitano - LCF Liga Curitibana de Futsal, Super Copa América de Futsal (Balneário Camboriú), Granprix de Futsal (Paraná/Santa Catarina).

Quais as principais competições não oficiais/amadoras que o Departamento Futsal participa?

Apenas responder "não participamos" caso não jogue essas competições.

16 respostas

- Sport Club do Recife: Copa Sul Brasileira de Futsal.
- C. Atlético Mineiro: Não participamos.
- E.C. Bahia: Festivais de Futsal locais.
- São Paulo F.C.: Não participamos.
- Santos F.C.: Torneio Brasileiro de Camboriú e Campeonato Mundial em Barcelona.
- C.R. Flamengo: Liga Rio Futsal.
- Goiás Esporte Clube: Competições de cunho Municipais, Estaduais e Nacionais.
- S.C. Corinthians Paulista: Copa Mundo de Futsal Sub 20 e World Futsal Cup Sub 18.
- Fortaleza Esporte Clube: Campeonato Cearense.
- Botafogo F.R.: Não participamos.
- Fluminense F.C.: Mundial GoCup (campo reduzido), com as equipes de Futsal.
- Esporte Clube Juventude: Campeonato Citadino, Campeonato Nordestão, Campeonato Ditália, Copa Sul Brasileira.
- Cruzeiro Esporte Clube: Participamos de competições alternativas para auxiliar na minutagem dos atletas. Ex: Copa da Raposa, Copa Minas.

⚽ Sociedade Esportiva Palmeiras: Não participamos.
⚽ C.R. Vasco da Gama: Nenhuma.
⚽ Coritiba Foot Ball Club: Estadual da NFP - Novo Futsal Paraná.

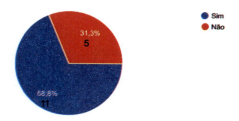

GRÁFICO 07 - O Departamento de Futsal mantém alguma parceria com outros Clubes, escolinhas, projetos, outros?

Parcerias no sentido de captação e observação de jogadores.

Leitura do gráfico:

⚽ Sport Club do Recife, C. Atlético Mineiro, E.C. Bahia, São Paulo F.C., Santos F.C., C.R. Flamengo, Goiás Esporte Clube, S.C. Corinthians Paulista, Fortaleza Esporte Clube, Botafogo F.R., Fluminense F.C., Esporte Clube Juventude, Sociedade Esportiva Palmeiras, C.R. Vasco da Gama, Coritiba Foot Ball Club: Sim.
⚽ Cruzeiro Esporte Clube: Não.

Se você selecionou "Não" na questão acima, favor citar como funcionam essas parcerias?
4 respostas

⚽ C.R. Flamengo: Capacitação dos profissionais dos Clubes parceiros, material para treinos.
⚽ S.C. Corinthians Paulista: Interação com as escolinhas do Clube "Chute Inicial", para observação de atletas e profissionais.

- Fortaleza Esporte Clube: Não temos parcerias.
- Sociedade Esportiva Palmeiras: Não temos parcerias.

Seção 05

> **Estrutura física e a administrativa**

O Departamento de Futsal tem um centro de custo próprio (caixa) para o custeio das operações, ou depende de outro Departamento?
16 respostas

GRÁFICO 08 - O Departamento de Futsal tem um centro de custo próprio (caixa) para o custeio das operações, ou depende de outro Departamento?

Leitura do gráfico:
- Sport Club do Recife, Santos F.C., C.R. Flamengo, S.C. Corinthians Paulista, Fortaleza Esporte Clube, Esporte Clube Juventude, Sociedade Esportiva Palmeiras, Coritiba Foot Ball Club: Sim.
- C. Atlético Mineiro, E.C. Bahia, São Paulo F.C., Goiás Esporte Clube, Botafogo F.R., Fluminense F.C., Cruzeiro Esporte Clube, C.R. Vasco da Gama: Não.

O SEGREDO DO FUTEBOL BRASILEIRO FUTSAL E FUTEBOL DE BASE

Se você selecionou "Não" na questão acima, favor citar qual o Departamento responsável pelo custeio das operações do Departamento de Futsal.

8 respostas

- C. Atlético Mineiro: Departamento de Base.
- E.C. Bahia: Financeiro.
- São Paulo F.C.: O centro de custeios do Futsal e outras modalidades chama-se DEA (Departamento de Esportes Amadores).
- Goiás Esporte Clube: Departamento de Iniciação Esportiva.
- Botafogo F.R.: Futebol de Base.
- Fluminense F.C.: Fica debaixo do "guarda-chuva" do Futebol profissional.
- Cruzeiro Esporte Clube: Centro de custo do Departamento de Futebol de Base.
- C.R. Vasco da Gama: Futebol de Base.

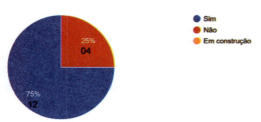

GRÁFICO 09 - O Clube tem ginásio próprio ou quadra?

Leitura do gráfico:
- Sport Club do Recife, Santos F.C., C.R. Flamengo, Goiás Esporte Clube, S.C. Corinthians Paulista, Botafogo F.R., Fluminense F.C., Cruzeiro Esporte Clube, Sociedade Esportiva Palmeiras, C.R. Vasco da Gama: Sim.

O SEGREDO DO FUTEBOL BRASILEIRO FUTSAL E FUTEBOL DE BASE

- C. Atlético Mineiro, E.C. Bahia, São Paulo F.C., Fortaleza Esporte Clube, Esporte Clube Juventude, Coritiba Foot Ball Club: Não.
- 0 Clubes: Em construção.

Caso o Clube não tenha ginásio próprio ou quadra, onde são realizados os treinos e jogos?

Apenas responder caso o Clube "não tenha ginásio próprio ou quadra". Especificar se o espaço é público ou privado.

5 respostas

- E.C. Bahia: Ginásio locado.
- Fortaleza Esporte Clube: Quadra auxiliar.
- Fluminense F.C.: Treinos no Clube e em locação de espaço privado com outros Clubes de bairro "Magnatas" e "Mangueira".
- Esporte Clube Juventude: Espaço privado.
- Coritiba Foot Ball Club: Realizados na estrutura do parceiro - "AABB".

Caso o clube tenha ginásio próprio ou quadra, eles estão aptos para jogos oficiais da Federação ou CBFS?
14 respostas

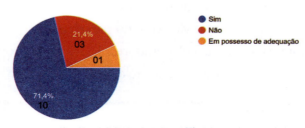

GRÁFICO 10 - Caso o Clube tenha ginásio próprio ou quadra, eles estão aptos para jogos oficiais da Federação ou CBFS?

Dimensões mínimas oficiais.

Leitura do gráfico:
- Sport Club do Recife, C. Atlético Mineiro, São Paulo F.C., Goiás Esporte Clube, S.C. Corinthians Paulista, Botafogo F.R., Fluminense F.C., Cruzeiro Esporte Clube, Sociedade Esportiva Palmeiras, C.R. Vasco da Gama: Sim.
- Santos F.C, C.R. Flamengo, Coritiba Foot Ball Club: Não.
- Fortaleza Esporte Clube: Em processo de adequação.

Nos 3 próximos gráficos (11,12,13), fez-se um descritivo dos cargos que considerou importantes no Organograma administrativo de um Departamento de Futsal e Futebol de Base.

Devido à configuração imposta pela plataforma *Google Forms*, ao passar esses arquivos para o Word, automaticamente algumas palavras aparecem cortadas, sendo assim, elencamos logo abaixo todos os cargos contemplados.

1 - Todos os colaboradores estão locados administrativamente no Departamento de Futebol de Base ou outro Departamento.

2 - O Clube não possui colaboradores. Todos os colaboradores estão locados administrativamente no parceiro.

3 - O Clube não possui colaboradores. Todos os colaboradores estão locados administrativamente no terceirizado (público ou privado).

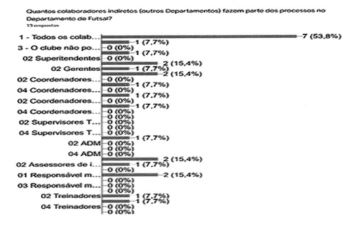

O SEGREDO DO FUTEBOL BRASILEIRO FUTSAL E FUTEBOL DE BASE

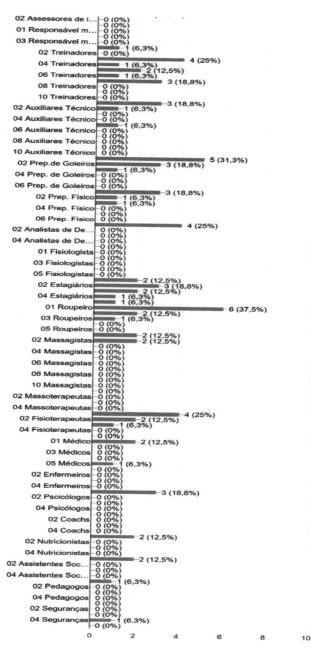

GRÁFICO 11 - Quantos colaboradores diretos estão locados administrativamente no Departamento de Futsal? (CLT, contrato, PJ, MEI, outros)

O SEGREDO DO FUTEBOL BRASILEIRO FUTSAL E FUTEBOL DE BASE

Cargos: Superintendente, Gerente, Coordenador ADM, Coordenador Técnico, Supervisor Técnico, ADM, Assessor de imprensa, Responsável marketing, Treinador, Auxiliar Técnico.

No gráfico, não contabilizar os colaboradores que estão locados administrativamente no Departamento de Futebol de Base ou outros Departamentos.
Se você selecionar os itens 01, 02 ou 03, favor não preencher os próximos campos da questão.

Leitura do gráfico:
- Sport Club do Recife: 01 Coordenador administrativo, 01 Administrativo, 07 Treinadores, 01 Preparador de goleiros, 03 Estagiários, 01 Roupeiro.
- C. Atlético Mineiro: 01 Coordenador técnico, 01 Supervisor técnico, 03 Treinadores, 01 Auxiliar técnico, 01 Preparador de goleiros, 01 Preparador físico, 01 Analista de desempenho, 02 Estagiários, 01 Roupeiro, 01 Massagista.
- E.C. Bahia: Todos os colaboradores estão locados administrativamente no Departamento de Futebol de Base ou outro Departamento. 01 Coordenador técnico, 01 Supervisor técnico, 01 Treinador, 01 Auxiliar técnico, 03 Estagiários.
- São Paulo F.C.: Todos os colaboradores estão locados administrativamente no Departamento de Futebol de Base ou outro Departamento.
- Santos F.C.: Todos os colaboradores estão locados administrativamente no Departamento de Futebol de Base ou outro Departamento. 01 Coordenador técnico, 02 Administrativos, 04 Treinadores, 02 Auxiliares técnico, 02 Preparadores de goleiros, 02 Preparadores físicos, 02 Estagiários. 01 Roupeiro, 02 Fisioterapeutas.

- C.R. Flamengo: Todos os colaboradores estão locados administrativamente no Departamento de Futebol de Base ou outro Departamento. 01 Gerente, 01 Coordenador administrativo, 01 Coordenador técnico, 01 Administrativo, 07 Treinadores, 01 Preparador de goleiros, 01 Preparador físico, 04 Estagiários, 01 Roupeiro, 01 Massagista, 01 Fisioterapeuta.
- Goiás Esporte Clube: 01 Superintendente, 05 Treinadores, 01 Preparadores de goleiros, 01 Roupeiro, 01 Fisioterapeuta.
- S.C. Corinthians Paulista: 01 Gerente, 01 Coordenador técnico, 03 Supervisores técnico, 01 Administrativo, 01 Assessor de imprensa, 07 Treinadores, 03 Preparadores de goleiros, 03 Preparadores físicos, 01 Analista de desempenho, 03 Roupeiros, 03 Fisioterapeutas.
- Fortaleza Esporte Clube: Todos os colaboradores estão locados administrativamente no Departamento de Futebol de Base ou outro Departamento. 01 Gerente, 01 Coordenador administrativo, 01 Coordenador técnico, 01 Supervisor técnico, 03 Treinadores, 01 Auxiliar técnico, 01 Preparadores de goleiros, 01 Analista de desempenho, 02 Roupeiros, 02 Massagistas, 01 Fisioterapeuta, 01 Médico, 01 Psicólogo, 01 Nutricionista, 01 Assistente social.
- Botafogo F.R.: Todos os colaboradores estão locados administrativamente no Departamento de Futebol de Base ou outro Departamento.
- Fluminense F.C.: 01 Gerente, 01 Coordenador administrativo, 01 Coordenador técnico, 02 Supervisores técnico, 01 Administrativo, 05 Treinadores, 05 Auxiliares técnico, 02 Preparadores de goleiros, 05 Estagiários, 02 Roupeiros, 02 Massagistas, 01 Fisioterapeuta, 01 Médico, 01 Psicólogo, 01 Nutricionista, 01 Pedagogo.

- Esporte Clube Juventude: 04 Coordenadores administrativo, 03 Treinadores, 03 Estagiários.
- Cruzeiro Esporte Clube: Todos os colaboradores estão locados administrativamente no Departamento de Futebol de Base ou outro Departamento.
- Sociedade Esportiva Palmeiras: Todos os colaboradores estão locados administrativamente no Departamento de Futebol de Base ou outro Departamento. 02 Gerentes, 01 Coordenador administrativo, 01 Supervisor técnico, 01 Assessor de imprensa, 06 Treinadores, 02 Preparadores de goleiros, 01 Preparador físico, 01 Analista de desempenho, 01 Roupeiro, 02 Fisioterapeutas, 05 Médicos, 01 Psicólogo, 01 Assistente social, 04 Seguranças.
- C.R. Vasco da Gama: Todos os colaboradores estão locados administrativamente no Departamento de Futebol de Base ou outro Departamento.
- Coritiba Foot Ball Club: O Clube não possui colaboradores. Todos os colaboradores estão locados administrativamente no parceiro. 01 Gerente, 01 Coordenador técnico, 03 Treinadores, 01 Estagiário.

Se você selecionou "Outras funções não mencionadas" na questão acima, favor descrever o (os) cargo (s), Departamento (os) e a quantidade de colaboradores.

0 resposta

- Não houve resposta para esta pergunta.

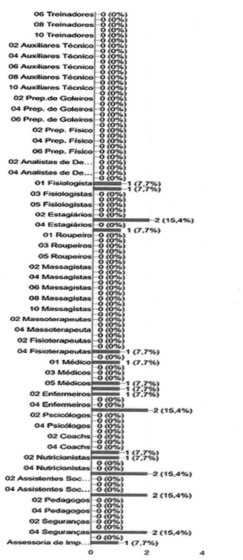

GRÁFICO 12 - Quantos colaboradores diretos estão locados administrativamente no Departamento de Futsal? (CLT, contrato, PJ, MEI, outros)

Apenas contabilizar os colaboradores do Departamento de Futebol de Base ou outros Departamentos inseridos nos processos do Departamento de Futsal.

Se você selecionar os itens 01, 02 ou 03, favor não preencher os próximos campos da questão.

O SEGREDO DO FUTEBOL BRASILEIRO FUTSAL E FUTEBOL DE BASE

Leitura do gráfico:

- C. Atlético Mineiro: 02 Gerentes, 03 Coordenadores técnico, 01 Administrativo, 02 Assessores de imprensa, 02 Treinadores, 02 Fisiologistas, 03 Estagiários, 04 Fisioterapeutas, 05 Médicos, 02 Enfermeiros, 01 Psicólogo, 02 Nutricionistas, 01 Assistente social, 01 Pedagogo, 04 Seguranças.
- E.C. Bahia: Todos os colaboradores estão locados administrativamente no Departamento de Futsal. 01 Coordenador administrativo, 01 Coordenador técnico.
- São Paulo F.C.: Todos os colaboradores estão locados administrativamente no Departamento de Futsal.
- Santos F.C.: 01 Superintendente, 01 Gerente, 01 Assessor de imprensa, 01 Responsável de marketing, 01 Fisiologista, 01 Médico, 01 Enfermeiro, 01 Psicólogo, 01 Nutricionista, 01 Assistente social, 01 Pedagogo.
- C.R. Flamengo: Todos os colaboradores estão locados administrativamente no Departamento de Futsal.
- S.C. Corinthians Paulista: Todos os colaboradores estão locados administrativamente no Departamento de Futsal.
- Fortaleza Esporte Clube: Assessoria de imprensa.
- Botafogo F.R.: Todos os colaboradores estão locados administrativamente no Departamento de Futebol de Base ou outro Departamento.
- Fluminense F.C.: 01 Assessor de imprensa, 01 Responsável marketing, 05 Estagiários, 04 Seguranças.
- Esporte Clube Juventude: 03 Coordenadores administrativo, 03 Treinadores, 03 Estagiários.
- Cruzeiro Esporte Clube: Todos os colaboradores estão locados administrativamente no Departamento de Futebol de Base ou outro Departamento.
- Sociedade Esportiva Palmeiras: Todos os colaboradores estão locados administrativamente no Departamento de Futebol de Base ou outro Departamento. 01 Gerente, 01 Coordenador administrativo.

⚽ Coritiba Foot Ball Club: O Clube não possui colaboradores. Todos os colaboradores estão locados administrativamente no parceiro.

Se você selecionou "Outras funções não mencionadas" na questão acima, favor descrever o (os) cargo (s), Departamento (s) e a quantidade de colaboradores.

1 resposta

⚽ Fortaleza Esporte Clube: Assessoria de imprensa.

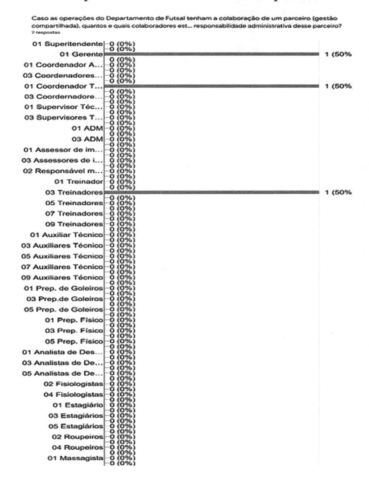

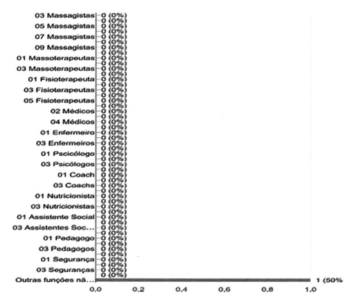

GRÁFICO 13 - Caso as operações do Departamento de Futsal tenham a colaboração de um parceiro (gestão compartilhada), quantos e quais colaboradores estão sobre a responsabilidade administrativa desse parceiro?

Apenas responder caso o Clube tenha "parceiros" de gestão.

Leitura do gráfico:
- Fortaleza Esporte Clube: Outras funções não mencionadas.
- Coritiba Foot Ball Club: 01 Gerente, 01 Coordenador técnico, 03 Treinadores.

Se você selecionou "Outras funções não mencionadas" na questão acima, favor descrever o (os) cargo (s), e a quantidade de colaboradores.

1 resposta
- Fortaleza Esporte Clube: Não existe.

O SEGREDO DO FUTEBOL BRASILEIRO FUTSAL E FUTEBOL DE BASE

Caso as operações do Departamento de Futsal estejam na responsabilidade de terceiros, quantos e quais colaboradores estão na responsabilidade administrativa desse terceiro?

Apenas responder caso o Clube tenha "terceiros".

0 resposta

⚽ Não houve resposta para esta pergunta.

Se você selecionou "Outras funções não mencionadas" na questão acima, favor descrever o (os) cargo (s), e a quantidade de colaboradores.

1 resposta

⚽ Fortaleza Esporte Clube: Não existe.

Seção 06

Integração entre o Futsal e o Futebol de Base

O Departamento de Futsal está no "guarda chuva" de algum outro Departamento no Organograma do Clube?
16 respostas

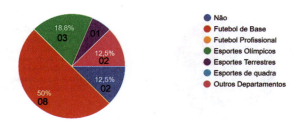

GRÁFICO 14 - O Departamento de Futsal está no "guarda-chuva" de algum outro Departamento no Organograma do Clube?

O SEGREDO DO FUTEBOL BRASILEIRO FUTSAL E FUTEBOL DE BASE

Leitura do gráfico:
- Esporte Clube Juventude, Coritiba Foot Ball Club: Não
- C. Atlético Mineiro, E.C. Bahia, Santos F.C., C.R. Flamengo, Fortaleza Esporte Clube, Botafogo F.R., Cruzeiro Esporte Clube, C.R. Vasco da Gama: Futebol de Base.
- 0 Clubes: Futebol Profissional.
- Sport Club do Recife, Goiás Esporte Clube, Sociedade Esportiva Palmeiras: Esportes Olímpicos.
- S.C. Corinthians Paulista: Esportes Terrestres.
- 0 Clubes: Esportes de quadra.
- São Paulo F.C., Fluminense F.C.: Outros Departamentos.

Se você selecionou "Outros Departamentos" na questão acima, favor descrever a nomenclatura correta.

2 respostas
- São Paulo F.C.: DEA (Departamento de Esportes Amadores).
- Fluminense F.C.: É uma pirâmide: Futebol Profissional/Futebol de Base/Departamento de Futsal.

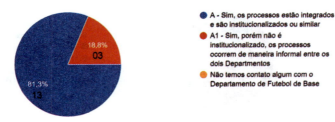

GRÁFICO 15 - Existem processos de integração institucionalizados ou similar entre os Departamentos de Futsal e Futebol de Base?

O SEGREDO DO FUTEBOL BRASILEIRO FUTSAL E FUTEBOL DE BASE

Leitura do gráfico:
- C. Atlético Mineiro, E.C. Bahia, Santos F.C., C.R. Flamengo, S.C. Corinthians Paulista, Fortaleza Esporte Clube, Botafogo F.R., Fluminense F.C., Esporte Clube Juventude, Cruzeiro Esporte Clube, Sociedade Esportiva Palmeiras, C.R. Vasco da Gama, Coritiba Foot Ball Club: A - Sim, os processos estão integrados e são institucionalizados ou similar.
- Sport Club do Recife, São Paulo F.C., Goiás Esporte Clube: A 1 - Sim, porém não é institucionalizado, os processos ocorrem de maneira informal entre os dois Departamentos.
- 0 Clubes: Não temos contato algum com o Departamento de Futebol de Base.

Se você selecionou "Sim" na questão acima, itens A ou A1, favor descrever como acontecem esses processos.

15 respostas
- Sport Club do Recife: O Futsal não é integrado ao Departamento de Futebol profissional e/ou de Base. Os profissionais desses Departamentos estão sempre em contato, procurando se integrar dentro do que é possível.
- C. Atlético Mineiro: Reuniões transdisciplinares entre coordenações, eventos e workshops entre setores.
- E.C. Bahia: O Departamento de Futebol de Base no Clube é um só, portanto, todas as categorias se relacionam. O Futsal é aproveitado como parte metodológica do processo de formação de atletas do Clube, sendo utilizado nas categorias de iniciação. Assim sendo, os processos da iniciação são próprios de acordo com as suas demandas, entretanto, possuem ligação direta na coordenação, supervisão, metodologia e transição dos garotos desta fase esportiva para a Base (a partir dos 14 anos).

- São Paulo F.C.: Hoje captamos atletas nas categorias mais tenras (Sub 07 ao Sub 14) e estão vinculados ao Futsal/Futebol. Estamos em construção de um projeto de institucionalização da integração das modalidades.
- Santos F.C.: A partir de uma decisão do presidente do Clube, aprovada pelo Conselho Gestor, somos geridos pelo Futebol de Base, estando oficialmente integrados dos 07 aos 13 anos, se tornando um setor com coordenação única dos processos. Dos 14 aos 18 continuamos debaixo da gestão do Futebol de Base, porém com coordenação exclusiva do Departamento de Futsal.
- C.R. Flamengo: Processo vertical. Departamento ligado ao Futebol de Base em todos os seus processos.
- Goiás Esporte Clube: Há uma integração dos atletas/equipes de Futsal com o Departamento de Base através do Departamento de Iniciação Esportiva.
- S.C. Corinthians Paulista: Processos de captação e aproveitamento de atletas, bem como processos administrativos do Clube.
- Botafogo F.R.: Desenvolvimento através de uma metodologia do Clube.
- Fluminense F.C.: Com reuniões periódicas entre os dois Departamentos.
- Esporte Clube Juventude: Sim o processo é realizado através de um contrato com a área de franquia do Clube.
- Cruzeiro Esporte Clube: A mesma comissão técnica para as duas modalidades, precisamos seguir a mesma lógica para linkarmos o jogo de Futsal com o de Futebol, para assim, o Futsal ajudar no desenvolvimento dos atletas.
- Sociedade Esportiva Palmeiras: Crianças que sofrem processos avaliativos no Futsal iniciam seus treinamentos no Futebol integrando os esportes de forma unificada fortalecendo o aprendi-

zado, são treinamentos de aprimoramento e avanços técnicos que acontecem duas vezes na semana.
- C.R. Vasco da Gama: Através da metodologia de formação.
- Coritiba Foot Ball Club: Os atletas das categorias Sub 11 e Sub 13 treinam uma vez por semana no Futsal com o intuito de aprimorar a parte técnica. Os treinos são realizados com o auxílio dos profissionais da AABB. Os atletas do Futsal da AABB estão sempre sendo observados pelos profissionais do Clube que estão diariamente na AABB. A metodologia de desenvolvimento é repassada à AABB pelos profissionais do Clube.

Há quanto tempo aproximadamente existe integração institucionalizada ou similar entre os Departamentos de Futsal e Futebol de Base?

Apenas responder se existir integração institucionalizada ou similar.
14 respostas
- C. Atlético Mineiro: 03 anos.
- E.C. Bahia: 02 anos.
- São Paulo F.C.: 03 anos.
- Santos F.C.: 04 anos.
- C.R. Flamengo: 06 anos.
- S.C. Corinthians Paulista: 08 anos.
- Fortaleza Esporte Clube: 03 meses.
- Botafogo F.R.: Existe.
- Fluminense F.C.: 15 anos.
- Esporte Clube Juventude: 02 meses.
- Cruzeiro Esporte Clube: 04 anos.
- Sociedade Esportiva Palmeiras: 06 anos.
- C.R. Vasco da Gama: 08 anos.
- Coritiba Foot Ball Club: Há mais de 13 anos. Com este parceiro em específico, estamos juntos a 03 anos e meio.

Quais os objetivos principais da integração - Futebol de Base?

Apenas responder se existir integração institucionalizada ou similar.
15 respostas

- C. Atlético Mineiro: Suporte na formação integral do futebolista.
- E.C. Bahia: Unificar os processos e métodos de formação.
- São Paulo F.C.: Entendemos que o objetivo maior é na formação, manutenção e desenvolvimento de futuros talentos esportivos para o alto rendimento para as equipes de Futsal e Futebol, além de preparar uma geração de cidadãos ativos e conectados à prática esportiva ao longo do ciclo da vida.
- Santos F.C.: Contribuir de forma integral no processo inicial de formação dos atletas de Futebol de Base.
- C.R. Flamengo: Formação de atletas para o Futebol.
- Goiás Esporte Clube: Potencializar a formação do atleta, utilizando a especificidade das habilidades do Futsal para formação do atleta de Futebol. E formar equipes fortes, competitivas de Futsal para levar o nome do Clube a excelência.
- S.C. Corinthians Paulista: Potencializar as duas modalidades, auxiliar no desenvolvimento e aproveitamento dos atletas, gerar benefícios desportivos e institucionais para o Clube.
- Fortaleza Esporte Clube: Formação integral dos atletas.
- Botafogo F.R.: Descoberta e desenvolvimento de talentos.
- Fluminense F.C.: Fortalecimento do tripé instituição/famílias/atletas.
- Esporte Clube Juventude: Captar atletas desde as idades de iniciação esportiva, conciliando a questão de formação e recreação.
- Cruzeiro Esporte Clube: O objetivo principal é de para usarmos o Futsal como ferramenta de desenvolvimento para os atletas da categoria de Base.

- Sociedade Esportiva Palmeiras: Aprimoramento e desenvolvimento do atleta de forma unificada comportando partes importantes na fase de aprendizagem motora da criança e do adolescente.
- C.R. Vasco da Gama: Formar melhor.
- Coritiba Foot Ball Club: A busca de jovens atletas e o desenvolvimento técnico dos atletas.

As Comissões Técnicas são unificadas nas categorias contempladas com os processos de integração Futsal – Futebol, ou são Comissões independentes? Por favor explique resumidamente essas configurações.

Ex.: O treinador de Futebol de Base é o treinador de Futsal ou o treinador de Futsal, auxilia o treinador de Futebol de Base e vice e versa.

Apenas responder se existir integração institucionalizada ou similar.

16 respostas

- Sport Club do Recife: Não.
- C. Atlético Mineiro: Treinador da categoria Sub 11, ministra treinos de Futebol e Futsal para a mesma categoria.
- E.C. Bahia: O treinador de Futsal também é treinador de Fut7 (seguindo a linha de progressão espacial), assim como, o treinador de Fut7 também é treinador de Futebol.
- Clube São Paulo F.C.: No similar só o coordenador participa do processo de integração oficialmente e alguns técnicos do Futsal foram promovidos para o Futebol nas categorias mais tenras e existe uma ligação não oficial entre os técnicos das modalidades e coordenadores (oficial) para a integração entre as modalidades até os 14 anos. Porém está em curso e estudos um projeto de integração total entre as modalidades, todas categorias de Base e profissionais.

- Santos F.C.: São unificadas, o treinador do Futebol é auxiliar técnico do Futsal, bem como o treinador do Futsal auxilia o treinador de Futebol, em todas as atividades.
- C.R. Flamengo: Sim. Os treinadores são os mesmos no Futsal e no Futebol.
- Goiás Esporte Clube: São Comissões independentes, mas, porém, com ligações diretas em treinos e jogos (competições).
- S.C. Corinthians Paulista: Independentes, mas temos profissionais que atuam nas duas modalidades e, aqueles que não atuam nas duas criamos dinâmicas de aproximação/contato.
- Fortaleza Esporte Clube: Todos fazem parte da iniciação.
- Botafogo F.R.: Comissões diferentes.
- Fluminense F.C.: São diferentes, cada Departamento tem os seus profissionais, não existindo "dobra".
- Esporte Clube Juventude: A comissão técnica é formada por 03 professores, 02 de instituições diferentes e um sendo o coordenador e treinador de ambos. Os estagiários estão 100% integrados nos dois.
- Cruzeiro Esporte Clube: As mesmas Comissões para o Futsal e Futebol.
- Sociedade Esportiva Palmeiras: São Comissões independentes alinhadas dentro de um processo de captação, avaliação e desenvolvimento do atleta.
- C.R. Vasco da Gama: Sim.
- Coritiba Foot Ball Club: O treinador da categoria comanda os treinos tanto no Campo como no Salão.

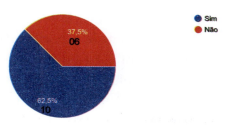

Existem colaboradores que trabalham nos Departamentos de Futsal e Futebol independentemente da existência do processo de integração institucionalizado ou similar?
16 respostas

GRÁFICO 16 - Existem colaboradores que trabalham nos Departamentos de Futsal e Futebol independentemente da existência do processo de integração institucionalizado ou similar?

Leitura do gráfico:
- C. Atlético Mineiro, E.C. Bahia, São Paulo F.C., Santos F.C., C.R. Flamengo, Goiás Esporte Clube, S.C. Corinthians Paulista, Fortaleza Esporte Clube, C.R. Vasco da Gama, Coritiba Foot Ball Club: Sim.
- Sport Club do Recife, Botafogo F.R., Fluminense F.C., Esporte Clube Juventude, Cruzeiro Esporte Clube, Sociedade Esportiva Palmeiras: Não.

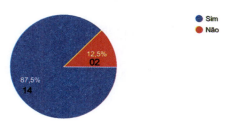

Existem reuniões periódicas para conversar dos processos de integração, metodologias, outros assuntos?
16 respostas

GRÁFICO 17 - Existem reuniões periódicas para conversar dos processos de integração, metodologias, outros assuntos?

Apenas responder se existir integração institucionalizada ou similar.

O SEGREDO DO FUTEBOL BRASILEIRO FUTSAL E FUTEBOL DE BASE

Leitura do gráfico:
- C. Atlético Mineiro, E.C. Bahia, Santos F.C., C.R. Flamengo, Goiás Esporte Clube, S.C. Corinthians Paulista, Fortaleza Esporte Clube, Botafogo F.R., Fluminense F.C., Esporte Clube Juventude, Cruzeiro Esporte Clube, Sociedade Esportiva Palmeiras, C.R. Vasco da Gama, Coritiba Foot Ball Club: Sim.
- Sport Club do Recife, São Paulo F.C.: Não.

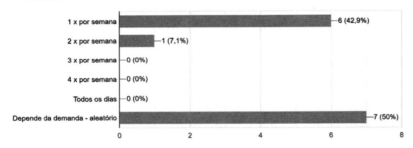

GRÁFICO 18 - Se você selecionou "Sim" na questão acima, com qual frequência acontecem as reuniões relacionadas aos processos de integração?

Apenas responder se existir integração institucionalizada ou similar.

Leitura do gráfico:
- E.C. Bahia, Santos F.C., Fortaleza Esporte Clube, Botafogo F.R., Cruzeiro Esporte Clube, Sociedade Esportiva Palmeiras: 01 x por semana.
- C. Atlético Mineiro: 02 x por semana.
- 0 Clubes: 3 x por semana.
- 0 Clubes: 4 x por semana.
- 0 Clubes: Todos os dias.
- C.R. Flamengo, Goiás Esporte Clube, S.C. Corinthians Paulista, Fluminense F.C., Esporte Clube Juventude, C.R. Vasco da Gama, Coritiba Foot Ball Club: Depende da demanda - aleatório.

De forma simples, coloque a "sua opinião" em relação a faixa etária ideal para o processo de integração Futsal – Futebol. Caso queira comentar a resposta, fique à vontade.

Ex.: 06 aos 14 anos. 06 aos 09 só Futsal - 10 aos 14 Futsal e Futebol.
16 respostas

- Sport Club do Recife: Até os 15 anos, o atleta pode treinar nas duas modalidades.
- C. Atlético Mineiro: Abaixo de 07, apenas Futsal. De 08 a 13, Futsal e Futebol. De 14 para cima, apenas Futebol.
- E.C. Bahia: 06 aos 14 anos.
- São Paulo F.C.: Na minha opinião o processo de integração é dos 06/07 até os 14 anos com prioridade para a competição de Futsal. Sendo que do sub 06/07 até o sub 10 com uma sessão de treino em espaço reduzido (campo Society) com introdução a modalidade Futebol e 02 sessões de treinos da modalidade Futsal; e do Sub 11 ao Sub 14 com 02 sessões de treinos da modalidade Futebol e 02 sessões de treinos da modalidade Futsal. Eu entendo que a prioridade da modalidade Futebol seja a partir dos 15 anos, pois com as demandas e exigências físico-técnico-tático - mental para a faixa etária seja mais intensa devido a um calendário competitivo (tornam federados), uma periodização mais complexa, fase de maturação, fase de especialização da modalidade mais complexa que a anterior e a cobrança do desempenho e resultados que aumentam consideravelmente. Porém ressalto que a partir dessa faixa etária (15 a 20 anos) os atletas (talentos) de Futsal que forem destaques em suas respectivas categorias sejam avaliados constantemente através da equipe multidisciplinar no processo de treinamento a longo prazo e se atingirem um nível excelente de maturidade esportiva que tenha um período de readaptação e avaliação no Futebol para que possa tentar seguir na modalidade, se for do interesse do jovem atleta.

Ao contrário também se o jovem talento esportivo que está nas equipes de treinamento do Futebol e não estiver passando por um bom momento, ou necessita melhorar aspectos importante para o seu desempenho esportivo, ou equipe multidisciplinar entende que tem um grande potencial para evoluir e seguir no Futsal, que seja redirecionado e reprogramada os seus treinamentos e competições para as modalidades, e assim estaremos seguindo os planos do TLP (treinamento a longo prazo) para o desenvolvimento do talento esportivo para as modalidades esportivas Futsal/Futebol para que o mesmo possa atingir o seu objetivo maior que é chegar ao alto rendimento na modalidade a qual escolheu para seguir uma carreira profissional.

- Santos F.C.: Dos 07 aos 14 anos.
- C.R. Flamengo: Acredito nas duas simultâneas desde os 07 anos com prioridade para o Futsal de 07 aos 10 anos, com pesos iguais do 11 ao 13.
- Goiás Esporte Clube: Acreditamos que o ideal é dos 06 aos 14 anos, é o que executamos aqui.
- S.C. Corinthians Paulista: Dos 08 aos 14 anos de idade como prioridade e depois dos 14 anos de maneira pontual-estratégica.
- Fortaleza Esporte Clube: 06 aos 14 anos.
- Botafogo F.R.: 06 aos 14 anos.
- Fluminense F.C.: Dos 05 aos 09 só Futsal, de 10 aos 13 Futsal e Campo e de 14 em diante, só campo.
- Esporte Clube Juventude: Dos 05 a 15 anos.
- Cruzeiro Esporte Clube: Na minha opinião deveríamos ter o Futsal com o início aos 06 aos até 20 anos.
- Sociedade Esportiva Palmeiras: Na minha opinião acredito que o momento traz muita precocidade e alimento minha resposta de que o melhor momento seria de 10 a 15 anos acompanhando todo processo de evolução infância coordenação motora entre outros aspectos.
- C.R. Vasco da Gama: 06 aos 13 anos.

O SEGREDO DO FUTEBOL BRASILEIRO FUTSAL E FUTEBOL DE BASE

⚽ Coritiba Foot Ball Club: Acredito que até os 13 anos o Salão é importante para o desenvolvimento. Após essa idade acho ser importante fazer a transição somente ao Campo.

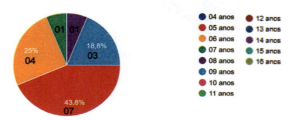

GRÁFICO 19 - Com qual idade a criança pode iniciar no Futsal do Clube?

Leitura do gráfico:
⚽ 0 Clubes: 04 anos, 10 anos, 11 anos, 12 anos, 13 anos, 14 anos, 15 anos, 16 anos.
⚽ Sport Club do Recife: 05 anos.
⚽ C. Atlético Mineiro: 09 anos.
⚽ E.C. Bahia: 08 anos.
⚽ São Paulo F.C.: 07 anos.
⚽ Santos F.C.: 06 anos.
⚽ C.R. Flamengo: 05 anos.
⚽ Goiás Esporte Clube: 05 anos.
⚽ S.C. Corinthians Paulista: 06 anos.
⚽ Fortaleza Esporte Clube: 09 anos.
⚽ Botafogo F.R.: 05 anos.
⚽ Fluminense F.C.: 05 anos.
⚽ Esporte Clube Juventude: 05 anos.
⚽ Cruzeiro Esporte Clube: 09 anos.
⚽ Sociedade Esportiva Palmeiras: 06 anos.
⚽ C.R. Vasco da Gama: 05 anos.
⚽ Coritiba Foot Ball Club: 06 anos.

O SEGREDO DO FUTEBOL BRASILEIRO FUTSAL E FUTEBOL DE BASE

Com qual idade a criança pode iniciar no Futebol de Base do clube?
16 respostas

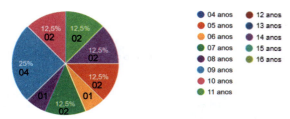

GRÁFICO 20 - Com qual idade a criança pode iniciar no Futebol de Base do Clube?

Leitura do gráfico:

- 0 Clubes: 04 anos, 12 anos, 13 anos, 15 anos, 16 anos.
- Sport Club do Recife: 14 anos.
- C. Atlético Mineiro: 11 anos.
- E.C. Bahia: 14 anos.
- São Paulo F.C.: 11 anos.
- Santos F.C.: 07 anos.
- C.R. Flamengo: 07 anos.
- Goiás Esporte Clube: 06 anos.
- S.C. Corinthians Paulista: 08 anos.
- Fortaleza Esporte Clube: 09 anos.
- Botafogo F.R.: 09 anos.
- Fluminense F.C.: 10 anos.
- Esporte Clube Juventude: 05 anos.
- Cruzeiro Esporte Clube: 09 anos.
- Sociedade Esportiva Palmeiras: 09 anos.
- C.R Vasco da Gama: 05 anos.
- Coritiba Foot Ball Club: 10 anos.

Quais são as idades contempladas nos processos de integração Futsal - Futebol de Base?
16 respostas

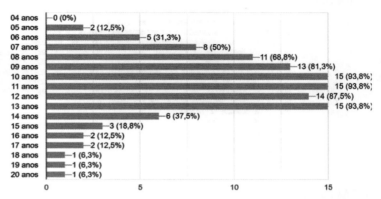

GRÁFICO 21 - Quais são as idades contempladas nos processos de integração Futsal - Futebol de Base?

Leitura do gráfico:
- 0 Clubes: 04 anos.
- Sport Club do Recife: 13, 14, 15 anos.
- C. Atlético Mineiro: 10, 11, 12, 13 anos.
- E.C. Bahia: 08, 09, 10, 11 anos.
- São Paulo F.C.: 06, 07, 08, 09, 10, 11, 12, 13, 14, 15, 16, 17, 18, 19, 20 anos.
- Santos F.C.: 07, 08, 09, 10, 11, 12, 13 anos.
- C.R. Flamengo: 07, 08, 09, 10, 11, 12, 13 anos.
- Goiás Esporte Clube: 06, 07, 08, 09, 10, 11, 12, 13, 14 anos.
- S.C. Corinthians Paulista: 08, 09, 10, 11, 12, 13, 14, 15, 16, 17 anos.
- Fortaleza Esporte Clube: 09, 10, 11, 12, 13 anos.
- Botafogo F.R.: 07, 08, 09, 10, 11, 12, 13 anos.
- Fluminense F.C.: 10, 11, 12, 13 anos.
- Esporte Clube Juventude: 05, 06, 07, 08, 09, 10, 11, 12, 13, 14 anos.
- Cruzeiro Esporte Clube: 09, 10, 11, 12, 13 anos.
- Sociedade Esportiva Palmeiras: 08, 09, 10, 11, 12, 13, 14 anos.
- C.R. Vasco da Gama: 05, 06, 07, 08, 09, 10, 11, 12, 13 anos.
- Coritiba Foot Ball Club: 06, 07, 08, 09, 10, 11, 12, 13 anos.

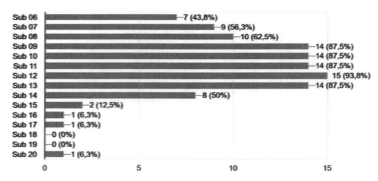

GRÁFICO 22 - Quais são as categorias contempladas nos processos de integração Futsal - Futebol de Base?

Categorias Futsal. Selecionar as categorias de acordo a Federação do seu Estado.

Ex.: Sub 10, Sub 12, Sub 14, Sub 16, Sub 18, Sub 20.

Leitura do gráfico:
- 0 Clubes: Sub 18, 19.
- Sport Club do Recife: Sub 07, Sub 08, Sub 09, Sub 10, Sub 11, Sub 12, Sub 13, Sub 14, Sub 15, Sub 17, Sub 20.
- C. Atlético Mineiro: Sub 11, Sub 12, Sub 13.
- E.C. Bahia: Sub 10, Sub 12.
- São Paulo F.C.: Sub 06, Sub 07, Sub 08, Sub 09, Sub 10, Sub 11, Sub 12, Sub 13, Sub 14.
- Santos F.C.: Sub 07, Sub 08, Sub 09, Sub 10, Sub 11, Sub 12, Sub 13, Sub 14.
- C.R. Flamengo: Sub 06, Sub 07, Sub 08, Sub 09, Sub 10, Sub 11, Sub 12, Sub 13.
- Goiás Esporte Clube: Sub 06, Sub 07, Sub 08, Sub 09, Sub 10, Sub 11, Sub 12, Sub 13, Sub 14.

O SEGREDO DO FUTEBOL BRASILEIRO FUTSAL E FUTEBOL DE BASE

- Clube S.C. Corinthians Paulista: Sub 08, Sub 09, Sub 10, Sub 12, Sub 14, Sub 16.
- Fortaleza Esporte Clube: Sub 09, Sub 10, Sub 11, Sub 12, Sub 13.
- Botafogo F.R.: Sub 08, Sub 09, Sub 10, Sub 11, Sub 12, Sub 13.
- Clube Fluminense F.C.: Sub 06, Sub 07, Sub 08, Sub 09, Sub 10, Sub 11, Sub 12, Sub 13.
- Esporte Clube Juventude: Sub 06, Sub 07, Sub 09, Sub 11, Sub 13, Sub 14.
- Cruzeiro Esporte Clube: Sub 09, Sub 10, Sub 11, Sub 12, Sub 13.
- Sociedade Esportiva Palmeiras: Sub 09, Sub 10, Sub 11, Sub 12, Sub 13, Sub 14.
- C.R. Vasco da Gama: Sub 06, Sub 07, Sub 08, Sub 09, Sub 10, Sub 11, Sub 12, Sub 13.
- Coritiba Foot Ball Club: Sub 06, Sub 07, Sub 08, Sub 09, Sub 10, Sub 11, Sub 12, Sub 13, Sub 14, Sub 15.

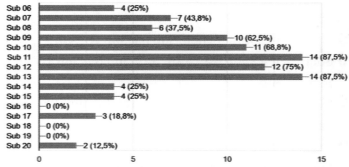

GRÁFICO 23 - Quais são as categorias contempladas nos processos de integração Futsal - Futebol de Base?

Categorias Futebol. Selecionar as categorias de acordo a Federação do seu Estado.

Ex.: Sub 11, Sub 13, Sub 15, Sub 17.

Leitura do gráfico:

- 0 Clubes: Sub 16, Sub 18, Sub 19.
- Sport Club do Recife: Sub 15, Sub 17, Sub 20.
- C. Atlético Mineiro: Sub 11, Sub 12, Sub 13.
- E.C. Bahia: Sub 10, Sub 12.
- São Paulo F.C.: Sub 06, Sub 07, Sub 08, Sub 09, Sub 10, Sub 11, Sub 12, Sub 13, Sub 14.
- Santos F.C.: Sub 11, Sub 13.
- C.R. Flamengo: Sub 07, Sub 08, Sub 09, Sub 10, Sub 11, Sub 12, Sub 13.
- Goiás Esporte Clube: Sub 06, Sub 07, Sub 08, Sub 09, Sub 10, Sub 11, Sub 12 Sub 13, Sub 14.
- S.C. Corinthians Paulista: Sub 11, Sub 13, Sub 15, Sub 17.
- Fortaleza Esporte Clube: Sub 09, Sub 10, Sub 11, Sub 12, Sub 13.
- Botafogo F.R.: Sub 07, Sub 08, Sub 09, Sub 10, Sub 11, Sub 12, Sub 13.
- Fluminense F.C.: Sub 10, Sub 11, Sub 12, Sub 13.
- Esporte Clube Juventude: Sub 07, Sub 09, Sub 11, Sub 13, Sub 15, Sub 17, Sub 20.
- Cruzeiro Esporte Clube: Sub 09, Sub 10, Sub 11, Sub 12, Sub 13.
- Sociedade Esportiva Palmeiras: Sub 09, Sub 10, Sub 11, Sub 12, Sub 13, Sub 14.
- C.R. Vasco da Gama: Sub 06, Sub 07, Sub 08, Sub 09, Sub 10, Sub 11, Sub 12, Sub 13.
- Coritiba Foot Ball Club: Sub 06, Sub 07, Sub 08, Sub 09, Sub 10, Sub 11, Sub 12, Sub 13, Sub 14, Sub 15.

O SEGREDO DO FUTEBOL BRASILEIRO FUTSAL E FUTEBOL DE BASE

Como são formados os elencos de Futsal em relação as equipes comtempladas nos processos de integração Futsal - Futebol de Base?
15 respostas

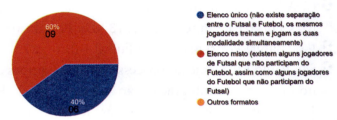

GRÁFICO 24 - Como são formados os elencos de Futsal em relação as equipes contempladas nos processos de integração Futsal - Futebol de Base.

Leitura do gráfico:
- ⚽ Clubes C. Atlético Mineiro, E.C. Bahia, C.R. Flamengo, Fortaleza Esporte Clube, Cruzeiro Esporte Clube, C.R. Vasco da Gama: Elenco único (não existe separação entre o Futsal e Futebol, os mesmos jogadores treinam e jogam as duas modalidades simultaneamente).
- ⚽ Sport Club do Recife, São Paulo F.C., Goiás Esporte Clube, S.C. Corinthians Paulista, Botafogo F.R., Fluminense F.C., Esporte Clube Juventude, Sociedade Esportiva Palmeiras, Coritiba Foot Ball Club: Elenco misto (existem alguns jogadores de Futsal que não participam do Futebol, assim como alguns jogadores do Futebol que não participam do Futsal).
- ⚽ 0 Clubes: Outros formatos.

Como é distribuída a carga de treinamentos entre as categorias que não estão contempladas no processo de integração Futsal – Futebol de Base?
Ex.: Sub 07 treina 03 vezes Futsal.
16 respostas

- Sport Club do Recife: No Futsal, treinos 02 vezes por semana. No Futebol, treinos 05 vezes por semana.
- C. Atlético Mineiro: Sub 11 (03x Futsal e 01 Futebol). Sub 12 (02x Futsal e 02 Futebol). Sub 13 (01x Futsal e 03x Futebol).
- E.C. Bahia: Por semana: 02x Futsal + 01x Fut7.
- São Paulo F.C.: Hoje no processo atual as equipes que não estão no processo de integração são as categorias de Futsal do sub 15/16 e sub 17/18. Treinam 03 sessões por semana mais o jogo no final de semana, enquanto as equipes de Futebol treinam todos os dias de acordo com o calendário competitivo. A categoria sub 19/20 do Futsal treinam todos os dias no período da manhã e jogos de acordo com o calendário competitivo, enquanto o Futebol treina todos os dias de acordo com o calendário competitivo.
- Santos F.C: Sub 14 (03x semana). Sub 16 (03x por semana). Sub 18 (todos os dias).
- C.R. Flamengo: Sub 07 (01 vez Campo/03 Futsal). Sub 08 (01 vez Campo/03 Futsal). Sub 09 (01 vez Campo/03 Futsal). Sub 10 (02 vezes Campo/03 Futsal). Sub 11 (02 vezes Campo/02 Futsal). Sub 12 (03 vezes Campo/02 Futsal). Sub 13 (04 vezes Campo/01 Futsal).
- Goiás Esporte Clube: 03 vezes na semana.
- S.C. Corinthians Paulista: Sub 07 (02 vezes por semana). Sub 18 do Futsal (05 vezes por semana). Sub 20 e Adulto (02 períodos diários).
- Fortaleza Esporte Clube: 02 Campo e 02 Futsal.
- Botafogo F.R.: 02 vezes por semana.
- Fluminense F.C.: Dois a três treinos semanais.
- Esporte Clube Juventude: Todas as categorias treinam duas vezes por semana com carga de duas horas semanais.
- Cruzeiro Esporte Clube: Sub 09 treina 03x (01x Futsal e 02x Futebol). Sub 10 treina 04x (02x Futsal e 02x Futebol). Sub 11 treina 4x (02x Futsal e 02x Futebol). Sub 12 treina 04x (02x Futsal e 02x Futebol). Sub 13 treina 05x (02x Futsal e 03x Futebol).

- Sociedade Esportiva Palmeiras: Dois treinamentos para o Futsal e dois treinamentos para o Futebol - padrão de todas as categorias.
- C.R. Vasco da Gama: Sub 06 ao Sub 10 (03x na semana Futsal). Sub 11 ao Sub 13 (01x semana Futsal).
- Coritiba Foot Ball Club: Sub 11 duas vezes na semana no Campo e uma vez no Salão. Sub 13 três vezes no Campo e uma no Salão.

Como funciona a "seleção e divisão dos atletas" que fazem parte dos processos de integração, em relação aos jogos da Federações de Futsal e Futebol, ou qualquer outra competição em disputa. Existem prioridades nas escolhas de quem vai para o Futsal ou Futebol?

A questão serve para qualquer competição que aconteça no meio de semana ou aos finais de semana.

16 respostas

- Sport Club do Recife: A prioridade é do Futebol.
- C. Atlético Mineiro: Prioridade é igualar a minutagem entre todos.
- E.C. Bahia: Envolve a gestão de elenco e decisões técnicas, já que a mesma equipe representa o Clube naquela categoria.
- São Paulo F.C.: Hoje a prioridade competitiva para o Futsal só existe até o Sub 10. Do Sub 11 ao sub 14 existe uma prioridade nas escolhas de quem vai para o Futsal ou Futebol. Porém no novo projeto de integração a prioridade competitiva é do sub 06/07 até o sub 14 será da modalidade Futsal, e do sub 14 que já atuam na categoria sub 15 em diante, terão a prioridade para a modalidade Futebol.
- Santos F.C.: A reunião semanal serve também para ajustarmos a carga de jogo dos nossos atletas, priorizando o Futebol, a fase da competição, a minutagem dos atletas e o "ano bom" dos atletas, lembrando que o Futsal é par e o Futebol é ímpar.

- C.R. Flamengo: Jogos são alinhados para que não coincidam, caso isso ocorra prioriza o jogo com mais importância.
- Goiás Esporte Clube: Priorizamos a integração das Comissões do Futsal com as do Campo para alinhar as datas de jogos e competições, no sentido de evitar ao máximo chocar jogos. Caso coincidam, entramos em contato com a Federação/Organização das competições para mudar dias e horários de jogos.
- S.C. Corinthians Paulista: Tentamos priorizar a importância da competição seja qual for a modalidade.
- Fortaleza Esporte Clube: Sistema de rodízio.
- Botafogo F.R.: Projeção.
- Fluminense F.C.: Tipo de competição e tipo de jogo, na realidade é feito um revezamento para todos aproveitarem as duas situações.
- Esporte Clube Juventude: As equipes de competição participam de competições federadas e as equipes de transição de competições não federadas.
- Cruzeiro Esporte Clube: Sim, campeonatos de Federação jogamos com os principais e campeonatos secundários, jogamos com os atletas que não tiveram oportunidade nos jogos anteriores.
- Sociedade Esportiva Palmeiras: Geralmente depende da situação de jogo relação da importância do jogo, mas não acontece muito com relação a separação de elencos os jogos e datas são bem administrados.
- C.R. Vasco da Gama: Não.
- Coritiba Foot Ball Club: A prioridade é do Campo.

Você tem alguma observação sobre a questão acima?
7 respostas
- C.R. Flamengo: Não.

O SEGREDO DO FUTEBOL BRASILEIRO FUTSAL E FUTEBOL DE BASE

- S.C. Corinthians Paulista: Sim, a realidade do Estado de São Paulo com idades não conflitantes entre Futsal e Futebol auxilia este processo. Acredito que São Paulo ainda pode evoluir no que diz respeito a utilização de atletas "primeiro ano", mas de todas as formas já é um grande avanço e sugiro que outras federações sigam o mesmo exemplo com relação as idades das categorias.
- Fortaleza Esporte Clube: Proporcionar vivencias múltiplas.
- Esporte Clube Juventude: Como as categorias são duplas, grande parte dos meninos participam das competições principais sendo segundo ano de categoria.
- Cruzeiro Esporte Clube: Não.
- Sociedade Esportiva Palmeiras: Não.
- C.R. Vasco da Gama: Não.

Seção 07

Benefícios administrativos: Atletas e Comissões Técnica

Existe plano de carreira institucional ou similar para os colaboradores, nos processos internos do Departamento de Futsal?
16 respostas

GRÁFICO 25 - Existe plano de carreira institucional ou similar para os colaboradores, nos processos internos do Departamento de Futsal

Mesmo que o Clube não tenha esses processos internos.
Ex.: Oportunizar ao treinador de Futsal trabalhar no Futebol de Base.

O SEGREDO DO FUTEBOL BRASILEIRO FUTSAL E FUTEBOL DE BASE

Leitura do gráfico:
- C. Atlético Mineiro, C.R. Flamengo, Fortaleza Esporte Clube, Botafogo F.R., Fluminense F.C., Esporte Clube Juventude: Sim, existe um plano de carreira institucional ou similar e acontece com frequência.
- Clubes E.C. Bahia, Santos F.C., Goiás Esporte Clube, S.C. Corinthians Paulista, Cruzeiro Esporte Clube, C.R. Vasco da Gama: Talvez, as promoções são aleatórias e não são seguem um plano de carreira institucional ou similar.
- Sport Club do Recife, São Paulo F.C., Sociedade Esportiva Palmeiras, Coritiba Foot Ball Club: Não, dificilmente acontecem promoções.

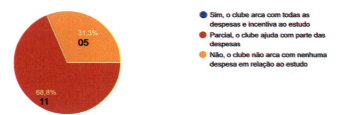

GRÁFICO 26 - Existe algum programa institucionalizado ou similar, voltado ao colaborador, onde o Clube incentive e custei cursos, estágios, licenças, outros

Leitura do gráfico:
- 0 Clubes: Sim, o Clube arca com todas as despesas e incentiva o estudo.
- C. Atlético Mineiro, E.C. Bahia, Santos F.C., C.R. Flamengo, Goiás Esporte Clube, S.C. Corinthians Paulista, Fortaleza Esporte Clube, Botafogo F.R., Fluminense F.C., Cruzeiro Esporte Clube, Sociedade Esportiva Palmeiras: Parcial, o Clube ajuda com parte das despesas.

⚽ Sport Club do Recife, São Paulo F.C., Esporte Clube Juventude, C.R. Vasco da Gama, Coritiba Foot Ball Club: Não, o Clube não arca com nenhuma despesa em relação ao estudo.

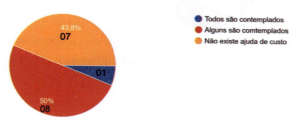

GRÁFICO 27 - Existe ajuda de custo para os atletas do Departamento de Futsal que fazem parte do processo de integração Futsal - Futebol de Base

Leitura do gráfico:

⚽ C.R. Flamengo: Todos são contemplados.
⚽ Santos F.C., Goiás Esporte Clube, S.C. Corinthians Paulista, Fortaleza Esporte Clube, Botafogo F.R., Fluminense F.C., Cruzeiro Esporte Clube, Sociedade Esportiva Palmeiras: Alguns são contemplados.
⚽ Sport Club do Recife, C. Atlético Mineiro, E.C. Bahia, São Paulo F.C., Esporte Clube Juventude, C.R. Vasco da Gama, Coritiba Foot Ball Club: Não existe ajuda de custo.

Existe ajuda de custo para os atletas do Departamento de Futsal que não fazem parte do processo de integração Futsal - Futebol de Base?
16 respostas

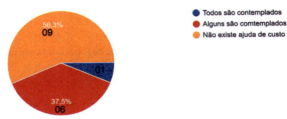

GRÁFICO 28 - Existe ajuda de custo para os atletas do Departamento de Futsal que não fazem parte do processo de integração Futsal - Futebol de Base?

Leitura do gráfico:

⚽ C.R. Flamengo: Todos são contemplados.
⚽ Santos F.C., Goiás Esporte Clube, S.C. Corinthians Paulista, Fortaleza Esporte Clube, Fluminense F.C., Sociedade Esportiva Palmeiras: Alguns são contemplados.
⚽ Sport Club do Recife, C. Atlético Mineiro, E.C. Bahia, São Paulo F.C., Botafogo F.R., Esporte Clube Juventude, Cruzeiro Esporte Clube, C.R. Vasco da Gama, Coritiba Foot Ball Club: Não existe ajuda de custo.

Quais são as categorias que fazem parte do processo de integração Futsal - Futebol de Base e estão comtempladas com ajuda de custo?
9 respostas

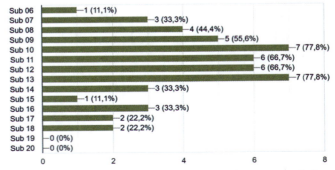

GRÁFICO 29 - Quais são as categorias que fazem parte do processo de integração Futsal - Futebol de Base e estão contempladas com ajuda de custo?

Leitura do gráfico:
- 0 Clubes: Sub 19, Sub 20.
- Santos F.C.: Sub 14, Sub 16, Sub 18.
- C.R. Flamengo: Sub 08, Sub 09, Sub 10, Sub 11, Sub 12, Sub 13.
- Goiás Esporte Clube: Sub 06, Sub 07, Sub 08, Sub 09, Sub 10, Sub 11, Sub 12, Sub 13, Sub 14.
- S.C. Corinthians Paulista: Sub 13, Sub 14, Sub 15, Sub 16, Sub 17.
- Fortaleza Esporte Clube: Sub 09, Sub 10, Sub 11, Sub 12, Sub 13.
- Botafogo F.R.: Sub 07, Sub 08, Sub 09, Sub 10, Sub 11, Sub 12, Sub 13.
- Fluminense F.C.: Sub 10, Sub 11, Sub 12, Sub 13.
- Cruzeiro Esporte Clube: Sub 10, Sub 11, Sub 12, Sub 13.
- Sociedade Esportiva Palmeiras: Sub 07, Sub 08, Sub 09, Sub 10, Sub 16, Sub 17, Sub 18.

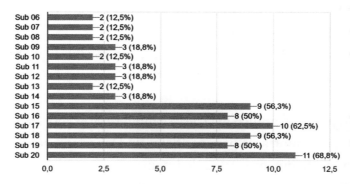

GRÁFICO 30 - Quais são as categorias que não fazem parte do processo de integração Futsal - Futebol de Base e estão contempladas com ajuda de custo?

Leitura do gráfico:

- Sport Club do Recife: Sub 06, Sub 07, Sub 08, Sub 09, Sub 10, Sub 11, Sub 12, Sub 16, Sub 17, Sub 18, Sub 19, Sub 20.
- C. Atlético Mineiro: Sub 11, Sub 12, Sub 13.
- E.C. Bahia: Sub 14, Sub 15, Sub 16, Sub 17, Sub 18, Sub 19, Sub 20.
- São Paulo F.C.: Sub 15, Sub 16, Sub 17, Sub 18, Sub 19, Sub 20.
- Santos F.C.: Sub 15, Sub 17, Sub 20.
- C.R. Flamengo: Sub 14, Sub 15, Sub 16, Sub 17, Sub 18, Sub 19, Sub 20.
- Goiás Esporte Clube: Sub 15, Sub 17, Sub 20.
- S.C. Corinthians Paulista: Sub 18, Sub 19, Sub 20.
- Fortaleza Esporte Clube: Sub 09, Sub 10, Sub 11, Sub 12, Sub 13.
- Botafogo F.R.: Sub 15, Sub 16, Sub 17, Sub 18, Sub 19, Sub 20.
- Fluminense F.C.: Sub 07, Sub 08, Sub 09.
- Esporte Clube Juventude: Sub 20.
- Cruzeiro Esporte Clube: Sub 14, Sub 15, Sub 16, Sub 17, Sub 18, Sub 19, Sub 20.
- Sociedade Esportiva Palmeiras: Sub 15, Sub 16, Sub 17, Sub 18.
- C.R. Vasco da Gama: Sub 06.
- Coritiba Foot Ball Club: Sub 15, Sub 16, Sub 17, Sub 18, Sub 19, Sub 20.

No próximo gráfico (31), fez-se um descritivo dos benefícios considerados importante para os atletas do Departamento de Futsal que fazem parte dos processos de integração Futsal – Futebol de Base. Devido à configuração imposta pela plataforma *Google Forms*, ao passar esses arquivos para o *Word*, automaticamente algumas palavras apareceram cortadas, sendo assim, elencou-se, logo abaixo, todos os benefícios contemplados.

Benefícios: Dentista - Clube, Parcerias com clínicas dentárias, Psicólogo - Clube, *Coach* - Clube, Enfermaria - Clube, Consulta médica - Clube, Nutricionista - Clube, Suplementação Clube, Escola própria - Clube, Aulas de reforço - Clube, Parceiras com escolas particulares (bolsa ou desconto), Parcerias com escolas públicas, Parcerias com escolas de línguas (espanhol, inglês, outros), Alimentação completa no Clube (café da manhã, almoço e janta), Alimentação parcial no Clube (café da manhã e/ou almoço e/ou janta), Lance após os treinamentos, Cesta básica, Lanche no local dos jogos, Vale transporte, Plano de saúde, Exames de imagem (raio x, ressonância, ultrassom, outros), Exames laboratoriais (pré competição e durante competição), Exames cardiológicos (pré competição e durante competição), Ações sociais, Outros benefícios.

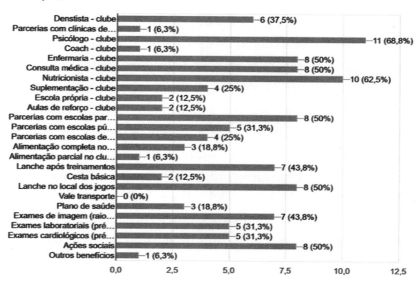

GRÁFICO 31 - Que outros benefícios o Clube oferece aos atletas do Departamento de Futsal que fazem parte dos processos de integração Futsal - Futebol de Base?

Leitura do gráfico:

- Sport Club do Recife: Outros benefícios.
- C. Atlético Mineiro: Dentista - Clube, Psicólogo - Clube, Enfermaria - Clube, Consulta médica - Clube, Nutricionista - Clube, Alimentação parcial no Clube (café da manhã e/ou almoço e/ou janta), Lanche após treinamentos, Lanche no local dos jogos, Exames de imagem (raio x, ressonância, ultrassom, outros), Exames laboratoriais (pré competição e durante competição), Exames cardiológicos (pré competição e durante competição), Ações sociais.
- E.C. Bahia: Parcerias com escolas particulares (bolsas ou descontos), Cesta básica, Ações sociais.
- São Paulo F.C.: Enfermaria - Clube, Lanche no local dos jogos.
- Santos F.C.: Dentista - Clube, Psicólogo - Clube, Enfermaria - Clube, Consulta médica - Clube, Nutricionista - Clube, Suplementação - Clube, Aulas de reforço - Clube, Parcerias com escolas particulares (bolsas ou descontos), Parcerias com escolas públicas, Parcerias com escolas de línguas (espanhol, inglês, outros), Alimentação completa no Clube (café da manhã, almoço e janta), Lanche no local dos jogos, Plano de saúde, Exames de imagem (raio x, ressonância, ultrassom, outros), Exames laboratoriais (pré competição e durante competição), Exames cardiológicos (pré competição e durante competição), Ações sociais.
- C.R. Flamengo: Dentista - Clube, Psicólogo - Clube, Enfermaria - Clube, Consulta médica - Clube, Nutricionista - Clube, Parcerias com escolas particulares (bolsas ou descontos), Parcerias com escolas públicas, Lanche após os treinamentos, Lanche no local dos jogos.
- Goiás Esporte Clube: Psicólogo - Clube, Enfermaria - Clube, Nutricionista - Clube.

- S.C. Corinthians Paulista: Parcerias com escolas particulares (bolsas ou descontos), Lanche após os treinamentos, Exames de imagem (raio x, ressonância, ultrassom, outros).
- Fortaleza Esporte Clube: Psicólogo - Clube, Consulta médica - Clube, Nutricionista - Clube, Parcerias com escolas particulares (bolsas ou descontos), Alimentação completa no Clube (café da manhã, almoço e janta).
- Botafogo F.R.: Psicólogo - Clube, Nutricionista - Clube, Parcerias com escolas particulares (bolsas ou descontos).
- Fluminense F.C.: Parcerias com clínicas dentárias, Psicólogo - Clube, Enfermaria – Clube, Consulta médica - Clube, Nutricionista - Clube, Suplementação - Clube, Parcerias com escolas particulares (bolsas ou descontos), Parcerias com escolas públicas, Parcerias com escolas de línguas (espanhol, inglês, outros), Ações sociais.
- Esporte Clube Juventude: Ações sociais.
- Cruzeiro Esporte Clube: Dentista - Clube, Psicólogo - Clube, Enfermaria - Clube, Consulta médica - Clube, Nutricionista - Clube, Escola própria - Clube, Aulas de reforço - Clube, Parcerias com escolas públicas, Parcerias com escolas de línguas (espanhol, inglês, outros), Alimentação completa no Clube (café da manhã, almoço e janta), Lanche após os treinamentos, Cesta básica, Lanche no local dos jogos, Plano de saúde, Exames de imagem (raio x, ressonância, ultrassom, outros), Exames laboratoriais (pré competição e durante competição), Exames cardiológicos (pré competição e durante competição), Ações sociais.
- Sociedade Esportiva Palmeiras: Psicólogo - Clube, Consulta médica - Clube, Parcerias com escolas particulares (bolsas ou descontos), Lance após os treinamentos, Lanche no local dos jogos, Exames de imagem (raio x, ressonância, ultrassom, outros).

- C.R. Vasco da Gama: Dentista - Clube, Psicólogo - Clube, Coach - Clube, Enfermaria - Clube, Consulta médica - Clube, Nutricionista - Clube, Suplementação - Clube, Escola própria - Clube, Lanche após treinamentos, Lanche no local dos jogos, Exames de imagem (raio x, ressonância, ultrassom, outros), Exames laboratoriais (pré competição e durante competição), Exames cardiológicos (pré competição e durante competição), Ações sociais.
- Coritiba Foot Ball Club: Dentista - Clube, Psicólogo - Clube, Nutricionista - Clube, Suplementação - Clube, Parcerias com escolas públicas, Parcerias com escolas de línguas (espanhol, inglês, outros), Lanche após treinamentos, Lanche no local dos jogos, Plano de saúde, Exames de imagem (raio x, ressonância, ultrassom, outros), Exames laboratoriais (pré competição e durante competição), Exames cardiológicos (pré competição e durante competição), Ações sociais.

Se você selecionou "Outros benefícios" na questão acima, favor descrever esses benefícios.

1 resposta

- Sport Club do Recife: Não tem benefícios.

GRÁFICO 32 - Existem atletas do Departamento de Futsal em alojamentos oficiais do Clube?

Leitura do gráfico:

- 0 Clubes: Sim.
- Sport Club do Recife, C. Atlético Mineiro, E.C. Bahia, São Paulo F.C., Santos F.C., C.R. Flamengo, Goiás Esporte Clube, S.C. Corinthians Paulista, Fortaleza Esporte Clube, Botafogo F.R., Fluminense F.C., Esporte Clube Juventude, Cruzeiro Esporte Clube, Sociedade Esportiva Palmeiras, C.R. Vasco da Gama, Coritiba Foot Ball Club: Não.

Se você selecionou "Sim" na questão acima, favor descrever quais as categorias contempladas.

0 resposta

- Não houve resposta para esta pergunta.

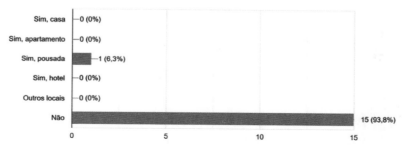

GRÁFICO 33 - Existem atletas do Departamento de Futsal em imóveis particulares, casas, pousadas, hotéis com o custeio dessas despesas de responsabilidade do Clube?

Leitura do gráfico:

- 0 Clubes: Sim, casa.
- 0 Clubes: Sim, apartamento.
- Cruzeiro Esporte Clube: Sim, pousada.
- 0 Clubes: Sim, hotel.
- 0 Clubes: Outros locais.

O SEGREDO DO FUTEBOL BRASILEIRO FUTSAL E FUTEBOL DE BASE

⚽ Sport Club do Recife, C. Atlético Mineiro, E.C. Bahia, São Paulo F.C., Santos F.C., C.R. Flamengo, Goiás Esporte Clube, S.C. Corinthians Paulista, Fortaleza Esporte Clube, Botafogo F.R., Fluminense F.C., Esporte Clube Juventude, Sociedade Esportiva Palmeiras, C.R. Vasco da Gama, Coritiba Foot Ball Club: Não.

O clube oferece ao atleta transporte nos dias de jogos fora de casa/visitante?
16 respostas

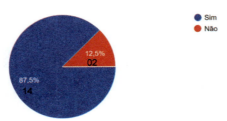

GRÁFICO 34 - O Clube oferece ao atleta transporte nos dias de jogos fora de casa/visitante?

Ex.: Ônibus, van, microônibus, outros.

Leitura do gráfico:

⚽ C. Atlético Mineiro, E.C. Bahia, São Paulo F.C., Santos F.C., C.R. Flamengo, Goiás Esporte Clube, S.C. Corinthians Paulista, Fortaleza Esporte Clube, Fluminense F.C., Esporte Clube Juventude, Cruzeiro Esporte Clube, Sociedade Esportiva Palmeiras, C.R. Vasco da Gama, Coritiba Foot Ball Club: Sim.

⚽ Sport Club do Recife, Botafogo F.R.: Não.

O Departamento de Futsal está incluindo na grade de uniformes do clube?
16 respostas

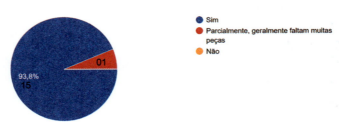

GRÁFICO 35 - O Departamento de Futsal está incluindo na grade de uniformes do Clube?

O SEGREDO DO FUTEBOL BRASILEIRO FUTSAL E FUTEBOL DE BASE

Leitura do gráfico:
- C. Atlético Mineiro, E.C. Bahia, São Paulo F.C., Santos F.C., C.R. Flamengo, Goiás Esporte Clube, S.C. Corinthians Paulista, Fortaleza Esporte Clube, Botafogo F.R., Fluminense F.C., Esporte Clube Juventude, Cruzeiro Esporte Clube, Sociedade Esportiva Palmeiras, C.R. Vasco da Gama, Coritiba Foot Ball Club: Sim.
- Sport Club do Recife: Parcialmente, geralmente faltam muitas peças.
- 0 Clubes: Não.

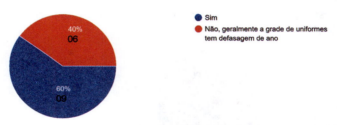

GRÁFICO 36 - Os uniformes de treino e jogo são os mesmos utilizados (modelos) pelo Departamento de Futebol, de acordo o ano vigente?

Se você selecionou "não" na questão acima, favor desconsiderar essa pergunta.

Leitura do gráfico:
- Santos F.C., C.R. Flamengo, Fortaleza Esporte Clube, Botafogo F.R., Fluminense F.C., Esporte Clube Juventude, Cruzeiro Esporte Clube, Sociedade Esportiva Palmeiras, C.R. Vasco da Gama: Sim.
- Sport Club do Recife, C. Atlético Mineiro, E.C. Bahia, Goiás Esporte Clube, S.C. Corinthians Paulista, Coritiba Foot Ball Club: Não, geralmente a grade de uniformes tem defasagem de ano.

O SEGREDO DO FUTEBOL BRASILEIRO FUTSAL E FUTEBOL DE BASE

Se o Clube não oferece uniforme ao Departamento de Futsal, qual seria a alternativa adotada?

4 respostas

- Sport Club do Recife: Fabricação própria.
- Fortaleza Esporte Clube: Fornece.
- Fluminense F.C.: O Clube oferece.
- Sociedade Esportiva Palmeiras: Ele oferece.

Seção 08

Ativações comerciais e projetos

GRÁFICO 37 - Existe alguma relação formal com o Departamento de Marketing do Clube?

Leitura do gráfico:
- E.C. Bahia, São Paulo F.C., S.C. Corinthians Paulista, Botafogo F.R., Fluminense F.C., Cruzeiro Esporte Clube, Sociedade Esportiva Palmeiras: Sim.
- Sport Club do Recife, Fortaleza Esporte Clube, Coritiba Foot Ball Club: Não.
- C. Atlético Mineiro, Santos F.C., C.R. Flamengo, Goiás Esporte Clube, Esporte Clube Juventude, C.R. Vasco da Gama: Às vezes.

Existe alguma ativação comercial de marca vigente no Departamento de Futsal em relação a patrocínios, permutas ou outras parcerias?
16 respostas

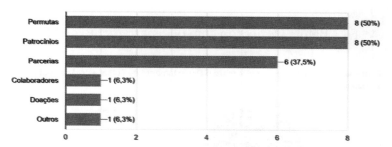

GRÁFICO 38 - Existe alguma ativação comercial de marca vigente no Departamento de Futsal em relação a patrocínios, permutas ou outras parcerias?

Leitura do gráfico:

- São Paulo F.C., Santos F.C., S.C. Corinthians Paulista, Botafogo F.R., Fluminense F.C., Esporte Clube Juventude, C.R. Vasco da Gama, Coritiba Foot Ball Club: Permutas.
- Sport Club do Recife, C. Atlético Mineiro, São Paulo F.C., C.R. Flamengo, Goiás Esporte Clube, S.C. Corinthians Paulista, Fortaleza Esporte Clube, Sociedade Esportiva Palmeiras: Patrocínios.
- Sport Club do Recife, São Paulo F.C., Santos F.C., Goiás Esporte Clube, S.C. Corinthians Paulista, Botafogo F.R.: Parcerias.
- Sport Club do Recife: Colaboradores.
- Cruzeiro Esporte Clube: Doações.
- E.C. Bahia: Outros.

O SEGREDO DO FUTEBOL BRASILEIRO FUTSAL E FUTEBOL DE BASE

Se você selecionou "Outros" na questão acima, favor citar que tipo de acordo existe entre o Clube e a empresa/instituição.

1 resposta

⚽ E.C. Bahia: De acordo com o Departamento de MKT do Clube.

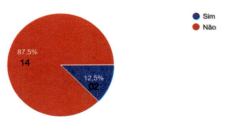

GRÁFICO 39 - Existe alguma relação de parceria entre o Departamento de Futsal e órgãos públicos?

Leitura do gráfico:

⚽ Santos F.C., C.R. Flamengo: Sim.

⚽ Sport Club do Recife, C. Atlético Mineiro, E.C. Bahia, São Paulo F.C., Goiás Esporte Clube, S.C. Corinthians Paulista, Fortaleza Esporte Clube, Botafogo F.R., Fluminense F.C., Esporte Clube Juventude, Cruzeiro Esporte Clube, Sociedade Esportiva Palmeiras, C.R. Vasco da Gama, Coritiba Foot Ball Club: Não.

Se você selecionou "SIM" na questão acima, favor citar que tipo de relação existe entre o Clube e órgão (s) público (s).

Ex.: Prefeitura, Estado, Governo Federal.

2 respostas

⚽ Santos F.C.: O Sub 18 representa a cidade nos Jogos Regionais e Abertos.

⚽ C.R. Flamengo: Parceria com a Secretaria de Esportes.

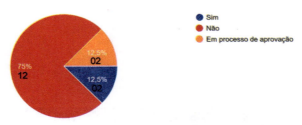

GRÁFICO 40 - O Departamento de Futsal tem projetos aprovados em execução - Leis de incentivo/Projetos Incentivados?

Ex.: Prefeitura, Estado, Governo Federal.

Leitura do gráfico:
- Goiás Esporte Clube, Sociedade Esportiva Palmeiras: Sim.
- C. Atlético Mineiro, E.C. Bahia, São Paulo F.C., Santos F.C., C.R. Flamengo, S.C. Corinthians Paulista, Fortaleza Esporte Clube, Botafogo F.R., Fluminense F.C., Cruzeiro Esporte Clube, C.R. Vasco da Gama, Coritiba Foot Ball Club: Não.
- Sport Club do Recife, Esporte Clube Juventude: Em processo de aprovação.

Se você selecionou "SIM ou Em processo de aprovação" na questão acima, favor citar que tipo de projeto já existe no Departamento de Futsal ou foi solicitado.

2 respostas
- Goiás Esporte Clube: Projeto de lei de incentivo Estadual.
- Sociedade Esportiva Palmeiras: Lei de incentivo Federal.

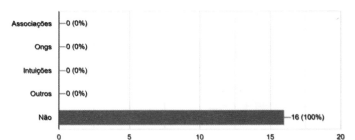

GRÁFICO 41 - Existe alguma relação de parceria entre o Departamento de Futsal e associações, instituições, ongs?

Leitura do gráfico:
- 0 Clubes: Ongs.
- 0 Clubes: Instituições.
- 0 Clubes: Outros.
- Sport Club do Recife, C. Atlético Mineiro, E.C. Bahia, São Paulo F.C., Santos F.C., C.R. Flamengo, Goiás Esporte Clube, S.C. Corinthians Paulista, Fortaleza Esporte Clube, Botafogo F.R., Fluminense F.C., Esporte Clube Juventude, Cruzeiro Esporte Clube, Sociedade Esportiva Palmeiras, C.R. Vasco da Gama, Coritiba Foot Ball Club: Não.

Que tipo de relação seria essa?

Se você selecionou "não" na questão acima, favor desconsiderar essa pergunta.

0 resposta
- Não houve resposta para esta pergunta.

Seção 09

Considerações finais

Na "sua opinião", depois das questões apresentadas e possíveis reflexões, o que pode ser melhorado no Departamento de Futsal?
Ex.: Processos, estruturas administrativas e estruturais, outros.
16 respostas

- Sport Club do Recife: Primeiro, ser integrado ao Departamento de Futebol profissional/Base do Clube. Melhoras nas estruturas: físicas, profissionais, materiais etc.
- C. Atlético Mineiro: Ampliar faixa etária.
- E.C. Bahia: Em fase inicial no processo de reestruturação da iniciação, o Departamento de Futsal se desenvolve ano a ano, portanto, naturalmente ainda há a necessidade de melhorias sobre processos e questões administrativas, que foram de certa forma interrompidas pela pandemia.
- São Paulo F.C.: No meu entendimento para que haja uma melhoria em todos aspectos e um projeto de integração forte e consistente tem que unificar os Departamentos, não existe Departamento de Futsal ou Futebol, ou seja, a criação de um projeto unificado (centro de excelência) para o processo de formação a longo prazo no desenvolvimento do talento/potencial esportivo desde a fase de captação (detecção e seleção) nas idades mais tenras, e venham competir em altíssimo nível em todas etapas, até chegar ao profissional na modalidade na qual escolheu, e satisfazer as necessidades do Clube esportivamente em ambas modalidades. Com a unificação dos Departamentos é importante que haja um bom planejamento, e engajamento de todas as estruturas como por exemplo: estrutura física, de apoio, de saúde, equipe técnica multidisciplinar, financeira (ajuda de

custo para manutenção e captação do talento esportivo (atleta) e etc. Para que as modalidades em questão estejam bem aparelhadas e o projeto de integração funcione harmonicamente.

- Santos F.C.: Melhoria dos equipamentos e equiparações salariais.
- C.R. Flamengo: Adequação a quadra para competições nacionais.
- Goiás Esporte Clube: Uma integração maior e mais oficial dessa integração, como por exemplo, ter um plano diretivo oficial de formação de atletas do Clube, contemplando o Futsal.
- S.C. Corinthians Paulista: Aumento da carga horária dos profissionais da Base, tendo atuação exclusiva no Clube, mas obviamente para isso acontecer passa pela questão econômica.
- Fortaleza Esporte Clube: Integração com o Departamento de formação.
- Botafogo F.R.: Profissionais de áreas complementares a formação.
- Fluminense F.C.: Estrutura como ginásio específico próprio, sem ser dividido com Esportes Olímpicos.
- Esporte Clube Juventude: Competições nacionais em categorias menores - Departamento de Futsal ligado ao Clube - Federações unificadas.
- Cruzeiro Esporte Clube: Podemos aumentar a oferta do Futsal no Clube, abrangendo seu alcance em outras categorias.
- Sociedade Esportiva Palmeiras: Estruturas físicas (quadras) para ampliação de treinos e melhora do Departamento de Fisioterapia.
- C.R. Vasco da Gama: Material.
- Coritiba Foot Ball Club: Estamos melhorando nosso processo. Ativamos esse ano o trabalho dividido entre Campo e Salão no formato apresentado. Acredito que tenhamos frutos com isso.

Qual a "sua opinião" sobre o assunto - "O Futsal como contribuinte para o Futebol"?

16 respostas

- Sport Club do Recife: Nos dias de hoje, o Futsal é a principal fonte de captação para o Futebol.
- C. Atlético Mineiro: Fundamental.
- Clube E.C. Bahia: O Futsal é de extrema importância para o aprendizado técnico do Futebol, uma vez que, a sua prática (principalmente na infância) permite inúmeras vivências que servirão no futuro, seja para o atleta-cidadão profissional quanto para o cidadão comum.
- São Paulo F.C.: O Futebol e o Futsal são modalidades coletivas que se caracterizam pela necessidade de execução de ações motoras em um contexto (jogo) de elevada instabilidade e imprevisibilidade, ou seja, são modalidades que exigem a execução de habilidades motoras abertas. Analisando esta relação Futsal/Futebol, sim ele é um contribuinte para a formação do atleta como um todo, e não só contribuinte para o Futebol, e entendo que forma para ambas, onde dentro de um processo de formação ele fará uma opção por uma das modalidades para seguir a sua carreira esportiva e profissional.
- Santos F.C.: Caminho sem volta, o Futsal está inserido definitivamente no Processo de Formação do Futebol de Base. O desafio é saber como otimizar tal relação.
- C.R. Flamengo: Fundamental. O Futsal é a porta de entrada do atleta que irá se destacar no Futebol dando retorno técnico e financeiro ao Clube.
- Goiás Esporte Clube: Acredito piamente que a prática sistemática do Futsal contribui diretamente na formação do atleta de Futebol. O que, na minha opinião, deveria acontecer com mais frequência

no Futebol brasileiro é sistematizar esse processo no intuito de controlar tal prática.

- S.C. Corinthians Paulista: O Futsal e o Futebol podem e devem ser vistos e trabalhados como grandes parceiros, visando gerar benefícios para as duas modalidades e para o Clube, tanto no aspecto desportivo como financeiro e institucional. Para isto acontecer de maneira plena, precisamos ter uma visão e atuação sistêmica, ou seja, tão importante quanto as questões metodológicas (dentro das 04 linhas) devemos observar e atuar na gestão fora das 04 linhas, pois identificamos pela experiência prática que muitas das dificuldades e respostas para o sucesso estão neste ambiente.
- Fortaleza Esporte Clube: Contribui para a formação multilateral do atleta.
- Botafogo F.R.: Fundamental para iniciação.
- Fluminense F.C.: O Futsal é e deve continuar sendo um Desporto onde seus participantes possam prosseguir no Futsal com o passar da idade até a idade adulta, mas esse "contribuinte", significa, ser mais um "braço", no auxílio com a formação do atleta de Campo, principalmente por termos o Futebol de Rua, de Várzea etc. Sendo cada vez mais diminuídos em função da violência externa, da especulação imobiliária etc. daí o maior crescimento e importância do Futsal.
- Esporte Clube Juventude: Muito importante, para o aspecto de formação inicial ao grande jogo, com melhora dos aspectos cognitivos, táticos e técnicos.
- Cruzeiro Esporte Clube: Acho um assunto fantástico e que deve ser abordado com mais frequência no mundo do Futebol.
- Sociedade Esportiva Palmeiras: De grande valia e necessidade diante de valores e aprimoramento que só o Futsal como esporte contribui para um melhor desenvolvimento.

- C.R. Vasco da Gama: Importante para a formação.
- Coritiba Foot Ball Club: Acho importante para o desenvolvimento técnico do atleta.

Para finalizar, se você achar necessário, fique à vontade para escrever sobre qualquer outro assunto pertinente.

Sugestões, ideias, considerações, críticas, comentários, processos, outros.

5 respostas
- Goiás Esporte Clube: Acredito que a CBF tem condições e potencial para intervir no processo, no sentido de auxiliar na formação do atleta de Futebol brasileiro.
- S.C. Corinthians Paulista: Parabéns pela iniciativa e escolha do tema. Acredito que por tudo que está acontecendo (dentro e fora dos gramados), nunca tivemos um momento tão propício para debater e colocar em prática a integração entre Futsal e Futebol.
- Fluminense F.C.: O Futebol de hoje é jogado através das premissas do Futsal, por conta do aumento da velocidade e força de seus atletas... precisam tomar decisões rápidas, onde o Futsal é a maior escola.
- Cruzeiro Esporte Clube: Parabéns pela pesquisa, estou à disposição!
- Sociedade Esportiva Palmeiras: O aprimoramento é inevitável, seria interessante que existisse mais estudos relacionados ao mencionado Futsal vs. Futebol para que existisse um crescimento integrado.

Se você quiser compartilhar algum material sobre o assunto, por favor depositar aqui. Vai ser importante para enriquecer o nosso trabalho! Muito obrigado!

0 resposta
- Não houve compartilhamento de material sobre o assunto.

4 Resposta anexa - Grêmio Foot-Ball Porto Alegrense

Função/Cargo: Treinador

Como já comentado, o Grêmio *Foot-Ball* Porto Alegrense respondeu ao questionário parcialmente, porém não se enquadrava a grande maioria das respostas devido à inexistência de um Departamento de Futsal e/ou qualquer processo interno ou externo entre as modalidades Futsal e Futebol.

Para não se descartar as respostas do colaborador que representa o Clube, optou-se por disponibilizá-las integralmente, porém nenhuma das respostas faz parte dos gráficos acima ou qualquer outro tipo de tabulação que envolva os 16 Clubes aptos a responder ao questionário.

Seção 04

Departamento de Futsal

Há quanto tempo aproximadamente existe o Departamento de Futsal?

Em qualquer formato de organização.

▸ Não existe Departamento de Futsal.

Quais os objetivos principais do Departamento de Futsal?

▸ Não existe Departamento de Futsal.

Saber se o Clube é responsável ou não por todas as operações do Departamento de Futsal em relação aos *Modelos* possíveis de integração Futsal – Futebol.

Atenção na resposta. Precisamos saber se o Clube é responsável ou não por todas as operações do Departamento de Futsal em relação aos Modelos possíveis de integração Futsal - Futebol.

▸ Outro formato.

Quais as "conexões externas extraoficiais"
Apenas responder se existir "conexão externa extraoficial". Favor colocar todas as informações possíveis!
Ex.: Projetos, Clubes sociais, escolinhas, outros.
▸ Os Atletas do Grêmio Foot-Ball Porto Alegrense têm liberdade de jogar Futsal por outras equipes até os 13 anos de idade.

Quais as "parcerias externas oficiais"?
Apenas responder se existir "parcerias externas oficiais". Favor colocar todas as informações possíveis!
Ex.: Projetos, Clubes sociais, escolinhas, outros.
▸ Não existe parceria externa oficial.

Quais são as categorias de Futsal fomentadas?
Selecionar as categorias de acordo a Federação do seu Estado.
Ex.: Sub 10, Sub 12, Sub 14, Sub 16, Sub 18, Sub 20.
▸ Sub 09, Sub 11, Sub 13.

Os atletas do Departamento de Futsal estão registrados na Federação? São Federados?
▸ Não.

Quantos atletas "Federados" estão registrados no Departamento de Futsal?
Apenas responder caso "tenha atletas federados".
▸ Não existe Departamento de Futsal.

Quais as principais competições oficiais e/ou federativas que o Departamento Futsal participa?
Apenas responder "não participamos" caso o Clube não jogue essas competições.
▸ Não participamos.

O SEGREDO DO FUTEBOL BRASILEIRO FUTSAL E FUTEBOL DE BASE

Quais as principais competições não oficiais/amadoras que o Departamento Futsal participa?
Apenas responder "não participamos" caso não jogue essas competições.
➤ Não participamos.

O Departamento de Futsal mantém alguma parceria com outros Clubes, escolinhas, projetos, outros?
Parcerias no sentido de captação e observação de jogadores.
➤ Não.

Se você selecionou "Não" na questão acima, favor citar como funcionam essas parceiras?
➤ Não existe Departamento de Futsal.

Seção 05

Estrutura física e administrativa

O Departamento de Futsal tem um centro de custo próprio (caixa) para o custeio das operações, ou depende de outro Departamento?
➤ Não.

Se você selecionou "Não" na questão acima, favor citar qual o Departamento responsável pelo custeio das operações do Departamento de Futsal.
➤ Não existe Departamento de Futsal.

O Clube tem ginásio próprio ou quadra?
➤ Não.

Caso o Clube não tenha ginásio próprio ou quadra, onde são realizados os treinos e jogos?

Apenas responder caso o Clube" não tenha ginásio próprio ou quadra".
Especificar se o espaço é público ou privado.
➤ Não existe Departamento de Futsal.

Seção 06

Integração entre o Futsal e o Futebol de Base
Existem processos de integração institucionalizados ou similar entre os Departamentos de Futsal e Futebol de Base?
➤ Não temos contato algum com o Departamento de Futebol de Base.

De forma simples, coloque a "sua opinião" em relação a faixa etária ideal para o processo de integração Futsal – Futebol. Caso queira comentar a resposta, fique à vontade.
Ex.: 06 aos 14 anos. 06 aos 09 só Futsal - 10 aos 14 Futsal e Futebol.
➤ Até os 09 só Futsal, dos 10 aos 15 anos Futsal e Futebol sendo gradativo a quantidade de treinos do Futsal chegando aos 15 anos com 1x na semana.

Com qual idade a criança pode iniciar no Futsal do Clube?
➤ 5 anos.

Com qual idade a criança pode iniciar no Futebol de Base do Clube?
➤ 9 anos.

Quais são as idades contempladas nos processos de integração Futsal – Futebol de Base?
➤ 4 anos.

Quais são as categorias contempladas nos processos de integração Futsal – Futebol de Base?
Categorias Futsal. Selecionar as categorias de acordo a Federação do seu Estado.
Ex.: Sub 10, Sub 12, Sub 14, Sub 16, Sub 18, Sub 20.
➤ 6 anos.

Quais são as categorias contempladas nos processos de integração Futsal – Futebol de Base?
Categorias Futebol. Selecionar as categorias de acordo a Federação do seu Estado.
Ex.: Sub 11, Sub 13, Sub 15, Sub 17.
➤ 6 anos.

Como é distribuída a carga de treinamentos entre as categorias que não estão contempladas no processo de integração Futsal – Futebol de Base?
Ex.: Sub 07 treina 03 vezes Futsal.
➤ Sub 08 e Sub 09 treinam 2x apenas Futebol, Sub 10 e Sub 11 treinam 3x apenas Futebol e Sub 12 e a Sub 13 treinam 4x apenas Futebol.

Como funciona a "seleção e divisão dos atletas" que fazem parte dos processos de integração, em relação aos jogos da Federações de Futsal e Futebol, ou qualquer outra competição em disputa. Existem prioridades nas escolhas de quem vai para o Futsal ou Futebol?
A questão serve para qualquer competição que aconteça no meio de semana ou aos finais de semana.
➤ Não há processos de integração, pois não há Departamento de Futsal.

Seção 07

Benefícios administrativos: Atletas e Comissões Técnicas

Existe algum programa institucionalizado ou similar, voltado ao colaborador, onde o Clube incentive e custei cursos, estágios, licenças, outros.

› Parcial, o Clube ajuda com parte das despesas.

Existe ajuda de custo para os atletas do Departamento de Futsal que não fazem parte do processo de integração Futsal – Futebol de Base?

› Não existe ajuda de custo.

Quais são as categorias que não fazem parte do processo de integração Futsal – Futebol de Base e estão contempladas com ajuda de custo?

› 6 anos.

Existem atletas do Departamento de Futsal em alojamentos oficiais do Clube?

› Não.

Seção 08

Ativações comerciais e projetos

Existe alguma ativação comercial de marca vigente no Departamento de Futsal em relação a patrocínios, permutas ou outras parcerias?

› Outros.

Seção 09

Considerações finais

Na "sua opinião", depois das questões apresentadas e possíveis reflexões, o que pode ser melhorado no Departamento de Futsal?

Ex.: Processos, estruturas administrativas e estruturais, outros.

➤ Criar o Departamento de Futsal.

Qual a "sua opinião" sobre o assunto - "O Futsal como contribuinte para o Futebol"?

➤ Acredito que seja uma das mais importantes ferramentas para o desenvolvimento do atleta!

O SEGREDO DO FUTEBOL BRASILEIRO FUTSAL E FUTEBOL DE BASE

O SEGREDO DO FUTEBOL BRASILEIRO FUTSAL E FUTEBOL DE BASE

O SEGREDO DO FUTEBOL BRASILEIRO FUTSAL E FUTEBOL DE BASE

CAPÍTULO 6

Estatutos sociais – exemplos e sugestões

1. Considerações

Foram selecionados 26 Clubes de Futebol, sendo 20 Clubes da Série A do Campeonato Brasileiro 2022, os 04 Clubes recém rebaixados para o Campeonato Brasileiro da Série B 2022, além do Cruzeiro E.C. e C.R. Vasco da Gama, que atualmente se encontram na Série B do Campeonato Brasileiro 2022.

A intenção foi pesquisar nos Estatutos Sociais desses Clubes algo que mencionasse o Departamento de Futsal ou a modalidade Futsal nos processos do Clube, ou seja, Futsal estatutário.

Na grande maioria dos Clubes pesquisados, faltam maiores informações em relação aos cargos (estatutários ou remunerados) e suas atribuições, dificultando a compreensão do que existe realmente no Clube e suas abrangências. O mesmo acontece nas Áreas, Locais, Departamentos, onde faltam informações do que existe realmente no Clube e suas possibilidades.

Sendo assim, de acordo os Estatutos Sociais, apenas 04 (quatro) Clubes, sendo 03 (três) do Estado do Rio de Janeiro e 01 (um) do Estado de São Paulo, mencionam a modalidade Futsal nos seus processos internos: Fluminense F.C., C.R. Vasco da Gama, C.R. Flamengo, Santos F.C..

Todos os outros 22 Clubes citados abaixo, não fazem nenhum tipo de menção da modalidade Futsal ou Futebol de Salão em seus Estatutos Sociais, porém, sabemos que grande parte deles, conforme questionário apresentando neste livro, fomentam a modalidade Futsal e desenvolvem os seus processos da prática simultânea entre o Futsal e Futebol de maneiras diversas.

Os 02 (dois) Clubes da Séria A do Campeonato Brasileiro 2022, Cuiabá E.C. e Red Bull Bragantino, não possuem Estatutos Sociais devido as suas configurações administrativas de Clube empresa, SAF, ou similar, portanto, não achamos em nossas pesquisas nenhum documento que oficialize a modalidade Futsal nos processos internos dos Clubes.

1.1 Sugestão/proposta para a implementação institucional e estatutária

A proposta exige que os Clubes de Futebol insiram a modalidade Futsal (nomenclatura) e/ou Departamento de Futsal no Estatuto Social, com a intenção principal de garantir a prática simultânea entre o Futsal e Futebol nos processos de formação, incorporando desta forma o Departamento de Futsal no mesmo "guarda-chuva" do Departamento de Futebol de Base, através da institucionalização dos processos, ou seja, deve constar no Estatuto Social e em Comunicados Oficiais/Portarias do Clube que todas as operações envolvendo a modalidade Futsal de competição vão estar sobre a responsabilidade exclusiva do Departamento de Futebol de Base.

Uma institucionalização administrativa e estatutária bem elaborada e definida, pode garantir ao Departamento de Futsal, uma melhor condição das Macroáreas diretas - administrativas, biológicas, estruturais, matemáticas, e outras áreas indiretas de conexão/departamen-

O SEGREDO DO FUTEBOL BRASILEIRO FUTSAL E FUTEBOL DE BASE

tos/pessoas envolvidas/recursos/atores externos. A inserção destes processos no Estatuto Social, faz com que a prática simultânea entre o Futsal e o Futebol seja controlada internamente, promovendo uma grande contribuição para um processo mais completo de captação, desenvolvimento/formação, transição ao Futebol de Base, não dependendo de política interna e/ou boa vontade das gestões que estão por vir. Exemplificando o assunto, em alguns Clubes grandes, principalmente na troca de gestão, os Executivos, Gerente de Futebol de Base, ou Coordenador de Base podem simplesmente de uma hora para outra terminar com qualquer relação construída entre os Departamentos de Futsal e Futebol de Base, proibindo sem maiores argumentações, ou atrapalhando qualquer processo entre ambos já consolidados. Geralmente essas ações são cometidas sem muitas explicações ou embasamentos lógicos, sendo assim, como já comentado, a institucionalização pode ser a segurança necessária para continuidade dos processos da prática simultânea entre ambos.

Obs.: No Capítulo 07 teremos exemplos mais específicos sobre o Futsal Institucionalizado dentro da organização administrativa de um Clube de Futebol.

1.2 Exemplos de Estatutos Sociais

1.2.1 Clubes da Série A e B do Campeonato Brasileiro 2022 – Estatutários

Número de Clubes: 04

Menção da modalidade Futsal ou Futebol de Salão em seus Estatutos Sociais.

⚽ **C.R. Vasco da Gama (Série B)**

Futsal mencionado no Estatuto Social com nomenclatura antiga - Futebol de Salão.

De acordo o Estatuto Social, existe o Departamento de Desportos de Quadras e Salão (Departamento a cargo dos Vice-Presidentes Administrativos. As divisões serão dirigidas, conforme a conveniência ou a especialização dos seus serviços, por Diretores de nomeação da Presidência ou Chefes remunerados, escolhidos entre os funcionários efetivos ou admitidos mediante contrato).

Os Departamentos são divididos por Divisões, exemplo: Divisão de *Futebol de Salão*.

> Obs.: De acordo ao Estatuto, a modalidade Futsal não está sob os cuidados administrativos do Futebol.

XI - Desportos de Quadra e Salão: Divisão de Basquetebol, Divisão de Bochas, Divisão de Esgrima, Divisão de Futebol de Salão, Divisão de Tênis, Divisão de Tênis de Mesa, Divisão de Volleyball e Divisão de Xadrez e Damas.

QUADRO 04 - Recorte do Estatuto Social do C.R. Vasco da Gama

⚽ C.R. Flamengo (Série A)

Futsal mencionado no Estatuto Social.

De acordo o Estatuto social, o Vice-Presidente do C.R. Flamengo poderá acumular uma vice-presidência de Departamento, por nomeação do Presidente do C.R. Flamengo. De acordo o Estatuto, o Futebol de Base gerência todas as atividades relacionadas ao Futebol das categorias de Base, além de todas as categorias do *Futsal*; recrutar, selecionar e desenvolver/formar atletas de Futebol.

> XVII – de Futebol de Base: gerir todas as atividades relacionadas ao futebol das categorias de base, além de todas as categorias do futsal; recrutar, selecionar e formar atletas de futebol.

QUADRO 05 - Recorte do Estatuto Social do C.R. Flamengo

⚽ Fluminense F.C. (Série A)

Futsal mencionado no Estatuto Social.

De acordo o Estatuto Social, o Vice-Presidente de Futebol (O Conselho Diretor é constituído de um Presidente, que é o Presidente do Fluminense F.C., 01 (um) Vice-Presidente Geral, 01 (um) Secretario, 01 (um) Tesoureiro e 07 (sete) Vice-presidentes, sendo um deles o Vice-Presidente de Futebol) tem entre as suas funções estatutárias coordenar as atividades relacionadas ao Futebol e *Futsal*, em todas as divisões e modalidades.

> IV - Vice-Presidente de Futebol:
>
> RCPJ-RJ 26/03/2019-78
> ECSJ78961CKT
> 27
>
> a) Coordenar as atividades relacionadas com o futebol e o futsal, em todas as suas divisões e modalidades;

QUADRO 06 - Recorte do Estatuto Social do Fluminense F.C.

⚽ **Santos F.C. (Série A)**

Futsal mencionado no Estatuto Social.

De acordo o Estatuto Social, Capítulo 1 (Objeto Social) - Artigo 3º, o Santos Futebol Clube tem por finalidade a prática do Futebol profissional e não profissional (masculino, feminino e **Futsal**) e outros esportes, olímpicos ou não, e o desenvolvimento de atividades sociais, educacionais, recreativas, culturais, cívicas, assistenciais, de benemerência, podendo exercer outras atividades cuja renda reverta em benefício de seus objetivos sociais, podendo, para isso, participar de outras sociedades e associações, como quotista, acionista ou associado, mediante aprovação do Conselho Deliberativo, nos termos do artigo 5º do Estatuto.

Obs.: Em processo final de aprovação - Conselho Deliberativo.

1.2.2 Clubes da série A do campeonato brasileiro 2022 – Estatutários

Número de Clubes: 15

Nenhum tipo de menção da modalidade Futsal em seus Estatutos Sociais.

⚽ S.C. Corinthians Paulista, S.E. Palmeiras, São Paulo F.C., Botafogo F.R, Sport Club Internacional, Avaí F.C., E.C. Juventude, Coritiba Foot Ball Club, Club Athletico Paranaense, Clube Atlético Mineiro, América F.C., Ceará Sporting Club, Fortaleza E.C., Atlético Clube Goianiense, Goiás E.C..

1.2.3 CLUBES DA SÉRIE A DO CAMPEONATO BRASILEIRO 2022 – NÃO ESTATUTÁRIOS

Número de Clubes: 02

Não possuem Estatuto Social devido a configuração administrativa de Clube Empresa ou similar.

⚽ Cuiabá E.C., Red Bull Bragantino.

1.2.4 CLUBES DA SÉRIE B DO CAMPEONATO BRASILEIRO 2022 – ESTATURÁRIOS

Número de Clubes: 05

Nenhum tipo de menção da modalidade Futsal em seus Estatutos Sociais.

⚽ Cruzeiro E.C., Grêmio Foot-Ball Porto Alegrense, A. Chapecoense de Futebol, E.C. Bahia, Sport Club do Recife.

O SEGREDO DO FUTEBOL BRASILEIRO FUTSAL E FUTEBOL DE BASE

CAPÍTULO 7

SUGESTÕES DE 07 MODELOS PARA A PRÁTICA SIMÚLTANEA ENTRE O FUTSAL E O FUTEBOL DE BASE – GESTÃO E IMPLEMENTAÇÃO

1. Considerações

Neste Capítulo, é oferecida ao leitor a possibilidade de entender com maior clareza as diversas possibilidades de implementação da prática simultânea entre o Futsal e o Futebol nos processos de captação/formação, transição do jovem futebolista em um Clube de Futebol ou similar.

Os 07 *Modelos* de Gestão apresentados, foram criados com o pensamento de atender a princípio qualquer perfil de Clube de Futebol ou de forma secundária outros sistemas, independente das condições das Macroáreas diretas - administrativas, biológicas, estruturais, matemáticas, e outras áreas indiretas de conexão, conforme foi apresentado com maior clareza nos QUADROS 01 e 02 logo abaixo, ao decorrer deste Capítulo e no conteúdo do Capítulo 8.

O SEGREDO DO FUTEBOL BRASILEIRO FUTSAL E FUTEBOL DE BASE

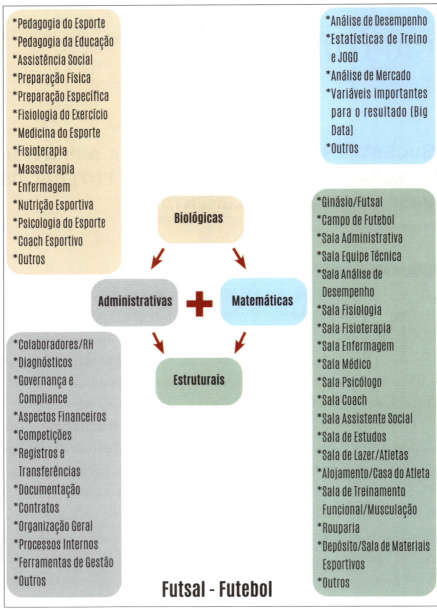

QUADRO 01 - Macroáreas diretas e algumas sugestões de demandas de gestão para a inserção de uma boa prática simultânea entre o Futsal e o Futebol/Integração em um Clube de Futebol

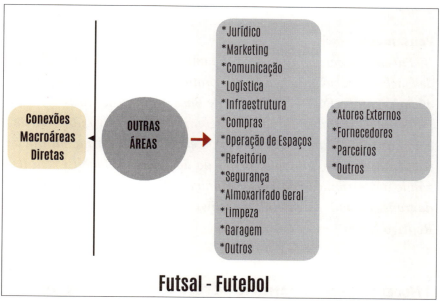

QUADRO 02 - Conexões entre as Macroáreas diretas e outras áreas internas e externas. Algumas sugestões de demandas de gestão para a inserção de uma boa prática simultânea entre o Futsal e o Futebol/Integração em um Clube de Futebol

Por se tratarem de sugestões norteadoras, todos os *Modelos* são flexíveis e mutáveis, podendo ser adaptados a qualquer momento de acordo ao Projeto Esportivo, DNA, localidade, e outros formatos - Clubes Socias, Clubes de Futsal, Projetos, Escolinhas, Associações, Redes de Ensino.

Por fim, entende-se que apesar do custo elevado, o *Modelo 01* é o que mais se aproxima de um processo de integração entre o Futsal e o Futebol completo, baseando-se no que se pesquisou e acredita-se para a publicação desse livro.

O SEGREDO DO FUTEBOL BRASILEIRO FUTSAL E FUTEBOL DE BASE

> **Pensamento:**
> "O Futsal deve ser considerado como um investimento para os Clubes de Futebol. A ideia principal é que a prática simultânea (treinos e jogos oficiais) entre o Futsal e o Futebol de Base (integração) nas idades mais tenras se torne um diferencial competitivo no presente e no futuro do Clube. É necessário potencializar de forma natural a captação, desenvolvimento/formação dos jovens futebolistas utilizando a contribuição do Futsal, como objetivo final de um processo de transição ao Futebol mais assertivo."
> Rodrigo Neves

1.1 MODELO 01 - DEPARTAMENTO DE FUTSAL ESTÁ 100% INTEGRADO AO DEPARTAMENTO DE FUTEBOL DE BASE

Tipo de investimento: Alto

Considerações

Neste *Modelo*, o Departamento de Futsal está 100% integrado ao Departamento de Futebol de Base, realizando os processos de prática simultânea ideal. Na intenção de salvaguardar a integração entre o Futsal e Futebol de Base, é necessário que o Futsal esteja no Estatuto Social e todos os processos estejam institucionalizados e/ou no organograma, projeto esportivo do Clube. Em resumo, o Departamento de Futsal vai estar no "guarda-chuva" do Departamento de Futebol de Base, sendo gerido 100% pelo Clube.

Pode haver dificuldades para que o Futsal seja estatutário e/ou institucionalizado nos processos da prática simultânea entre o Futsal e Futebol de Base, independente disso, é interessante que as ações de integração aconteçam naturalmente, baseando-se no projeto esportivo, realidade administrativa/estrutural, demandas, cultura/história do Clube, cidade/região, dentre outras questões relacionadas à identidade do Clube.

O SEGREDO DO FUTEBOL BRASILEIRO FUTSAL E FUTEBOL DE BASE

NOME DO CLUBE
Presidência

Portaria n 05/2018

Altera o centro de custo e o departamento responsável pelo futebol de salão do Santos Futebol Clube e dá outras providências.

Nome do presidente, Presidente do *Nome do clube*, no uso das atribuições que lhe são conferidas pelo Estatuto Social do *Nome do clube*, dispõe:

Considerando a necessidade de alteração do centro do custo e demais modificações no futebol de salão do *Nome do clube*.

Resolve:

1) A partir da presente data a modalidade de Futebol de Salão do *Nome do Clube* deixa de ser atrelada ao Departamento de Esportes Olímpicos e passa a ser de competência exclusiva do Departamento de Futebol de Base.

2) Proceda-se o departamento de contabilidade à alteração do centro de custo, a fim de atender os fins desta Portaria.

3) Os atos praticados contra as disposições desta Portaria serão considerados ineficazes e de nenhuma validade.

4) Cientificar todos os Departamentos e colaboradores.

Santos, 09 de Março de 2018.

FIGURA 01 - Futsal institucional - Portaria Presidencial alterando as operações do Departamento de Futsal locado no Departamento de Esportes Olímpicos, para a competência exclusiva do Departamento de Futebol de Base
FONTE: Cópia do documento original - Santos F.C.

Obs.: Por se tratar de um documento oficial do Clube, resolveu-se preservar e retirar o nome dos envolvidos, assinaturas, logotipos, nome do Clube, replicando a portaria em outro formato.

413

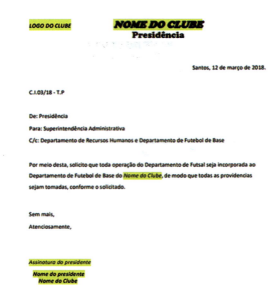

FIGURA 02 - Futsal institucional - Comunicado Interno alterando as operações do Departamento de Futsal locado no Departamento de Esportes Olímpicos, para a competência exclusiva do Departamento de Futebol de Base
FONTE: Cópia do documento original - Santos F.C.

> Obs.: Por se tratar de um documento oficial do Clube, resolveu-se preservar e retirar o nome dos envolvidos, assinaturas, logotipos, nome do Clube, replicando a C.I. em outro formato.

Neste *Modelo*, os Departamentos de Futebol de Base e Futsal conduzem em conjunto os processos de integração (treinos e competições), já que todas as estruturas, operações e colaboradores envolvidos nos processos de integração entre o Futsal e o Futebol de Base, vão estar na responsabilidade de cada Departamento.

Uma grande vantagem de o Departamento de Futsal estar locado no Departamento de Futebol de Base, é que todas as operações administrativas vão estar contempladas no orçamento anual do Clube, garantindo ao Departamento de Futsal segurança administrativa e institucional.

Geralmente, quando isso não acontece, o centro de custo e todas as operações administrativas ficam na responsabilidade do próprio Departamento de Futsal ou de outros Departamentos, exemplos: Esportes Olímpicos, terrestres, quadra.

Além disso, para que o trabalho seja de excelência no Futsal nos processos de integração, se faz necessária uma quantidade de colaboradores, além de condição administrativa e estrutural, se aproximando em muito, ao que se oferece para o Futebol de Base.

As estruturas dos Departamentos de Futebol de Base e Apoios devem estar à disposição para o Departamento de Futsal. Em uma integração completa, não cabe distorções ou tratamentos diferenciados, o enfoque na divisão de responsabilidade dos Departamentos não significa sobreposição entre eles. A condição de Clube formador exige lucidez e amadurecimento dos que estarão à frente do projeto.

O Clube precisa ter total controle sobre os processos da integração entre o Futsal e o Futebol de Base, sendo assim, precisam existir dois Departamentos estruturados e alinhados para condução da prática simultânea.

As Comissões Técnicas dos Departamentos de Futsal e Futebol de Base têm a responsabilidade de desenvolver trabalhos/metodologias/processos sempre em conjunto, oportunizando ao atleta a prática simultânea das duas modalidades, fazendo com que o Clube ganhe esportivamente a médio, longo prazo.

Alguns Clubes pelo Brasil já tratam com seriedade os processos de integração entre o Futsal e o Futebol de Base, demonstrando ao longo dos anos, um ganho esportivo muito interessante. Este *Modelo* de investimento consegue gerar receita considerável ao Clube.

Dessa forma, consegue-se entregar ao Futebol Profissional atletas com amplo repertório motor, gestos técnicos refinados, excelente capacidade tática e eficiência nas tomadas de decisões. Isso, além de valorização de mercado, também cria uma atmosfera favorável para o processo de formação do atleta e atrai negociações.

No QUADRO abaixo, para facilitar o entendimento do que se considera um projeto consistente no *Modelo* apresentado nos parágrafos a seguir, estão os principais itens para um bom processo da prática simultânea entre o Futsal e Futebol em um Clube de Futebol.

O *"Ser"* e "Estar", em seu processo completo, vai dar a diretriz para que o Clube consiga captar, desenvolver/formar melhor o seu alteta durante os processos no Futebol de Base, para que assim aconteça uma transição natural mais assertiva ao Futebol Profissional.

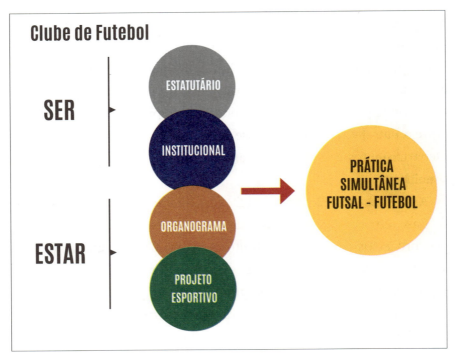

QUADRO 03 - Processo ideal para implementação da prática simultânea entre o Futsal e o Futebol no intuito de melhorar a captação, desenvolvimento/formação, transição dos atletas do Futebol de Base em um Clube

O SEGREDO DO FUTEBOL BRASILEIRO FUTSAL E FUTEBOL DE BASE

1.1.1 Prática simultânea e os principais processos de integração entre o Futsal e o Futebol de Base

As Comissões Técnicas dos Departamentos de Futsal e Futebol de Base têm a responsabilidade de desenvolver trabalhos/metodologias/processos sempre em conjunto, oportunizando ao atleta a prática simultânea das duas modalidades, fazendo com que o Clube ganhe esportivamente a médio, longo prazo. Os processos de integração dos Departamentos de Futsal e de Futebol de Base e da prática simultânea entre o Futsal e o Futebol de Base devem estar no projeto esportivo do Clube.

Neste *Modelo*, os Departamentos de Futebol de Base e Futsal conduzem em conjunto os processos de integração (treinos e competições), pois todas as estruturas, operações e colaboradores envolvidos nos processos de integração entre o Futsal e o Futebol de Base, vão estar sob responsabilidade de cada Departamento. O Clube precisa ter total controle sobre os processos da integração entre o Futsal e o Futebol de Base, sendo assim, precisam existir dois Departamentos estruturados e alinhados para condução da prática simultânea.

Diante disso, seguem-se algumas valiosas sugestões para a prática simultânea e os principais processos de integração entre o Futsal e o Futebol de Base:

- Treinamentos e competições de Futsal de total responsabilidade administrativa e estrutural do Departamento de Futsal, com direta participação do Departamento de Futebol de Base;
- Comissões Técnicas dos Departamentos de Futsal e Futebol de Base totalmente integradas em treinamentos e competições;
- Treinadores do Departamento de Futsal são os auxiliares no Futebol de Base, assim como as Comissões Técnicas de Futsal

participam dos treinos e competições das categorias de integração no Departamento de Futebol de Base;
- Treinadores do Departamento de Futebol são os auxiliares no Futsal, assim como as Comissões Técnicas do Futebol de Base participam dos treinos e competições das categorias de integração no Departamento de Futsal;
- Outros membros das duas Comissões Técnicas - Futsal e Futebol de Base, também fazem parte dos processos, auxiliando um ao outro, de acordo com as necessidades e com o Departamento de origem;
- Os processos de integração precisam ser planejados e conduzidos em conjunto pelos Departamentos de Futsal e Futebol de Base;
- A metodologia estabelecida para a prática simultânea deverá ser desenvolvida também por ambos os Departamentos;
- Reuniões periódicas entre as Comissões Técnicas de Futsal e Futebol de Base são importantes para continuidade e realinhamento do processo;
- Estímulo constante ao atleta para a prática simultânea de Futsal e de Futebol e nos treinamentos e competições;
- Treinamentos de Futsal e Futebol divididos conforme programação e demanda; e
- Elenco único nas categorias de integração entre o Futsal e o Futebol.

1.1.2 Sugestões de estruturas físicas principais (mantidas pelo Departamento de Futsal)

As estruturas físicas principais para esse *Modelo* serão tratadas detalhadamente no Capítulo 8 do presente livro, a fim de evitar coincidências de conteúdo.

1.1.3 SUGESTÕES DE ESTRUTURAS FÍSICAS DE APOIO (MANTIDAS PELO DEPARTAMENTO DE FUTEBOL DE BASE)

As estruturas físicas de apoio para esse *Modelo* serão tratadas detalhadamente no Capítulo 8 do presente livro, a fim de evitar coincidências de conteúdo.

1.1.4 CATEGORIAS CONTEMPLADAS NOS PROCESSOS DE INTEGRAÇÃO ENTRE O FUTSAL E O FUTEBOL DE BASE

As faixas etárias e categorias a seguir, são apenas exemplos apresentados para que se possa montar uma estrutura operacional dos processos. As categorias do Futsal e Futebol de Base abaixo, seguem os regulamentos vigentes da F.P.F.S. e F.P.F.. Cabe destacar que cada Clube tem a liberdade de escolher qual é a melhor faixa etária e categorias a serem trabalhadas, seguindo o projeto esportivo e os processos de integração entre o Futsal e o Futebol de Base.

Diante das consultas e estudos realizados no escopo do presente trabalho, chegou-se à conclusão de que a faixa etária sugerida integração seria entre os 07 e os 15 anos de idade, com 07 categorias Futsal e 03 categorias de Futebol, conforme exposto a seguir:

⚽ **Categorias Futsal:** iniciantes (Sub 07, 08, 09, 10, conforme proposta do Estado de São Paulo/Futsal federativo) e base (Sub 12, 14, 16, seguindo a mesma proposta); e

⚽ *Categorias Futebol:* Sub 11, Sub 13, Sub 15 (na proposta do Estado de São Paulo/Futebol federativo).

Seguindo a proposta atual de categorias nos regulamentos das F.P.F.S. e F.P.F.), no que tange ao Futsal - Sub 07, 08, 09, todos jogam e treinam Futsal, devendo iniciar de forma pontual alguns momentos introdutórios ao Futebol. Nas categorias Futsal - Sub 10, 12, 14, 16, todos jogam e treinam Futsal e Futebol. No tocante ao futebol, nas categorias Sub 11, 13, 15, todos jogam e treinam Futsal e Futebol.

Nas demais categorias acima de 15/16 anos que não fazem parte dos processos de integração, praticam as respectivas modalidades em separado. No caso do Futsal, as categorias acima dos 15 anos ficam na dependência de o Clube acreditar ou não na importância da continuidade para o benefício da modalidade e do atleta. Além disso, é necessário que se tenha atenção às exigências impostas pelo regulamento da respectiva Federação de Futsal que, em muitos Estados, obriga o Clube a disputar um número elevado de categorias.

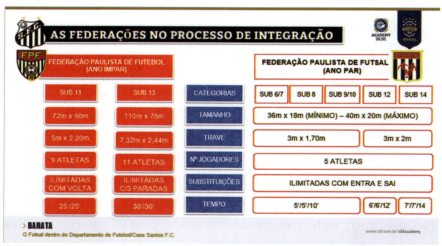

QUADRO 04 - Exemplo de grade de categorias das Federações Paulista de Futebol e Futsal (categorias comtempladas no processo de integração conforme o Modelo apresentado)
FONTE - Curso Futsal e Futebol/Desenvolvimento de Talentos (CBF Academy). Material retirado da aula ministrada pelo Professor José Alexandre "Barata" em setembro de 2020

Sempre que possível, em benefício das categorias envolvidas nos processos de integração entre o Futsal e o Futebol de Base, o Clube deve buscar ao máximo obter as condições de disputar todas as categorias federativas que o Futsal do Estado proporciona. No caso de dificuldade logística ou financeira, pode-se optar por disputas de torneios regionais extraoficiais. Como já comentado, dependendo do Estado, existem algumas obrigações em decorrência aos regulamentos (F.P.F.S. não deixa que as equipes participem de apenas uma categoria nas competições com a sua chancela).

É imperioso que as Comissões Técnicas trabalhem com a definição em conjunto de quais atletas vão estar relacionados para os jogos nas rodadas de Futsal e Futebol de Base. A coordenação entre essas Comissões para a observação e captação de novos atletas em locais que fomentam o Futsal na região (escolinhas, projetos, órgãos públicos, instituições de ensino, Clubes Sociais, entre outros) é fundamental para o sucesso do proposto por este trabalho.

Discussão importante sobre essa ação é a idade ideal para começar e terminar os processos da prática simultânea entre o Futsal e o Futebol, e quais as categorias envolvidas. A título de ilustração, o Estado de São Paulo tem uma proposta diferente de faixas etárias Futebol e Futsal – Futebol Sub 11, Sub 13, Sub 15, Sub 17, Sub 20, Sub 23/Futsal - Sub 07, Sub 08, Sub 09, Sub 10, Sub 12, Sub 14, Sub 16, Sub 18, Sub 20.).

Outro problema que o Clube provavelmente tenha de administrar, considerando o exemplo do regulamento da F.P.F.S., é que ele não permite a disputa das categorias em separado. Ou seja, o Clube não pode jogar o Sub 07 e o Sub 10, ele precisa jogar todas as categorias Iniciantes. É obrigatório que se opte pelas categorias Iniciantes ou Base ou as duas. Em outros estados, existem propostas de regulamento diferentes, e, pensando-se em integração entre o Futsal e o Futebol de Base, talvez não fosse interessante para os processos do Clube, manter categorias com idades mais elevadas, selecionando, portanto, as categorias de interesse esportivo do Clube.

O SEGREDO DO FUTEBOL BRASILEIRO FUTSAL E FUTEBOL DE BASE

Entretanto, pode haver facilidades relativas à federação que engloba o Clube. Por exemplo, a fim facilitar aspectos logísticos para os Clubes, a F.P.F.S. marca os 04 jogos em sequência (iniciantes ou base) na mesma data, local e horário, por exemplo, joga o Sub 07 iniciando a rodada e, logo após, as outras categorias em ordem crescente.

1.1.4. Sugestões de grades de treinamentos nos processos de integração entre o Futsal e o Futebol de Base

Os 02 exemplos apresentados nos QUADROS abaixo, seguem uma proposta muito parecida em relação as categorias contempladas e faixas etárias. Esses exemplos estão em consonância ao *Modelo* apresentado como referência de uma boa prática dos processos de integração entre o Futsal e Futebol de Base, podendo ser flexível de acordo ao Projeto Esportivo do Clube.

INTEGRAÇÃO FUTEBOL E FUTSAL CLUBE REGATAS VASCO DA GAMA

✴ Todos os atletas do sub-6 ao sub-13 do CRVG praticam durante a semana treinamentos de futsal e futebol de campo, respeitando as prioridades de conteúdos de cada faixa etária.

✴ Gradativamente respeitando as faixas etárias e o princípio da progressão, os atletas vão migrando do futsal para o futebol de 11.

TREINOS POR SEMANA	SUB 6	SUB 7	SUB 8	SUB 9	SUB 10	SUB 11	SUB 12	SUB 13
Futsal	2x	2x	2x	2x	2x	2x	1x	1x
Futebol de 9	1x	1x	1x	1x	-	-	-	-
Futebol de 11	-	-	-	-	2x	3x	4x	4x

QUADRO 05 - Exemplo de grade de treinamentos para os processos da prática simultânea entre o Futsal e Futebol de Base/Integração do C.R. Vasco da Gama (ano 2019) *FONTE: Curso Futsal e Futebol/Desenvolvimento de Talentos (CBF Academy). Material retirado da aula ministrada pelo Professor Próspero Brum Paoli em setembro de 2020*

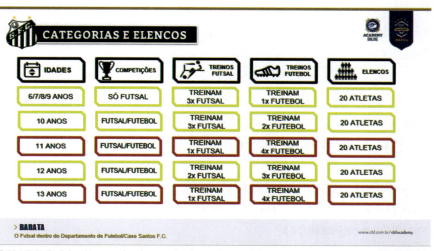

QUADRO 06 - Exemplo de grade de treinamentos para os processos da prática simultânea entre o Futsal e Futebol de Base/Integração do Santos F.C. (ano 2019)
FONTE - Curso Futsal e Futebol/Desenvolvimento de Talentos (CBF Academy). Material retirado da aula ministrada pelo Professor José Alexandre "Barata" em setembro de 2020

1.1.5 Sugestões de estruturas administrativas – RH (Departamento de Futsal)

As estruturas administrativas de RH (Departamento de Futsal) para esse *Modelo* serão tratadas detalhadamente no Capítulo 8 do presente livro, a fim de evitar coincidências de conteúdo.

1.1.6 Sugestões de estruturas administrativas de apoio – RH (mantidas pelo Departamento de Futebol de Base)

As estruturas administrativas em questão para esse *Modelo* serão tratadas detalhadamente no Capítulo 8 do presente livro, a fim de evitar coincidências de conteúdo.

O SEGREDO DO FUTEBOL BRASILEIRO FUTSAL E FUTEBOL DE BASE

1.1.7 Sugestões de estruturas administrativas de apoio – RH (mantidas por outros departamentos)

As estruturas administrativas em questão para esse *Modelo* serão tratadas detalhadamente no Capítulo 8 do presente livro, a fim de evitar coincidências de conteúdo.

1.1.8 Sugestões de outras estruturas externas de apoio (mantidas por terceiros)

As estruturas de apoio em questão para esse *Modelo* serão tratadas detalhadamente no Capítulo 8 do presente livro, a fim de evitar coincidências de conteúdo.

1.2 *Modelo 02* – departamento de futebol de base – único condutor dos processos

Tipo de investimento: Alto

Considerações

De acordo o *Modelo 02*, o Departamento de Futsal existe apenas como nomenclatura, permitindo ao Departamento de Futebol de Base a condução única dos processos para a prática simultânea entre o Futsal e Futebol de Base.

Na intenção de salvaguardar à integração entre o Futsal e Futebol de Base, é necessário que o Futsal esteja no Estatuto Social e todos os processos estejam institucionalizados e/ou no organograma do Clube. A prática do Futsal e os processos de integração entre o Futsal e Futebol de Base vão estar no "guarda-chuva" do Departamento de Futebol de Base, devido à condução única.

Pode haver dificuldades para que o Futsal seja estatutário e/ou institucionalizado nos processos da prática simultânea entre o Futsal e Futebol de Base, independente disso, é interessante que as ações de integração aconteçam naturalmente baseando-se no projeto esportivo, realidade administrativa/estrutural, demandas, cultura/história do Clube, cidade/região, dentre outras questões relacionadas à identidade do Clube.

Neste *Modelo*, o Departamento de Futebol de Base é o único condutor dos processos de integração (treinos e competições - Futsal e Futebol), o Departamento de Futsal vai existir no Clube apenas como nomenclatura para divisão dos trabalhos entre as modalidades e participação nas competições, já que todas as estruturas, operações e colaboradores envolvidos nos processos de integração entre o Futsal e o Futebol de Base, vão estar sob responsabilidade do Departamento de Futebol de Base.

A prática simultânea entre o Futsal e Futebol de Base deve ser conduzida pelo Departamento de Futebol de Base, sendo assim, todas as operações administrativas vão estar contempladas no orçamento anual do Clube, garantido aos processos de integração entre o Futsal e o Futebol de Base segurança administrativa e institucional.

Geralmente, quando isso não acontece, o centro de custo e todas as operações administrativas ficam na responsabilidade do próprio Departamento de Futsal ou de outros Departamentos, exemplos: Esportes Olímpicos, terrestres, quadra. Além disso, para que o trabalho seja de excelência no Futsal e nos processos de integração, se faz necessária uma quantidade de colaboradores razoável e uma excelente condição administrativa e estrutural, replicando as estruturas do Futebol de Base para os processos da integração.

O SEGREDO DO FUTEBOL BRASILEIRO FUTSAL E FUTEBOL DE BASE

As estruturas dos Departamentos de Futebol de Base e Apoios devem estar à disposição para o Departamento de Futsal. Em uma integração completa, não cabe distorções ou tratamentos diferenciados, o enfoque na divisão de responsabilidade dos Departamentos não significa sobreposição entre eles. A condição de Clube formador exige lucidez e amadurecimento dos que estarão à frente do projeto.

Como neste *Modelo* as Comissões Técnicas do Futebol de Base são as únicas responsáveis pelos treinamentos e competições de Futsal, consequentemente das categorias de integração, a metodologia já precisa estar definida e sendo aplicada, o que também facilitará os processos internos da prática simultânea.

Alguns Clubes pelo Brasil já tratam com seriedade os processos de integração entre o Futsal e o Futebol de Base, demonstrando ao longo dos anos, um ganho esportivo muito interessante. Este *Modelo* de investimento consegue gerar receita considerável ao Clube.

Dessa forma, consegue-se entregar ao Futebol Profissional atletas com amplo repertório motor, gestos técnicos refinados, excelente capacidade e eficiência nas tomadas de decisões. Isso, além de valorização de mercado, também cria uma atmosfera favorável para o processo de formação do atleta e atrai negociações.

1.2.1 Sugestões para a prática simultânea e os principais processos de integração entre o Futsal e o Futebol de Base

Treinamentos e competições de Futsal estarão sob total responsabilidade administrativa e estrutural do Departamento de Futebol de Base. Podem acontecer problemas administrativos em relação às Comissões Técnicas, devido à alta demanda de trabalho.

As Comissões Técnicas do Departamento de Futebol de Base serão as únicas condutoras dos processos de integração em treinamentos e competições, conforme esses exemplos:

- Treinadores do Departamento de Futebol de Base são os treinadores no Futebol de Base, assim como as Comissões Técnicas do Futebol de Base participam dos treinos e competições das categorias de integração no Futebol; e
- Treinadores do Departamento de Futebol de Base são os treinadores no Futsal, assim como as Comissões Técnicas do Futebol de Base participam dos treinos e competições das categorias de integração no Futsal.

Outros membros das duas Comissões Técnicas - Futsal e Futebol de Base, também fazem parte dos processos, auxiliando de acordo as necessidades. Processos de integração serão planejados e conduzidos pelas Comissões Técnicas do Futebol de Base. Além disso:

▸ Metodologia estabelecida pelo Departamento de Futebol de Base para a prática simultânea;

▸ Reuniões periódicas entre as Comissões Técnicas de Futebol de Base e Futsal;

▸ Estímulo constante ao atleta para a prática simultânea de Futsal e Futebol nos treinamentos e competições;

▸ Treinamentos de Futsal e Futebol divididos conforme programação e demanda;

▸ Elenco único nas categorias de integração entre o Futsal e o Futebol de Base;

▸ Definição de quais atletas vão estar relacionados para os jogos nas rodadas de Futsal e Futebol de Base; e

▸ Observação e captação de novos atletas através de locais que fomentam o Futsal na região: escolinhas, projetos, órgãos públicos, instituições de ensino, Clubes Sociais, outros.

Seguindo a proposta atual de categorias nos regulamentos das F.P.F.S. e F.P.F., podem-se visualizar os seguintes exemplos:

> Futsal - Sub 07, 08, 09/todos jogam e treinam Futsal, devendo iniciar alguns momentos introdutórios ao Futebol de forma pontual (como os processos estão sobre a responsabilidade das Comissões Técnicas do Futebol de Base, pode-se optar por fomentar ou não essas categorias, devido à grande demanda de treinos e competições, condições administrativas e estruturais, e os objetivos esportivos do Clube);
> Futsal - Sub 10, 12, 14, 16/todos jogam e treinam Futsal e Futebol; e
> Futebol - Sub 11, 13, 15/todos jogam e treinam Futsal e Futebol.

Demais categorias acima de 15/16 anos que não fazem parte da integração, praticam as respectivas modalidades em separado. No caso do Futsal, as categorias acima dos 15 anos ficam na dependência do Clube acreditar ou não na importância da continuidade para benefício da modalidade. Além disso, é necessário que se tenha atenção as exigências impostas pelo regulamento da respectiva Federação de Futsal, que em muitos Estados obriga o Clube a disputar um grande número de categorias.

Condições de disputar todas as categorias federativas que o Futsal do Estado proporciona (principalmente as categorias envolvidas nos processos de integração entre o Futsal e o Futebol de Base) seria a condição desejável.

No caso de dificuldade logística ou financeira, pode-se optar por disputas de torneios regionais extraoficiais. Como já comentado, dependendo do Estado, existem algumas obrigações em decorrência aos regulamentos. Exemplo: a F.P.F.S. não deixa que as equipes participem de apenas uma categoria nas competições com sua chancela. É obrigatório que as equipes participem das categorias Sub 07 (única categoria opcional) ao Sub 10, ou do Sub 12 ao Sub 18, ou todas.

O SEGREDO DO FUTEBOL BRASILEIRO FUTSAL E FUTEBOL DE BASE

Maior atenção deve ser dada a esta categoria nas participações em competições escolhidas, no que se refere à observação de talentos e valores nos demais adversários. Jovens nessa faixa etária podem ser captados e, com o devido preparo, potencializar o fomento do projeto, com descobertas na fase final de captação.

1.2.2 Sugestões de estruturas físicas principais (mantidas pelo Departamento de Futsal)

O Departamento de Futsal não existe administrativamente.
Todas as estruturas físicas principais, são de responsabilidade do Departamento de Futebol de Base.

1.2.3 Sugestões de estruturas físicas principais (mantidas pelo Departamento de Futebol de Base)

As estruturas físicas principais a seguir, são exemplos de opções para que haja uma facilidade operacional nos processos de integração entre o Futsal e o Futebol de Base. Diferente do *Modelo 01*, não existem estruturas físicas de apoio, porque o Departamento de Futebol de Base é o único responsável por todas as estruturas físicas principais.

Todos as estruturas físicas principais abaixo, são de inteira responsabilidade do Departamento de Futebol de Base.

Composição:
▶ 01 Campo de Futebol, 01 Ginásio (quadra com dimensões oficiais), 01 Sala/Administrativo (coordenação, secretaria), 01 Sala/Comissões Técnicas, 01 Sala/Análise de desempenho, 01 Sala/Fisiologista, 01 Sala/Pedagogo, 01 Sala de estudos para os atletas,

01 Sala/Psicólogo, 01 Sala/Coach, 01 Sala/Assistente social, 01 Sala/Enfermeiro, 01 Sala/Médico, 01 Sala/Fisioterapeuta, 01 Sala de treinamento funcional e/ou musculação, 01 Rouparia, Outros.

Na falta de ginásio/quadra, sugerimos parcerias com a prefeitura, instituições de ensino, iniciativa privada e outros Clubes.

Obs.: Cada Clube tem as suas estruturas físicas e condições financeiras, sendo assim, caso seja necessário, deve-se optar pela redução de algumas estruturas, para que o projeto esportivo e os processos de integração entre o Futsal e o Futebol de Base aconteçam com excelência.

1.2.4 SUGESTÕES DE CATEGORIAS CONTEMPLADAS NOS PROCESSOS DE INTEGRAÇÃO ENTRE O FUTSAL E O FUTEBOL DE BASE

Segue a mesma sugestão apresentada no *Modelo 01*, qual seja:

As faixas etárias e categorias a seguir, são apenas exemplos apresentados para que se possa montar uma estrutura operacional dos processos. As categorias do Futsal e Futebol de Base abaixo, seguem os regulamentos vigentes da F.P.F.S. e F.P.F. (exemplos).

Cada Clube tem a liberdade de escolher qual é a melhor faixa etária e categorias vão ser trabalhadas, seguindo o projeto esportivo e os processos de integração entre o Futsal e o Futebol de Base:

➤ Faixa etária sugerida integração: 07 aos 15 anos;

➤ Número de categorias Futsal: 07;

➤ Número de categorias Futebol: 03;

➤ Categorias Futsal:

Iniciantes: Sub 07, 08, 09, 10 (seguindo a proposta do Estado de São Paulo/Futsal federativo); e

Base: Sub 12, 14, 16 (seguindo a proposta do Estado de São Paulo/ Futsal federativo).

Categorias Futebol:
Sub 11, Sub 13, Sub 15 (seguindo a proposta do Estado de São Paulo/Futebol federativo).

1.2.5 SUGESTÕES DE ESTRUTURAS ADMINISTRATIVAS - RH (MANTIDAS PELO DEPARTAMENTO DE FUTSAL)

⚽ Colaboradores - Futsal

O Departamento de Futsal não existe administrativamente, por isso não há colaboradores locados administrativamente no Departamento de Futsal. Os colaboradores que trabalham nos processos de integração entre o Futsal e o Futebol de Base, estão locados administrativamente do Departamento de Futebol de Base. Todas as estruturas administrativas, são de responsabilidade do Departamento de Futebol de Base.

1.2.6 SUGESTÕES DE ESTRUTURAS ADMINISTRATIVAS - RH (DEPARTAMENTO DE FUTSAL MANTIDO PELO DEPARTAMENTO DE FUTEBOL DE BASE)

⚽ Colaboradores - Futebol de Base

Levando em consideração a proposta da F.P.F.S., onde se divide as categorias em duas partes (Iniciantes - Sub 07, 08, 09, 10 e Base - Sub 12, 14, 16, 18), podemos pensar em um *Modelo* enxuto de colaboradores, onde as 03 Comissões Técnicas do Futebol de Base (Sub 11, Sub 13, Sub 15) se dividem para fomentar todas as 08 categorias do Departamento de Futsal em conjunto com as categorias de Futebol de Base. Como nesse *Modelo* não existem colaboradores locados administrativamente no Departamento de Futsal, os colaboradores do Departamento de Futebol de base envolvidos na integração acumulam a função de prestar serviços às duas modalidades (treinos e jogos).

O SEGREDO DO FUTEBOL BRASILEIRO FUTSAL E FUTEBOL DE BASE

Houve o cuidado de selecionar apenas os cargos importantes para a condução dos processos, assim como, o número de colaboradores condizentes com o número de categorias contempladas. Um problema que o Clube precisa administrar, é que no regulamento da F.P.F.S. não permite a disputa das categorias em separado. Ou seja, o Clube não pode jogar o Sub 07 e o Sub 10, ele precisa jogar todas as categorias Iniciantes. É obrigatório que se opte pelas categorias Iniciantes ou Base ou as duas.

Em outros Estados, existem propostas de regulamento diferentes, e se pensarmos em integração entre o Futsal e o Futebol de Base, talvez não fosse interessante para os processos do Clube, manter categorias com idades mais elevadas, selecionando, portanto, as categorias de interesse esportivo do Clube.

Em caráter logístico, para ajudar os Clubes, a F.P.F.S. marca os 04 jogos sequenciais (iniciantes ou base) na mesma data, local e horário, exemplo, joga o Sub 07 iniciando a rodada, e logo após as outras categorias em ordem crescente.

Algumas funções do Futebol de Base não foram mencionadas porque não fazem parte dos processos de integração. Todos os colaboradores relacionados abaixo, são de inteira responsabilidade do Departamento de Futebol de Base.

Composição:
➤ 01 Gerente, 02 Coordenadores técnicos, 01 Coordenador de integração Futsal – Futebol, 02 Supervisores técnicos, 02 Administrativos, 02 Estagiários, 03 Treinadores, 03 Auxiliares, 03 Preparadores físicos, 03 Preparadores de goleiros, 02 Analistas de desempenho, 02 Assessores de imprensa, 02 Assistentes sociais, 02 Pedagogos, 02 Psicólogos, 02 *Coach*, 02 Fisiologistas, 02 Nutricionistas; 02 Médicos, 02 Fisioterapeutas, 02 Massoterapeutas/Massagistas, 02 Enfermeiros, 02 Roupeiros, Outros.

O SEGREDO DO FUTEBOL BRASILEIRO FUTSAL E FUTEBOL DE BASE

> *Obs.: Cada Clube tem as suas condições administrativas e financeiras, sendo assim, caso seja necessário, deve-se optar pela redução de alguns colaboradores, para que o projeto esportivo e os processos de integração entre o Futsal e o Futebol de Base aconteçam com excelência.*

1.2.7 Sugestões de Estruturas Administrativas de Apoio - RH (Mantidas por Outros Departamentos)

⚽ **Colaboradores - Outros Departamentos**

Os Departamentos de apoio a seguir, são exemplos de opções para que haja uma facilidade operacional nos processos de integração entre o Futsal e o Futebol de Base. Todos os itens relacionados abaixo, são de inteira responsabilidade de outros Departamentos.

Composição:
➤ Jurídico, Segurança, Comunicação, Marketing, Refeitório, Compras, Infraestrutura, Logística, Alojamento, Almoxarifado, Limpeza, Garagem (transporte do Clube), Outros.

1.2.8 Sugestões de Outras Estruturas Externas de Apoio (Mantidas por Terceiros)

As estruturas de apoio a seguir são mantidas por terceiros (externos), e se conectam às Macroáreas diretas e às outras estruturas internas de apoio que o Clube mantém.

Composição:
➤ Atores externos, Parceiros diversos, Fornecedores, Outros.

> *Obs.: Cada Clube tem a sua estrutura administrativa e condições financeiras, sendo assim, sendo necessário, pode-se optar pela redução de alguma dessas estruturas, para que o projeto esportivo e os processos de integração entre o Futsal e o Futebol de Base aconteçam com excelência.*

1.3 *MODELO 03* - DEPARTAMENTO DE FUTSAL ITINERANTE - CONEXÕES EXTERNAS EXTRAOFICIAIS

<u>**Tipo de investimento: Médio**</u>

Considerações:

Na sugestão do *Modelo 03*, o Departamento de Futsal itinerante se configura de forma reduzida para trabalhar os processos da prática simultânea entre Futsal e Futebol de Base, dependendo das conexões externas extraoficiais para fomentar o Futsal.

Na intenção de salvaguardar a integração entre o Futsal e Futebol de Base, é necessário que o Futsal esteja no Estatuto Social e todos os processos estejam institucionalizados e/ou no organograma do Clube. Em resumo, o Departamento de Futsal vai estar no "guarda-chuva" do Departamento de Futebol de Base, sendo gerido 100% pelo Clube.

Pode haver dificuldades para que o Futsal seja estatutário e/ou institucionalizado nos processos da prática simultânea entre o Futsal e Futebol de Base, porque o Departamento de Futsal está reduzido e é itinerante, mesmo assim, é interessante que as ações de integração aconteçam naturalmente baseando-se no projeto esportivo, realidade administrativa/estrutural, demandas, cultura/história do Clube, cidade/região, outros.

Essas possíveis conexões, não se referem a patrocínio ou algo similar, trata-se sim, de conexões externas extraoficiais que fomentam o Futsal, exemplos: órgãos estaduais/municipais/federais, projetos, ONG's, instituições, Clubes Sociais.

Neste *Modelo*, o Departamento de Futsal itinerante conduz os processos de integração (observação nos treinos e competições de Futsal) em conjunto com o Departamento de Futebol de Base (treinos de Futebol e competições de Futebol), utilizando as conexões externas extraoficiais para o fomento do Futsal (treinos de Futsal e competições de Futsal).

As estruturas, operações e colaboradores envolvidos nos processos de integração entre o Futsal e o Futebol de Base, serão responsabilidade dos Departamentos de Futsal e Futebol de Base, com exceção feita aos processos desenvolvidos pelas conexões externas extraoficiais.

Mesmo com o Departamento de Futsal organizado de forma reduzida, existem benefícios para que o Departamento de Futsal fique locado no Departamento de Futebol de Base, fazendo que todas as operações administrativas estejam contempladas no orçamento anual do Clube, garantindo ao Departamento de Futsal segurança administrativa e institucional.

Geralmente, quando isso não acontece, o centro de custo e todas as operações administrativas ficam na responsabilidade do próprio Departamento de Futsal ou de outros Departamentos, exemplos: Esportes Olímpicos, terrestres, quadra.

Como existem as conexões externas extraoficiais envolvidas nos processos de integração entre o Futsal e o Futebol de Base, o Clube não tem obrigações de ajudar administrativamente ou fornecer estruturas a essas conexões, porém dependendo do acordo entre ambos, é possível que isso aconteça de alguma forma.

Além disso, para que o trabalho seja de excelência no Futsal e nos processos de integração, se faz necessária uma quantidade de colabo-

O SEGREDO DO FUTEBOL BRASILEIRO FUTSAL E FUTEBOL DE BASE

radores satisfatória tanto no Departamento de Futsal do Clube, como na conexão externa extraoficial, assim como deve estar disponível uma boa condição administrativa e estrutural para ambos.

Algumas estruturas dos Departamentos de Futebol de Base e Apoios, vão estar disponibilizadas para o Departamento de Futsal conforme necessidade, demanda e acordo com as conexões externas extraoficiais.

Devido ao *Modelo* escolhido pelo Clube, grande parte dos treinamentos e competições de Futsal, estarão sob responsabilidade única das conexões externas extraoficiais, exceção feita, a treinamentos pontuais internos de Futsal, realizados sempre pelo Departamentos de Futsal e Futebol de Base.

A condução deste *Modelo* é realmente bem distinta dos *Modelos 01 e 02*, já que apenas vão se beneficiar alguns atletas pré-selecionados no Futsal, providos das conexões externas extraoficiais. É interessante comentar que o atleta aprovado para o Futebol vai continuar praticando o Futsal nas conexões externas extraoficiais sob a supervisão do Clube, sendo estimulado a permanecer na prática simultânea até a idade limite.

Pela configuração administrativa deste *Modelo* e de acordo o projeto esportivo, a Comissão Técnica do Departamento de Futsal (duas Comissões Técnicas completas - Base e Iniciação), têm a missão de observar/avaliar e captar atletas para o Futebol de Base através da presença pontual nos treinamentos e competições diversas das conexões externas extraoficiais.

Para que os processos de integração fiquem mais claros, o Departamento de Futebol de Base, vai pontualmente acompanhar os treinamentos e competições das conexões externas extraoficiais, facilitando assim, uma melhor comunicação com o Departamento de Futsal, de qual atleta pode ser útil para o Clube.

Dependendo da relação com as conexões externas extraoficiais, as metodologias aplicadas por essas conexões podem estar alinhadas com o projeto esportivo do Clube e metodologia, facilitando assim, todos os processos para a transição ao Futebol de Base.

Aproveitando a existência das Comissões Técnicas de Futsal neste *Modelo*, também é possível que se mantenham turmas de treinamento dentro do Clube, utilizando esses colaboradores e as Comissões Técnicas do Futebol de Base já envolvidas nos processos de integração. Neste processo, o atleta de Futebol que já faz parte da prática simultânea praticando o Futsal nas conexões externas extraoficiais, intensifica internamente os treinamentos sob a supervisão das duas modalidades.

Diversos Clubes pelo Brasil, já tratam com seriedade os processos de integração entre o Futsal e o Futebol de Base, demonstrando ao longo dos anos, um ganho esportivo muito interessante a médio, longo prazo. Este *Modelo* de investimento gera receita considerável ao Clube, pois, entrega ao Futebol Profissional, atletas com um vasto repertório e enorme valor de mercado para uma negociação futura.

1.3.1 Sugestões para a prática simultânea e os principais processos de integração entre o Futsal e o Futebol de Base

Treinamentos e competições de Futsal de total responsabilidade administrativa e estrutural das conexões externas extraoficiais, com participações efetivas dos Departamentos de Futsal e Futebol de Base, cabendo ao Departamento de Futsal, a responsabilidade principal de observar os atletas e captá-los, caso haja interesse.

Treinamentos pontuais, dentro do Clube, são desenvolvidos pelas Comissões Técnicas dos Departamentos de Futsal e Futebol de Base, apenas para os atletas que já fazem parte dos processos da prática simultânea.

O SEGREDO DO FUTEBOL BRASILEIRO FUTSAL E FUTEBOL DE BASE

As Comissões Técnicas dos Departamentos de Futsal e Futebol de Base integradas utilizar-se-ão das conexões externas extraoficiais como condutoras dos treinamentos e competições de Futsal.

Exemplos:
- Treinadores do Departamento de Futsal são os auxiliares no Futebol de Base, assim como as Comissões Técnicas de Futsal participam dos treinos e competições das categorias de integração no Departamento de Futebol de Base;
- Treinadores do Departamento de Futebol são os auxiliares no Futsal, assim como as Comissões Técnicas do Futebol de Base participam dos treinos das categorias de integração no Departamento de Futsal (apenas nos treinamentos pontuais realizados dentro do Clube); e
- Treinadores e Comissões Técnicas das conexões externas extraoficiais, não participam de nenhum processo dentro do Clube, seja no Futsal ou Futebol.

Outros membros das duas Comissões Técnicas - Futsal e Futebol, também fazem parte dos processos, auxiliando um ao outro de acordo as necessidades e o Departamento de origem. Além disso:

▸ Processos de integração planejados e conduzidos em conjunto pelos Departamentos de Futsal e Futebol de Base;
▸ Metodologia estabelecida para a prática simultânea desenvolvidas pelos Departamentos de Futsal e Futebol de Base;
▸ Capacitações e possibilidade de implementação da metodologia do Clube as conexões externas extraoficiais;
▸ Reuniões periódicas entre as Comissões Técnicas do Departamento de Futsal e Futebol de Base;

> Reuniões periódicas entre as Comissões Técnicas do Departamento de Futsal e as Comissões Técnicas das conexões externas extraoficiais;

> Comissões Técnicas do Departamento de Futsal monitorando constantemente os treinamentos e competições das conexões externas extraoficiais;

> Estímulo constante ao atleta para a prática simultânea de Futsal e Futebol através dos treinamentos e competições fomentados pelas conexões externas extraoficiais;

> Treinamentos internos de Futsal e treinamentos diários do Futebol de Base divididos conforme programação e demanda do Clube;

> Período de avaliação no Departamento de Futebol destinado aos atletas captados nas conexões externas extraoficiais; e

> Opções de categorias fomentadas de Futsal, vai depender das conexões externas extraoficiais e seus projetos. Para o Clube é interessante que essas conexões participem em todas as categorias federativas que fazem parte de um processo completo de integração entre o Futsal e o Futebol de Base, não existindo a possibilidade de elencos únicos nas categorias de integração.

Seguem alguns exemplos, segundo a proposta atual de categorias nos regulamentos das F.P.F.S. e F.P.F.:

⚽ Futsal - Sub 07, 08, 09/todos jogam e treinam Futsal, devendo iniciar de forma pontual alguns momentos introdutórios ao Futebol (como o fomento principal do Futsal está sob a responsabilidade das conexões externas extraoficiais, pode-se optar por inserir ou não essas categorias nos processos do Futebol);

⚽ Futsal - Sub 10, 12, 14, 16/todos jogam e treinam Futsal e Futebol; e

⚽ Futebol - Sub 11, 13, 15/todos jogam e treinam Futsal e Futebol.

Demais categorias acima de 15/16 anos que não fazem parte dos processos de integração, praticam as respectivas modalidades em separado. No caso do Futsal, as categorias acima dos 15 anos ficam na dependência do Clube acreditar ou não na importância da continuidade para o benefício da modalidade. Além disso, é necessário que se tenha atenção as exigências impostas pelo regulamento da respectiva Federação de Futsal, que em muitos Estados obriga o Clube a disputar um grande número de categorias.

Gerar as condições de disputar algumas categorias federativas que o Futsal do Estado proporciona (principalmente as categorias envolvidas nos processos de integração entre o Futsal e o Futebol de Base é importante para funcionamento do projeto ora proposto.

No caso de dificuldade logística ou financeira, pode-se optar por disputas de torneios regionais extraoficiais. Como já comentado, dependendo do Estado, existem algumas obrigações em decorrência aos regulamentos. Exemplo: a F.P.F.S. não deixa que as equipes participem de apenas uma categoria nas competições com sua chancela. É obrigatório que as equipes participem das categorias Sub 07 (única categoria opcional) ao Sub 10, ou do Sub 12 ao Sub 18, ou todas.

Haverá a definição em conjunto entre as conexões externas extraoficiais e Clube de quais atletas vão estar relacionados para os jogos nas rodadas de Futsal e Futebol. A observação e captação de novos atletas será feita através das conexões externas extraoficiais que fomentam o Futsal na região: escolinhas, projetos, órgãos públicos, instituições de ensino, Clubes Sociais, outros.

Diferentemente dos *Modelos 01 e 02*, não é possível que se façam elencos únicos de Futsal para que se treinem e disputem as competições. As conexões externas extraoficiais têm outros atletas que não fazem parte do Departamento de Futebol do Clube, sendo assim, a única oportunidade de um trabalho mais direcionado, só vai acontecer caso haja treinos pontuais internos desenvolvidos pelo Departamentos de Futsal e Futebol.

1.3.2 Sugestões de estruturas físicas principais (mantidas pelas conexões externas extraoficiais)

As estruturas físicas principais a seguir, são exemplos de opções para que haja uma facilidade operacional nos processos de integração entre o Futsal e o Futebol de Base. Neste *Modelo* as estruturas físicas de grande parte dos treinamentos diários e jogos são de responsabilidade das conexões externas extraoficiais, assim como, as outras estruturas são de responsabilidade do Departamento de Futebol de Base.

Como o Departamento de Futsal está configurado para um *Modelo* reduzido de colaboradores (duas Comissões Técnicas), caso haja necessidade, o Clube pode utilizar o seu ginásio para treinamentos pontuais de Futsal, com os atletas que fazem parte da integração entre o Futsal e o Futebol de Base. Todos as estruturas físicas principais relacionadas abaixo, são de responsabilidade das conexões externas extraoficiais.

Composição:
➤ 01 Ginásio (quadra com dimensões oficiais), 01 Rouparia, 01 Sala de materiais para treinamento, 01 Sala/Administrativo (coordenação, secretaria), 01 Sala/Comissões Técnicas, Outros.

Na falta de ginásio/quadra, sugerimos parcerias com a prefeitura, instituições de ensino, iniciativa privada e outros Clubes.

> *Obs.: Cada Clube e conexões externas extraoficiais tem as suas estruturas físicas e condições financeiras, sendo assim, caso seja necessário, deve-se optar pela redução de algumas estruturas, para que o projeto esportivo e os processos de integração entre o Futsal e o Futebol de Base aconteçam com excelência.*

1.3.3 Sugestões de estruturas físicas principais (mantidas pelo Departamento de Futebol de Base)

As estruturas físicas principais a seguir, são exemplos de opções para que haja uma facilidade operacional nos processos de integração entre o Futsal e o Futebol de Base.

Diferente do *Modelo 01*, não existem estruturas físicas de apoio, porque o Departamento de Futebol de Base divide as responsabilidades estruturais da prática do Futsal e Futebol com as conexões externa extraoficiais. Todos as estruturas físicas principais relacionadas abaixo, são de inteira responsabilidade do Departamento de Futebol de Base.

Composição:
▶ 01 Ginásio (quadra com dimensões oficiais), 01 Campo de Futebol, 01 Sala/Análise de desempenho, 01 Sala/Fisiologista, 01 Sala/Pedagogo, 01 Sala de estudos para os atletas, 01 Sala/Psicólogo, 01 Sala/Coach, 01 Sala/Assistente social, 01 Sala/Enfermeiro, 01 Sala/Médico, 01 Sala/Fisioterapeuta, 01 Sala de treinamento funcional e/ou musculação.

> *Obs.: Cada Clube e conexões externas extraoficiais tem a suas estruturas físicas e condições financeiras, sendo assim, caso seja necessário, deve-se optar pela redução de algumas estruturas, para que o projeto esportivo e os processos de integração entre o Futsal e o Futebol de Base aconteçam com excelência.*

1.3.4 SUGESTÕES DE CATEGORIAS CONTEMPLADAS NOS PROCESSOS DE INTEGRAÇÃO ENTRE O FUTSAL E O FUTEBOL DE BASE E CONEXÕES EXTERNAS EXTRAOFICIAIS

As categorias e idades de Futsal fomentadas pelas conexões externas extraoficiais, vão seguir a mesma sugestão apresentada no *Modelo 01*. É interessante que se tente fomentar em conjunto o maior número de categorias de Futsal, se possível todas que podem fazer parte dos processos de integração.

1.3.5 SUGESTÕES DE ESTRUTURAS ADMINISTRATIVAS - RH (MANTIDAS PELO DEPARTAMENTO DE FUTSAL)

⚽ **Colaboradores - Futsal**

Levando em consideração a proposta da F.P.F.S., onde se divide as categorias em duas partes (Iniciantes - Sub 07, 08, 09, 10 e Base - Sub 12, 14, 16, 18), pode-se pensar em um *Modelo* enxuto de colaboradores (duas Comissões Técnicas), onde todos, com exceção do coordenador, ficam responsáveis pelas categorias de Futsal iniciantes ou base.

Houve o cuidado de pontuar apenas os cargos importantes para a condução dos processos, assim como, o número de colaboradores condizentes com o número de categorias contempladas. Este *Modelo* reduzido de colaboradores locados administrativamente no Departamento de Futsal se faz necessário porque a função principal das duas Comissões Técnicas mencionadas é avaliar em treinamentos e competições os diversos atletas que fazem parte das conexões externas.

Em comparação aos *Modelos 01 e 02*, o Departamento de Futsal só vai ministrar treinos aos atletas dentro do Clube, sendo de forma pontual, deixando para as conexões externas extraoficiais o compromisso dos treinamentos diários de Futsal e jogos.

O SEGREDO DO FUTEBOL BRASILEIRO FUTSAL E FUTEBOL DE BASE

Um problema que o Clube precisa administrar, é que no regulamento da F.P.F.S. não permite a disputa das categorias em separado. Ou seja, o Clube não pode jogar o Sub 07 e o Sub 10, ele precisa jogar todas as categorias Iniciantes. É obrigatório que se opte pelas categorias Iniciantes ou Base ou as duas.

Em outros Estados, existem propostas de regulamento diferentes, e se pensáramos em integração entre o Futsal e o Futebol de Base, talvez não fosse interessante para os processos do Clube, manter categorias com idades mais elevadas, selecionando, portanto, as categorias de interesse esportivo do Clube.

Em caráter logístico, para ajudar os Clubes, a F.P.F.S. marca os 04 jogos sequenciais (iniciantes ou base) na mesma data, local e horário, exemplo, joga o Sub 07 iniciando a rodada, e logo após as outras categorias em ordem crescente.

Algumas funções do Futebol de Base não foram mencionadas porque não fazem parte dos processos de integração. Todos os colaboradores relacionados abaixo, são de inteira responsabilidade do Departamento de Futsal.

Composição:

▸ 01 Coordenador (gerência todo o Departamento de Futsal), 02 Treinadores (01 Treinador para Iniciantes e 01 Treinador para a Base), 02 Preparadores físicos (01 Preparador físico para Iniciantes e 01 Preparador físico para a Base), 02 Preparadores de goleiros (01 Preparador de goleiros para Iniciantes e 01 Preparador de goleiros para a Base), 02 Analistas de desempenho (01 Analista de desempenho para Iniciantes e 01 Analista de desempenho a Base).

> Obs.: Cada Clube e conexões externas extraoficiais tem as suas condições administrativas e financeiras, sendo assim, caso seja necessário, deve-se optar pela redução de alguns colaboradores, para que o projeto esportivo e os processos de integração entre o Futsal e o Futebol de Base aconteçam com excelência.

1.3.6 SUGESTÕES DE ESTRUTURAS ADMINISTRATIVAS - RH (MANTIDAS PELAS CONEXÕES EXTERNAS EXTRAOFICIAIS)

⚽ Colaboradores - Conexões externas

Neste caso, o Clube não gerencia as estruturas administrativas das conexões externas extraoficiais, portanto, o número de colaboradores envolvidos nos treinamentos e competições vai depender destas estruturas, sendo ideal ou não ideal.

Essas conexões externas dependem de investimentos para uma melhor estrutura, a grande maioria tem como receita as mensalidades dos sócios ou atletas/alunos. Pensando nisso, abaixo segue um *Modelo* bem reduzido de estrutura administrativa para que se possa trabalhar com qualidade os processos de integração entre o Futsal e o Futebol de Base.

Todos os colaboradores relacionados abaixo, são de inteira responsabilidade das conexões externas extraoficiais.

Composição:

▸ 01 Coordenador/Empresário/Diretor (gerência o local), 02 Treinadores (01 Treinador para Iniciantes e 01 Treinador para a Base), 02 Estagiários (01 Estagiário para Iniciantes e 01 Estagiário para a Base), 02 Preparadores físicos (01 Preparador físico para Iniciantes e 01 Preparador físico para a Base), 02 Preparadores de goleiros (01

Preparador de goleiros para Iniciantes e 01 Preparador de goleiros para a Base).

> *Obs.: Cada Clube e conexões externas extraoficiais tem as suas condições administrativas e financeiras, sendo assim, caso seja necessário, deve-se optar pela redução de alguns colaboradores, para que o projeto esportivo e os processos de integração entre o Futsal e o Futebol de Base aconteçam com excelência.*

1.3.7 SUGESTÕES DE ESTRUTURAS ADMINISTRATIVAS DE APOIO – RH (MANTIDAS PELO DEPARTAMENTO DE FUTEBOL DE BASE)

⚽ Colaboradores - Futebol de Base

As estruturas administrativas do Departamento de Futebol de Base não estão disponíveis diretamente para as conexões externas extraoficiais. Estas estruturas abaixo vão estar destinadas apenas para os atletas aprovados pelo Departamento de Futebol de Base, através da captação e observação do Departamento de Futsal nos treinamentos e jogos fomentados pelas conexões externas extraoficiais.

Estão pontuados abaixo, apenas os colaboradores que fazem parte do processo de integração entre o Futsal e o Futebol de Base. Geralmente no Futebol de Base, com algumas exceções, cada categoria tem a sua Comissão Técnica independente, por isso a escolha de 03 colaboradores para cada cargo técnico, supervisão e coordenação.

Houve o cuidado de selecionar apenas os cargos relevantes para a condução dos processos, assim como, o número de colaboradores condizentes com o número de categorias contempladas. Algumas funções do Futebol de Base não foram mencionadas porque não fazem parte dos processos de integração. Todos os colaboradores relacionados abaixo, são de inteira responsabilidade do Departamento de Futebol de Base.

Composição:

‣ 01 Gerente, 03 Coordenadores técnicos, 03 Supervisores técnicos, 02 Administrativos, 03 Treinadores, 03 Auxiliares, 03 Preparadores físicos, 03 Preparadores de goleiros, 02 Assessores de imprensa, 02 Assistentes sociais, 02 Pedagogos, 02 Psicólogos, 02 *Coachs*, 02 Fisiologistas, 02 Nutricionistas, 02 Médicos, 02 Enfermeiros.

> *Obs.: Cada Clube e conexões externas extraoficiais tem as suas condições administrativas e financeiras, sendo assim, caso seja necessário, deve-se optar pela redução de alguns colaboradores, para que o projeto esportivo e os processos de integração entre o Futsal e o Futebol de Base aconteçam com excelência.*

1.3.8 Sugestões de estruturas administrativas de apoio – RH (mantidas por outros departamentos)

⚽ **Colaboradores - Outros Departamentos**

As estruturas administrativas de apoio do Departamento de Futebol de Base não estão totalmente disponíveis para as conexões externas extraoficiais. Estas estruturas abaixo vão estar destinadas apenas para os atletas aprovados pelo Departamento de Futebol de Base, através da captação e observação do Departamento de Futsal nos treinamentos e jogos fomentados pelas conexões externas extraoficiais.

Os Departamentos de apoio a seguir, são exemplos de opções para que haja uma facilidade operacional nos processos de integração entre o Futsal e o Futebol de Base. Todos os itens relacionados abaixo, são de inteira responsabilidade de outros Departamentos.

Composição:
➤ Jurídico, Segurança, Comunicação, Marketing, Refeitório, Compras, Infraestrutura, Logística, Alojamento, Almoxarifado, Limpeza, Garagem (transporte do Clube), Outros.

1.3.9 SUGESTÕES DE OUTRAS ESTRUTURAS EXTERNAS DE APOIO (MANTIDAS POR TERCEIROS)

As estruturas de apoio a seguir são mantidas por terceiros (externos), e se conectam as Macroáreas diretas e as outras estruturas internas de apoio que o Clube mantém.

Composição:
➤ Atores externos, Parceiros diversos, Fornecedores, Outros.

Obs.: Cada Clube e conexões externas extraoficiais tem as suas condições administrativas e financeiras, sendo assim, caso seja necessário, deve-se optar pela redução de alguns colaboradores, para que o projeto esportivo e os processos de integração entre o Futsal e o Futebol de Base aconteçam com excelência.

Para os Clubes que tenham dificuldades financeiras de viabilizar a operacionalização administrativa, da equipe de trabalho e estrutural tal como Departamento de Futsal próprio, conforme *Modelo 01*, existe a possibilidade de viabilizar parcerias com projetos de equipes que já participem de competições federativas. Dessa forma, a cultura da prática do Futsal e o processo de implantação na inclusão dos benefícios de sua prática simultânea com o Futebol de Base (treinos e jogos) se iniciam.

Essas parcerias podem ser exploradas independente de sua localização, próxima ou não ao Clube, e, apesar de ter como foco prin-

O SEGREDO DO FUTEBOL BRASILEIRO FUTSAL E FUTEBOL DE BASE

cipal a formação de talentos esportivos, também desenvolvem os laços da identidade do Clube com a localidade, além do capital social estimulado.

Esses projetos apresentam metodologia alinhada aos conceitos e à concepção de formação de atletas, recebem suporte técnico e monitoramento dos processos, se encaixam perfeitamente no *Modelo* sugerido e podem se adaptar ao projeto esportivo do Clube de forma flexível.

Exemplos de equipes de Futebol e Futsal (Estado de São Paulo) como sugestão de parcerias locais:
- A.A. Ponte Preta/Pulo Futsal (Campinas)
- S.C. São Bento/A.S.F. Magnus Futsal (Sorocaba)
- A. Ferroviária de Esportes/Uniara - Fundesport (Araraquara)
- E.C. Água Santa/MX7 (Diadema)
- E.C. Santo André/A.D. Santo André Futsal (Santo André)
- A.D. São Caetano/São Caetano F.C. (São Caetano)
- A.A. Flamengo/A.A. Wimpro (Guarulhos)
- A.A. Portuguesa Santista/A.A. dos Portuários (Santos)

1.4 Modelo 04 - Departamento de Futebol de Base - Parcerias Externas Oficiais

Tipo de investimento: Baixo

Considerações

Neste *Modelo 04*, o Departamento de Futsal do Clube não existe. Os processos para a prática simultânea entre o Futsal e Futebol de Base são conduzidos pelo Departamento de Futebol de Base e pelas parcerias externas oficiais, devendo o parceiro estar alinhado e inserido no projeto esportivo do Clube.

Na intenção de salvaguardar a integração entre o Futsal e Futebol de Base, é necessário que o Futsal esteja no Estatuto Social e todos os processos estejam institucionalizados e/ou no organograma do Clube. Mesmo com a inexistência do Departamento de Futsal, A prática do Futsal e os processos de integração entre o Futsal e Futebol de Base vão estar no "guarda-chuva" do Departamento de Futebol de Base, devido à condução única.

Pode haver dificuldades para que o Futsal seja estatutário e/ou institucionalizado nos processos entre o Futsal e o Futebol de Base, porque o Departamento de Futsal está sendo substituído pelas parcerias externas oficiais, mesmo assim, é interessante que as ações aconteçam naturalmente, baseando-se no projeto esportivo, realidade administrativa/estrutural, demandas, cultura/história do Clube, cidade/região, outros.

Neste *Modelo*, o Departamento de Futebol de Base conduz os processos de integração (treinos de Futebol e competições de Futebol), utilizando as parcerias externas oficiais para o fomento do Futsal (treinos de Futsal e competições de Futsal). As estruturas, operações e colaboradores envolvidos nos processos de integração entre o Futsal e o Futebol de Base, vão estar sob responsabilidade do Departamento de Futebol de Base, com exceção feita aos processos desenvolvidos pelas parcerias externas oficiais.

Com a inexistência do Departamento de Futsal, existem benefícios para que o Futsal, por meio das parcerias externas oficiais, tenha o apoio do Departamento de Futebol de Base, fazendo que todas as operações administrativas estejam contempladas no orçamento anual do Clube, garantindo aos processos de integração entre o Futsal e o Futebol de Base segurança administrativa e institucional.

Existe uma parceria formal, sendo assim, a metodologia aplicada pelo parceiro, deve estar alinhada com o projeto esportivo do Clube e sua metodologia, facilitando assim, todos os processos para a transição ao Futebol de Base.

Essas possíveis parcerias, não se refletem a patrocínio ou algo similar, trata-se sim, de parceiros formais externos que fomentam o Futsal, exemplos: órgãos estaduais/municipais/federais, projetos, ONG, instituições, Clubes Sociais.

Como existem as parcerias externas oficiais envolvidas nos processos de integração entre o Futsal e o Futebol de Base de Base, o Clube pode ter acordos administrativos e/ou estruturais como contrapartida da parceria.

Além disso, para que o trabalho seja de excelência no Futsal e nos processos de integração, se faz necessária uma quantidade de colaboradores satisfatória na parceira externa oficial e no Departamento de Futebol do Clube, assim como deve estar disponível uma boa condição administrativa e estrutural para ambos.

Algumas estruturas dos Departamentos de Futebol de Base e apoios, vão estar disponibilizadas para o Departamento de Futsal conforme necessidade, demanda e acordo com as parcerias externas oficiais.

Devido ao *Modelo* escolhido pelo Clube, todos os treinamentos e competições de Futsal vão estar sob responsabilidade única das parcerias externas oficiais, exceção feita, a treinamentos pontuais internos de Futsal, realizados sempre pelo Departamentos de Futsal e Futebol de Base.

A condução deste *Modelo* é realmente bem oposta aos *Modelos 01 e 02*, pois apenas vão se beneficiar alguns atletas pré-selecionados no Futsal, providos das parceiras externas oficiais.

É interessante comentar que o atleta aprovado para o Futebol vai continuar praticando o Futsal nas parcerias externas oficiais sobre a supervisão do Clube, sendo estimulado a permanecer na prática simultânea até a idade limite.

Pela configuração administrativa deste *Modelo* e de acordo o projeto esportivo, a Comissão Técnica do Departamento de Futebol de Base tem a missão de observar/avaliar e captar atletas para o Futebol de Base, por intemédio da presença pontual nos treinamentos e competições diversas fomentadas pelas parcerias externas oficiais. Pelo *Modelo* adotado, é opcional que se administrem treinamentos de Futsal nas dependências do Clube, sob a responsabilidade do Departamento de Futebol de base.

A inexistência do Departamento de Futsal do Clube, faz com que os contatos aconteçam diretamente entre as Comissões Técnicas do Departamento de Futebol de Base e os professores/treinadores dos parceiros.

Para o sucesso do *Modelo* é necessário que as Comissões Técnica do Departamento de Futebol de Base transitem pontualmente pelos locais de treinos e competições desses parceiros, possibilitando uma maior assertividade na observação/avaliação e captação para o Futebol de Base, na busca por atletas com bom potencial e projeção esportiva.

Diversos Clubes pelo Brasil, já tratam com seriedade os processos de integração entre o Futsal e o Futebol de Base, demonstrando ao longo dos anos, um ganho esportivo muito interessante a médio, longo prazo. Este *Modelo* de investimento gera receita considerável ao Clube, pois, entrega ao Futebol Profissional, atletas com um vasto repertório e enorme valor de mercado para uma negociação futura.

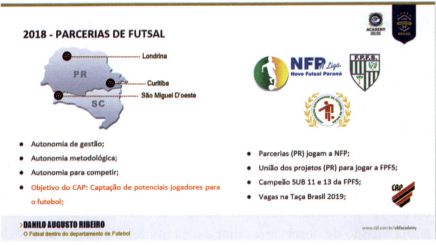

QUADRO 07 - Exemplo de parceria oficial entre o Clube Athletico Paranaense e outras instituições (ano 2018)
FONTE: *Curso Futsal e Futebol/Desenvolvimento de Talentos (CBF Academy). Material retirado da aula ministrada pelo Professor Danilo Augusto Ribeiro em setembro de 2020*

O SEGREDO DO FUTEBOL BRASILEIRO FUTSAL E FUTEBOL DE BASE

QUADRO 08 - Exemplo de parceria oficial entre o Clube Athetico Paranaense e outras instituições (ano 2019)
FONTE: Curso Futsal e Futebol/Desenvolvimento de Talentos (CBF Academy). Material retirado da aula ministrada pelo Professor Danilo Augusto Ribeiro em setembro de 2020

1.4.1 SUGESTÕES PARA A PRÁTICA SIMULTÂNEA (OS PRINCIPAIS PROCESSOS DE INTEGRAÇÃO ENTRE O FUTSAL E O FUTEBOL DE BASE)

Neste caso, devido à parceria externa oficial, não vai existir a possibilidade que a Comissão Técnica da parceria faça parte dos treinos e competições de Futebol de Base. Caso aconteçam treinamentos pontuais de Futsal dentro do Clube, eles vão ser desenvolvidos pelas Comissões Técnicas de Futebol de Base, apenas para os atletas que já fazem parte dos processos da prática simultânea. Seguem-se as sugestões:

- Treinamentos e competições de Futsal de total responsabilidade administrativa e estrutural das parcerias externas oficiais, com participações pontuais do Departamento de Futebol de Base;

- Comissões Técnicas do Departamento de Futebol de Base como única condutora dos processos de integração, utilizando as parcerias externas oficiais como responsáveis pelos treinamentos e competições de Futsal;
- Treinadores do Departamento de Futebol de Base são os treinadores no Futebol de Base, assim como as Comissões Técnicas do Futebol de Base participam dos treinos e competições das categorias de integração no Futebol;
- Treinadores do Departamento de Futebol de Base acompanham pontualmente os treinamentos e competições de Futsal das parcerias externas oficiais, assim como fazem as Comissões Técnicas do Futebol de Base. (caso haja treinamentos pontuais de Futsal dentro do Clube, apenas o Departamento de Futebol de Base é o responsável);
- Treinadores e Comissões Técnicas das parcerias externas oficiais, não participam de nenhum processo dentro do Clube, seja no Futsal ou Futebol;
- Outros membros das duas Comissões Técnicas - Futsal e Futebol de Base, também fazem parte dos processos, auxiliando de acordo as necessidades;
- Processos de integração planejados e conduzidos em conjunto pelos Departamentos de Futebol de Base e parcerias externas oficiais;
- Metodologia estabelecida para a prática simultânea desenvolvidos pelos Departamentos de Futebol de Base e parcerias externas oficiais;
- Capacitações e possibilidade de implementação da metodologia do Clube as parcerias externas oficiais;
- Reuniões periódicas entre as Comissões Técnicas de Futebol de Base e as Comissões Técnicas das parcerias externas oficiais;

O SEGREDO DO FUTEBOL BRASILEIRO FUTSAL E FUTEBOL DE BASE

- Comissões Técnicas do Departamento de Futsal monitorando constantemente os treinamentos e competições das parcerias externas oficiais;
- Estímulo ao atleta para a prática simultânea de Futsal e Futebol por meio dos treinamentos e competições fomentadas pelas parcerias externas oficiais e Clube;
- Treinamentos internos de Futsal e treinamentos diários do Futebol divididos conforme programação e demanda do Clube;
- Competições de Futsal de total responsabilidade das parcerias externas oficiais, cabendo ao Departamento de Futebol de Base do Clube, observar os atletas e captá-los, caso haja interesse; e
- Opções de categorias fomentadas de Futsal, vai depender das parcerias externas oficiais e seus projetos. Para o Clube, é interessante que só haja parceria se houver possibilidade de participação em todas as categorias federativas que fazem parte de um processo completo de integração entre o Futsal e o Futebol de Base, não existindo possibilidade de elencos únicos nas categorias de integração.

Seguindo a proposta atual de categorias nos regulamentos das F.P.F.S. e F.P.F., cabe destacar os seguintes exemplos:

- Futsal - Sub 07, 08, 09/todos jogam e treinam Futsal, devendo iniciar de forma pontual alguns momentos introdutórios ao Futebol (como o fomento principal do Futsal está sob a responsabilidade das parcerias externas oficiais, pode-se optar por inserir ou não essas categorias nos processos do Futebol);
- Futsal - Sub 10, 12, 14, 16/todos jogam e treinam Futsal e Futebol;
- Futebol - Sub 11, 13, 15/todos jogam e treinam Futsal e Futebol;
- Condições de disputar algumas categorias federativas que o Futsal do Estado proporciona (principalmente as categorias envolvidas nos processos de integração entre o Futsal e o Futebol de Base);

- Definição em conjunto entre as parcerias externas oficiais e Clube de quais atletas vão estar relacionados para os jogos nas rodadas de Futsal e Futebol; e
- Observação e captação de novos atletas por intermédio das parcerias externas oficiais que fomentam o Futsal na região: escolinhas, projetos, órgãos públicos, instituições de ensino, Clubes Sociais, outros.

Demais categorias acima de 15/16 anos que não fazem parte dos processos de integração, praticam as respectivas modalidades em separado. No caso do Futsal, as categorias acima dos 15 anos ficam na dependência do Clube acreditar ou não na importância da continuidade para o benefício da modalidade. Além disso, é necessário que se tenha atenção as exigências impostas pelo regulamento da respectiva Federação de Futsal, que em muitos Estados obriga o Clube a disputar um grande número de categorias.

No caso de dificuldade logística ou financeira pode-se optar por disputas de torneios regionais extraoficiais. Como já comentado, dependendo do Estado, existem algumas obrigações em decorrência aos regulamentos. Exemplo: a F.P.F.S. não deixa que as equipes participem de apenas uma categoria nas competições com sua chancela. É obrigatório que as equipes participem das categorias Sub 07 (única categoria opcional) ao Sub 10, ou do Sub 12 ao Sub 18, ou todas.

Diferente do *Modelo 01 e 02*, não é possível que se façam elencos únicos de Futsal para que se treine e disputem as competições. As parcerias externas oficiais têm outros atletas que não fazem parte do Departamento de Futebol do Clube, sendo assim, a única oportunidade de um trabalho mais direcionado, só vai acontecer, caso haja treinos pontuais desenvolvidos pelo Departamento de Futebol no Clube.

1.4.1.1 SUGESTÕES DE GRADES DE TREINAMENTOS NOS PROCESSOS DE INTEGRAÇÃO ENTRE O FUTSAL E O FUTEBOL DE BASE

O exemplo apresentado no QUADRO abaixo, segue o *Modelo* de parceria oficial entre o Clube Athetico Paranaense e seus parceiros. Os treinamentos observados logo a seguir, assim como as categorias e faixas etárias, estão elencadas como ideias que deveriam ser implementadas no ano de 2019. Como o Clube optou a não participar do Questionário que faz parte do conteúdo desse livro, não se sabe ao certo, se o Clube de fato conseguiu levar adiante essa proposta de prática simultânea entre o Futsal e o Futebol, mesmo assim, deixou-se como sugestão o *Modelo*.

2019 - IDEIAS INICIAIS SOBRE O FUTEBOL/FUTSAL - 2º SEMESTRE

- Programação de atividades

Categorias/Dias	SEGUNDA	TERÇA	QUARTA	QUINTA	SEXTA	SÁBADO
SUB 11	FUTSAL*	FUTEBOL	FUTSAL	FUTEBOL	FUTSAL	JOGO
SUB 12	FUTEBOL**	FUTSAL	FUTEBOL	FUTSAL	FUTEBOL	JOGO
SUB 13	FUTEBOL	FUTSAL	FUTEBOL	FUTSAL	FUTEBOL	JOGO

* Futsal: Atividades realizadas no ginásio da parceria, com os horários definidos de acordo com a programação semanal dos garotos; e
** Futebol: atividades realizadas no C.T. do CAJU.

> DANILO AUGUSTO RIBEIRO
> O Futsal dentro do departamento de Futebol

QUADRO 09 - Exemplo de grade de treinamentos para os processos da prática simultânea entre o Futsal e Futebol de Base/Integração do Clube Atlhetico Paranaense (ano 2019)
FONTE: Curso Futsal e Futebol/Desenvolvimento de Talentos (CBF Academy). Material retirado da aula ministrada pelo Professor Danilo Augusto Ribeiro em setembro de 2020

O SEGREDO DO FUTEBOL BRASILEIRO FUTSAL E FUTEBOL DE BASE

1.4.2 Sugestões de estruturas físicas principais (mantidas pelas parceiras externas oficiais)

As estruturas físicas principais a seguir, são exemplos de opções para que haja uma facilidade operacional nos processos de integração entre o Futsal e o Futebol de Base.

Neste *Modelo*, as estruturas físicas de grande parte dos treinamentos diários e jogos são de responsabilidade das parcerias externas oficiais, assim como, as outras estruturas são de responsabilidade do Departamento de Futebol de Base. Caso haja necessidade, o Clube pode utilizar o seu ginásio para treinamentos pontuais de Futsal, com os atletas que fazem parte da integração entre o Futsal e o Futebol de Base. Todas as estruturas físicas principais relacionadas abaixo, são de responsabilidade das parcerias externas oficiais.

Composição:
➢ 01 Ginásio (quadra com dimensões oficiais), 01 Rouparia, 01 Sala de materiais para treinamento, 01 Sala/Administrativo (coordenação, secretaria), 01 Sala/Comissões Técnicas, Outros.

Na falta de ginásio/quadra, sugerimos parcerias com a prefeitura, instituições de ensino, iniciativa privada e outros Clubes.

Obs.: Cada Clube e parcerias externas oficiais tem as suas estruturas físicas e condições financeiras, sendo assim, caso seja necessário, deve-se optar pela redução de algumas estruturas, para que o projeto esportivo e os processos de integração entre o Futsal e o Futebol de Base aconteçam com excelência.

1.4.3 Sugestões de estruturas físicas principais (mantidas pelo Departamento de Futebol de Base)

As estruturas físicas principais a seguir, são exemplos de opções para que haja uma facilidade operacional nos processos de integração entre o Futsal e o Futebol de Base.

Diferente do *Modelo 01*, não existem estruturas físicas de apoio, porque o Departamento de Futebol de Base divide as responsabilidades estruturais da prática do Futsal e Futebol com as parcerias externas oficiais. Todos as estruturas físicas principais relacionadas abaixo, são de inteira responsabilidade do Departamento de Futebol de Base.

Composição:

▸ 01 Ginásio (quadra com dimensões oficiais), 01 Campo de Futebol, 01 Sala/Análise de desempenho, 01 Sala/Fisiologista, 01 Sala/Pedagogo, 01 Sala de estudos para os atletas, 01 Sala/Psicólogo, 01 Sala/*Coach*, 01 Sala/Assistente social, 01 Sala/Enfermeiro, 01 Sala/Médico, 01 Sala/Fisioterapeuta, 01 Sala de treinamento funcional e/ou musculação.

> *Obs.: Cada Clube e parcerias externas oficiais tem as suas estruturas físicas e condições financeiras, sendo assim, caso seja necessário, deve-se optar pela redução de algumas estruturas, para que o projeto esportivo e os processos de integração entre o Futsal e o Futebol de Base aconteçam com excelência.*

1.4.4 Sugestões de categorias contempladas nos processos de integração entre o Futsal e o Futebol de base e parcerias externas oficiais

As categorias e idades de Futsal fomentadas pelas parcerias externas oficiais, vão seguir a mesma sugestão apresentada no *Modelo 01*. É interessante que se tente fomentar em conjunto o maior número de categorias de Futsal, se possível todas que podem fazer parte dos processos de integração.

1.4.5 Sugestões de estruturas administrativas – RH (mantidas pelo Departamento de Futsal)

☻ Colaboradores - Futsal

O Departamento de Futsal não existe administrativamente, por isso não há colaboradores locados administrativamente no Departamento de Futsal. Os colaboradores que trabalham nos processos de integração entre o Futsal e o Futebol de Base, estão locados administrativamente do Departamento de Futebol de Base. Todas as estruturas administrativas, são de responsabilidade do Departamento de Futebol de Base.

1.4.6 Sugestões de estruturas administrativas – RH (mantidas pelas parcerias externas oficiais)

☻ Colaboradores - Parcerias externas

Neste *Modelo*, o Clube não tem gerencia sobre as estruturas administrativas das parcerias externas oficiais, portanto, o número de colaboradores envolvidos nos treinamentos e competições vai depender destas estruturas, sendo ideal ou não.

Essas parcerias externas dependem de investimentos para uma melhor estrutura, a grande maioria tem como receita as mensalidades dos sócios ou atletas/alunos. Pensando nisso, abaixo segue um *Modelo* bem reduzido de estrutura administrativa para que se possa trabalhar com qualidade os processos de integração entre o Futsal e o Futebol de Base.

Todos os colaboradores relacionados abaixo, são de inteira responsabilidade das parcerias externas oficiais.

Composição:
▸ 01 Coordenador/Empresário/Diretor gerencia o local, 02 Treinadores (01 Treinador para Iniciantes e 01 Treinador para a Base), 02 Estagiários (01 Estagiário para Iniciantes e 01 Estagiário para a Base), 02 Preparadores físicos (01 Preparador físico para Iniciantes e 01 Preparador físico para a Base), 02 Preparadores de goleiros (01 Preparador de goleiros para Iniciantes e 01 Preparador de goleiros para a Base).

> *Obs.: Cada Clube e parcerias externas oficiais tem as suas condições administrativas e financeiras, sendo assim, caso seja necessário, deve-se optar pela redução de alguns colaboradores, para que o projeto esportivo e os processos de integração entre o Futsal e o Futebol de Base aconteçam com excelência.*

1.4.7 Sugestões de Estruturas Administrativas de Apoio – RH (Mantidas pelo Departamento de Futebol de Base)

⚽ Colaboradores - Futebol de Base

As estruturas administrativas do Departamento de Futebol de Base estão disponíveis de forma pontual para as conexões externas extraoficiais. Estas estruturas abaixo vão estar destinadas apenas para os atletas aprovados pelo Departamento de Futebol de Base, através da captação e observação dos treinamentos e jogos fomentados pelas parcerias externas oficiais.

Houve o cuidado de selecionar apenas os cargos importantes para a condução dos processos, assim como, o número de colaboradores condizentes com o número de categorias contempladas.

Estão pontuados abaixo, apenas os colaboradores que fazem parte do processo de integração entre o Futsal e o Futebol de Base. Geralmente no Futebol de Base, com algumas exceções, cada categoria tem a sua Comissão Técnica independente, por isso a escolha de 03 colaboradores para cada cargo técnico, supervisão e coordenação. Algumas funções do Futebol de Base não foram mencionadas porque não fazem parte dos processos de integração.

Todos os colaboradores relacionados abaixo, são de inteira responsabilidade do Departamento de Futebol de Base.

Composição:

▸ 01 Gerente, 03 Coordenadores técnicos, 03 Supervisores técnicos, 02 Administrativos 03 Treinadores, 03 Auxiliares, 03 Preparadores físicos, 03 Preparadores de goleiros, 02 Assessores de imprensa, 02 Assistentes sociais, 02 Pedagogos, 02 Psicólogos, 02 *Coach*, 02 Fisiologistas; 02 Nutricionistas; 02 Médicos, 02 Enfermeiros.

O SEGREDO DO FUTEBOL BRASILEIRO FUTSAL E FUTEBOL DE BASE

> *Obs.: Cada Clube e parcerias externas oficiais tem as suas condições administrativas e financeiras, sendo assim, caso seja necessário, deve-se optar pela redução de alguns colaboradores, para que o projeto esportivo e os processos de integração entre o Futsal e o Futebol de Base aconteçam com excelência.*

1.4.8 Sugestões de Estruturas Administrativas de Apoio - RH (mantidas por outros departamentos)

⚽ Colaboradores - Outros Departamentos

Algumas estruturas administrativas de apoio do Departamento de Futebol de Base vão estar disponíveis para as parcerias externas oficiais conforme necessidade. Estas estruturas abaixo vão estar destinadas apenas para os atletas aprovados pelo Departamento de Futebol de Base, por meio da captação e observação do Departamento de Futebol de Base nos treinamentos e jogos fomentados pelas parcerias externas oficiais.

Os Departamentos de apoio a seguir, são exemplos de opções para que haja uma facilidade operacional nos processos de integração entre o Futsal e o Futebol de Base. Todos os itens relacionados abaixo, são de inteira responsabilidade de outros Departamentos.

Composição:
> Jurídico, Segurança, Comunicação, Marketing, Refeitório, Compras, Infraestrutura, Logística, Alojamento, Almoxarifado, Limpeza, Garagem (transporte do Clube), Outros.

1.4.9 Sugestões de outras estruturas externas de apoio (mantidas por terceiros)

As estruturas de apoio a seguir são mantidas por terceiros (externos), e se conectam às Macroáreas diretas e as outras estruturas internas de apoio que o Clube mantém.

Composição:
> Atores externos, Parceiros diversos, Fornecedores, Outros.

Obs.: Cada Clube e parcerias externas oficiais tem as suas condições administrativas e financeiras, sendo assim, caso seja necessário, deve-se optar pela redução de alguns colaboradores, para que o projeto esportivo e os processos de integração entre o Futsal e o Futebol de Base aconteçam com excelência.

Para os Clubes que tenham dificuldades financeiras de viabilizar a operacionalização administrativa, da equipe de trabalho e estrutural tal como Departamento de Futsal próprio, conforme *Modelo 01*, existe a possibilidade de viabilizar parcerias com projetos de equipes que já participem de competições federativas. Dessa forma, a cultura da prática do Futsal e o processo de implantação na inclusão dos benefícios de sua prática simultânea com o Futebol de Base (treinos e jogos) se iniciam.

Essas parcerias podem ser exploradas independente de sua localização, próxima ou não ao Clube, e, apesar de ter como foco principal a formação de talentos esportivos, também desenvolvem os laços da identidade do Clube com a localidade, além do capital social estimulado.

Esses projetos apresentam metodologia alinhada nos conceitos e concepção de formação de atletas, recebem suporte técnico e monito-

O SEGREDO DO FUTEBOL BRASILEIRO FUTSAL E FUTEBOL DE BASE

ramento dos processos, se encaixam perfeitamente no *Modelo* sugerido e podem se adaptar ao projeto esportivo do Clube de forma flexível.

Exemplos de equipes de Futebol e Futsal (Estado de São Paulo) como sugestão de parcerias locais:

- *A.A. Ponte Preta/Pulo Futsal (Campinas)*
- *S.C. São Bento/A.S.F. Magnus Futsal (Sorocaba)*
- *A. Ferroviária de Esportes/Uniara - Fundesport (Araraquara)*
- *E.C. Água Santa/MX7 (Diadema)*
- *E.C. Santo André/A.D. Santo André Futsal (Santo André)*
- *A.D. São Caetano/São Caetano F.C. (São Caetano)*
- *A.A. Flamengo/A.A. Wimpro (Guarulhos)*
- *A.A. Portuguesa Santista/A.A. dos Portuários (Santos)*

1.5 *MODELO 05* - DEPARTAMENTO DE FUTSAL - GERIDO POR TERCEIRO/EMPRESA

Tipo de investimento: Baixo, com geração de receitas para o Clube.

Considerações

Diferente de todos os *Modelos*, o *Modelo 05* opta por um Departamento de Futsal terceirizado para uma empresa. Apesar da terceirização, os processos da prática simultânea entre o Futsal e Futebol de Base vão ser conduzidos em conjunto, devendo o terceirizado estar alinhado e inserido oficialmente no projeto esportivo do Clube.

Na intenção de salvaguardar a integração entre o Futsal e Futebol de Base, é necessário que o Futsal esteja no Estatuto Social e todos os processos estejam institucionalizados e/ou no organograma do Clube. Mesmo com a terceirização do Departamento de Futsal, a prática do

Futsal e os processos de integração entre o Futsal e Futebol de Base vão estar no "guarda-chuva" do Departamento de Futebol de Base.

Pode haver dificuldades para que o Futsal seja estatutário e/ou institucionalizado nos processos da prática simultânea entre Futsal e Futebol de Base, porque o Departamento de Futsal está sendo substituído por um terceirizado/empresa, mesmo assim, é interessante que as ações aconteçam naturalmente, baseando-se no projeto esportivo, realidade administrativa/estrutural, demandas, cultura/história do Clube, cidade/região, outros.

Devido ao *Modelo*, os Departamentos de Futsal e Futebol de Base, desenvolvem seus trabalhos com grande distanciamento não havendo prática simultânea entre o Futsal e o Futebol de Base. As estruturas, operações e colaboradores envolvidos nos processos de integração entre o Futsal e o Futebol de Base, vão estar sob responsabilidade dos respectivos Departamentos.

É importante que o Departamento de Futsal terceirizado conduza os processos de integração (treinos do Futsal e competições do Futsal) em conjunto com o Departamento de Futebol de Base. As estruturas, operações e colaboradores envolvidos nos processos de integração entre o Futsal e o Futebol de Base, vão estar sob responsabilidade dos Departamentos de Futsal terceirizado e Futebol de Base.

Neste *Modelo* terceirizado do Departamento de Futsal, é importante que existam benefícios para o Futsal através do apoio administrativo e estrutural do Departamento de Futebol de Base, fazendo que essas operações estejam contempladas no orçamento anual do Clube, garantindo aos processos de integração entre o Futsal e o Futebol de Base uma segurança administrativa e institucional.

Visando ao trabalho de excelência no Futsal e nos processos de integração, se faz necessário que o terceirizado/empresa ofereça uma quantidade de colaboradores similar ao *Modelo 01*, assim como, uma boa condição administrativa e estrutural.

O SEGREDO DO FUTEBOL BRASILEIRO FUTSAL E FUTEBOL DE BASE

Algumas estruturas dos Departamentos de Futebol de Base e Apoios, vão estar disponibilizadas para o Departamento de Futsal conforme necessidade, demanda e acordo com o terceirizado/empresa.

Seguindo a opção de *Modelo* escolhido, o Departamento de Futsal vai ser administrado por terceiros/empresa, por isso, os processos administrativos vão ser divididos, sendo que, cada Departamento conduz as suas operações isoladamente. Todo o custeio do terceiro/empresa não é de responsabilidade do Clube.

Neste *Modelo*, não existem colaboradores locados administrativamente no Departamento de Futsal do Clube, ou seja, o Departamento de Futsal existe, porém todas as operações e todos os colaboradores de Futsal envolvidos nos processos de integração Futsal - Futebol de Base, vão estar sob responsabilidade do terceirizado/empresa, com base em contrato formal.

A grande diferença para os outros *Modelos*, é que o Clube passa o controle total do Departamento de Futsal para um terceirizado/empresa, obrigando-o a entregar ao Clube uma estrutura física e administrativa condizente com o projeto esportivo, sendo capaz de trabalhar os processos de integração entre o Futsal e o Futebol de Base, em conjunto com o Departamento de Futebol de Base.

A metodologia aplicada pelo terceirizado/empresa, deve estar alinhada com o projeto esportivo do Clube e metodologia, facilitando assim, todos os processos para a transição ao Futebol de Base.

As Comissões Técnicas dos Departamentos de Futsal e Futebol de Base responsáveis pela integração, vão desenvolver seus trabalhos/metodologias/processos sempre em conjunto no Futsal, oportunizando ao atleta a prática simultânea das duas modalidades, fazendo dessa forma, com que o Clube tenha um ganho esportivo considerável a médio, longo prazo.

Devido ao *Modelo* terceirizado, fica a critério do Clube utilizar os profissionais do Futsal nas Comissões Técnicas do Futebol de Base que fazem parte dos processos de integração.

Pela configuração administrativa e de acordo o projeto esportivo, a Comissão Técnica do Departamento de Futsal terceirizado tem a missão de treinar e participar de competições.

Diversos Clubes pelo Brasil, já tratam com seriedade os processos de integração entre o Futsal e o Futebol de Base, demonstrando ao longo dos anos, um ganho esportivo muito interessante a médio, longo prazo. Este *Modelo* de investimento gera receita considerável ao Clube, pois, entrega ao Futebol Profissional, atletas com um vasto repertório e enorme valor de mercado para uma negociação futura.

1.5.1 Sugestões para *a prática simultânea e* os principais processos de integração entre o Futsal e o Futebol de Base

- Treinamentos e competições de Futsal e competições de total responsabilidade do terceirizado/empresa, com participação direta do Departamento de Futebol de Base;
- Comissões Técnicas dos Departamentos de Futsal (terceirizado) e Futebol de Base totalmente integradas em treinos e competições (pode acontecer do Clube vetar a participação da Comissão Técnica de Futsal (terceirizado), nos treinamentos e jogos do Departamento de Futebol de Base);
- Treinadores do Departamento de Futsal são os auxiliares no Futebol de Base, assim como as Comissões Técnicas de Futsal participam dos treinos e competições das categorias de integração no Departamento de Futebol de Base;
- Treinadores do Departamento de Futebol são os auxiliares no Futsal, assim como as Comissões Técnicas do Futebol de Base participam dos treinos e competições das categorias de integração no Departamento de Futsal;

- Processos de integração planejados e conduzidos em conjunto pelos Departamentos de Futsal (terceirizado) e Futebol de Base;
- Metodologia estabelecida para a prática simultânea desenvolvida pelos Departamentos de Futebol de Base e Futsal (terceirizado);
- Capacitações e possibilidade de implementação da metodologia do Clube as conexões externas extraoficiais;
- Reuniões periódicas entre as Comissões Técnicas de Futebol de Base e Departamento de Futsal (terceirizado);
- Estímulo constante ao atleta para a prática simultânea de Futsal e Futebol através dos treinamentos e competições fomentadas pelo Departamento de Futsal (terceirizado) e Clube;
- Treinamentos de Futsal e Futebol divididos conforme programação e demanda do Clube;
- Elenco único nas categorias de integração entre o Futsal (terceirizado) e o Futebol de Base;
- Definição em conjunto de quais atletas vão estar relacionados para os jogos nas rodadas de Futsal e Futebol;
- Observação e captação de novos atletas através de locais que fomentam o Futsal na região: escolinhas, projetos, órgãos públicos, instituições de ensino, Clubes Sociais, outros;
- Outros membros das duas Comissões Técnicas - Futsal e Futebol de Base, também fazem parte dos processos, auxiliando um ao outro de acordo as necessidades e o Departamento de origem; e
- Condições de disputar algumas categorias federativas que o Futsal do Estado proporciona (principalmente as categorias envolvidas nos processos de integração entre o Futsal e o Futebol de Base.

Exemplos, seguindo a proposta atual de categorias nos regulamentos das F.P.F.S. e F.P.F.:

⚽ Futsal - Sub 07, 08, 09/todos jogam e treinam Futsal, devendo iniciar de forma pontual alguns momentos introdutórios ao Futebol;
⚽ Futsal - Sub 10, 12, 14, 16/todos jogam e treinam Futsal e Futebol; e
⚽ Futebol - Sub 11, 13, 15/todos jogam e treinam Futsal e Futebol.

Neste caso, devido à terceirização, não vai existir a possibilidade que a Comissão Técnica do Departamento de Futsal (terceirizado) faça parte dos treinos e competições de Futebol, sendo assim, é necessário que haja, pelo Departamento de Futebol de Base, um controle de treinos e competições em relação ao Futsal extremamente criterioso, para que não aconteçam problemas nos processos da prática simultânea. Ao adotar este *Modelo*, a Comissão Técnica do Futebol de Base, vai estar presente pontualmente nos treinamentos e competições do Departamento de Futsal (terceirizado).

Demais categorias acima de 15/16 anos que não fazem parte dos processos de integração, praticam as respectivas modalidades em separado. No caso do Futsal, as categorias acima dos 15 anos ficam na dependência de o Clube acreditar ou não na importância da continuidade para o benefício da modalidade. Além disso, é necessário que se tenha atenção às exigências impostas pelo regulamento da respectiva Federação de Futsal que, em muitos Estados, obriga o Clube a disputar um grande número de categorias.

No caso de dificuldade logística ou financeira, pode-se optar por disputas de torneios regionais extraoficiais. Como já comentado, dependendo do Estado, existem algumas obrigações em decorrência aos regulamentos. Exemplo: a F.P.F.S. não deixa que as equipes participem de apenas uma categoria nas competições com sua chancela. É obrigatório que as equipes participem das categorias Sub 07 ao Sub 10, ou do Sub 12 ao Sub 18, ou todas.

1.5.2 Sugestões de Estruturas Físicas Principais (mantidas pelo terceirizado/empresa)

As estruturas físicas principais a seguir, são exemplos de opções para que haja uma facilidade operacional nos processos de integração entre o Futsal e o Futebol de Base. Neste *Modelo*, as estruturas físicas dos treinamentos diários e jogos são de responsabilidade do terceirizado/empresa, assim como, as outras estruturas são de responsabilidade do Departamento de Futebol de Base.

O terceiro deve manter uma estrutura similar ao *Modelo 01*, sendo em ambiente externo ou dentro do Clube, seguindo o projeto esportivo e processos de integração entre o Futsal e o Futebol de Base. Todas as estruturas físicas principais relacionadas abaixo, são de responsabilidade do terceiro/empresa.

Composição:
➤ 01 Ginásio (quadra com dimensões oficiais); 01 Rouparia, 01 Sala de materiais para treinamento, 01 Sala/Administrativo (coordenação, secretaria), 01 Sala/Comissões Técnicas, Outros.

Na falta de ginásio/quadra, sugerimos parcerias com a prefeitura, instituições de ensino, iniciativa privada e outros Clubes.

> *Obs.: Cada Clube e terceirizado/empresa tem as suas estruturas físicas e condições financeiras, sendo assim, caso seja necessário, deve-se optar pela redução de algumas estruturas, para que o projeto esportivo e os processos de integração entre o Futsal e o Futebol de Base aconteçam com excelência.*

1.5.3 Sugestões de estruturas físicas principais (mantidas pelo departamento de futebol de base)

As estruturas físicas principais a seguir, são exemplos de opções para que haja uma facilidade operacional nos processos de integração entre o Futsal e o Futebol de Base.

Diferente do *Modelo 01*, não existem estruturas físicas de apoio, porque o Departamento de Futebol de Base divide as responsabilidades estruturais do Futsal e Futebol com o terceirizado/empresa. Todos as estruturas físicas principais relacionadas abaixo, são de inteira responsabilidade do Departamento de Futebol de Base.

Composição:
> 01 Campo de Futebol, 01 Sala/Análise de desempenho, 01 Sala/Fisiologista, 01 Sala/Pedagogo, 01 Sala de estudos para os atletas, 01 Sala/Psicólogo, 01 Sala/Coach, 01 Sala/Assistente social, 01 Sala/Enfermeiro, 01 Sala/Médico, 01 Sala/Fisioterapeuta, 01 Sala de treinamento funcional e/ou musculação.

Obs.: Cada Clube e terceirizado/empresa tem as suas condições administrativas e financeiras, sendo assim, caso seja necessário, deve-se optar pela redução de alguns colaboradores, para que o projeto esportivo e os processos de integração entre o Futsal e o Futebol de Base aconteçam com excelência.

1.5.4. Sugestões de categorias contempladas nos processos de integração entre o futsal e o futebol de base

As categorias e idades de Futsal fomentadas pelo terceirizado/empresa, vão seguir a mesma sugestão apresentada no *Modelo 01*.

É interessante que o Clube coloque em contrato que o terceirizado/empresa vai fomentar todas as categorias que fazem parte dos processos de integração do Clube de acordo ao projeto esportivo.

1.5.5 Sugestões de Estruturas Administrativas - RH (mantidas pelo terceirizado/empresa)

◉ Colaboradores - Terceiro

Levando em consideração a proposta da F.P.F.S., onde se divide as categorias em duas partes (Iniciantes - Sub 07, 08, 09, 10 e Base - Sub 12, 14, 16, 18), podemos pensar em um *Modelo* enxuto de colaboradores, onde a grande maioria, com exceção dos treinadores e coordenador, ficam responsáveis pelas categorias iniciantes ou base, não havendo necessidade de um profissional para cada categoria, situação essa, comum no Futebol (comissões independentes).

Teve-se o cuidado de pontuar apenas os cargos que se considerou importantes para a condução dos processos de integração entre o Futsal e o Futebol de Base, assim como, o número de colaboradores condizentes com o número de categorias contempladas.

Um problema que o Clube precisa administrar, é que no regulamento da F.P.F.S. não permite a disputa das categorias em separado. Ou seja, o Clube não pode jogar o Sub 07 e o Sub 10, ele precisa jogar todas as categorias Iniciantes. É obrigatório que se opte pelas categorias Iniciantes ou Base ou as duas.

Em outros Estados, existem propostas de regulamento diferentes, e se pensarmos em integração entre o Futsal e o Futebol de Base, talvez não fosse interessante para os processos do Clube, manter categorias com idades mais elevadas, selecionando, portanto, as categorias de interesse esportivo do Clube.

Em caráter logístico, para ajudar os Clubes, a F.P.F.S. marca os 04 jogos sequenciais (iniciantes ou base) na mesma data, local e horário, exemplo, joga o Sub 07 iniciando a rodada, e logo após as outras categorias em ordem crescente.

Todos os colaborares relacionados abaixo, são de inteira responsabilidade do terceiro/empresa.

Composição:
➤ 01 Coordenador (gerência todo o Departamento de Futsal), 02 Coordenadores técnicos (01 Coordenador para Iniciantes e 01 Coordenador para a Base), 02 Supervisores técnicos (01 Supervisor técnico para Iniciantes e 01 Supervisor técnico para a Base), 02 Administrativos (01 Administrativo para Iniciantes e 01 Administrativo para a Base), 04 Treinadores (cada treinador atende no máximo duas categorias), 02 Auxiliares técnicos (01 Auxiliar técnico para Iniciantes e 01 Auxiliar técnico para a Base), 02 Preparadores de goleiros (01 Preparador de goleiros para Iniciantes e 01 Preparador de goleiros para a Base), 02 Preparadores físicos (01 Preparador físico para Iniciantes e 01 Preparador físico para a Base), 02 Analistas de desempenho (01 Analista de desempenho para Iniciantes e 01 Analista de desempenho para a Base), 02 Estagiários (01 Estagiário para Iniciantes e 01 Estagiário para a Base), 02 Roupeiros (01 Roupeiro para Iniciantes e 01 Roupeiro para a Base), 02 Massoterapeutas ou Massagistas (01 Massoterapeuta ou Massagista para Iniciantes e 01 Massoterapeuta para a Base), 02 Fisioterapeutas (01 Fisioterapeuta para Iniciantes e 01 Fisioterapeuta para a Base).

No caso de dificuldade financeira, pode-se optar pela redução de algum profissional ou processo.

O SEGREDO DO FUTEBOL BRASILEIRO FUTSAL E FUTEBOL DE BASE

> *Obs.: Cada Clube e terceirizado/empresa tem as suas condições administrativas e financeiras, sendo assim, caso seja necessário, deve-se optar pela redução de alguns colaboradores, para que o projeto esportivo e os processos de integração entre o Futsal e o Futebol de Base aconteçam com excelência.*

1.5.6 Sugestões de estruturas administrativas de apoio - RH (mantidas pelo Departamento de Futebol de Base)

⚽ Colaboradores - Futebol de Base

Algumas estruturas administrativas do Departamento de Futebol de Base estão disponíveis para o terceirizado/empresa conforme as necessidades e os acordos firmados em contrato. Estas estruturas abaixo vão estar destinadas para todos os atletas que fazem parte dos processos de integração entre os Departamentos de Futsal e Futebol de Base.

Estão pontuados, apenas os colaboradores que fazem parte do processo de integração entre o Futsal e o Futebol de Base. Geralmente no Futebol de Base, cada categoria tem a sua Comissão Técnica independente, por isso a escolha de 03 colaboradores para cada cargo na área técnica, supervisão e coordenação.

Houve o cuidado de selecionar apenas os cargos importantes para a condução dos processos, assim como, o número de colaboradores condizentes com o número de categorias contempladas. Algumas funções do Futebol de Base não foram mencionadas porque não fazem parte dos processos de integração. Todos os colaboradores relacionados abaixo, são de inteira responsabilidade do Departamento de Futebol de Base.

O SEGREDO DO FUTEBOL BRASILEIRO FUTSAL E FUTEBOL DE BASE

Composição:
> 01 Gerente, 03 Coordenadores técnicos, 03 Supervisores técnicos, 02 Administrativos, 03 Treinadores, 03 Auxiliares, 03 Preparadores físicos, 03 Preparadores de goleiros, 02 Assessores de imprensa, 02 Assistentes sociais, 02 Pedagogos, 02 Psicólogos, 02 *Coach*, 02 Fisiologistas, 02 Nutricionistas, 02 Médicos, 02 Enfermeiros.

Obs.: Cada Clube e terceirizado/empresa tem as suas condições administrativas e financeiras, sendo assim, caso seja necessário, deve-se optar pela redução de alguns colaboradores, para que o projeto esportivo e os processos de integração entre o Futsal e o Futebol de Base aconteçam com excelência.

1.5.7 Sugestões de estruturas administrativas de apoio – RH (mantidas por outros departamentos)

⚽ **Colaboradores - Outros Departamentos**

Algumas estruturas administrativas de apoio do Departamento de Futebol de Base vão estar disponíveis para o terceirizado/empresa conforme a necessidade e os acordos em contrato. Estas estruturas abaixo vão estar disponíveis apenas para os atletas que fazem parte dos processos de integração entre o Futsal e o Futebol de Base.

Os Departamentos de apoio a seguir, são exemplos de opções para que haja uma facilidade operacional nos processos de integração entre o Futsal e o Futebol de Base. Todos os itens relacionados abaixo, são de inteira responsabilidade de outros Departamentos.

Composição:
> Jurídico, Segurança, Comunicação, Marketing, Refeitório, Compras, Infraestrutura, Logística, Alojamento, Almoxarifado, Limpeza, Garagem (transporte do Clube), Outros.

O SEGREDO DO FUTEBOL BRASILEIRO FUTSAL E FUTEBOL DE BASE

1.5.8 Sugestões de outras estruturas externas de apoio (mantidas por terceirizados)

As estruturas de apoio a seguir são mantidas por terceirizados (externos), e se conectam às Macroáreas diretas e às outras estruturas internas de apoio que o Clube mantém.

Composição:
> Atores externos, Parceiros diversos, Fornecedores, Outros.

Obs.: Cada Clube e terceirizado/empresa tem as suas condições administrativas e financeiras, sendo assim, caso seja necessário, deve-se optar pela redução de alguns colaboradores, para que o projeto esportivo e os processos de integração entre o Futsal e o Futebol de Base aconteçam com excelência.

1.6 Modelo 06 - Departamentos de Futsal - Parceria interna com o Departamento de Futebol de Base apenas para jogos de Futsal

Tipo de investimento: Alto

Considerações

No *Modelo 06*, os Departamentos de Futsal e Futebol de Base, são parceiros internos, onde só existe a possibilidade de o atleta de Futebol de Base jogar Futsal em jogos pontuais, ou seja, não existe a prática simultânea entre as duas modalidades.

Na aplicação deste *Modelo*, não existe nenhum tipo de Estatuto Social e não vão existir processos institucionalizados e/ou no organograma do Clube, ou seja, o Departamento de Futsal não vai estar no "guarda-chuva" do Departamento de Futebol de Base.

Mesmo com toda essa distância, é interessante que se busquem ações de integração para que tudo aconteça naturalmente baseando-se no projeto esportivo, realidade administrativa/estrutural, demandas, cultura/história do Clube, cidade/região, outros.

Devido ao *Modelo*, os Departamentos de Futsal e Futebol de Base, desenvolvem seus trabalhos (treinos e competições) com grande distanciamento, não havendo prática simultânea efetiva entre o Futsal e Futebol de Base. As estruturas, operações e colaboradores envolvidos nos processos de integração entre o Futsal e o Futebol de Base, vão estar sob responsabilidade dos Departamentos de Futsal e Futebol de Base.

Apesar de existirem dificuldades nas relações entre os Departamentos de Futsal e Futebol de Base, é interessante que existam benefícios ao Futsal através do apoio do Departamento de Futebol de Base, nas questões relacionadas ao orçamento anual do Clube, garantindo ao Departamento de Futsal uma segurança administrativa e institucional.

Geralmente, quando isso não acontece, o centro de custo e todas as operações administrativas ficam sob responsabilidade do próprio Departamento de Futsal ou de outros Departamentos, exemplos: Esportes Olímpicos, terrestres, quadra.

A estrutura administrativa e física do Departamento de Futsal é a mesma do *Modelo 01*, assim como a estrutura de apoio do Departamento de Futebol de Base. Devido ao distanciamento entre as duas modalidades que trabalham de forma separada e com pouco contato entre os colaboradores, a estrutura administrativa ligada às áreas técnicas provavelmente não vão estar disponíveis para o Departamento de Futsal.

Apesar do distanciamento, algumas estruturas dos Departamentos de Futebol de Base e Apoios, vão estar disponibilizadas para o Departamento de Futsal conforme necessidade, demanda.

O SEGREDO DO FUTEBOL BRASILEIRO FUTSAL E FUTEBOL DE BASE

Este *Modelo* não beneficia nenhum dos possíveis envolvidos nos processos de formação do atleta. As Comissões Técnicas não têm nenhuma conexão aproveitável (cada um é responsável apenas pela sua modalidade e equipe), os atletas não participam da prática simultânea entre o Futsal e o Futebol de Base, sendo assim, não existe metodologia de integração.

Mesmo assim, para que o trabalho seja de excelência no Futsal, se faz necessária uma grande quantidade de colaboradores e uma excelente condição administrativa e estrutural, se aproximando em muito, ao que se oferece para o Futebol de Base.

A única interação deste *Modelo é* fazer com que o atleta do Futebol de Base se apresente no local do jogo de Futsal, não existindo nenhuma vivência do treinamento de Futsal e a prática simultânea. No caso em específico, o atleta de Futebol de Base só treina Futebol e se incorpora ao elenco de Futsal apenas para os jogos, de acordo com a necessidade e demanda dos dois Departamentos. Em muitos casos, esses atletas acabam participando somente dos *playoffs*, ou de jogo único (final).

Em 2017, o atleta Rafael "Papagaio" não fez um jogo de Futsal pela S.E. Palmeiras. Seu compromisso principal era o Futebol de Base. A exceção aconteceu na final do Campeonato Metropolitano da Federação Paulista de Futsal, onde ele foi solicitado e acabou junto com a equipe se sagrando campeão da competição.

Esse tipo de acordo interno, depende muito do projeto esportivo, colaboradores envolvidos e suas convicções, deixando em "cheque" se existe realmente algum proveito nesse tipo de *Modelo*.

Diversos Clubes pelo Brasil, já tratam com seriedade os processos de integração entre o Futsal e o Futebol de Base, demonstrando ao longo dos anos, um ganho esportivo muito interessante a médio, longo prazo. Contudo, este *Modelo* de investimento também gera receita considerável ao Clube, pois, entrega ao Futebol Profissional, atletas com um vasto repertório e enorme valor de mercado para uma negociação futura.

1.6.1 Sugestões para a prática simultânea e os principais processos de integração entre o Futsal e o Futebol de Base

- Treinamentos e competições de Futsal de total responsabilidade administrativa e estrutural do Departamento de Futsal, com participação quase nula do Departamento de Futebol de Base, devido ao distanciamento entre ambos;
- Não existem Comissões Técnicas integradas entre os Departamentos de Futsal e Futebol de Base em treinamentos e competições;
- Não existem processos de integração planejados e conduzidos em conjunto entre os Departamentos de Futsal e Futebol de Base;
- Não existem metodologias estabelecidas para a prática simultânea entre os Departamentos de Futsal e Futebol de Base;
- Não existem reuniões periódicas entre as Comissões Técnicas de Futsal e Futebol de Base;
- Não existem estímulos aos atletas para a prática simultânea entre o Futsal e o Futebol de Base, por meio dos treinamentos e competições fomentadas pelos Departamentos de Futsal e Futebol de Base;
- Não existem treinamentos em conjunto entre os Departamentos de Futsal e Futebol de Base;
- As escolhas dos atletas de Futebol que participam dos treinamentos e jogos de Futsal não obedecem a um critério metodológico, assim como as escolhas dos atletas de Futsal que vão fazer parte dos elencos de Futebol de Base;
- Como a parceria interna entre os Departamentos de Futsal e Futebol de Base, existe apenas para alguns jogos de Futsal. Os treinamentos dos atletas em conjunto não acontecem, portanto,

- cada Departamento conduz os seus processos de forma separada, não existindo elencos únicos nas categorias de integração;
- Não existem critérios definidos de quais atletas vão estar relacionados para os jogos nas rodadas de Futsal e de Futebol (caso haja atletas no elenco do Futsal fazendo parte do Futebol de Base e vice e versa);
- Observação e captação de novos atletas por intermédio de locais que fomentam o Futsal na região: escolinhas, projetos, órgãos públicos, instituições de ensino, Clubes Sociais, outros;
- Treinadores do Departamento de Futsal são exclusivamente os treinadores de Futsal, assim como as Comissões Técnicas de Futsal participam apenas dos treinos e competições das atividades sugeridas pelo Departamento de Futsal;
- Treinadores do Departamento de Futebol de Base são exclusivamente os treinadores de Futebol, assim como as Comissões Técnicas de Futebol participam apenas dos treinos e competições das atividades sugeridas pelo Departamento de Futebol de Base; e
- Outros membros das duas Comissões Técnicas - Futsal e Futebol de Base, também seguem os mesmos processos de participação apenas na sua modalidade.

Exemplos, segundo a proposta atual de categorias nos regulamentos das F.P.F.S. e F.P.F.:
- Futsal - Sub 07, 08, 09/todos jogam e treinam Futsal;
- Futsal - Sub 10, 12, 14, 16/todos jogam Futsal e alguns jogam Futebol; e
- Futebol - Sub 11, 13, 15/alguns jogam Futsal e todos jogam Futebol.

Fica a critério do Departamento de Futsal disputar categorias acima dos 15/16 anos, de acordo ao interesse e projeto esportivo do Clube. Além disso, é necessário que se tenha atenção às exigências impostas pelo regulamento da respectiva Federação de Futsal, que em muitos

Estados obriga o Clube a disputar um grande número de categorias. É interessante que haja condições de disputar todas as categorias federativas que o Futsal do Estado proporciona.

No caso de dificuldade logística ou financeira, pode-se optar por disputas de torneios regionais extraoficiais. Como já comentado, dependendo do Estado, existem algumas obrigações em decorrência aos regulamentos. Exemplo: a F.P.F.S. não deixa que as equipes participem de apenas uma categoria nas competições com sua chancela. É obrigatório que as equipes participem das categorias Sub 07 (única categoria opcional) ao Sub 10, ou do Sub 12 ao Sub 18, ou todas.

1.6.2 Sugestões de Estruturas Físicas Principais (Mantidas pelo Departamento de Futsal)

As estruturas físicas principais a seguir, são exemplos de opções para que haja uma facilidade operacional nos processos de integração entre o Futsal e o Futebol de Base. Todas as estruturas físicas principais relacionadas abaixo, são de inteira responsabilidade do Departamento de Futsal.

Composição:

▸ 01 Ginásio (quadra com dimensões oficiais), 01 Rouparia, 01 Sala de materiais para treinamento, 01 Sala/Administrativo (coordenação, secretaria), 01 Sala/Comissões Técnicas, Outros.

Na falta de ginásio/quadra, sugerimos parcerias com a prefeitura, instituições de ensino, iniciativa privada e outros Clubes.

> *Obs.: Cada Clube tem as suas estruturas físicas e condições financeiras, sendo assim, caso necessário, deve-se optar pela redução de algumas estruturas, para que o projeto esportivo e os processos de integração entre o Futsal e o Futebol de Base aconteçam com excelência.*

1.6.3 Sugestões de estruturas físicas de apoio (mantidas pelo Departamento de Futebol de Base)

As estruturas físicas de apoio a seguir, são exemplos de opções para que haja uma facilidade operacional nos processos de integração entre o Futsal e o Futebol de Base. Diferente dos *Modelos 01 e 02*, a utilização das estruturas administrativas físicas de apoio pelo Departamento de Futsal, acontecem de forma bem sútil ou quase nula, devido ao grande distanciamento interno entre os Departamentos de Futsal e Futebol de Base. Todos as estruturas físicas de apoio, são de inteira responsabilidade do Departamento de Futebol de Base.

Composição:
> 01 Sala/Análise de desempenho, 01 Sala/Fisiologista, 01 Sala/Pedagogo, 01 Sala de estudos para os atletas, 01 Sala/Psicólogo, 01 Sala/Coach, 01 Sala/Assistente social, 01 Sala/Enfermeiro, 01 Sala/Médico, 01 Sala/Fisioterapeuta, 01 Sala de treinamento funcional e/ou musculação, Outros.

Obs.: Cada Clube tem as suas estruturas físicas e condições financeiras, sendo assim, caso necessário, deve-se optar pela redução de algumas estruturas, para que o projeto esportivo e os processos de integração entre o Futsal e o Futebol de Base aconteçam com excelência.

1.6.4 Sugestões de categorias contempladas nos processos de integração entre o Futsal e o Futebol de Base

Neste *Modelo*, não existem categorias integradas nos Departamentos de Futsal e Futebol de Base, ou seja, a prática simultânea não acontece no Clube.

1.6.5 Sugestões de estruturas administrativas - RH (mantidas pelo Departamento de Futsal)

⚽ Colaboradores - Futsal

Levando em consideração a proposta da F.P.F.S., onde se divide as categorias em duas partes (Iniciantes - Sub 07, 08, 09, 10 e Base - Sub 12, 14, 16, 18), podemos pensar em um *Modelo* enxuto de colaboradores, onde a grande maioria, com exceção dos treinadores e coordenador, ficam responsáveis pelas categorias de Futsal iniciantes ou base, não havendo necessidade de um profissional para cada categoria, situação essa, comum no Futebol (comissões independentes).

Houve o cuidado de pontuar apenas os cargos importantes para a condução dos processos, assim como, o número de colaboradores condizentes com o número de categorias contempladas.

Um problema que o Clube precisa administrar, é que no regulamento da F.P.F.S. não permite a disputa das categorias em separado. Ou seja, o Clube não pode jogar o Sub 07 e o Sub 10, ele precisa jogar todas as categorias Iniciantes. É obrigatório que se opte pelas categorias Iniciantes ou Base ou as duas.

Em outros Estados, existem propostas de regulamento diferentes, e se pensarmos em integração entre o Futsal e o Futebol de Base, talvez não fosse interessante para os processos do Clube, manter categorias com idades mais elevadas, selecionando, portanto, as categorias de interesse esportivo do Clube.

Em caráter logístico, para ajudar os Clubes, a F.P.F.S. marca os 04 jogos sequenciais (iniciantes ou base) na mesma data, local e horário, exemplo, joga o Sub 07 iniciando a rodada, e logo após as outras categorias em ordem crescente.

Todos os colaborares relacionados abaixo, são de inteira responsabilidade do Departamento de Futsal.

Composição:

➤ 01 Coordenador (gerência todo o Departamento de Futsal), 02 Coordenadores técnicos (01 Coordenador para Iniciantes e 01 Coordenador para a Base), 02 Supervisores técnicos (01 Supervisor técnico para Iniciantes e 01 Supervisor técnico para a Base), 02 Administrativos (01 Administrativo para Iniciantes e 01 Administrativo para a Base), 04 Treinadores (cada treinador atende no máximo duas categorias), 02 Auxiliares técnicos (01 Auxiliar técnico para Iniciantes e 01 Auxiliar técnico para a Base), 02 Preparadores de goleiros (01 Preparador de goleiros para Iniciantes e 01 Preparador de goleiros para a Base), 02 Preparadores físicos (01 Preparador físico para Iniciantes e 01 Preparador físico para a Base), 02 Analistas de desempenho (01 Analista de desempenho para Iniciantes e 01 Analista de desempenho a Base), 02 Estagiários (01 Estagiário para Iniciantes e 01 Estagiário para a Base), 02 Roupeiros (01 Roupeiro para Iniciantes e 01 Roupeiro para a Base, 02 Massoterapeutas ou Massagistas (01 Massoterapeuta ou Massagista para Iniciantes e 01 Massoterapeuta para a Base), 02 Fisioterapeutas (01 Fisioterapeuta para Iniciantes e 01 Fisioterapeuta para a Base).

Obs.: Cada Clube tem as suas condições administrativas e financeiras, sendo assim, caso seja necessário, deve-se optar pela redução de alguns colaboradores, para que o projeto esportivo e os processos de integração entre o Futsal e o Futebol de Base aconteçam com excelência.

1.6.6 Sugestões de estruturas administrativas de apoio - RH (mantidas pelo Departamento de Futebol de Base)

⚽ **Colaboradores - Futebol de Base**

Diferente dos *Modelos 01 e 02*, a utilização das estruturas administrativas de apoio pelo Departamento de Futsal, podem acontecer de forma bem sutil ou quase nula, devido ao grande distanciamento dos Departamentos de Futsal e Futebol de Base.

Houve o cuidado de pontuar apenas os cargos considerados importantes para a condução dos processos, assim como, o número de colaboradores condizentes com o número de categorias contempladas. Algumas funções do Futebol de Base não foram mencionadas porque não fazem parte dos processos de integração. Todos os colaboradores relacionados abaixo, são de inteira responsabilidade do Departamento de Futebol de Base.

Composição:
➤ 02 Assistentes sociais, 02 Pedagogos, 02 Psicólogos, 02 *Coach*, 02 Fisiologistas, 02 Nutricionistas, 02 Médicos, 02 Enfermeiros, Outros.

Obs.: Cada Clube tem as suas condições administrativas e financeiras, sendo assim, caso seja necessário, deve-se optar pela redução de alguns colaboradores, para que o projeto esportivo e os processos de integração entre o Futsal e o Futebol de Base aconteçam com excelência.

1.6.7 Sugestões de estruturas administrativas de apoio - RH (mantidas por outros departamentos)

Colaboradores - Outros Departamentos

Os Departamentos de apoio a seguir, são exemplos de opções para que haja uma facilidade operacional nos processos de integração entre o Futsal e o Futebol de Base. Todos os itens relacionados abaixo, são de inteira responsabilidade de outros Departamentos.

Composição:
➤ Jurídico, Segurança, Comunicação, Marketing, Refeitório, Compras, Infraestrutura, Logística, Alojamento, Almoxarifado, Limpeza, Garagem (transporte do Clube), Outros.

1.6.8 Sugestões de outras estruturas externas de apoio (mantidas por terceiros)

As estruturas de apoio a seguir são mantidas por terceiros (externos), e se conectam às Macroáreas diretas e às outras estruturas internas de apoio que o Clube mantém.

Composição:
➤ Atores externos, Parceiros diversos, Fornecedores, Outros.

Obs.: Cada Clube tem as suas condições administrativas e financeiras, sendo assim, caso seja necessário, deve-se optar pela redução de alguns colaboradores, para que o projeto esportivo e os processos de integração entre o Futsal e o Futebol de Base aconteçam com excelência.

1.7 MODELO 07 - DEPARTAMENTO DE FUTSAL - PARCERIA INTERNA COM O DEPARTAMENTO DE FUTEBOL DE BASE ATRAVÉS DE RELAÇÕES INFORMAIS

Tipo de investimento: alto

Considerações

O *Modelo 07* tem muita proximidade com o *Modelo 01*, porém a parceria interna entre os Departamento de Futsal e Futebol de Base só acontece por meio de relações informais, ou seja, existe uma prática simultânea descontextualizada entre o Futsal e Futebol de Base.

Na intenção de salvaguardar a integração entre o Futsal e Futebol de Base, é necessário que o Futsal esteja no Estatuto Social e todos os processos estejam institucionalizados e/ou no organograma do Clube.

Em resumo, o Departamento de Futsal vai estar no "guarda-chuva" do Departamento de Futebol de Base, sendo gerido 100% pelo Clube.

Pode haver dificuldades para que o Futsal seja estatutário e/ou institucionalizado nos processos de integração entre o Departamento de Futsal e Futebol de Base, mesmo assim, é interessante que as ações de integração aconteçam naturalmente, baseando-se no projeto esportivo, realidade administrativa/estrutural, demandas, cultura/história do Clube, cidade/região, outros.

Neste *Modelo*, o Departamento de Futsal conduz os processos de integração (treinos no Futsal e competições no Futsal) com pouca interferência do Departamento de Futebol de Base. As estruturas, operações e colaboradores envolvidos nos processos de integração entre o Futsal e o Futebol de Base, vão estar sob responsabilidade dos Departamentos de Futsal e Futebol de Base.

Apesar das relações informais entre os Departamentos de Futsal e Futebol de Base, é interessante que existam benefícios ao Futsal por intermédio do apoio do Futebol de Base, nas questões relacionadas ao orçamento anual do Clube, garantindo ao Departamento de Futsal uma segurança administrativa e institucional.

Não havendo possibilidade para isso, o centro de custo e todas as operações administrativas ficam sob responsabilidade do próprio Departamento de Futsal ou de outros Departamentos, exemplos: Esportes Olímpicos, terrestres, quadra.

Além disso, para que o trabalho seja de excelência no Futsal e nos processos de integração, se faz necessária uma grande quantidade de colaboradores e uma excelente condição administrativa e estrutural, se aproximando em muito, ao que se oferece para o Futebol de Base. Todas as estruturas dos Departamentos de Futebol de Base e Apoios, precisam estar disponibilizadas para o Departamento de Futsal conforme necessidade, demanda.

A grande diferença para o *Modelo 01,* é que os processos de integração entre os Departamentos de Futsal e Futebol de Base vão acontecer informalmente. Não existem critérios ou processos estabelecidos entre as duas Comissões Técnicas para que se haja uma boa condução da prática simultânea, estabelecendo assim, uma relação de distanciamento velado, ou seja, o Futsal recebe alguns atletas do Futebol de Base, porém não participa de nenhum processo no Futebol de Base. Cada Comissão Técnica faz o seu trabalho independente, sem metodologia unificada e sem participação efetiva nas competições de ambas as modalidades.

Geralmente quando se utiliza esse *Modelo,* as Comissões Técnicas do Futebol de Base apenas liberam os atletas para treinar e jogar Futsal de forma desorientada, não existindo garantia dos atletas de Futsal participarem dos elencos de Futebol ou passarem por um período de avaliação.

Esse tipo de parceria interna, depende muito do projeto esportivo, colaboradores envolvidos e suas convicções, deixando em "cheque" se existe realmente algum proveito da prática simultânea nesse tipo de *Modelo.*

Diversos Clubes pelo Brasil, já tratam com seriedade os processos de integração entre o Futsal e o Futebol de Base, demonstrando ao longo dos anos, um ganho esportivo muito interessante a médio, longo prazo. Este *Modelo* de investimento também pode gerar receita considerável ao Clube, pois, entrega ao Futebol Profissional, atletas com um vasto repertório e enorme valor de mercado para uma negociação futura.

1.7.1 Sugestões para a prática simultânea e os principais processos de integração entre o Futsal e o Futebol de Base

- Treinamentos e competições de Futsal de total responsabilidade administrativa e estrutural do Departamento de Futsal, com participação pontual do Departamento de Futebol de Base, devido à relação informal entre ambos;
- Todas as relações entre os Departamentos de Futsal e Futebol de Base, são baseadas em relacionamentos informais;
- Não existem Comissões Técnicas integradas entre os Departamentos de Futsal e Futebol de Base em treinamentos e competições (os contatos são esporádicos, e muitas vezes acontecem informalmente entre as duas Comissões Técnicas - Futsal e Futebol de Base);
- Treinadores do Departamento de Futsal são os treinadores de Futsal, assim como as Comissões Técnicas de Futsal participam apenas dos treinos e competições das atividades sugeridas pelo Departamento de Futsal;
- Treinadores do Departamento de Futebol de Base são os treinadores de Futebol, assim como as Comissões Técnicas de Futebol participam apenas dos treinos e competições das atividades sugeridas pelo Departamento de Futebol de Base;

- Outros membros das duas Comissões Técnicas - Futsal e Futebol de Base, também seguem os mesmos processos de participação apenas na sua modalidade;
- Não existem processos de integração planejados e conduzidos em conjunto entre os Departamentos de Futsal e Futebol de Base;
- Não existem metodologias estabelecidas para a prática simultânea entre os Departamentos de Futsal e Futebol de Base;
- Não existem Comissões Técnicas integradas entre os Departamentos de Futsal e Futebol de Base;
- Não existem reuniões periódicas entre as Comissões Técnicas de Futsal e Futebol de Base;
- Existem poucos estímulos aos atletas para a prática simultânea de Futsal e Futebol por meio dos treinamentos e competições fomentadas pelos Departamentos de Futsal e Futebol de Base;
- Não existem treinamentos em conjunto entre os Departamentos de Futsal e Futebol de Base. Os treinamentos de Futsal contam com a presença de alguns jogadores do Futebol de Base, sem critério estabelecido;
- As escolhas dos atletas de Futebol que participam dos treinamentos e jogos de Futsal não obedecem a um critério metodológico, assim como as escolhas dos atletas de Futsal que vão fazer parte dos elencos de Futebol de Base;
- Como a parceria interna entre os Departamentos de Futsal e Futebol de Base, existe de maneira informal, os treinamentos dos atletas acontecem de forma descoordenada e sem critérios, portanto, cada Departamento conduz os seus processos de forma separada, não existindo elencos únicos nas categorias de integração;
- Não existem critérios definidos de quais atletas vão estar relacionados para os jogos nas rodadas de Futsal e Futebol (caso

haja atletas no elenco do Futsal fazendo parte do Futebol de Base e vice e versa); e.

- Observação e captação de novos atletas por intermédio de locais que fomentam o Futsal na região: escolinhas, projetos, órgãos públicos, instituições de ensino, Clubes Sociais, outros.

Exemplos (Seguindo a proposta atual de categorias nos regulamentos das F.P.F.S. e F.P.F.):

- Futsal – Sub 07, 08, 09/todos jogam e treinam Futsal, devendo iniciar alguns momentos introdutórios ao Futebol de forma pontual;
- Futsal – Sub 10, 12, 14, 16/todos jogam Futsal e alguns jogam Futebol; e
- Futebol – Sub 11, 13, 15/alguns jogam Futsal e todos jogam Futebol.

Fica a critério do Departamento de Futsal disputar categorias acima dos 15/16 anos, de acordo ao interesse e projeto esportivo do Clube. Além disso, é necessário que se tenha atenção as exigências impostas pelo regulamento da respectiva Federação de Futsal, que em muitos Estados obriga o Clube a disputar um grande número de categorias. É interessante que haja condições de disputar todas as categorias federativas que o Futsal do Estado proporciona.

No caso de dificuldade logística ou financeira, pode-se optar por disputas de torneios regionais extraoficiais. Como já comentado, dependendo do Estado, existem algumas obrigações em decorrência aos regulamentos. Exemplo: a F.P.F.S. não deixa que as equipes participem de apenas uma categoria nas competições com sua chancela. É obrigatório que as equipes participem das categorias Sub 07 (única categoria opcional) ao Sub 10, ou do Sub 12 ao Sub 18, ou todas.

1.7.2 Sugestões de estruturas físicas principais (mantidas pelo Departamento de Futsal)

As estruturas físicas principais a seguir, são exemplos de opções para que haja uma facilidade operacional nos processos de integração entre o Futsal e o Futebol de Base. Todos as estruturas físicas principais relacionadas abaixo, são de inteira responsabilidade do Departamento de Futsal.

Composição:
> 01 Ginásio (quadra com dimensões oficiais), 01 Rouparia, 01 Sala de materiais para treinamento, 01 Sala/Administrativo (coordenação, secretaria), 01 Sala/Comissões Técnicas, Outros.

Na falta de ginásio/quadra, sugere-se parcerias com a prefeitura, instituições de ensino, iniciativa privada e outros Clubes.

Obs.: Cada Clube tem as suas estruturas físicas e condições financeiras, sendo assim, caso necessário, deve-se optar pela redução de algumas estruturas, para que o projeto esportivo e os processos de integração entre o Futsal e o Futebol de Base aconteçam com excelência.

1.7.3 Sugestões de estruturas físicas de apoio (mantidas pelo departamento de futebol de base)

As estruturas físicas de apoio a seguir, são exemplos de opções para que haja uma facilidade operacional nos processos de integração entre o Futsal e o Futebol de Base.

Diferente dos *Modelos 01 e 02*, a utilização das estruturas administrativas físicas de apoio pelo Departamento de Futsal, vão acontecer de forma informal, devido à falta de uma relação mais compacta entre os Departamentos de Futsal e Futebol de Base. Todos as estruturas físicas de apoio, são de inteira responsabilidade do Departamento de Futebol de Base.

Composição:

➤ 01 Campo de Futebol, 01 Sala/Análise de desempenho, 01 Sala/Fisiologista, 01 Sala/Pedagogo, 01 Sala de estudos para os atletas, 01 Sala/Psicólogo, 01 Sala/Coach, 01 Sala/Assistente social, 01 Sala/Enfermeiro, 01 Sala/Médico, 01 Sala/Fisioterapeuta, 01 Sala de treinamento funcional e/ou musculação, Outros.

> *Obs.: Cada Clube tem as suas estruturas físicas e condições financeiras, sendo assim, caso necessário, deve-se optar pela redução de algumas estruturas, para que o projeto esportivo e os processos de integração entre o Futsal e o Futebol de Base aconteçam com excelência.*

1.7.4 Sugestões de categorias contempladas nos processos de integração entre o Futsal e o Futebol de Base

Mesmo com a falta de processos entre os Departamentos de Futsal e Futebol de Base, devido às relações informais entre ambos, as faixas etárias e categorias a seguir, são apenas exemplos apresentados para que se possa montar uma estrutura operacional dos processos. As categorias do Futsal e Futebol de Base abaixo, seguem os regulamentos vigentes da F.P.F.S. e F.P.F..

> Obs.: Cada Clube tem a liberdade de escolher qual é a melhor faixa etária e categorias a serem trabalhadas, seguindo o projeto esportivo e os processos de integração entre o Futsal e o Futebol de Base:

- Faixa etária sugerida integração: 07 aos 15 anos;
- Número de categorias Futsal: 07; e
- Número de categorias Futebol: 03.

Categorias Futsal:
> Iniciantes: Sub 07, 08, 09, 10 (seguindo a proposta do Estado de São Paulo/Futsal federativo); e
> Base: Sub 12, 14, 16 (seguindo a proposta do Estado de São Paulo/Futsal federativo).

Categorias Futebol:
> Sub 11, Sub 13, Sub 15 (seguindo a proposta do Estado de São Paulo/Futebol federativo).

O SEGREDO DO FUTEBOL BRASILEIRO FUTSAL E FUTEBOL DE BASE

1.7.5 SUGESTÕES DE ESTRUTURAS ADMINISTRATIVAS – RH (MANTIDAS PELO DEPARTAMENTO DE FUTSAL)

⚽ **Colaboradores - Futsal**

Levando em consideração a proposta da F.P.F.S., onde se dividem as categorias em duas partes (Iniciantes - Sub 07, 08, 09, 10 e Base - Sub 12, 14, 16, 18), podemos pensar em um *Modelo* enxuto de colaboradores, onde a grande maioria, com exceção dos treinadores e coordenador, ficam responsáveis por todas as categorias de Futsal iniciantes ou base, não havendo necessidade de um profissional para cada categoria, situação essa, comum no Futebol (comissões independentes).

Houve o cuidado de pontuar apenas os cargos importantes para a condução dos processos, assim como, o número de colaboradores condizentes com o número de categorias contempladas.

Um problema que o Clube precisa administrar, é que no regulamento da F.P.F.S. não se pode optar pela disputa das categorias em separado. Ou seja, o Clube não pode jogar uma ou duas categorias de sua escolha. É obrigatório que se opte pelas categorias Iniciantes ou Base ou as duas. Em outros Estados existem outras propostas de regulamento e se pensarmos em integração entre o Futsal e o Futebol, talvez não fosse interessante para os processos do Clube, manter categorias com idades mais elevadas, selecionando, portanto, as categorias de interesse esportivo do Clube.

Em caráter logístico, para ajudar os Clubes, a F.P.F.S. marca os 04 jogos (iniciantes ou base) na mesma data, local e horário sequencial, exemplo, joga o Sub 07 iniciando a rodada, e logo após as outras categorias em ordem crescente.

Composição:
▶ 01 Coordenador (gerência todo o Departamento de Futsal), 02 Coordenadores técnicos (01 Coordenador para Iniciantes e 01

Coordenador para a Base), 02 Supervisores técnicos (01 Supervisor técnico para Iniciantes e 01 Supervisor técnico para a Base), 02 Administrativos (01 Administrativo para Iniciantes e 01 Administrativo para a Base), 04 Treinadores (cada treinador atende no máximo duas categorias), 02 Auxiliares técnicos (01 Auxiliar técnico para Iniciantes e 01 Auxiliar técnico para a Base), 02 Preparadores de goleiros (01 Preparador de goleiros para Iniciantes e 01 Preparador de goleiros para a Base), 02 Preparadores físicos (01 Preparador físico para Iniciantes e 01 Preparador físico para a Base), 02 Analistas de desempenho (01 Analista de desempenho para Iniciantes e 01 Analista de desempenho para a Base), 02 Estagiários (01 Estagiário para Iniciantes e 01 Estagiário para a Base), 02 Roupeiros (01 Roupeiro para Iniciantes e 01 Roupeiro para a Base), 02 Massoterapeutas ou Massagistas (01 Massoterapeuta ou Massagista para Iniciantes e 01 Massoterapeuta para a Base), 02 Fisioterapeutas (01 Fisioterapeuta para Iniciantes e 01 Fisioterapeuta para a Base).

No caso de dificuldade financeira, pode-se optar pela redução de algum profissional ou processo.

Obs.: Cada Clube tem as suas condições administrativas e financeiras, sendo assim, caso seja necessário, deve-se optar pela redução de alguns colaboradores, para que o projeto esportivo e os processos de integração entre o Futsal e o Futebol de Base aconteçam com excelência.

1.7.6 Sugestões de estruturas administrativas de apoio – RH (mantidas pelo Departamento de Futebol de Base)

⚽ Colaboradores - Futebol de Base

Diferente dos *Modelos 01 e 02*, a utilização das estruturas administrativas de apoio pelo Departamento de Futsal, acontecem de forma informal, devido à falta de conexão já amplamente comentada.

Houve o cuidado de pontuar apenas os cargos considerados importantes para a condução dos processos, assim como, o número de colaboradores condizentes com o número de categorias contempladas. Algumas funções do Futebol de Base não foram mencionadas, porque não fazem parte dos processos de integração. Todos os colaboradores relacionados abaixo, são de inteira responsabilidade do Departamento de Futebol de Base.

Composição:

▸ 01 Gerente, 03 Coordenadores técnicos, 03 Supervisores técnicos, 02 Administrativos, 03 Treinadores, 03 Auxiliares, 03 Preparadores físicos, 03 Preparadores de goleiros, 02 Assessores de imprensa, 02 Assistentes sociais, 02 Pedagogos, 02 Psicólogos, 02 *Coach*, 02 Fisiologistas, 02 Nutricionistas, 02 Médicos, 02 Enfermeiros, Outros.

> *Obs.: Cada Clube tem as suas condições administrativas e financeiras, sendo assim, caso seja necessário, deve-se optar pela redução de alguns colaboradores, para que o projeto esportivo e os processos de integração entre o Futsal e o Futebol de Base aconteçam com excelência.*

1.7.7 Sugestões de estruturas administrativas de apoio - RH (mantidas por outros departamentos)

⚽ **Colaboradores - Outros Departamentos**

Os Departamentos de apoio a seguir, são exemplos de opções para que haja uma facilidade operacional nos processos de integração entre o Futsal e o Futebol de Base. Todos os itens relacionados abaixo, são de inteira responsabilidade de outros Departamentos.

Composição:
➤ Jurídico, Segurança, Comunicação, Marketing, Refeitório, Compras, Infraestrutura, Logística, Alojamento, Almoxarifado, Limpeza, Garagem (transporte do Clube), Outros.

1.7.8 Sugestões de outras estruturas externas de apoio (mantidas por terceiros)

As estruturas de apoio a seguir são mantidas por terceiros (externos), e se conectam às Macroáreas diretas e às outras estruturas internas de apoio que o Clube mantém.

Composição:
➤ Atores externos, Parceiros diversos, Fornecedores, Outros.

Obs.: Cada Clube tem as suas condições administrativas e financeiras, sendo assim, caso seja necessário, deve-se optar pela redução de alguns colaboradores, para que o projeto esportivo e os processos de integração entre o Futsal e o Futebol de Base aconteçam com excelência.

O SEGREDO DO FUTEBOL BRASILEIRO FUTSAL E FUTEBOL DE BASE

1.8 Complemento – Sugestão de *Modelo* para Clubes de Futsal, Clubes Sociais, Projetos, Associações, Instituições de Ensino, Escolinhas, Outros Sistemas de Prática Esportiva

Tipo de investimento: Flexível

Considerações

Se trata de uma sugestão de *Modelo* adaptável e flexível como todos os 07 Modelos já apresentados, porém, não se enquadra aos outros exemplos por não ter a princípio um Clube estruturado de Futebol como norteador dos processos da prática simultânea entre o Futsal e o Futebol.

A ideia neste formato é de fomentação das modalidades Futsal e/ou Futebol e/ou Fut7 (*society*) em sua prática formal, sem a necessidade de se fazer qualquer tipo de parceria oficial ou extraoficial com um Clube de Futebol (captação, treinamento em conjunto, competições oficiais).

Neste *Modelo*, as faixas etárias comtempladas/categorias, treinamentos e participação em competições acontecem de forma natural, sendo administradas exclusivamente pelos próprios gestores e/ou treinadores e/ou diretores, outros, sem a interferência de terceiros.

Além disso, todas as estruturas utilizadas para as práticas e capacidade financeira dependem da realidade de cada local e Projeto Esportivo.

Para que aconteça um trabalho de qualidade, sugere-se que os seguintes aspectos sejam considerados:

➤ Projeto Esportivo bem definido;
➤ Quadra e/ou Ginásio e/ou Campo Sintético e/ou Campo grama natural em bom estado e adequado;
➤ Local limpo e organizado;

> Professores e/ou treinadores com formação, atualizados, e perfil do local;
> Outros profissionais com formação específica, atualizados e perfil do local;
>> Participações em competições bem organizadas;
>> Gestão qualificada para conduzir os processos;
>> Boa relação com os pais; e
>> Outros.

Apesar das diferenças, entende-se que esta sugestão não pode estar fechada a uma possível indicação de alunos/atletas que se destacam para um Clube de Futebol. A realidade de hoje faz perceber que é muito comum observadores e captadores transitarem nestes locais de treinamento e competições não oficiais, monitorando uma grande quantidade de alunos/atletas (rede de captação).

Fazer um processo de prática simultânea entre o Futsal e Futebol nestes locais realmente é um pouco mais difícil, porque nem todos possuem equipamentos esportivos para isso (quadra - campo - sintético), e, mesmo os que possuem estas características estruturais, não pensam desta forma por falta de propósito, projeto, característica. Em resumo, estes locais acabam se tornando naturais "fornecedores" para os Clubes de Futebol e/ou Futsal. Apesar das sensíveis diferenças apresentadas considera-se que é possível mudar o cenário e mesclar as sugestões dos outros *Modelos*, para que, desta forma, seja possível executar um projeto aceitável da prática simultânea entre o Futsal e o Futebol, com objetivos bem definidos, sejam eles financeiros, institucionais, metodológicos, outros.

1.9 Tabelas base de custos aproximados sugeridos aos *MODELOS*

Os QUADROS 10 e 11 a seguir podem servir de base para melhor visualização e comparação dos *Modelos* apresentados quanto à quantidade e aos custos dos colaboradores recrutados. Serve como base para definição do investimento. Cientes de que os valores são apenas sugestões e variam de acordo com o mercado local, sem levar em consideração também as soluções internas e parcerias que possam ocorrer, as tabelas a seguir são apenas um referencial para o leitor.

Departamentos\Modelos de Gestão	1	2	3	4	5	6	7
Gerente (04 *SS.MM.)	01	01	01	01	01	x	01
Coordenador técnico (03 *SS.MM.)	03	02	03	03	03	x	03
Coordenador de integração Futsal – Futebol (03 *SS.MM.)	x	01	x	x	x	x	x
Supervisor técnico (03 *SS.MM.)	03	02	03	03	03	x	03
Administrativo (02 *SS.MM.)	02	02	02	02	02	x	02
Estagiário (01 *SS.MM.)	x	02	x	x	x	x	x
Treinador (03 *SS.MM.)	03	03	03	03	03	x	03
Auxiliar (02 *SS.MM.)	03	03	03	03	03	x	03
Preparador físico (02 *SS.MM.)	03	03	03	03	03	x	03
Preparador de goleiros (02 *SS.MM.)	03	03	03	03	03	x	03
Analista de desempenho (02 *SS.MM.)	x	01	x	x	x	x	x
Assessoria de imprensa (02 *SS.MM.)	02	02	02	02	02	x	02
Assistente social (02 *SS.MM.)	02	02	02	02	02	02	02
Pedagogos (02 *SS.MM.)	02	02	02	02	02	02	02
Psicólogos (02 *SS.MM.)	02	02	02	02	02	02	02

Fisiologista (02 *SS.MM.)	02	02	02	02	02	02	02
Nutricionista (02 *SS.MM.)	02	02	02	02	02	02	02
Médico (03 *SS.MM.)	02	02	02	02	02	02	02
Massagista (02 *SS.MM.)	02	02	02	02	02	02	02

QUADRO 10 - Colaboradores e média salarial tendo como referência o Salário Mínimo brasileiro Legenda: *SS. MM. = Referente ao Salário Mínimo

MODELOS	Folha salarial aproximada (Salário Mínimo a R$ 1.117,00) Base: Agosto/2021
Modelo 01 Departamento De Futsal 100% Integrado Ao Departamento De Futebol De Base	R$ 100.000,00
Modelo 02 Departamento De Futebol De Base - Único Condutor Dos Processos	R$ 90.000,00
Modelo 03 Departamento De Futsal Itinerante - Conexões Externas Extraoficiais	R$ 100.000,00
Modelo 04 Departamento De Futebol De Base - Parcerias Externas Oficiais	R$ 100.000,00
Modelo 05 Departamento De Futsal - Gerido Por Terceiro/ Empresa	R$ 100.000,00

Modelo 06 **Departamento De Futsal - Parceria Interna Com O Departamento De Futebol De Base Apenas Para Jogos De Futsal**	R$ 32.000,00
Modelo 07 **Departamento De Futsal - Parceria Interna Com O Departamento De Futebol De Base Através De Relações Informais**	R$ 73.000,00

QUADRO 11 - Todos os *Modelos* e total aproximado da folha salarial/RH utilizando como referência o Salário mínimo brasileiro

O SEGREDO DO FUTEBOL BRASILEIRO FUTSAL E FUTEBOL DE BASE

O SEGREDO DO FUTEBOL BRASILEIRO FUTSAL E FUTEBOL DE BASE

O SEGREDO DO FUTEBOL BRASILEIRO FUTSAL E FUTEBOL DE BASE

CAPÍTULO 8

PLANO DE IMPLEMENTAÇÃO DO *MODELO* DE GESTÃO BASE

1. CONSIDERAÇÕES

Antes de iniciar este Capítulo, ressalta-se que a vitória e o sucesso esportivo não vêm antes do projeto esportivo! Não se pode inverter esta sequência jamais! O projeto esportivo deve sobrepor qualquer "sucesso" do acaso. Geralmente quando se ganha sem organização e planejamento acontece um comodismo e um falso pensamento de que os processos estão corretos, e talvez seja neste exato momento que se deve tomar muito cuidado com as armadilhas para não sofrer consequências desastrosas no futuro.

É necessário realmente ter atenção redobrada, e não se pode achar normal que a falta de estrutura organizacional faça parte do dia a dia de trabalho, e que os bons resultados vão acontecer com ou sem um projeto esportivo adequado.

Infelizmente não é tão raro escutar estórias de colaboradores de diversos Clubes, se vangloriando de que já passaram por diversas situações constrangedoras, e que isso faz parte do cenário cotidiano a que eles pertencem. Sendo assim, em certos momentos, parece que o erro habitual se torna rotineiro nas ações, por isso, mais uma vez, frisa-se que, para um desempenho esportivo adequado às pretensões do Clube, o projeto esportivo deve ser levado a sério, sempre estando em primeiro lugar, e foi pensando exatamente nisso que elegeu-se o *Modelo 01* de Gestão como projeto principal.

No *Modelo 01*, base para as sugestões de implantação do projeto por este grupo de autores, como já foi exposto, o Departamento de Futsal está 100% integrado ao Departamento de Futebol de Base, realizando os processos de prática simultânea ideal. A criação do setor específico do Clube para a integração sugerida, bem como a inclusão do Futsal no Estatuto Social do Clube, projeto esportivo, organograma do Futebol são medidas preliminares essenciais, a fim de oficializar e legalizar formalmente a implantação e institucionalização do processo na agremiação em tela (por exemplo, no Santos F.C., C.R. Vasco da Gama, Fluminense F.C., existe citação do Futsal ou Futebol de Salão nos respectivos Estatutos Sociais. No C.R. Flamengo, existe a citação no Estatuto Social, atrelando a modalidade Futsal nos processos de Futebol do Clube). Ressalta- se a importância de conhecer, previamente à execução desse plano de implantação, o perfeito funcionamento, regras e competições e condicionantes com impactos para o Clube da Federação Estadual de Futebol e de Futsal local.

Diversos Clubes pelo Brasil, já tratam com seriedade e como investimento tangível os processos de integração entre o Futsal e o Futebol de Base, demonstrando, ao passar dos anos, um ganho esportivo muito interessante a médio e a longo prazo, conforme se verificou na aplicação da pesquisa de campo exposta nesse livro. Contudo, ressalta-se ser extremamente contribuinte para o êxito desse projeto a Presidência, os Gestores de Futebol e Futsal, as Comissões Técnicas (Futebol de Base), os Coordenadores, os Supervisores terem profundo conhecimento sobre Futsal (além de Futebol). Este *Modelo* de investimento gera receita considerável ao Clube, pois, entrega ao Futebol Profissional, atletas com um vasto repertório (técnico e tático) e enorme valor de mercado para negociações futuras.

Na citação abaixo, pode-se observar alguns dos elementos que o Futsal transfere para o Futebol, sendo eles:

> No Futebol atual, presenciamos cada vez mais esses elementos do Futsal devido à intensidade organizacional que o jogo desenvolveu. A primazia pela compactação horizontal e vertical, pelos perfis distintos de organização defensiva e ofensiva e pela valorização das transições (troca rápida de atitude), exige uma mudança de perspectiva no jogo atual, obrigando os jogadores a encontrar soluções cada vez mais rápidas, tecnicamente eficazes e imprevisíveis também (Paoli, 2020).

No que tange ao detalhamento das ações de implantação, considerando-se a abrangência em termos das Macroáreas diretas - administrativas, biológicas, estruturais, matemáticas, e outras áreas indiretas de conexão/departamentos/pessoas envolvidas/recursos, o conteúdo proposto envolve, em síntese, os oito itens e subitens apresentados a seguir.

"O Futsal é aquilo que fazemos dele. O Futsal é gigante e muito mal tratado e gerido! Quando nos unimos não importa de onde somos, juntos fazemos a diferença."

Marquinhos Xavier
Treinador da Seleção Brasileira de Futsal

1.1 Descrição das ações a serem implementadas

1.1.1 Sugestões de estruturas físicas principais (mantidas pelo Departamento de Futsal)

Para que o Clube tenha o aporte de recursos de toda ordem (será tratado no item 1.3) para execução efetiva do plano de implantação, faz-se necessária a inclusão no processo de construção do projeto no Documento Norteador do Clube. A ideia geral de um projeto dessa natureza não difere de outros em geral: primeiramente se constroem os espaços físicos e a integração lógica comunicacional entre eles (redes internas, intranet, linhas telefônicas, mensageiros eletrônicos, agendas compartilhadas, entre outros), para que, em momento posterior, se definam as pessoas que irão compor a estrutura pensada e planejada, a fim de evitar os contratempos encontrados em implantações do tipo "trocar pneu com carro em movimento", testemunhadas em alguns planejamentos estratégicos desastrosos. Portanto, antes de contratar profissionais especializados, tais como: técnicos, preparadores físicos, preparadores de goleiros, analistas de desempenho, nutricionistas, fisioterapeutas, psicólogos, médicos, gestor administrativo, fisiologistas, entre outros, deve-se estabelecer e estruturar adequadamente os espaços e ligações entre eles.

As estruturas físicas principais a seguir, são exemplos de opções para que haja uma facilidade operacional nos processos de integração entre o Futsal e o Futebol de Base. Todas as estruturas físicas principais relacionadas abaixo, são de inteira responsabilidade do Departamento de Futsal.

Na falta de ginásio/quadra, sugere-se parcerias com a prefeitura, com instituições de ensino, iniciativa privada e com outros Clubes. Havendo a disponibilidade de recursos, ideal seria a construção de um Ginásio dentro do Centro de Treinamento do Futebol de Base do Clube ou próximo a ele, composto por:

▸ 01 Ginásio (quadra com dimensões oficiais), 01 Rouparia, 01 Sala de materiais para treinamento, 01 Sala Administrativa (coordenação, secretaria), 01 Sala para as Comissões Técnicas, entre outros (a critério do Clube).

O SEGREDO DO FUTEBOL BRASILEIRO FUTSAL E FUTEBOL DE BASE

Ressalta-se que cada Clube tem as suas estruturas físicas e condições financeiras atuais para confrontar com a presente proposta. Sendo assim, caso necessário, deve-se optar pela redução de algumas estruturas, para que o projeto esportivo e os processos de integração entre o Futsal e o Futebol de Base aconteçam com excelência.

1.1.2 SUGESTÕES DE ESTRUTURAS FÍSICAS DE APOIO (MANTIDAS PELO DEPARTAMENTO DE FUTEBOL DE BASE)

A ideia geral de um projeto dessa natureza já mencionada no item 1.1.1 (primeiramente os espaços físicos e a integração entre eles e, num momento posterior se definir as pessoas que irão compor a estrutura) também é válida para o caso em tela.

As estruturas físicas de apoio a seguir, são exemplos de opções para que haja uma facilidade operacional nos processos de integração entre o Futsal e o Futebol de Base. Todas as estruturas físicas de apoio, são de inteira responsabilidade do Departamento de Futebol de Base. Sua composição sugerida seria:

➢ 01 Campo de Futebol, 01 Sala/Análise de Desempenho, 01 Sala/Fisiologista, 01 Sala/Pedagogo, 01 Sala de estudos para os atletas, 01 Sala/Psicólogo, 01 Sala/*Coach*, 01 Sala/Assistente Social, 01 Sala/Enfermeiro, 01 Sala/Médico, 01 Sala/Fisioterapeuta, 01 Sala de treinamento funcional e/ou musculação, entre outros (a critério do Clube).

Obs.: Válido observar neste item também que cada Clube tem as suas estruturas físicas e condições financeiras, sendo assim, caso necessário, deve-se optar pela redução de algumas estruturas, para que o projeto esportivo e os processos de integração entre o Futsal e o Futebol de Base aconteçam com excelência.

O SEGREDO DO FUTEBOL BRASILEIRO FUTSAL E FUTEBOL DE BASE

1.1.3 Sugestões de estruturas administrativas - RH (mantidas pelo Departamento de Futsal)

É necessária grande quantidade de colaboradores e uma excelente condição administrativa e estrutural, se aproximando em muito, ao que se oferece para o Futebol de Base, para que o trabalho seja de excelência no Futsal durante os processos de integração. Contudo, isso variará conforme o contexto local de cada Clube. Levando em consideração a proposta da Federação Paulista de Futsal (F.P.F.S.), onde se dividem as categorias em duas partes (Iniciantes - Sub 07, 08, 09, 10 e Base - Sub 12, 14, 16, 18), pode-se pensar em um Modelo enxuto de colaboradores, onde a grande maioria, com exceção dos treinadores e coordenador, ficaria responsável por todas as categorias de Futsal (iniciantes ou base), não havendo necessidade de um profissional para cada categoria, situação essa comum no Futebol (comissões independentes).

Teve-se o cuidado de pontuar apenas os cargos que são considerados importantes para a condução dos processos, assim como, o número de colaboradores condizentes com o número de categorias contempladas. Todos os colaborares relacionados abaixo, são de inteira responsabilidade do Departamento de Futsal.

A composição sugerida é:

> 01 Coordenador (gerência todo o Departamento de Futsal), 02 Coordenadores técnicos (01 Coordenador para Iniciantes e 01 Coordenador para a Base), 02 Supervisores técnicos (01 Supervisor técnico para Iniciantes e 01 Supervisor técnico para a Base), 02 Administrativos (01 Administrativo para Iniciantes e 01 Administrativo para a Base), 04 Treinadores (cada treinador atende no máximo duas categorias), 02 Auxiliares técnicos (01 Auxiliar técnico para Iniciantes e 01 Auxiliar técnico para a Base), 02 Preparadores de goleiros (01

O SEGREDO DO FUTEBOL BRASILEIRO FUTSAL E FUTEBOL DE BASE

Preparador de goleiros para Iniciantes e 01 Preparador de goleiros para a Base), 02 Preparadores físicos (01 Preparador físico para Iniciantes e 01 Preparador físico para a Base), 02 Analistas de desempenho (01 Analista de Desempenho para Iniciantes e 01 Analista de Desempenho para a Base), 02 Estagiários (01 Estagiário para Iniciantes e 01 Estagiário para a Base), 02 Roupeiros (01 Roupeiro para Iniciantes e 01 Roupeiro para a Base), 02 Massoterapeutas ou Massagistas (01 Massoterapeuta ou Massagista para Iniciantes e 01 Massoterapeuta para a Base), 02 Fisioterapeutas (01 Fisioterapeuta para Iniciantes e 01 Fisioterapeuta para a Base), entre outros (a critério do Clube).

> *Obs.: Cada Clube tem as suas condições administrativas e financeiras, sendo assim, caso seja necessário, deve-se optar pela redução de alguns colaboradores, para que o projeto esportivo e os processos de integração entre o Futsal e o Futebol de Base sejam factíveis e aconteçam com excelência.*

1.1.4 Sugestões de estruturas administrativas de apoio - RH (mantidas pelo departamento de futebol de base) - colaboradores - Futebol de Base

Serão pontuados adiante apenas os colaboradores que fazem parte do processo de integração entre o Futsal e o Futebol de Base. Geralmente, no Futebol de Base, com algumas exceções referente a cargos, cada categoria tem a sua Comissão Técnica independente, por isso a escolha de 03 colaboradores para cada cargo técnico, supervisão e coordenação.

Houve o cuidado de selecionar apenas os cargos importantes para a condução dos processos, assim como, o número de colaboradores condizentes com o número de categorias contempladas. Algumas funções do Futebol de Base não foram mencionadas, porque não fazem parte dos processos de integração. Todos os colaboradores relacionados são de inteira responsabilidade do Departamento de Futebol de Base, cuja composição sugerida é:

› 01 Gerente, 03 Coordenadores técnicos, 03 Supervisores técnicos, 02 Administrativos, 03 Treinadores; 03 Auxiliares, 03 Preparadores físicos, 03 Preparadores de goleiros, 02 Assessores de imprensa, 02 Assistentes Sociais, 02 Pedagogos, 02 Psicólogos, 02 *Coach*; 02 Fisiologistas, 02 Nutricionistas, 02 Médicos, 02 Enfermeiros, entre outros (a critério do Clube).

> *Obs.: Cada Clube tem a suas condições administrativas e financeiras, sendo assim, caso seja necessário, deve-se optar pela redução de alguns colaboradores, para que o projeto esportivo e os processos de integração entre o Futsal e o Futebol de Base aconteçam com excelência e adequação às peculiaridades do contextuais de cada agremiação.*

1.1.5 Sugestões de estruturas administrativas de apoio – RH (mantidas por outros departamentos)

Os Departamentos de apoio a seguir, são exemplos de opções para que haja uma facilidade operacional nos processos de integração entre o Futsal e o Futebol de Base. Todos os itens relacionados abaixo, são de inteira responsabilidade de outros Departamentos.

Normalmente cada Clube já tem as suas estruturas administrativas estabelecidas, tais como:

› Jurídico, Segurança, Marketing, Refeitório, Infraestrutura, Alojamento, Almoxarifado, Limpeza, Garagem (transporte do Clube).

Contudo, minuciosa análise e estudo deverão ser realizados anteriormente à implantação, para que se avalie, caso seja necessário, o estabelecimento de outras estruturas diante de alguma demanda por ampliação no quadro de colaboradores. De modo diverso, em condições severas de recursos para o projeto, para que as ações sugeridas aconteçam com excelência nos processos de integração entre o Futsal e o Futebol de Base, poder-se-á optar também pela redução de alguma dessas estruturas ou apenas integração de processos funcionais entre as que já existem, a fim de que o projeto esportivo em tela se torne realizável.

1.1.6 SUGESTÕES DE PROCESSOS DE INTEGRAÇÃO COM OS COLABORADORES DE OUTROS DEPARTAMENTOS

O Clube precisa ter total controle sobre esses processos, portanto precisam existir dois Departamentos estruturados e alinhados para condução da prática simultânea, tendo por base um planejamento estratégico de gestão claro, objetivo e de conhecimento de todos envolvidos.

A missão, visão e valores da agremiação permearão todos os demais Departamentos, principalmente a estrutura de pessoas do Clube, eliminando "barreiras naturais" das pessoas diante de processos/projetos inovadores ou mudanças de rotinas. A constante difusão do Projeto de integração e seus passos de execução no Clube será tema recorrente das reuniões intersetoriais de modo a envolver todas as áreas com a atividade fim do plano de implantação.

As mencionadas reuniões terão frequência semanal e/ou mensal e serão definidas previamente em calendário anual. Workshops, palestras e apresentação de resultados serão realizados como forma de consciência situacional a todos profissionais, buscando envolvê-los e comprometê-los com as metas e resultados da implantação da integração em estudo pelo Clube. Estarão presentes todas as áreas do Clube, desde a comissão técnica, atletas, a área administrativa, de gestão e de direção geral do Clube.

1.1.7 SUGESTÕES DE OUTRAS ESTRUTURAS EXTERNAS DE APOIO (MANTIDAS POR TERCEIROS)

As estruturas de apoio a seguir são mantidas por terceiros (externos), e se conectam às Macroáreas diretas e às outras estruturas internas de apoio que o Clube mantém.

Composição:
> Atores externos, Parceiros diversos, Fornecedores, Outros.

1.1.8 SUGESTÕES DE CATEGORIAS CONTEMPLADAS NOS PROCESSOS DE INTEGRAÇÃO ENTRE O FUTSAL E O FUTEBOL DE BASE

O detalhamento dessas categorias para o *Modelo 01* já foi tratada em minúcias no Capítulo 7 do presente livro, cujo processo de implantação está propositadamente omitido nesse espaço do livro, para que se evitem excessivas repetições de conteúdo.

1.1.9 SUGESÕTES IMPLANTAÇÃO DA PRÁTICA SIMULTÂNEA E OS PRINCIPAIS PROCESSOS DE INTEGRAÇÃO ENTRE O FUTSAL E O FUTEBOL DE BASE

O detalhamento da prática em questão para o *Modelo 01* já foi tratada em minúcias no Capítulo 7 do presente livro, sendo omitido nesse Capítulo seu processo de implantação, a fim de que se evitem desnecessárias repetições de conteúdo.

O SEGREDO DO FUTEBOL BRASILEIRO FUTSAL E FUTEBOL DE BASE

1.2 ATRIBUIÇÕES DE RESPONSABILIDADES POR CADA AÇÃO

Para que se atribuam responsabilidades, faz-se necessário conhecer a organização sucintamente, por meio de seu organograma, para que as responsabilidades atribuídas não firam áreas de competência, bem como permitam a adequada sinergia de atuação entre os gestores, buscando a excelência na implantação do projeto.

FIGURA 01 - Futsal Institucional - Organograma do Clube no último trimestre 2020
Fonte: https://www.santosfc.com.br/portal-transparencia/
(com a mudança da gestão em janeiro de 2021, já houve alterações significativas no Organograma, porém o Futsal continua no mesmo "guarda-chuva" do Futebol)

Tomando-se por base o organograma da FIGURA 01, as ações de estabelecimento e/ou adaptação das estruturas físicas principais mantidas pelo Departamento de Futsal, serão função do Coordenador de Futsal, do Coordenador do C.T. ou Responsável pelo Ginásio, além de envolver Agentes Administrativos de apoio.

No caso das estruturas físicas de apoio mantidas pelo Departamento de Futebol de Base, as medidas necessárias de integração com o Departamento de Futsal serão encargo do Gerente de Futebol de Base, do Coordenador de Futebol de Base, do Coordenador do C.T., contando com o apoio de outros Agentes Administrativos.

O estabelecimento ou adaptação das estruturas administrativas de recursos humanos (RH) mantidas pelo Departamento de Futsal serão responsabilidade do Coordenador de Futsal, apoiado por Agentes Administrativos. Para o caso das estruturas administrativas de apoio de RH mantidas pelo Departamento de Futebol de Base, do Gerente de Futebol de Base, do Coordenador de Futebol de Base, contando com o mesmo apoio já citado. Para o caso de RH, envolvem-se nas ações de implantação as estruturas administrativas de apoio - RH mantidas por outros Departamentos, cujas responsabilidades de integração de processos de gestão serão encargo do Superintendente Financeiro, do Gerente de RH, do Gerente Administrativo, de Coordenações e de Gerências outras, apoiados pelos seus respectivos Agentes Administrativos.

A necessária sinergia dos processos de gestão e de integração com os colaboradores de outros Departamentos que envolvem o projeto tratado neste livro serão responsabilidade do Executivo de Futebol, do Gerente de Futebol de Base, dos Coordenadores de Futsal e de Futebol de Base e de Coordenações e Gerências outras (conforme o organograma específico de cada Clube).

O estabelecimento, definição ou ajuste das categorias a serem contempladas nos processos de integração entre o Futsal e o Futebol de Base a serem implementados no Clube serão encargo do Executivo de Futebol, do Gerente de Futebol de Base, dos Coordenadores, dos Coordenadores Técnicos, dos Supervisores, das Comissões Técnicas (Futebol de Base e Futsal). Tal ação poderá ser desenvolvida no mesmo momento das ações anteriores (vide Cronograma no item 1.4 a seguir).

A ação que marca o funcionamento efetivo do processo, em busca de obter os benefícios que o presente projeto pretende proporcionar ao Clube que decidir adotá-lo, é a prática simultânea e os principais processos efetivos de integração entre o Futsal e o Futebol de Base, cuja responsabilidade caberá aos Coordenadores, aos Coordenadores Técnicos, aos Supervisores e às Comissões Técnicas (Futebol de Base e Futsal).

1.3 RECURSOS ENVOLVIDOS NA SOLUÇÃO

O investimento demandado pelo *Modelo 01* (Departamento de Futsal - 100% integrado ao Departamento de Futebol de Base) é elevado. Por vezes, alguns Clubes poderão não apresentar os recursos (financeiros, organizacionais, estruturais, administrativos, biológicos, de informática, humanos, tecnológicos, entre outros) ideais envolvidos na solução ora apresentada, realidade mais provável para a maioria dos Clubes brasileiros. O investimento deve ser sopesado com o excelente custo-benefício no retorno de peças de reposição técnicas com identidade à proposta e adaptação de jogo da equipe, com mérito e escalonamento pela ascensão nas categorias de desenvolvimento/ formação, além do financeiro em médio-longo prazo.

Neste *Modelo*, os Departamentos de Futebol de Base e Futsal conduzem em conjunto os processos de integração (treinos e competições), pois todas as estruturas, operações e colaboradores envolvidos nos processos de integração entre o Futsal e o Futebol de Base, vão estar sob responsabilidade de cada Departamento. Uma grande vantagem desse *Modelo* é o fato de todas as operações administrativas estarem contempladas no orçamento anual do Clube, garantindo ao Departamento de Futsal segurança administrativa e institucional. Geralmente, quando isso não acontece, o centro de custo e todas as operações administrativas ficam sob responsabilidade do próprio Departamento de Futsal ou de outros Departamentos, exemplos: Esportes Olímpicos, terrestres, quadra.

Diante do exposto, cada Clube deve buscar: parceiros locais para captação e/ou condução dos processos (projetos, escolinhas, equipes menores); fontes de recursos financeiros para contratação de novos colaboradores; fontes de recursos financeiros para adaptação/construção/reforma de Centro de Treinamento e/ou locais de treinamento, bem como locais para alojamento de jogadores.

Os recursos anteriormente citados para implantação do projeto (financeiros, organizacionais, estruturais, administrativos, biológicos, de informática, humanos, tecnológicos, entre outros) poderão ser prospectados por meio das seguintes ações: adaptação às condições de beneficiário pela Lei de Incentivo ao Esporte, ampliação do número de patrocinadores (ou renegociação de valores por meio da apresentação das possibilidades de incremento de receita pela implantação da integração ora exposta) e o estabelecimento de parcerias (com objetivos não somente financeiros, mas também com fulcro de redução de custos de forma indireta). Ainda se destacam como alternativas de fontes de recursos (financeiros ou não): permutas; investidores e os do Futebol Profissional (destinados ao desenvolvimento/formação de atletas para aquela categoria).

Para os Clubes de Futebol que apresentem dificuldades econômicas de viabilizar a operacionalização administrativa, humana, estrutural de um Departamento de Futsal próprio, conforme apresentado no *Modelo 01*, sugere-se a realização de projetos com equipes que participem de competições federativas, para que haja, de alguma forma, um processo de implantação da prática simultânea entre o Futsal e o Futebol de Base (treinos e jogos).

Esses projetos independem da localização e da divisão, e devem ter como foco principal o desenvolvimento de talentos esportivos a curto, médio, longo prazo para o Futsal e o Futebol de Base (transição). Também se considera que esses projetos, tenham uma metodologia unificada e monitoramento dos processos, podendo se encaixar perfeitamente nos *Modelos 03 e 04* sugeridos nesse livro, ou mesmo adaptá-los ao projeto esportivo do Clube de forma flexível. São alguns exemplos (do que se sugeriu) que poderiam acontecer de alguma forma no Estado de São Paulo:

- A.A. Ponte Preta e Pulo Futsal (Campinas);
- S.C. São Bento e A.S.F. Magnus Futsal (Sorocaba);
- A. Ferroviária de Esportes e Uniara - Fundesport (Araraquara);
- E.C. Água Santa e MX7 (Diadema);
- E.C. Santo André e A.D. Santo André Futsal (Santo André);
- A.D. São Caetano e São Caetano F.C. (São Caetano);
- A.A. Flamengo e A.A. Wimpro (Guarulhos); e
- A.A. Portuguesa Santista e A.A. dos Portuários (Santos).

Este grupo também entendeu como relevante, apresentar uma estimativa de custos de implantação de um projeto com base no *Modelo 01*, executado por um Clube padrão série "A" do Brasil. Serão apresentadas figuras e tabelas que ilustrarão tais estimativas levantadas durante a coleta de dados por estes autores do projeto aplicativo na fase de elaboração do presente livro. Primeiramente, serão apresentados alguns itens do Custeio Operacional não contábil do *Modelo 01* (Departamento de Futsal - 100% integrado ao Departamento de Futebol de Base com condução compartilhada dos processos).

ALIMENTAÇÃO

- Refeições diárias para os atletas contemplados (café da manhã e/ou almoço e/ou jantar e ceia);
- Refeição para as equipes nos jogos fora (café da manhã e/ou almoço, conforme necessidade);
- Lanche para todas as equipes nos jogos fora;
- Suplementação diária para as categorias Sub 16 e 18.

SAÚDE

- Consulta, palestra e tratamento médico;
- Consulta, palestra e tratamento nutricional;
- Consulta, palestra e tratamento odontológico;
- Consulta, palestra e tratamento fisioterápico;
- Consulta, palestra e tratamento psicológico;
- Avaliações no LAB/Fisiologia (testes, controles, etc);
- Exames laboratoriais e cardiológicos;
- Exames de imagem (caso necessário/lesão).

FIGURA 02 - Alimentação e Saúde - Custeio Operacional não contábil do *Modelo 01*

SOCIAL

- Atendimento, palestra e acompanhamento assistência social;
- Atendimento, palestra e acompanhamento pedagógico.

OUTROS

- Estrutura administrativa/RH/estrutural do Departamento de Futebol de Base;
- Estruturas de outros Departamentos;
  - Jurídico;
  - Segurança;
  - Marketing;
  - Infraestrutura;
  - Alojamento;
  - Almoxarifado;
  - Limpeza;
  - Garagem (transporte do clube);
  - Outros.

FIGURA 03 - Social e Outros - Custeio Operacional não contábil do *Modelo 01*

Um Departamento de Futsal - 100% integrado ao Departamento de Futebol de Base com condução compartilhada dos processos poderá apresentar despesas conforme o que se apresenta a seguir, com base em um RELATÓRIO CUSTEIO OPERACIONAL/DESPESAS de um Clube tipo série A do Campeonato Brasileiro que adotou o *Modelo 01* já mencionado.

O SEGREDO DO FUTEBOL BRASILEIRO FUTSAL E FUTEBOL DE BASE

Modelo 01 - Departamento de Futsal - 100% integrado ao Departamento de Futebol de Base com condução compartilhada dos processos

TABELA 01 - Despesas aproximadas com o Custeio Operacional - Futsal

O SEGREDO DO FUTEBOL BRASILEIRO FUTSAL E FUTEBOL DE BASE

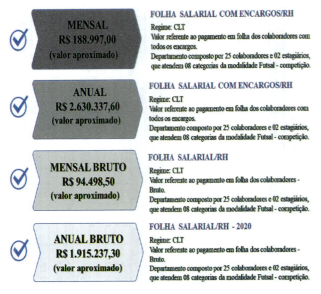

FIGURA 04 - Despesas com folha salarial/RH - Futsal
Obs.: Valores referentes ao ano de 2020

FIGURA 05 - Despesas com folha salarial/RH e custeio operacional - Futsal
Obs.: Valores referentes ao ano de 2020

O SEGREDO DO FUTEBOL BRASILEIRO FUTSAL E FUTEBOL DE BASE

FIGURA 06 - Despesas com folha salarial/RH e custeio operacional - Futsal
Obs.: Valores referentes ao ano de 2020.

1.4 Cronograma de implementação

O controle do tempo de execução é primordial para qualquer projeto. Um Clube deve estar ciente de quanto tempo, mesmo que estimado, levaria para implantar o projeto ora sugerido. Com base em consultas realizadas com especialistas, bem como em fontes referenciadas neste livro, chegou-se à seguinte Tabela que sintetiza o cronograma de implantação do projeto.

Ação	Descrição	Responsável (is)	Cronograma (início no dia "D")
1	Estruturas físicas principais (mantidas pelo Departamento de Futsal)	Coordenador de Futsal, Coordenador do C.T ou Responsável pelo Ginásio, Agentes Administrativos	D+90

O SEGREDO DO FUTEBOL BRASILEIRO FUTSAL E FUTEBOL DE BASE

2	Estruturas físicas de apoio (mantidas pelo Departamento de Futebol de Base)	Gerente de Futebol de Base, Coordenador de Futebol de Base, Coordenador do C.T., Agentes Administrativos	D+150
3	Estruturas administrativas - RH (mantidas pelo Departamento de Futsal)	Coordenador de Futsal, Agentes Administrativos	D+180
4	Estruturas administrativas de apoio - RH (mantidas pelo Departamento de Futebol de Base)	Gerente de Futebol de Base, Coordenador de Futebol de Base, Agentes Administrativos	D+180
5	Estruturas administrativas de apoio - RH (mantidas por outros Departamentos)	Superintendente Financeiro, Gerente de RH, Gerente Administrativos, Coordenações e Gerências outras, Agentes Administrativos	D+180
6	Processos de integração com os colaboradores de outros Departamentos	Executivo de Futebol, Gerente de Futebol de Base, Coordenadores Futsal e Futebol de Base, Coordenações e Gerências outras	D+180
7	Categorias contempladas nos processos de integração entre o Futsal e o Futebol de Base	Executivo de Futebol, Gerente de Futebol de Base, Coordenadores, Coordenadores Técnicos, Supervisores, Comissões Técnicas (Futebol de Base e Futsal)	D+180
8	Prática simultânea e os principais processos de integração entre o Futsal e o Futebol de Base.	Coordenadores, Coordenadores Técnicos, Supervisores, Comissões Técnicas (Futebol de Base e Futsal)	D+180

TABELA 02 - Cronograma de implantação e responsáveis por cada ação

1.5 Controles (o que e como controlar)

Na intenção de salvaguardar a integração entre o Futsal e Futebol de Base, é necessário que o Futsal esteja no Estatuto e todos os processos estejam institucionalizados e/ou no organograma do Clube. Em resumo, o Departamento de Futsal vai estar no "guarda-chuva" do Departamento de Futebol de Base, sendo gerido 100% pelo Clube.

Pode haver dificuldades para que o Futsal seja estatutário e/ou institucionalizado nos processos da prática simultânea entre o Futsal e Futebol de Base, mesmo assim, é interessante que as ações de integração aconteçam naturalmente, baseando-se no projeto esportivo, na realidade administrativa/estrutural, nas demandas de seus inúmeros *stakeholders*, na cultura/história do Clube, na cidade/região, e em outros específicos a cada contexto desse país de dimensões continentais e realidades contrastantes.

Para o transcurso efetivo do plano de implantação, rumo aos resultados esperados para o início de funcionamento do projeto integrador, inúmeros aspectos serão alvo de controle por parte dos gestores do projeto na fase de implantação. Controlar a própria gestão do projeto, os prazos estabelecidos a aplicação adequada dos custeios, a relação do Clube com os colaboradores, a construção e/ou adaptação das estruturas físicas que vão abrigar o projeto de integração, as relações entre todos os envolvidos no empreendimento, os processos integrantes deste projeto, as metodologias (tanto para implantação, quanto para execução) que o projeto vai demandar, o resultado de avaliações de desempenho de gestores e colaboradores, os resultados esperados para as metas de implantação do projeto, a qualidade dos locais planejados para abrigar o projeto, a adequação dos equipamentos adquiridos para suporte do projeto, o plano de manutenção de áreas e insumos do projeto, bem como as metas futuras para a modernização do projeto, são alguns exemplos do que controlar.

Contudo, esse controle deve ser sistematizado e organizado. Ressalta-se que a ferramenta primordial e, ao mesmo tempo primária é o consistente, atual, vigente e bem elaborado Planejamento Estratégico de Gestão do Clube. Por meio dele, todas as ações do Clube obtêm o envolvimento de todos os gestores, bem como gera as condições ideais de monitoramento e de gestão profissional de todos os processos (e os projetos que os englobam) em curso no Clube, garantindo eficiência, eficácia e resultados positivos para eles e para o Clube como um todo.

Portanto, antes de iniciar qualquer projeto como o ora proposto, é salutar rever o planejamento estratégico do Clube, confrontando-o com as condicionantes desse projeto de integração. Entende-se relevantes controles para o presente livro o controle de prazos, a gestão de pessoas e a gestão de processos (de um projeto) e a forma como se deve controlá-los, ou ainda melhor: geri-los.

1.5.1 Controle (ou gestão) de prazos

Isso posto, a gestão de prazos é um importante controle em qualquer projeto ou processo a ser implantado. O início do projeto precisa de uma estratégia de implantação variável, dependendo da peculiaridade de cada Clube. No entanto, decidida a implantação, tem-se ideia estimada do tempo necessário de implantação, por meio do cronograma apresentado anteriormente no item 1.4. Por ser um empreendimento que está iniciando, é necessário o acompanhamento dos resultados e a reavaliação das metas a cada semana, quinzena ou mês, para que a necessidade de ajustes ou retificação de rumos aconteça com oportunidade e efetividade.

Cada responsável estabelecido nas ações descritas (vide TABELA 02 já exposta) deverá elaborar os indicadores e metas para esse controle de prazos (serão apresentadas algumas sugestões de ferramentas de controle e gestão de processos/projetos no Capítulo 10). Todas as ações descritas do item 1.1.1 ao 1.1.8 deste livro serão alvo do controle de prazos, por meio de indicadores estabelecidos pelos responsáveis pela gestão do processo que lhe cabe.

1.5.2 CONTROLE DA GESTÃO DE PESSOAS

A gestão de pessoas é outro controle fundamental para qualquer projeto. Elas é que vão movê-lo na direção dos melhores resultados (ou não), conforme o *Modelo* de gestão de pessoas vigente no Clube. O Clube deve entender como estratégica uma gestão eficiente de pessoas e que isso depende de atenção e de cuidado ao desenvolvimento humano. Para tanto, é fundamental que o Clube possua um *Modelo* Básico de Gestão de Pessoas, a fim de ampliar os efeitos estratégicos da gestão de pessoas na implantação do projeto de integração, promovendo/melhorando:

> o processo decisório;
> o talento das pessoas;
> sua identificação com o Departamento de Futebol e de Futsal (e com o Clube);
> o alinhamento de seus objetivos pessoais com os dos Departamentos e do Clube, harmonizando interesses;
> o incremento da comunicação interpessoal e trabalho interdisciplinar entre os colaboradores do setor, facilitando alianças; e
> a cooperação para os melhores resultados esportivos e de gestão da integração ora proposta.

Os principais pilares na gestão de pessoas são: a motivação, conhecer os colaboradores; estabelecer metas; investir no processo seletivo; fornecer *feedbacks* contínuos; praticar a igualdade de condições.; liderança; comunicação; capacitação; trabalho em equipe; conhecimento; treinamento e desenvolvimento; competência; participação; envolvimento e cooperação. Uma gestão eficiente de pessoas pode resultar em: engajar pessoas; dar senso de propósito; atrair talentos e garantir a retenção deles; estimular o comportamento colaborativo; fomentar a inovação e a criatividade; promover satisfação; dar suporte aos líderes; incentivar boas práticas de integração; criar políticas favoráveis e aumentar a produtividade no trabalho.

Caso haja necessidade de proporcionar a melhoria contínua dos conhecimentos dos colaboradores sobre Futsal e sobre gestão compartilhada de processos (do projeto atual), pode-se criar um Programa de capacitação contendo ações que estimulem a profissionalização das pessoas ligadas ao Clube. Tal objetivo seria concretizado com a implementação e execução das seguintes ações:

> prever, durante a jornada de trabalho de gestores, supervisores, comissão técnica, outros colaboradores uma a duas horas diárias de tempo para capacitação em cursos à distância sobre Futsal;

> incentivar com auxílio financeiro gestores, supervisores, comissão técnica, outros colaboradores, a participarem de cursos de formação acadêmica e cursos específicos, de acordo a sua atribuição no Clube;

> de acordo com a pontuação obtida nas avaliações de desempenho, subsidiar parte dos custos dos cursos de capacitação das (os) dirigentes, técnicas (os) e auxiliares do Clube com índices superiores a 80% de aproveitamento;

> restituir 100% dos valores gastos pela (o) profissional no curso de capacitação em Futsal que ela (e) concluir com nota máxima, nas partes teóricas e práticas;

> estabelecer parcerias que permitam o envio de profissionais do Clube para realizar cursos e estágios fora do Brasil;

> estabelecer gratificações de desempenho na remuneração para as (os) atletas durante as competições, de acordo com os índices individuais das partidas e sua influência no resultado coletivo da equipe;

> estabelecer gratificação na remuneração mensal para aquelas (es) que conquistarem habilitação em idioma estrangeiro, atestada pelos órgãos registrados para esse fim no Brasil (por exemplo: Instituto CERVANTES, para o espanhol, com os níveis A1, A2, B1, B2, C1 e C2, gerando gratificações progressivas, não cumulativas no mesmo idioma); e

> estabelecer plano de carreira para gestores, supervisores, comissão técnica, outros colaboradores com base no currículo profissional e

na avaliação de desempenho, permitindo a renovação dos cargos por competência e excelência de trabalho integrado de Futsal e Futebol.

A avaliação de desempenho é um valioso instrumento de gestão de pessoas. Uma comunicação interna eficaz se reflete também nos resultados ambicionados e propostos. A setorização do Clube exige um Departamento de comunicação com profissionais que tenham liberdade de interação, instrumentalização, dando-lhes capacidade decisória e assertiva. Todas as ações descritas do item 1.1.1 ao 1.1.8 deste livro serão alvo do controle de gestão de pessoas, por meio de indicadores estabelecidos pelos responsáveis pela gestão do processo que lhe cabe.

1.5.3 Controle (ou gestão) dos processos do projeto

Existem basicamente duas maneiras de gestão de projetos: manualmente, talvez usando notas autocolantes, quadros brancos, cadernos etc. e a outra é confiar no *software* para gestão de projetos (ferramenta ou um conjunto de ferramentas que melhoram a eficiência da equipe envolvida em um projeto e os ajudam a rastrear os resultados). Provavelmente, porque foi mais bem organizado e usava um bom *software* de gerenciamento de projetos, um Clube pode vencer determinada etapa mais rapidamente do que outro Clube que tenha iniciado um mesmo projeto, à mesma época, o que explica porque 77% dos projetos de alto desempenho usam um *software* de gerenciamento de projetos.

O gerenciamento de projetos direciona-os: traz visão, objetivo e motivação. Falta de gerenciamento de projetos significa falta de todas essas coisas. Isso significa que a equipe que trabalha no projeto não saberá quais são seus objetivos - não terá estratégia, liderança e foco, prejudicando a implantação da integração dos Departamentos de Futsal e de Futebol. O gerenciamento de projetos também ajuda a ser realista, sem suposições quando se trata do que o Clube pode entregar de forma palpável, com que prazo e com que orçamento.

Portanto, o gerenciamento de projetos guiará na direção certa, quando se trata da garantia de qualidade na entrega da implantação do projeto no escopo deste livro. Não se trata apenas de cumprir o prazo ou permanecer no orçamento, cabendo aos gestores ações efetivas em direção à qualidade do que se busca entregar, para que esse projeto possa ser chamado de projeto "concluído com êxito".

A seguir, a título de sugestão para os Clubes que decidirem implantar o *Modelo 01* de integração ora tratado, sem excluir seu uso nos demais modelos, serão apresentadas sucintamente 05 ferramentas gratuitas de gerenciamento de projetos, os *softwares*: Bitrix24, Wrike, Asana, Monday e Basecamp.

O Bitrix24, como software de gerenciamento de projetos, é uma nova solução de colaboração para ampliar a interação produtiva dentro das empresas. Ele oferece um conjunto completo de ferramentas para trabalho e comunicação que ajuda as organizações a concluir seus projetos e acompanhar os resultados com êxito, dentro do prazo e do orçamento. Com ferramentas de gerenciamento de projetos como um gráfico de Gantt, quadro Kanban e controle de tempo, o Bitrix24 ajudará sua organização a concluir projetos e gerenciar a equipe, enquanto mantém o quadro geral à vista. Calendários de projetos, bate-papos e um sistema de gerenciamento de documentos manterão todos em sincronia e introduzirão transparência em seus projetos, enquanto a automação de tarefas e dependências de tarefas recorrentes aumentarão a produtividade pessoal e da equipe. O Bitrix24 está cheio de recursos úteis: relatórios avançados (acompanhamento do tempo de trabalho, eficiência da tarefa); colaboração em tempo real (chats, chats por vídeo, videoconferência); armazenamento e compartilhamento de arquivos; conversa por *e-mail* para tarefa; fluxos de trabalho automatizados; Gráficos de Gannt; visualização Kanban; funções de tarefas e dependências e aplicativo móvel. Para até 12 usuários, o Bitrix24 é totalmente gratuito, incluindo 5 GB de armazenamento on-line e alguns recursos básicos. (Solovyova, 2019)

O Wrike, como software de gerenciamento de projetos é uma ferramenta sólida e testada que ajuda a aumentar a produtividade. Mais adequado para equipes de 20 ou mais pessoas, o Wrike é igualmente útil no gerenciamento de projetos e no trabalho contínuo. Oferece integração com os aplicativos e programas mais populares, incluindo G Suite, Adobe, Microsoft OneDrive, MS Office Salesforce, GitHub, Slack e muito mais. Quanto aos recursos, o Wrike fornece: rastreamento fácil; comunicação suave; relatórios de dados em tempo real; gestão de recursos; gerenciamento de tarefas; fluxos de trabalho personalizáveis; linhas de tempo visuais, entre outros. O Wrike é gratuito para até 5 usuários. (Solovyova, 2019)

O Asana é uma das ferramentas de gerenciamento de projetos baseadas nas nuvens mais conhecidas e populares, a Asana merece mais do que um lugar em qualquer lista das principais soluções de gerenciamento de projetos como este. Seu foco está no rastreamento de tempo, lembretes e listas de tarefas, mas isso não significa que o Asana não tenha recursos para melhorar a produtividade. Com este software, um gerente de projeto possui uma ferramenta que permite: organizar o trabalho em projetos como quadros ou listas Kanban; dividir o trabalho em tarefas e subtarefas; programar tarefas e projetos definindo datas de início e vencimento, marcos e cronogramas; criar dependências, caso haja uma tarefa que está aguardando a conclusão de outra; comentar tarefas; organizar sua equipe; colaborar com parceiros, contratados e fornecedores, entre outras. O Asana Basic (requer apenas uma inscrição) é gratuito. (Solovyova, 2019)

O Monday é o software de gerenciamento de projetos com muitas automações e painéis que ajudarão os gerentes de projeto a aproveitar muito mais seus projetos e equipes. Também inclui integração perfeita com o Google Drive, MailChimp e outros aplicativos e programas. É uma ótima opção para controlar a implantação do *Modelo 01*, porque o ajuda acompanhar o que todos estão fazendo e garantir que sua equipe cumpra os prazos, seja capaz de se comunicar e de gerenciar o trabalho. Seu diferencial é a capacidade de visualizar rapidamente os projetos e acompanhar o progresso deles da melhor maneira - seja com a exibição Kanban, a exibição de gráficos, a exibição de calendário, a exibição da linha do tempo, a exibição do mapa ou de qualquer outra coisa. Também permite criar painéis, personalizar e automatizar os fluxos de trabalho e importar dados com facilidade, além de visualizar análises e criar relatórios. O Monday oferece apenas um teste gratuito para cada plano. (Solovyova, 2019).

O Basecamp é uma das soluções mais antigas do mercado, apoiada por uma reputação que se estende por mais de 10 anos. Ele inclui uma ampla gama de recursos, incluindo: armazenamento de documentos e arquivos; agendas (que você pode visualizar com o Google Agenda, Outlook ou iCal e adicionar datas e horários aos eventos); bate-papo em grupo em tempo real (com uma sala de bate-papo para cada projeto e a capacidade de anexar arquivos e @ alguém); mensagens diretas (faça *ping* em alguém e tenha uma conversa individual); criação e visualização de relatórios e encaminhar *e-mail*. Para uso pessoal, pequenas equipes, *freelancers* e *startups*, o Basecamp Personal é gratuito e inclui 1GB de espaço de armazenamento. (Solovyova, 2019)

Se o Clube tem uma equipe enxuta, com um orçamento apertado e está disposto a usar novos recursos de gestão, existe uma série de soluções que podem ser a escolha certa. Neste conteúdo, há uma lista de 05 ferramentas para gestão de projetos diferentes, cada uma com uma função específica.

O Slack proporciona a comunicação ágil de equipes, por meio de um canal conjunto onde todos os times e integrantes possam manter contato de forma organizada e focada nas atividades que precisam ser entregues. Pode ser usado gratuitamente e de forma *online*, tem o objetivo de criar oportunidades para indivíduos ou grupos interagirem com colegas sobre questões relacionadas a projetos. Cada usuário pode criar um perfil, enviar arquivos e ler mensagens. Há a possibilidade de criar grupos privados que são chamados de "canais" e as mensagens enviadas dentro do canal são visíveis apenas para os participantes específicos. (Siteware, 2018).

O Trello permite a gestão eficiente de fluxo de tarefas, mantendo uma sequência lógica de tarefas e com a visibilidade de quais são as etapas seguintes ou o que acabou ficando atrasado em relação ao planejamento. Usando a metodologia Kanban, pode-se criar uma conta gratuita, conectar todos os envolvidos e criar colunas de acordo com as atividades que precisa seguir. Em cada uma dessas colunas é possível inserir cartões que representam cada atividade, sendo possível, ainda, inserir a data de entrega, a pessoa responsável, observações importantes e comentários para dar mais visibilidade a tudo que precisa ser entregue. (Siteware, 2018).

O uso do Google Drive permite a troca eficiente de arquivos e informações e o armazenamento de informações, bem como compartilhar arquivos *online* e fazer acompanhamentos, edições simultâneas e sugestões ou comentários de melhorias, visando ao controle dos resultados esperados, por meio de armazenamento de planilhas e de apresentações. (Siteware, 2018).

O Google Agenda permite gerenciar compromissos e datas em sincronia. A rotina de atividades durante o processo de gestão de projetos é realmente intensa. Por esse motivo, o Google Agenda também é uma das principais ferramentas para gestão de projetos como a implantação do *Modelo 01* de integração de Departamentos de Futsal e de Futebol. É o melhor sistema para se ter visibilidade da sua rotina de trabalho e de todos os envolvidos no plano de implantação em tela. É importante implementar uma rotina onde todos possam indicar na agenda qual atividade ou reunião será executada em cada momento. Dessa forma, fica bem mais fácil avaliar como está o volume de ações a cada dia e facilita o trabalho na hora de escolher um horário livre para incluir alguma outra atividade. (Siteware, 2018).

O SEGREDO DO FUTEBOL BRASILEIRO FUTSAL E FUTEBOL DE BASE

O STRATWs ONE permite o acompanhamento em tempo real de performance e medir o desempenho das equipes durante a implementação do projeto ora exposto. A ferramenta possui vários módulos diferenciados que vão ajudar a conduzir qualquer projeto de forma estratégica, como, por exemplo: performance corporativa; performance individual; apresentação de relatórios; gestão de reuniões e oportunidades de melhoria. (Siteware, 2018).

Utilizar cada uma dessas ferramentas para gestão de projetos permite que os gerentes de projeto e as equipes entendam se estão tendo sucesso e quais ajustes são necessários para alcançar os resultados do plano de implantação ora tratado no futuro. Portanto, a custo zero, é possível usá-las na totalidade ou parte delas, adequadamente, cada uma para sua função específica, gerando resultados de excelência no controle do andamento do projeto integrador em tela.

1.5.4 Sugestões de plataformas tecnológicas para controles específicos e comunicação

Já há algum tempo, se faz necessário que o Clube invista em novas tecnologias para que se melhorem a comunicação interna entre os colaboradores, atletas (aplicativos, plataformas, outros). Além disso, é imprescindível que se utilizem como ferramenta de trabalho programas desenvolvidos exclusivamente para melhorar o desempenho tático, técnico e físico.

Sabe-se que esse tipo de investimento é alto, porém pode trazer a curto prazo, excelentes resultados, aumentando consideravelmente a capacidade esportiva da equipe durante as competições.

Na FIGURA 07 a seguir, há alguns exemplos de plataformas, aplicativos que podem ser utilizados nos processos administrativos, comunicação, análise de desempenho, controles diversos, entre outras necessidades.

FIGURA 07 - Plataformas tecnológicas de comunicação, armazenamento e coleta de dados

1.5.5 Sugestões de Equipamentos Para Controles Específicos de Quadra e Campo

Seguindo a mesma linha de importância do Item 1.5.4, os equipamentos específicos de controles a seguir vão fazer toda a diferença durante uma temporada de trabalho.

Cada vez mais é necessário controlar o desempenho atlético do grupo de jogadores e suas mensurações fisiológicas, assim como, não é mais possível competir em alto nível sem uma análise de desempenho satisfatória.

Assim como os programas tecnológicos, alguns equipamentos vão necessitar de um investimento alto, muitas vezes inacessíveis há alguns Clubes. Mesmo assim, considera-se possível que se façam todos esses controles de outra forma, para que se melhore a performance esportiva (Ex.: parcerias com universidade e/ou prefeituras e/ou outros clubes e/ou leis de incentivo).

O SEGREDO DO FUTEBOL BRASILEIRO FUTSAL E FUTEBOL DE BASE

Nas FIGURAS 08 e 09 a seguir, estão alguns exemplos de equipamentos que podem ser utilizados nos processos de análise de desempenho, fisiológicos, saúde, controles diversos. A quantidade de cada equipamento vai depender da demanda do Clube e condição financeira para as aquisições.

FIGURA 08 - Equipamentos específicos para controles de performances e avaliações

FIGURA 09 - Equipamentos escpecíficos para controles de análise de desempenho tático e performances

1.5.6 SUGESTÕES DE MATERIAIS E EQUIPAMENTOS ESPORTIVOS DE USO CONSTANTE – TREINOS E JOGOS

Diferente dos Itens 1.5.4 e 1.5.5, os materiais e equipamentos a serem utilizados em treinamentos e jogos são de custo mais baixo, porém de importância máxima para que haja um trabalho de excelência esportiva.

A seguir, há alguns exemplos de materiais e equipamentos que podem ser utilizados nos treinamentos e jogos. Existem diversas possibilidades e variedades de aquisição, a quantidade de cada material ou equipamento vai depender da demanda e necessidade dos colaboradores.

- Bolas de Futsal;
- Bolas de borracha;
- Cones pequenos;
- Cones grandes;
- Pratinhos;
- Escadas coordenativas;
- Arcos (bambolês);
- Cordas;
- Medicines Ball;
- Tapetes de borracha;
- Colchonetes;
- Rolos de liberação miofascial;
- Mini Bands (várias tensões);
- Elásticos extensores (várias tensões);
- Barreiras de saltos (várias dimensões);
- Caixas de saltos (várias dimensões);
- Barras para agachamento;
- TRX;

- Anilhas de 2,5 kg;
- Anilhas de 5 kg;
- Anilhas de 10 kg;
- Anilhas de 20 kg; e
- Kettlebells de 1 kg a 10 kg.

Obs.: Quantidade de acordo a demanda do Departamento de Futsal.

1.5.7 Sugestões de materiais e equipamentos de logística - treinos e jogos

Os materiais e equipamentos de logística para treinos e jogos também não necessitam de alto investimento, sendo muito úteis para a organização de treinamentos e jogos, melhorando consideravelmente as condições de trabalho em relação aos colaboradores e atletas.

A seguir, estão alguns exemplos de materiais e equipamentos de logística que podem ser utilizados nos treinamentos e jogos. Existem diversas possibilidades e variedades de aquisição, a quantidade de cada material ou equipamento vai depender da demanda e necessidade dos colaboradores.

- Baú para roupas e materiais/equipamentos;
- Saco para roupas;
- Saco de bolas;
- Bomba ou compressor para encher bolas;
- Calibrador de bolas;
- Caixas térmicas médias;
- Caixas térmicas grandes;
- Galões térmicos de água;
- Bolsa de primeiros socorros;
- Material de primeiros socorros;

- Garrafas plásticas de água reutilizáveis;
- Suporte para as garrafas plásticas de água; e
- Mesa de massoterapia.

Obs.: Quantidade de acordo a demanda do Departamento de Futsal.

O SEGREDO DO FUTEBOL BRASILEIRO FUTSAL E FUTEBOL DE BASE

CAPÍTULO 9

Modelos de Documentos e Processos Interenos e Externos – Administrativos, Operacionais, Estruturais, Técnicos

1. Considerações

Neste Capítulo, houve a intenção de apresentar alguns Modelos de Documentos e Processos com o foco em questões administrativas, operacionais, estruturais, técnicas, que podem ser implementadas no Departamento e/ou Clube, na intenção de melhorar os controles, procedimentos, ações, relações com atletas e colaboradores, entre outros aspectos.

Todas as opções a seguir devem ser revisadas e modificadas de acordo ao Projeto Esportivo do Clube e demandas, ou seja, precisa ser flexível.

> Obs.: Em algumas exemplificações, utilizou-se um Clube fictício denominado "Majestade F.C.", para que fosse preservada a origem do Documento (Clube).

1.1 Procedimentos para o atleta

1.1.1 Documento norteador ao atleta – *BEM VINDO*

Trata-se de um Documento interno destinado exclusivamente aos responsáveis dos atletas e atletas de todas as categorias do Departamento que já fazem parte das atividades no Clube. A intenção do Documento é fazer com que todos conheçam melhor a instituição que defendem e o Departamento, aproximando e criando identificação em todos os Processos.

Exemplos de conteúdo:
- Identidade do Clube (símbolo/escudo/logomarca, mascote, bandeira);
- Hino;
- Início do Clube (história);
- Legado;
- História do Futsal no Clube;
- Missão, Visão e Valores;
- Perfil Geral do atleta;
- Perfil Específico por posição (goleiro, fixo, alas, pivô);
- Integração dos Departamentos de Futsal e Futebol de Base;
- Integração Futsal (diretrizes);
- Atletas de sucesso com passagem pelo Futsal do Clube;
- O que o Clube oferece ao atleta (alimentação, saúde, social, outros);
- Diretrizes (horários, vestimenta, treinos e jogos, atividades extras, saúde, outros);
- Recomendações ao responsável do atleta;
- Organograma Comissões Técnicas e Categorias;
- Quadros de controles de elencos e indicativos;
- Competições;
- Documentos e procedimentos necessários para inscrição; e
- Locais de treinamentos e jogos.

1.1.2 Documento ao Atleta Egresso – *CONVITE*

É um Documento interno destinado exclusivamente aos responsáveis dos atletas e atletas que interessam ao Clube. A intenção do Documento é convidar e fazer com que haja um melhor conhecimento da instituição e do Departamento que podem defender em um futuro próximo.

Exemplos de conteúdo:
- Identidade do Clube (símbolo/escudo/logomarca, mascote, bandeira);
- Hino;
- Início do Clube (história);
- Legado;
- História do Futsal no Clube;
- Missão, Visão e Valores;
- Integração dos Departamentos de Futsal e Futebol de Base;
- Integração Futsal (diretrizes);
- Atletas de sucesso com passagem pelo Futsal do Clube;
- O que o Clube oferece ao atleta (alimentação, saúde, social, outros);
- Organograma Comissões Técnicas e Categorias;
- Competições; e
- Locais de treinamentos e jogos.

1.1.3 Programa de Imersão Histórica

Programa interno destinado exclusivamente aos atletas de todas as categorias do Departamento que já fazem parte das atividades no Clube. A intenção do programa é oportunizar a todos ações sociais e outras ações que tragam um maior conhecimento sobre a instituição que defendem e o Departamento, aproximando e criando identificação ao decorrer da temporada.

Exemplos:

Ações 01

1 - Proporcionar a todos os elencos/atletas visitação monitorada ao Clube - instalações, CTs, sala de troféus, estádio, outras ações, nas primeiras semanas da temporada;

2 - Fomentar todos os atletas com vídeos relacionados à história do Clube e gerações passadas durante todo o decorrer da temporada, por meio do aplicativo WhatsApp e de reuniões pontuais;

3 - Proporcionar a todos os elencos/atletas encontros com os ídolos históricos do Clube, atuais jogadores da equipe profissional que jogaram Futsal e ex-atletas do Departamento de Futsal que estão jogando em outras equipes profissionalmente; e

4 - Outras opções.

Obs.: Os atletas que entrarem ao decorrer da temporada, devem ser orientados para se apropriarem aos itens 1, 2 e 3.

O SEGREDO DO FUTEBOL BRASILEIRO FUTSAL E FUTEBOL DE BASE

Ações 02

1 - Envolver o Departamento de Futsal em ações sociais durante todo o decorrer da temporada (atletas, equipes, outros);

2 - Proporcionar aos atletas das equipes campeãs a entrada em campo para "volta olímpica" durante um jogo da equipe profissional; e

3 - Outras opções.

1.1.4 PDBA – PROGRAMA DE BLINDAGEM DO ATLETA

Refere-se a um Documento interno elaborado para aproximar Clube, responsável do atleta, pelas relações interpessoais. Além disso, esse Documento tem o propósito de inserir uma série de Processos administrativos que podem salvaguardar as intenções do Clube na permanência do atleta durante a sua fase de desenvolvimento/formação esportiva, combatendo o assédio/convite de outros Clubes.

Exemplos:

1- Relações interpessoais - Clube, família/responsável legal e atleta

➤ Criar uma boa relação com a família;

➤ Criar uma boa relação de afetividade com o atleta;

➤ Criar um ambiente onde o atleta se identifique com o Clube;

➤ Mostrar ao atleta e família, a história do Clube e todas as gerações passadas (atletas); e

➤ Oferecer ao atleta o *"Selo de Qualidade do Clube"* (diploma e um brinde - produto oficial)/(criar uma logomarca).

2- Processos administrativos/Blindagens - Atleta

▸ Fazer contratos (CRTA) de "Instrumento Particular De Ajuste De Condições Para Futuro Termo de Iniciação Desportiva em Futebol e Futsal" e/ou "Termo de Iniciação Esportiva em Futebol e Futsal", para os atletas projeção (07 aos 09 anos)/(a partir dos 10 anos responsabilidade do Futebol de Base);

▸ Fazer o "Contrato de Formação Desportiva" com todos os atletas acima de 14 anos.

▸ Oferecer ajuda de custo para os atletas projeção (07 aos 18 anos)/(os atletas que já recebem pelo Futebol de Base não recebem pelo Futsal);

▸ Oferecer *Formação Integral* e benefícios do *Clube Formador (CCF)*;

▸ Registrar na Federação de Futsal todos os atletas que fazem parte das competições de Futsal (vínculo federativo)/(06 aos 18 anos);

▸ Registrar na Federação de Futebol atleta projeção a partir dos <u>09 anos</u> (vínculo federativo)/(fazer conexão com o Futebol de Base); e

▸ Estabelecer boa relação com o Movimento dos Clubes Formadores de Futebol de Base (gerente e coordenadores do Futebol de Base)/(comissão de ética e assédio).

FIGURA 01 - Logomarca do Movimento dos Clubes Formadores do Futebol Brasileiro

O SEGREDO DO FUTEBOL BRASILEIRO FUTSAL E FUTEBOL DE BASE

3- Processos administrativos/Blindagens - Parceiros

▸ Manter uma relação próxima e honesta com os Clubes, escolinhas, projetos parceiros;

▸ Oferecer ao parceiro materiais esportivos diversos (bola, cones, coletes, outros) de acordo com número de atletas indicados e aprovados pelo Clube;

e/ou

▸ Oferecer ao parceiro clínicas para os alunos do projeto e/ou capacitação dos professores ministradas pelo corpo técnico do Clube (CTs).

4 - Processos administrativos/Blindagens - Financeiro/Parceiros

▸ Oferecer ao parceiro um valor financeiro previamente acordado de acordo com número de atletas indicados e aprovados pelo Clube;

e/ou

▸ Oferecer ao parceiro porcentagem dos direitos econômicos do atleta indicado e aprovado pelo Clube, caso ele seja vendido no momento oportuno.

1.1.5 CAFS – CONTROLE DE ATLETAS FUTSAL

Trata-se de um processo interno de Controle de Atletas, que tem como objetivo salvaguardar os dados de todos os atletas do Departamento de Futsal.

Todos os Documentos e Processos relacionados ao atleta durante a sua permanência no Clube, devem constar nos computadores do Departamento e em uma pasta virtual (nuvem) para consulta imediata ou posterior, caso seja necessário.

Esse procedimento de controle completo e armazenamento de dados vai facilitar e dar agilidade ao Clube, caso algum atleta com passagem no Futsal, chegue a profissionalização no Futebol e pos-

O SEGREDO DO FUTEBOL BRASILEIRO FUTSAL E FUTEBOL DE BASE

teriormente, no decorrer da sua carreira, aconteçam transferências internacionais, acionando o Mecanismo de Solidariedade FIFA (a cada transferência internacional de um jogador, o Clube formador do atleta tem direito a porcentagem dos valores envolvidos. Esse percentual, no entanto, é dividido por todos os Clubes pelos quais o jogador passou entre os 12 e 23 anos de idade).

> *Obs.: Existem estudos para que o Futsal federativo seja incluído nos Processos de formação da FIFA, assim como, pode haver diminuição da idade mínima que hoje é de 12 anos. Além, disso, a CBF pretende, em breve, registrar todos os jogadores de Futsal federativo em sua base de dados, facilitando esse controle.*

1.1.6 Fluxograma de Altetas – Regional, Estadual, Interestadual

O Fluxograma de Atletas compreende um monitoramento Regional e/ou Estadual e/ou Interestadual, possibilitando variados tipos de controles dos elencos e do cenário da modalidade.

Esse monitoramento, pode ser feito pelo mapeamento simples, onde é possível pontuar alguns indicativos importantes para se ter uma real noção de como estão os Processos, sendo eles:

- Clubes e Cidades que ameaçam a captação de atletas;
- Cidade de origem dos atletas;
- Clube anterior dos atletas;
- Cidade destino dos atletas/evasão;
- Clube destino dos atletas/evasão; e
- Outros.

O SEGREDO DO FUTEBOL BRASILEIRO FUTSAL E FUTEBOL DE BASE

É interessante que possam ser realizados e experimentados diferentes Fluxogramas para que haja uma melhor compreensão das ameaças, rotatividade dos elencos/atletas e planejamentos.

> *Obs.: Nos modelos exemplificados apresentados abaixo, utilizou-se clubes fictícios, logos e a Região da Baixada Santista, ABCD e Cidade de São Paulo como exemplos.*
> *O Tigres F.C., é o executor e o principal Clube do fluxograma nas FIGURAS 2,3,4.*

Exemplos de estratégias para nortear a captação:
(Conforme FIGURA 02 a seguir)

▸ Foco total na captação de atletas nas zonas de prioridade (parcerias com terceiros, outros);

▸ Estabelecer-se como a maior referência do Futsal nas zonas de prioridade;

▸ Ampliação da captação de atletas nas cidades da Baixada Santista, Grande São Paulo, ABCD consideradas zonas de disputa (maior agressividade na abordagem);

▸ Possibilidade de arcar com as despesas de condução dos atletas de interesse oriundos da Grande São Paulo, ABCD ou Capital (pedágio e/ou gasolina);

▸ Possibilidade de arcar com as despesas de condução dos atletas de interesse oriundos de Santos, Cubatão, São Vicente (passe para transporte público, ajuda de custo ou gasolina);

▸ Definição de quais categorias e quantos atletas vão estar comtemplados com as despesas de condução conforme o Projeto Esportivo; e

▸ Estudar, caso a caso, o atleta que desperte interesse oriundo da zona de dificuldade.

O SEGREDO DO FUTEBOL BRASILEIRO FUTSAL E FUTEBOL DE BASE

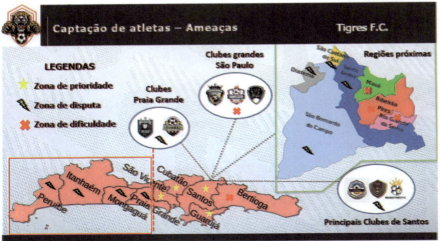

FIGURA 02 - Clubes da Baixada Santista e cidade de São Paulo que representam ameaças ao Tigres F.C., na captação de jovens atletas

Abaixo exemplificou-se alguns modelos de Fluxograma de atletas como ilustração ao tema e sugestão de controle. Onde encontra-se o número zero "0" na cidade ou região citada, deve-se substituí-lo com o número referente a contagem dos atletas.

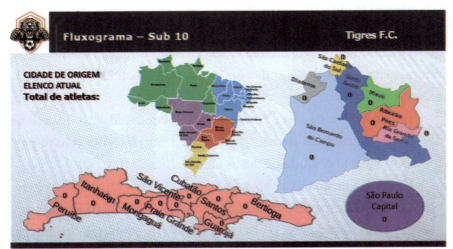

FIGURA 03 - Exemplo de Fluxograma da Categoria Sub 10 em relação à cidade de origem dos atletas

O SEGREDO DO FUTEBOL BRASILEIRO FUTSAL E FUTEBOL DE BASE

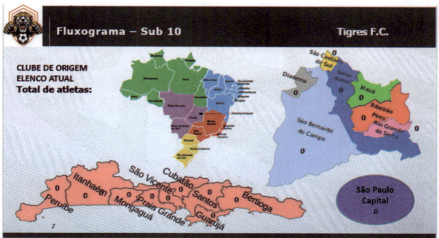

FIGURA 04 - Exemplo de Fluxograma da Categoria Sub 10 em relação ao clube de origem dos atletas

1.2 Procedimentos para o colaborador

1.2.1 Regimento interno, estatuto social, outros

Dentre todos os Documentos internos oficiais/estatutários/institucionais do Clube e Documentos do Departamento de Futsal, é de extrema importância que todos os colaboradores estejam cientes e alinhados ao Regimento Interno, Estatuto Social, outros Documentos de relevância que façam parte da organização do Clube. Esses Documentos devem ser disponibilizados, consultados e discutidos sempre que houver necessidade do colaborador, independentemente do cargo que exerça.

1.2.2 Missão, Visão, Valores

É muito importante que o Clube desenvolva e divulgue internamente e externamente para todos a sua Missão, Visão, Valores. Sabemos que muitos Clubes ainda não possuem essas diretrizes fundamentais para melhor gerir todos os Processos de acordo ao Planejamento Estratégico e ao Projeto Esportivo.

Caso o Clube realmente não tenha nada que se aproxime, sugere-se que o Departamento, seja ele qual for, crie e insira a sua própria Missão, Visão, Valores, respeitando a história, DNA, posicionamento, processos, outros.

Exemplos:

Missão
Ser referência mundial como academia de futebol, na formação e intercâmbio de atletas.

Visão
Ser reconhecido e respeitado como academia de futebol de referência mundial, formando jogadores para o mercado nacional e internacional do esporte, valorizando a formação cultural, esportiva e moral do atleta, com práticas de gestão modernas, excelência técnica em seu modelo de jogo, responsabilidade social, ambiental, social e financeira.

Valores
Espírito Vencedor
Valorização da Cultura Chinesa
Ética e Desportivismo
Excelência e Qualidade
Formação Integral do Atleta
Responsabilidade Social
Responsabilidade Ambiental
Valorização da Comunidade Local

FIGURA 05 - Exemplo de Missão, Visão, Valores do Desportivo Brasil
FONTE: Desportivo Brasil

O SEGREDO DO FUTEBOL BRASILEIRO FUTSAL E FUTEBOL DE BASE

MISSÃO, VISÃO E VALORES - REAL MADRID C.F.

Missão

Um clube aberto e multicultural, apreciado e respeitado em todo o mundo pelos seus êxitos desportivos e pelos valores que transmite, que desde a procura da excelência dentro e fora do terreno de jogo, contribui para satisfazer as expectativas dos seus sócios e seguidores

Visão

Um clube líder em futebol e basquetebol, que através dos seus triunfos desportivos, da resposta aos sonhos e expectativas de todos os seus seguidores à escala nacional e internacional, que preserva o seu importante legado histórico, que gere o seu patrimônio com rigor e transparência em benefício dos seus sócios, e que age com critérios de responsabilidade social e boa gestão corporativa.

Valores

ESPIRITO GANHADOR – O Real Madrid tem como meta chegar o mais alto em todas as competições em que participa, sem se dar por vencido e dando mostras da sua entrega, consistência no trabalho e lealdade aos adeptos.

DEPORTIVISMO – O Real Madrid é um adversário sincero e honesto no terreno de jogo, que joga de boa-fé e que respeita todas as equipas contra quem compete e respectivos adeptos. Fora do terreno de jogo deseja manter relações fraternais e solidárias com todos os demais clubes, oferecendo a estes e às autoridades desportivas nacionais e internacionais a sua contínua colaboração.

EXCELÊNCIA E QUALIDADE – O Real Madrid pretende contar nas suas fileiras com os melhores jogadores espanhóis e estrangeiros, inculndo-lhes o compromisso com os valores próprios do clube, e a corresponderem ao apoio dos adeptos com um trabalho desportivo baseado em critérios de qualidade, disciplina e capacidade de sacrifício. Na gestão das suas atividades baseia-se em princípios de boa gestão e na procura permanente da excelência.

FIOSOFIA DA EQUIPA – Quando integram o Real Madrid, tanto os desportistas como os demais profissionais, comprometem-se a trabalhar em equipa, dando o melhor de si mesmos em benefício do coletivo, sem egoísmos pessoais nem profissionais.

FORMAÇÃO – O Real Madrid consagra um esforço elevado e permanente à descoberta e educação de novos valores desportivos, dedicando a atenção e os recursos necessários à cantera em todas as suas secções, e cuidando não só da formação desportiva dos jovens como também da sua formação social, ética e cidadania.

RESPONSABILIDADE SOCIAL – O Real Madrid tem consciência da elevada repercussão social das suas atividades e por isso dedica recursos para cumprir os mais altos pergaminhos de boa gestão corporativa, e à promoção dos melhores valores desportivos, ao fortalecimento das suas relações com os sócios, veteranos, peñas e seguidores, e ao desenvolvimento de projetos solidários em favor de coletivos necessitados dentro e fora de Espanha.

RESPONSABILIDADE ECONÔMICA – O Real Madrid tem consciência de que gere ativos materiais e imateriais de excepcional valor e importância, pelo que se compromete a administrá-los de forma responsável, eficaz e honesta em benefício dos seus sócios.

FIGURA 06 - Exemplo de Missão, Visão, Valores do Real Madrid C.F./Espanha
FONTE: *Real Madrid C.F./Espanha*

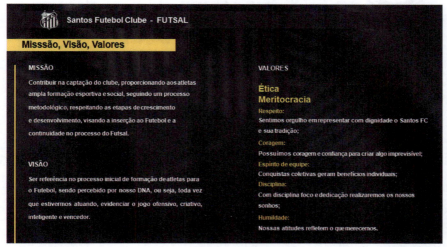

FIGURA 07 - Exemplo de Missão, Visão, Valores do Departamento de Futsal do Santos F.C.
FONTE: *Santos F.C.- Departamento de Futsal*

1.2.3 Organograma

O Organograma é uma representação visual da estrutura organizacional do Clube e/ou Departamento, estipulando linhas de autoridade, comunicação, simbolizando a divisão do trabalho. Também pode-se considerar como um gráfico hierárquico, onde é demonstrado a todos como irá funcionar internamente o Clube a nível de cargos e Departamentos.

Exemplo:

FIGURA 08 - Exemplo de Organograma do C.A. Juventus
FONTE: C.A. Juventus

1.2.4 Documento norteador

Constitui-se em um Documento interno elaborado por todos os colaboradores da área técnica e Coordenação do Departamento de Futsal, com a intenção principal de nortear todos os Processos de quadra (treinos, jogos), além de outros Processos e informações importantes sobre o Clube e o Departamento de Futsal.

> *Obs.: O Documento precisa ser mutável e flexível de acordo com a história do Clube, DNA, identificação, Projeto Esportivo, demandas.*

Exemplos de conteúdo:
> Identidade do Clube (símbolo/escudo/logomarca, mascote, bandeira);
> Hino;
> Início do Clube (história);
> Legado;
> História do Futsal no Clube e cronologia;
> Objetivos do Documento;
> Missão, Visão e Valores;
> Perfil do colaborador;
> Composição das Comissões Técnicas e Categorias;
> O que o Clube oferece ao atleta (alimentação, saúde, social, outros);
> Perfil do atleta;
> Perfil geral do atleta;
> Perfil específico por posição (goleiro, fixo, alas, pivô);
> Processos de captação;
> Nosso jogo;
> Conceitos ofensivos;
> Conceitos defensivos;

O SEGREDO DO FUTEBOL BRASILEIRO FUTSAL E FUTEBOL DE BASE

- Transições (ofensivas, defensivas);
- Bola parada ofensiva (escanteio ofensivo, falta/organização ofensiva);
- Bola parada defensiva (escanteio defensivo, falta/organização defensiva, escanteio defensivo);
- Inferioridade e Superioridade numérica/goleiro linha (goleiro linha/organização defensiva, goleiro linha organização ofensiva);
- Inferioridade e Superioridade numérica/expulsão (organização defensiva em caso de expulsão, organização ofensiva em caso de expulsão;
- Integração dos Departamentos de Futsal e Futebol de Base;
- Comissões Técnicas (introdução, objetivos da integração, metodologia da integração);
- Integração Futsal/Futebol diretrizes (faixas etárias, objetivos, cenário);
- Atletas de sucesso com passagem pelo Futsal do Clube;
- Grade de programação integração;
- Metodologia;
- Diretrizes das categorias de iniciação (06 a 10 anos);
- Atletas egressos das categorias de iniciação (06 a 10 anos);
- Diretrizes das categorias de formação (11 a 14 anos);
- Atletas egressos das categorias de formação (11 a 14 anos);
- Diretrizes das categorias de rendimento (15 a 18 anos);
- Atletas egressos das categorias de rendimento (15 a 18 anos);
- DNA do Clube/Como fazemos? Metodologia;
- Orientações ao processo de formação dos atletas: Atletas de linha;
- Orientações ao processo de formação dos atletas: Goleiros;
- Grade de Programação Futsal;
- Diretrizes para a preparação física;
- DNA do Clube/Como fazemos? Preparação física associada as categorias das atividades; e
- Competições;

1.2.5 PQI – Programa de qualificação interna

Significa um Programa interno que tem a intenção de oferecer aos colaboradores, cursos, palestras, vivências, workshops e outras possibilidades de aprendizagem, sem custo, utilizando a estrutura do Clube para o desenvolvimento do Programa.

A qualificação dos colaboradores é fundamental para uma entrega muito mais assertiva, por isso, ao decorrer do ano e dentro do calendário, é fundamental que aconteçam alguns momentos de troca e conhecimento.

1.2.6 PAI – Programa de ajuda interna

É um Programa interno que tem a intenção de incentivar o colaborador do Departamento de Futsal a participar de cursos, palestras, workshops, certificações CBF/CBFS/FPF/FPFS, outros (online e presencial).

Este incentivo ocorre quando o colaborador se mostra interessado em reciclagem e/ou melhor qualificação profissional dentro da sua esfera de atuação no Clube, ou quando a Coordenação do Departamento entender que alguém da equipe deva ser indicado.

O benefício vai estar disponível apenas para as formações que tenham a ver com a função do colaborador dentro do Clube, sendo que o pedido deve ser realizado com antecedência para análise da Coordenação.

No caso de o colaborador solicitar mais de uma formação por ano, esse pedido deverá ser avaliado conforme a demanda e a proximidade do evento.

Para que tudo isso seja possível, o Departamento poderá colaborar com os seguintes custeios de forma integral ou fracionada dependendo do caso:

> Inscrição ou mensalidade do curso *(parcial porcentagem ou total);
> Translado terrestre ou aéreo para o local do evento (Cidade onde reside - Cidade do evento - Cidade do evento - Cidade onde reside);
> Translado no local do evento (Hotel - Local do evento - Local do evento - Hotel);
> Hotel ou pousada no local do evento;
> Alimentação completa no percurso e no local do evento; e
> Outros a discutir.

(*) OBSERVAÇÃO: Importante associar esse tópico ao exposto no Capítulo 8, item 1.5.2, quanto à incentivos na Gestão de pessoas.

1.2.7 Currículo do Colaborador – Critérios, Exigências, Funções

Os critérios para a contratação de um colaborador devem seguir critérios específicos de acordo as exigências de sua função, perfil do Clube e/ou Departamento e Projeto Esportivo.

Cada vez mais nota-se a necessidade de um colaborador qualificado e atualizado, não existindo mais espaço para contratações duvidosas. O Clube e/ou Departamento deve instituir Processos avaliatórios admissionais para todos os cargos na tentativa de maior transparência e assertividade.

Exemplos:
TREINADOR
Inicial obrigatório
> Formação Academia em Educação Física ou Esportes (Latu Sensu);
> CREF atualizado;

> Mínimo 05 anos de experiência em equipes de competição federativas;
> Obrigatoriedade das Licenças Futsal C e/ou B (FPFS); e
> Perfil do Clube e/ou Departamento.

No decorrer obrigatório
Limite execução: Até 02 anos com apoio do *PAI – Programa de Ajuda Interna*
> Pós-graduação em Futebol e Futsal e/ou Pedagogia do Esporte e/ou similar;
> Licenças Futebol C e B (CBF Academy);
> Curso Futsal e Futebol "Desenvolvimento de Talentos" (CBF Academy);
> Cursos diversos de Futsal (Marquinhos Xavier, PC de Oliveira, Felipe Sá, Wilton Santana, outros), Futebol (Universidade do Futebol, FI, outros), Pedagogia do Esporte, outros; e
> Estágios/Network.

Opcional/Diferencial
> Mestrado e/ou Doutorado (Stricto Sensu);
> Curso Desenvolvimento de Talentos "A Escola Brasileira" (CBF Academy);
> Licenças Futsal C e B (CBF Academy);
> Outros cursos (CBF Academy); e
> Licenças Futsal Nível 01 e 02, da Escola Nacional de Treinadores de Futsal (ENTF).

AUXILIAR TÉCNICO
Inicial obrigatório
> Formação Acadêmica em Educação Física ou Esportes (Latu Sensu);
> CREF atualizado;

O SEGREDO DO FUTEBOL BRASILEIRO FUTSAL E FUTEBOL DE BASE

➤ Mínimo 03 anos de experiência em equipes de competição federativas;
➤ Obrigatoriedade das Licenças Futsal C e/ou B (FPFS); e
➤ Perfil do Clube.

No decorrer obrigatório
Limite execução: Até 02 anos com apoio do *PAI – Programa de Ajuda Interna*
➤ Pós-graduação em Futebol e Futsal e/ou Pedagogia do Esporte e/ou similar;
➤ Licenças Futebol C e B (CBF Academy);
➤ Curso Futsal e Futebol "Desenvolvimento de Talentos" (CBF Academy);
➤ Cursos diversos de Futsal (Marquinhos Xavier, PC de Oliveira, Felipe Sá, Wilton Santana, outros), Futebol (Universidade do Futebol, FI, outros), Pedagogia do Esporte, outros; e
➤ Estágios/Network.

Opcional/Diferencial
➤ Mestrado e/ou Doutorado (Stricto Sensu);
➤ Curso Desenvolvimento de Talentos "A Escola Brasileira" (CBF Academy);
➤ Licenças Futsal C e B (CBF Academy);
➤ Outros cursos (CBF Academy); e
➤ Licenças Futsal Nível 01 e 02 (ENTF).

PREPADOR FÍSICO
Inicial obrigatório
➤ Formação Acadêmica em Educação Física ou Esportes (Latu Sensu);
➤ CREF atualizado;

> Mínimo 03 anos de experiência em equipes de competição federativas;
> Pós-graduação na área e/ou similar; e
> Perfil do Clube e/ou Departamento.

No decorrer obrigatório
Limite execução: Até 02 anos com apoio do *PAI – Programa de Ajuda Interna*
> Curso Preparação Física nas categorias de Base Futebol (CBF Academy);
> Curso Força, velocidade e potência "Da Base ao Profissional" Futebol (CBF Academy);
> Curso Futsal e Futebol "Desenvolvimento de Talentos";
> Cursos diversos de Futsal (Marquinhos Xavier, PC de Oliveira, Felipe Sá, Wilton Santana, outros), Futebol (Universidade do Futebol, FI, outros), Pedagogia do Esporte, Fisiologia, Preparação Física, Biomecânica, outros (FMS/Core 360/Exos); e
> Estágios/Network.

Opcional/Diferencial
> Mestrado e/ou Doutorado (Stricto Sensu);
> Preparação Física Profissional Futebol (CBF Academy);
> Outros cursos (CBF Academy);
> Licenças Futsal C e B (CBF Academy);
> Licenças Futsal C e/ou B (FPFS); e
> Licenças Futsal Nível 01 e 02 (ENTF).

TREINADOR DE GOLEIRO
Inicial obrigatório
> Formação Acadêmica em Educação Física ou Esportes (Latu Sensu);

> CREF atualizado;
> Mínimo 03 anos de experiência em equipes de competição federativas;
> Pós-graduação na área e/ou similar; e
> Perfil do Clube e/ou Departamento.

No decorrer obrigatório

Limite execução: Até 02 anos com apoio do *PAI – Programa de Ajuda Interna*)

> Treinamento de Goleiros nas categorias de Base Futebol (CBF Academy);
> Curso Futsal e Futebol "Desenvolvimento de Talentos";
> Cursos diversos de Futsal (Marquinhos Xavier, PC de Oliveira, Felipe Sá, Wilton Santana, outros), Futebol (Universidade do Futebol, FI, outros), Pedagogia do Esporte, Treinamento de goleiro (Guaíba, Rafael Kiyasu, outros), Fisiologia, Preparação Física, Biomecânica, outros (FMS/Core 360/Exos; e
> Estágios/Network.

Opcional/Diferencial

> Mestrado e/ou Doutorado (Stricto Sensu);
> Curso Preparação Física nas categorias de Base Futebol (CBF Academy);
> Curso Força, velocidade e potência "Da Base ao Profissional" Futebol (CBF Academy);
> Outros cursos (CBF Academy);
> Licenças Futsal C e B (CBF Academy);
> Licenças Futsal C e/ou B (FPFS); e
> Licenças Futsal Nível 01 e 02 (ENTF).

ESTAGIÁRIOS
Inicial obrigatório
> Cursando Educação Física ou Esportes (Latu Sensu);
> Cursando uma Instituição de Ensino referência; e
> Perfil do Clube para possibilidade de contratação futura.

No decorrer obrigatório
Limite execução: Durante o tempo de estágio, permanência no Clube
> Curso Futsal e Futebol "Desenvolvimento de Talentos" (CBF Academy); e
> Cursos diversos de Futsal (Marquinhos Xavier, PC de Oliveira, Felipe Sá, Wilton Santana, outros), Futebol (Universidade do Futebol, FI, outros), Pedagogia do Esporte, outros.

Opcional/Diferencial
> Curso Desenvolvimento de Talentos "A Escola Brasileira" (CBF Academy);
> Outros cursos CBF Academy;
> Licenças Futsal C e B (CBF Academy);
> Licenças Futsal C e/ou B (FPFS); e
> Licenças Futsal Nível 01 e 02 (ENTF).

COORDENADOR TÉCNICO
Inicial obrigatório
> Formação Acadêmica em Educação Física ou Esportes (Latu Sensu);
> CREF atualizado;
> Mínimo 05 anos de experiência em equipes de competição federativas;
> Obrigatoriedade das Licenças Futsal C e/ou B e/ou A (FPFS); e
> Perfil do Clube e/ou Departamento.

No decorrer obrigatório

Limite execução: Até 02 anos com apoio do *PAI – Programa de Ajuda Interna*

› Pós-graduação em Futebol e Futsal e/ou Pedagogia do Esporte e/ou similar;

› Curso Coordenação Técnica nas Categorias de Base Futebol (CBF Academy);

› Curso Coordenação Metodológica nas Categorias de Base Futebol (CBF Academy);

› Licenças Futebol C e B (CBF Academy);

› Curso Futsal e Futebol "Desenvolvimento de Talentos" (CBF Academy);

› Cursos diversos de Futsal (Marquinhos Xavier, PC de Oliveira, Felipe Sá, Wilton Santana, outros), Futebol (Universidade do Futebol, FI, outros), Pedagogia do Esporte, Administração, Gestão, outros; e

- Estágios/Network.

Opcional/Diferencial

› Formação Acadêmica em Administração ou Gestão ou similar (Latu Sensu);

› MBA, Mestrado e/ou Doutorado (Stricto Sensu);

› Curso Gestão de Futebol (CBF Academy);

› Curso Desenvolvimento de Talentos "A Escola Brasileira" (CBF Academy);

› Outros cursos (CBF Academy); e

› Licenças Futsal Nível 01 e 02 (ENTF).

SUPERVISOR TÉCNICO
Inicial obrigatório

› Formação Acadêmica em Educação Física ou Esportes (Latu Sensu);

➤ CREF atualizado;
➤ Mínimo 05 anos de experiência em equipes de competição federativas;
➤ Obrigatoriedade das Licenças Futsal C e/ou B e/ou A (FPFS); e
➤ Perfil do Clube e/ou Departamento.

No decorrer obrigatório
Limite execução: Até 02 anos com apoio do *PAI – Programa de Ajuda Interna*
➤ Pós-graduação em Futebol e Futsal e/ou Pedagogia do Esporte e/ou similar;
➤ Curso Coordenação Técnica nas Categorias de Base Futebol (CBF Academy);
➤ Curso Coordenação Metodológica nas Categorias de Base Futebol (CBF Academy);
➤ Licenças Futebol C e B (CBF Academy);
➤ Curso Futsal e Futebol "Desenvolvimento de Talentos" (CBF Academy);
➤ Cursos diversos de Futsal (Marquinhos Xavier, PC de Oliveira, Felipe Sá, Wilton Santana, outros), Futebol (Universidade do Futebol, FI, outros), Pedagogia do Esporte, Administração, Gestão, outros; e
➤ Estágios/Network.

Opcional/Diferencial
➤ Formação Acadêmica em Administração ou Gestão ou similar (Latu Sensu);
➤ MBA, Mestrado e/ou Doutorado (Stricto Sensu);
➤ Curso Gestão de Futebol (CBF Academy);
➤ Curso Desenvolvimento de Talentos "A Escola Brasileira" (CBF Academy);
➤ Outros cursos (CBF Academy); e
➤ Licenças Futsal Nível 01 e 02 (ENTF).

SAÚDE (MÉDICO, FISIOTERAPEUTA, OUTROS)
Inicial obrigatório
- Formação Acadêmica na respectiva área (Latu Sensu);
- Especialização Médica em Medicina Esportiva e/ou traumatologica;
- Documento do respectivo conselho atualizado (CREFITO, CRM, outros);
- Mínimo 03 anos de experiência no esporte; e
- Perfil do Clube e/ou Departamento.

No decorrer obrigatório
Limite execução: Até 02 anos com apoio do PAI – Programa de Ajuda Interna
- Pós-graduação na respectiva área;
- Especialização na respectiva área;
- Curso Atendente de quadra (FPFS)/(*Imediato após contratação*);
- Curso Futsal e Futebol "Desenvolvimento de Talentos" (CBF Academy);
- Cursos diversos na respectiva área; e
- Estágios/Network.

Opcional/Diferencial
- MBA, Mestrado e/ou Doutorado (Stricto Sensu);
- Curso Desenvolvimento de Talentos "A Escola Brasileira" (CBF Academy); e
- Outros cursos (CBF Academy).

1.2.7 Currículo do Colaborador – Diretrizes

Assim como existem critérios para a contratação de um colaborador, também devem existir diretrizes estabelecidas para quem já faz parte dos Processos do Clube.

Se faz necessário que esse colaborador cumpra uma série de requisitos, combinados, orientações de acordo as determinações implementadas no Clube e/ou Departamento.

Exemplos:
Essência
‣ Conhecer e demonstrar orgulho com a história geral do Clube e do Departamento de Futsal; e
‣ Saber que, no Futebol, o Clube tem seus valores: DNA ofensivo, ousadia e propor jogo, por exemplo.

Competências
‣ Ter desenvolvimento universitário ou, dependendo do cargo, desenvolvimento técnico;
‣ Ter experiências e indicadores que o qualifiquem para a função de acordo o perfil que o Clube adote;
‣ Ter qualidade técnica e pedagógica para conseguir entregar o melhor resultado final possível (em conformidade com o Documento Norteador);
‣ Ser focado na melhoria pessoal. Mesmo parecendo óbvio, é necessário que o colaborador tenha vontade de inovar, buscar e desenvolver melhorias para o seu trabalho;
‣ Possuir um alto nível de competitividade em todos os campeonatos que participar;

- Ser comprometido com o desenvolvimento e a excelência dos atletas, seguindo as metodologias do Clube, Documentos Norteadores, e Projetos Esportivos;
- Definir e acompanhar metas dos indicadores da sua competência;
- Ser participativo em reuniões, expondo sempre as suas ideias colaborando com o tema;
- Elaborar planos de trabalhos individuais e em grupo;
- Ser proativo sempre que necessário e perceber o momento exato de tomar uma atitude, deixando-se à disposição de acordo a demanda do setor;
- Ter paixão pelo que faz. A paixão supera todos os obstáculos e nos leva a encontrar soluções para os problemas do dia a dia;
- Ser um líder, independente da função que exerça, não espere ordens para se mover. Propor, sugerir, antecipar-se.
- Ter habilidade para convencer e/ou motivar as pessoas a fazer algo, tanto por atos, quanto por palavras e exemplos;
- Ser sigiloso. É preciso manter os assuntos internos do Clube em ambiente restrito;
- Ser atento aos detalhes. Deve-se sempre procurar atingir aspectos do trabalho com qualidade, os detalhes podem fazer a diferença para um bom profissional;
- Ser responsável. Procure sempre cumprir seus compromissos e tarefas, fazendo sempre um bom trabalho dentro dos prazos que lhe são estabelecidos;
- Ter comprometimento. Saber se posicionar e entender a importância de realizar a tarefa no tempo e com a qualidade prevista;
- Cumprir prazos;
- Ser confiável;
- Não fugir da responsabilidade;

› Ser inovador. Buscar apresentar novas ideais, ser criativo e encontrar novos métodos de trabalho que possam melhorar ainda mais o dinamismo do Clube;

› Estar aberto a mudanças. Um profissional de sucesso é aquele que consegue não apenas se adaptar a mudanças, como também enxergar as oportunidades vinda delas;

› Ser resiliente. O profissional que trabalha no âmbito esportivo deve encarar os problemas com otimismo, lidar com a rotina de forma positiva, resistir às pressões internas e externas e estar aberto a ouvir críticas como uma forma de melhorar, e não como um ataque pessoal; e

› Ser focado. O profissional que consegue ter uma meta profissional bem definida tem a facilidade de abraçar desafios, superar obstáculos mais facilmente e trazer as melhores soluções para tornar o local em que trabalhar ainda mais produtivo.

Relações

› Ser paciente. Tendo em vista que atletas, colaboradores e pais possuem diferentes formas de assimilação, além de um tempo diferente para absorver e executar ações;

› Ser sociável, educado e ampliar os relacionamentos interpessoais. A empatia ajuda no ambiente de trabalho, facilitando as relações;

› Ser comunicativo. Uma boa comunicação faz com que sua função seja bem compreendida;

› Ser humilde. O profissional precisa ter humildade suficiente para admitir que não é dono da verdade, para ouvir o que os outros tem a dizer, aceitar sugestões e reconhecer que o trabalho em equipe é um dos elementos essenciais para o sucesso de cada um dos colaboradores;

› Ser honesto e ético. Um bom profissional deve agir de forma ética, honesta, respeitando o ambiente que trabalha, suas normas e regras, bem como as pessoas que dele fazem parte;

➤ Ser íntegro. Você deve mostrar que está disposto a encarar a rotina para chegar onde deseja, sem a necessidade de "passar por cima" de outras pessoas ou perder os seus valores nessa trajetória. Se você apresentar um perfil profissional que não corresponde ao que prometeu, pode prejudicar a sua imagem; e

➤ Ser companheiro. Ajudar o seu colega de trabalho sempre que possível, evitando ao máximo sentimentos de inveja ou competitividade interna. Importa ser um único time em busca dos mesmos objetivos.

Compliance

➤ Estar em *Compliance* com o Departamento e Clube; e

➤ Seguir categoricamente os estatutos, Documentos e Processos internos.

Atividades externas

➤ Ter a consciência de que você representa uma instituição de valores e por isso deve ter atenção com o que faz fora do Clube;

➤ Ter cuidado e atenção com imagem pessoal, para que não prejudique a sua imagem profissional;

➤ Ter cuidado e atenção com redes sociais e qualquer outro tipo de mídia, evitando exposição desnecessária;

➤ Conversar com o seu Supervisor ou Coordenador quando houver dúvidas do que é ou não permitido em relação à exposição de mídias; e

➤ Informar seu Supervisor ou Coordenador, quando solicitado, sobre cursos, clínicas e palestras.

Saúde

➤ Praticar os cuidados básicos de saúde;

➤ Se manter saudável e disposto para um melhor rendimento na sua função; e

➤ Manter uma boa apresentação no ambiente de trabalho, estando sempre asseado e uniformizado quando necessário.

O SEGREDO DO FUTEBOL BRASILEIRO FUTSAL E FUTEBOL DE BASE

1.3 Outros procedimentos

1.3.1 Indicativo – semáforo

É um simples Indicativo Diagnóstico de gestão, onde utiliza-se de analogia sobre o conceito do Semáforo em relação as cores. Nele é possível perceber a situação atual do Clube e/ou Departamento com maior facilidade de entendimento.

Exemplos:
- Vermelho: Situação perigosa;
- Amarelo: Situação que merece atenção; e
- Verde: Situação sob controle/ideal.

FIGURA 09 - Exemplo do Indicativo Semáforo do Clube fictício "Majestade F.C."

O SEGREDO DO FUTEBOL BRASILEIRO FUTSAL E FUTEBOL DE BASE

1.3.2 DEC – Diagnósticos esportivos comparativos

Os exemplos de Diagnósticos Esportivos Comparativos apresentados abaixo, estão divididos em performance esportiva (entregas) ao longo da participação dos Clubes em campeonatos Federativos e capacidade estrutural administrativa, física, história/tradição.

Utilizou-se um comparativo entre Clube Regionais que se enquadram no parágrafo acima em relação ao Clube do Diagnóstico, denominado de "Majestade F.C.".

Como se trata de um controle flexível e mutável, também pode-se ampliar este Diagnóstico para uma abrangência comparativa entre Clubes do Estado e Brasil, de acordo a necessidade do controle.

Leitura das 02 FIGURAS (10 e 11) – Diagnósticos Esportivos Comparativos

Fora dos dois retângulos tracejados (preto e/ou vermelho) está o Clube "Case" da Região (Tigres F.C.), aquele que apresenta os melhores resultados e estruturas, história/tradição.

Dentro do retângulo tracejado em preto, estão os Clubes da Região que disputam uma melhor posição entre si. Já no retângulo tracejado, em vermelho, se localiza o Majestade F.C., demonstrando a sua posição atual em relação aos outros adversários.

Obs.: Todos os nomes e logomarcas são de Clubes fictícios.

O SEGREDO DO FUTEBOL BRASILEIRO FUTSAL E FUTEBOL DE BASE

Exemplos:

FIGURA 10 - Comparação de Resultados Esportivos, entregas e histórias de Clubes da Região que disputam os Campeonatos da Federação Estadual e o Clube fictício "Majestade F.C."

FIGURA 11 - Comparação de Capacidade Estrutural e Administrativa de Clubes da Região que disputam os Campeonatos da Federação Estadual e o Clube fictício "Majestade F.C."

1.3.3 Objetivos das Competições

Os Objetivos das Competições servem como uma diretriz e planejamento para as ações e processos a serem realizados por todo o Departamento durante o calendário esportivo, podendo ser adaptado a qualquer momento de acordo as necessidades.

Estes objetivos podem ser técnicos, táticos, físicos, saúde, administrativos, estruturais, outros. Também pode-se dividir por categorias/equipes, calendários, competições, outros.

Os processos de criação desses objetivos devem ser realizados pelos colaboradores diretamente ligados ao assunto, objetivando um controle dos processos e execuções.

Exemplos:

OBJETIVOS - COMPETIÇÃO

CATEGORIA	GERAL		FÍSICO		TÉCNICO/TÁTICO	
Sub-14	Atividades lúdicas e recreativas	Atividades em formato de jogo	Coordenação Motora	FIFA 11+	Fundamentos	Princípio Tático Ogranizacional
Sub-15	Início à Competição		Força (Core)	Velocidade e Resistência	Fundamentos	Princípio Táticos Específico
Sub-17	Competição	Minutagem Equilibrada	Força (Geral e Hipertrofia)	Velocidade e Resistência	Fundamentos Aprimoramento	Princípio Tático Fundamental
Sub-20	Alto Rendimento	Aprimoramento Individual	Força Integral	Velocidade e Resistência	Manutenção Técnica	Princípio Tático Fundamental
Profissional	Controle	Aprimoramento Individual	Controle	Prevenção	Manutenção Técnica	Princípio Tático Fundamental

> MARCELO LIMA
Gestão e Coordenação do Departamento de Futebol

FIGURA 12 - Exemplos de Objetivos para a Competição: Sub 14, Sub 15, Sub 17, Sub 20, Profissional
FONTE: *Curso Gestão de Futebol (CBF Academy). Material retirado da aula ministrada pelo Professor Marcelo Lima em julho de 2021*

CATEGORIA	OBJETIVO-COMPETIÇÃO	METAS-COMPETIÇÃO (Coletivas)	METAS-COMPETIÇÃO (Individuais)
Sub 11	Festivais – regras adaptadas	Participação de todos	Minutagem
Sub 13	Festivais – regras adaptadas	Participação de todos	Minutagem
Sub 14	Amistosos, Campeonatos e Torneios amadores	Participação de todos	Minutagem
Sub 15	Amistosos, Campeonatos e Torneios Oficiais	Oitavas de Final	Minutagem
Sub 16	Amistosos, Campeonatos e Torneios Oficiais	Oitavas de Final	Minutagem
Sub 17	Amistosos, Campeonatos e Torneios Oficiais	Quartas de Final	Minutagem
Sub 19/20	Amistosos, Campeonatos e Torneios Oficiais	Final	Minutagem

FIGURA 13 - Exemplos de Objetivos para a Competição: Sub 11, Sub 13, Sub 14, Sub 15, Sub 17, Sub 19/20
FONTE: *Curso Gestão de Futebol (CBF Academy). Material retirado da aula ministrada pelo Professor Marcelo Lima em julho de 2021*

O SEGREDO DO FUTEBOL BRASILEIRO: FUTSAL E FUTEBOL DE BASE

CAPÍTULO 10

Ferramentas de Gestão

1. Considerações

As Ferramentas de Gestão são técnicas utilizadas para aprimorar os resultados, processos, sistemas e projetos. Podem melhorar a qualidade, obter controle sobre os processos ou acompanhar a dinâmica dos colaboradores. Com isso, ajudam a obter melhores performances, além de prevenir problemas que poderão impedir o sucesso de um projeto.

Todos os indicativos e processos das 05 Ferramentas de Gestão apresentados abaixo, estão baseados em um Clube fictício denominado "Majestade F.C.". Este Clube tem uma realidade de ser tradicional e participar das principais competições do Futebol sul-americano, estando sempre entre os melhores do país.

Além disso, o Clube é reconhecido como um grande desenvolvedor/formador de atletas que valoriza historicamente o Futebol de Base e já tem um processo muito bem estruturado e definido para a prática simultânea entre o Futsal e o Futebol de Base, onde o Departamento de Futsal é fundamental e contribui efetivamente para os processos de formação do jovem futebolista.

O SEGREDO DO FUTEBOL BRASILEIRO FUTSAL E FUTEBOL DE BASE

> *Obs.: Mesmo com uma grande variedade de possibilidades de Ferramentas de Gestão, elencou-se como exemplo alguns modelos que podem ser muito bem utilizados pelo Departamento e/ou Clube, na obtenção de diagnósticos e processos mais assertivos.*
>
> *Em cada Ferramenta, fez-se a questão de colocar uma pequena introdução para melhor entender a funcionalidade das mesmas, e nas FIGURAS apresentadas como exemplos fez-se algumas adaptações para melhor se encaixar no âmbito esportivo e do Futebol.*
>
> *Essas análises devem ser revisadas e modificadas sempre quando necessário, de acordo ao projeto esportivo do Clube e outras carências.*

1.1 Exemplos de ferramentas de gestão

1.1.1 Análise das 05 forças – Porter

As 05 Forças de Porter, servem para analisar o ambiente competitivo em que o Departamento e/ou Clube está(ão) enquadrado(s) para determinar o melhor posicionamento do negócio diante dos concorrentes. Com essa análise, é possível ter uma visão mais abrangente da concorrência e de como se pode tirar proveito disso.

A análise das 05 Forças de Porter se tornou um clássico da administração. Para desenvolver essa análise, é preciso refletir sobre 05 contextos em que o Departamento e/ou Clube estão inseridos, chamadas por Porter de *Forças*. Em seu modelo, ele considerou que há uma *Força Central* e outras quatro, que impactam a *Central* de formas diferentes.

A ferramenta tem uma lógica simples do ponto de vista conceitual, mas exige uma visão abrangente do negócio.

O SEGREDO DO FUTEBOL BRASILEIRO FUTSAL E FUTEBOL DE BASE

Significados:

Rivalidade de concorrentes: É preciso entender quem são os seus concorrentes diretos no momento. Nem sempre os concorrentes estão diretamente ligados a preposição a ameaças;

Ameaças de novos entrantes: Os Novos Entrantes podem causar uma agitação no mercado. Eles chegam com força, novidades para mostrar, grandes investimentos e desejo de ganhar participação de mercado. Só que, para novos concorrentes entrarem no mercado, alguém vai ter que perder espaço;

Poder de barganha dos fornecedores: Se o Departamento e/ou Clube dependem de poucos fornecedores - sobretudo se o fornecimento for de algo raro e difícil de encontrar -, ficará à mercê das decisões deles sobre preços, prazos e níveis de qualidade. Os problemas podem piorar se o fornecedor decidir abastecer também (ou exclusivamente) o seu concorrente. Mais do que responder a esta questão, o Departamento e/ou Clube precisa refletir sobre como ter acesso a excelentes fornecedores, sem depender exclusivamente de um ou outro;

Qual é o poder de barganha dos clientes: No início, esta *Força* fazia mais sentido para empresas que vendiam para um número reduzido de clientes, que tinham um grande poder de negociação com a empresa. Isso vale até hoje, e cabe ao Departamento e/ou Clube buscar uma solução para não depender de poucos consumidores; e

Ameaças de produtos substitutos: Um dos maiores erros que um Departamento e/ou Clube pode cometer é entender que se existem inovações nos processos, não existe concorrência. Por mais inéditas que sejam as inovações, e se elas resolvem um problema existente, já devem haver outras formas, pelo menos em parte, de solucionar a mesma questão. Para responder esse ponto, é preciso listar outros processos que também podem oferecer o mesmo benefício ou algo similar.

Exemplo:

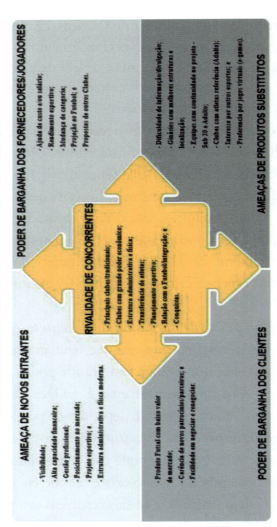

FIGURA 01 - Exemplo de Análise das 05 Forças - Porter no Departamento de Futsal do Clube fictício "Majestade F.C."

1.1.2 Modelo canvas

Na prática, o CANVAS é um mapa visual, no formato de um quadro que contém um esquema estabelecido com espaços para inserir informações acerca dos 09 fatores-chave para o funcionamento do Departamento e/ou Clube.

Essa metodologia possibilita descrever e pensar sobre o modelo de negócios da organização do Departamento e/ou Clube, de seus concorrentes ou qualquer outro Departamento e/ou Clube.

Os nove componentes do CANVAS a seguir cobrem as quatro principais áreas de um negócio: clientes, oferta, infraestrutura e viabilidade financeira.

Significados:

Parceiros: São os fornecedores e parceiros que fazem o Departamento e/ou Clube funcionar, devendo ser analisadas as associações mais benéficas para o desenvolvimento e aumento da competitividade no mercado;

Atividades chave: Estas atividades são essenciais para que o Departamento e /ou Clube funcionem. Elas podem ser relacionadas à parte da produção, resolução de problemas ou redes e plataformas fundamentais para a estrutura do negócio;

Proposta de valor: Este componente ajuda o Departamento e/ou Clube a entender o produto que o negócio entrega ao Segmento de Clientes e quais os seus diferenciais que fazem com que o Departamento e/ou Clube sejam escolhidos pelos consumidores. Ou seja, é sobre melhorar a qualidade e o desempenho do que se oferece, valorizando os serviços e ganhando a preferência do público;

Relacionamento com clientes: Busca estabelecer quais os melhores e mais eficientes tipos de contato com cada grupo do Segmento de Clientes – que podem ser pessoais, remotos ou mesmo automatizados;

Segmentos de clientes: Busca definir o público-alvo dos negócios e entender os diferentes grupos de pessoas e empresas que constituem a base de consumidores. Segmentando os clientes, é possível definir as necessidades e particularidades, para então desenvolver ações mais efetivas voltadas a cada grupo especificamente;

Recursos chave: Este ponto fala sobre todos os recursos necessários para que o Departamento e/ou Clube funcione, contemplando recursos físicos, financeiros, humanos ou intelectuais;

Canais: São os meios pelos quais o Departamento e/ou Clube irá ter contato com os clientes. Isto envolve as 05 fases dos canais, abrangendo como o público conhece a marca, como ela é avaliada, como é o processo de compra, como a proposta de valor é entregue e como é o apoio pós-venda do seu negócio;

Estruturas de custos: Analisa todas as despesas exigidas para o desenvolvimento do Departamento e/ou Clube, incluindo no estudo tanto gastos fixos, quanto variáveis; e

Fontes de receita: Por fim, este componente se refere à análise do preço pago pelos consumidores de cada grupo do segmento, descontados os custos dos Canais e do Relacionamento com Clientes. O objetivo é gerar dados sobre quanto cada fonte contribui para o total da receita e se os preços estão de acordo com a realidade dos compradores.

Exemplo:

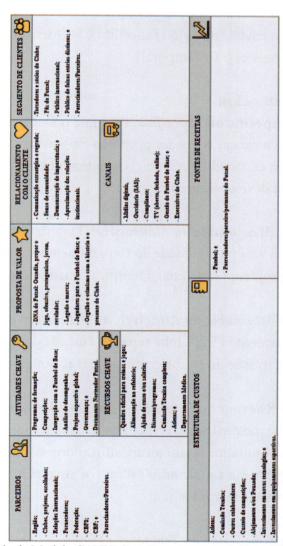

FIGURA 02 - Exemplo de Modelo CANVAS no Departamento de Futsal do Clube fictício "Majestade F.C."

O SEGREDO DO FUTEBOL BRASILEIRO FUTSAL E FUTEBOL DE BASE

1.1.3 META SMART

A Meta SMART é o nome de uma metodologia que estabelece critérios para a definição de objetivos, processos e metas, as quais se baseiam em 05 fatores: S (Específica), M (Mensurável), A (Atingível), R (Relevante) e T (Temporal).

Significados:

(S) Specific ou *Específica*: Para que o Departamento e/ou Clube consiga alcançar o que foi proposto em uma meta, é necessário que todos os envolvidos tenham claro entendimento do que se trata. Para isso, ela deve ser *Específica*;

(M) *Measurable* ou *Mensurável*: Definir uma meta *Mensurável* significa ter a possibilidade do Departamento e/ou Clube acompanhar o seu progresso e, ao final, identificar quando ela foi alcançada;

(A) *Attainable* ou *Atingível*: Ao definir um objetivo *Atingível*, o Departamento e/ou Clube separa a fantasia da realidade. Ou seja, se inicia a missão de estabelecer algo viável, que pode ser alcançado;

(R) *Relevant* ou *Relevante*: Quando o Departamento e/ou Clube cria uma meta e designa responsáveis, serão elaboradas estratégias para que os resultados sejam alcançados. Porém, quanto mais *Relevante* for a meta, mais motivados estarão os envolvidos, considerando que sejam metas alcançáveis; e

(T) *Time Based* ou *Temporal*: O último ponto das metas *SMART* é extremamente importante. Qualquer meta traçada pelo Departamento e/ou Clube deve ter prazo. Se você cria uma e não estabelece um tempo para a sua realização, ele pode ser alcançado em 01 dia, 01 mês, 01 ano.

Exemplo:

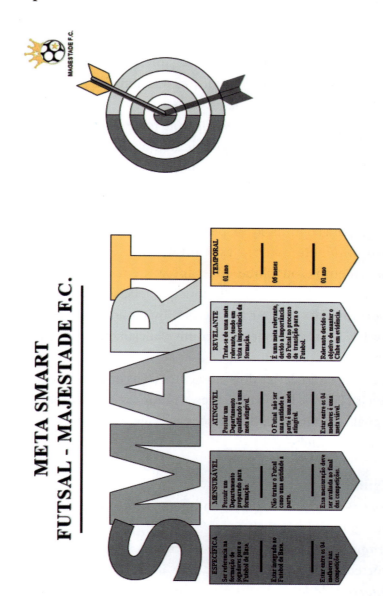

FIGURA 03 - Exemplo de Meta SMART no Departamento de Futsal do Clube fictício "Majestade F.C."

1.1.4 ANÁLISE SWOT

A Análise SWOT é uma técnica de planejamento estratégico utilizada para auxiliar pessoas ou organizações a identificar *Forças, Fraquezas, Oportunidades,* e *Ameaças* relacionadas à competição em negócios ou planejamento de projetos.

Na Análise SWOT, o *ambiente interno* pode ser controlado, uma vez que ele é resultado das estratégias de atuação definidas pelos próprios membros do Departamento e/ou Clube. Desta forma, durante a análise, quando for percebido um ponto forte, ele deve ser ressaltado ao máximo; e quando for percebido um ponto fraco, o Departamento e/ou Clube deve agir para controlá-lo ou, pelo menos, minimizar seu efeito.

Já o *ambiente externo* está totalmente fora do controle do Departamento e/ou Clube. Mas, apesar de não poder controlá-lo, devem conhecê-lo e monitorá-lo com frequência de forma a aproveitar as oportunidades e evitar as ameaças. Evitar ameaças nem sempre é possível. No entanto, pode-se fazer um planejamento para enfrentá-las, minimizando seus efeitos.

A combinação destes dois ambientes (*interno e externo*) e das suas variáveis (Forças, Oportunidades, Fraquezas e Ameaças) irá facilitar a análise e a tomada de decisões estratégicas baseadas no Projeto Esportivo do Clube.

Significados:

Forças: Capitalizar as vantagens internas em relação aos concorrentes;

Fraquezas: Fortalecer as desvantagens internas em relação aos concorrentes;

Oportunidades: Investir nos aspectos positivos para aumentar a vantagem competitiva; e

Ameaças: Prevenir aspectos negativos com potencial de comprometer a vantagem competitiva.

Exemplo:

FIGURA 04 - Exemplo de Análise SWOT no Departamento de Futsal do Clube fictício "Majestade F.C."

1.1.5 MÉTODO PDCA (PLAN-DO-CHECK-ACT)/ (PLANEJAR-FAZER-VERIFICAR-AGIR)

O PDCA é uma metodologia que proporciona melhoria contínua de processos no Clube e/ou Departamento, por meio de planejamento, execução, checagem, melhoria e medição de resultados.

A importância desse conceito é deixar claro dentro da organização a noção e cultura de que:

1 - Não é possível começar pela perfeição, dessa forma metas honestas e alcançáveis devem ser colocadas no lugar de metas inalcançáveis para o momento;
2 - Por não ser possível a perfeição, todo o processo deve ser checado num espaço de tempo previamente estabelecido, criando ciclos;
3 - O decurso do tempo permite a aprendizagem, novas percepções e mudanças de contexto; e
4 - Toda checagem apontará necessidades de melhorias, que devem ser planejadas e executadas.

Significados:
1 - *Plan ou Planejar*: Neste primeiro passo para a aplicação, é necessário que se elabore um plano. Desenvolvido, com base nas diretrizes e políticas do Departamento e/ou Clube, uma estratégia que se proponha a resolver os problemas levantados.

A partir disso, deve levar em consideração três fases fundamentais: a primeira é o estabelecimento dos objetivos do ciclo; a segunda é a escolha do caminho para que estes objetivos sejam atingidos; e a terceira é a definição do método que deverá ser utilizado para isso. E deve-se também montar a equipe, escolhendo os profissionais que liderarão os processos.

Como ocorre em qualquer planejamento, a boa e cuidadosa elaboração desta etapa evita falhas e perdas de tempo desnecessárias nas próximas fases do ciclo PDCA. (Exemplos: Programação Semanal, Reuniões atletas e CTS);

2 - *DO ou Executar*: Quando o planejamento estiver pronto e bem detalhado é a hora de colocá-lo em prática. Hora de tocar a execução do plano, que consiste também em treinar os envolvidos para prepará-los para o método que será empregado. Esta é a etapa mais importante do ciclo e deve ser acompanhada bem de perto, para que em nenhum momento se desvie do que foi planejado. (Exemplos: jogo, protocolos de jogo, aquecimento, vestiário, preleção, intervalo, análise de desempenho, Coordenação de Futsal, saúde);

3 - *Check ou Verificar*: O terceiro passo é a análise ou verificação dos resultados alcançados e dos dados coletados. Esta etapa pode se desenvolver tanto ao mesmo tempo em que o plano quando é elaborado - quando se verifica se o trabalho está sendo feito da forma devida -, quanto após a execução, quando são feitas as análises estatísticas dos dados e a verificação de todos os itens. O principal objetivo desta fase é detectar eventuais erros ou falhas. (Exemplos: reunião pós-jogo, protocolo de análise, atualização de saúde semanal, relatório dos dados de jogo, atualização pedagógica e psicológica, readequação do planejamento de acordo com os jogos, reunião); e

4 - *ACT/Adjust ou Agir/Corrigir*: É a última fase. Nela, são tomadas as ações corretivas com base no que foi verificado. Ou seja, deve-se corrigir as falhas encontradas no passo anterior. Então, após realizada a investigação das causas destas falhas ou desvios no processo e após agir para solucioná-las, começando tudo de novo. Exatamente como um ciclo, o PDCA deve ser retomado sempre para que, as práticas e os processos se aprimorem continuamente.

Exemplo:

FIGURA 05 - Exemplo de gráfico PDCA e os seus principais significados

O SEGREDO DO FUTEBOL BRASILEIRO FUTSAL E FUTEBOL DE BASE

O SEGREDO DO FUTEBOL BRASILEIRO FUTSAL E FUTEBOL DE BASE

EXPECTATIVAS

Durante a leitura desse livro, foi possível sustentar o quão é importante para o jogador de Futebol vivenciar a modalidade Futsal ao decorrer do seu processo de desenvolvimento/formação. Os diversos artigos, livros, matérias jornalísticas conteúdos de redes sociais, transcrições (jogadores, treinadores, acadêmicos, jornalistas, outros), e um amplo questionário alusivo à temática com os principais Clubes de Futebol do Brasil disponibilizados no conteúdo do livro, endossam essa prática simultânea.

Percebeu-se que essa prática, já utilizada como contribuinte na formação de jogadores de Futebol, tem sido tema recorrente entre os profissionais das duas modalidades, criando um ambiente favorável para que tudo aconteça no melhor formato possível.

Fica perceptível, durante o conteúdo, que um dos principais pilares da integração entre o Futsal e o Futebol de Base é utilizar o Futsal como um facilitador importante nos processos de captação, formação para o Futebol, principalmente nos apontamentos da técnica e tática individual/coletiva. Conforme comenta Paoli (2020):

> Excesso positivo de relação com a bola e a inteligência funcional do jogador devido às tomadas de decisão, ouve-se falar muito que a fluidez do jogo sem separar ataque e defesa, o jogo a dois toques, as quebras de pressão e linhas, as manobras, os triângulos, as diagonais e paralelas, as posturas defensivas, e outros transferes qualitativos do dinamismo funcional peculiares ao Futsal estão cada vez mais presentes no Futebol.

Sistematizar um *Modelo* de Gestão ideal de processo de integração do Futsal com o Futebol de Base para Clubes brasileiros foi a intenção principal deste livro, sendo assim, tem-se a enorme expectativa que os *07 Modelos* de implantação sugeridos, possam ser aplicáveis para qualquer realidade clubística, podendo ser mutáveis e flexíveis a qualquer momento, seguindo sempre o projeto esportivo do Clube e outras considerações amplamente tratadas nesta obra.

DIFICULDADES

Pode ser que haja dificuldade em incluir o Futsal no Estatuto de um Clube, assim como institucionalizar os processos da prática simultânea entre o Futsal e o Futebol.

Caso haja resistência ou lentidão na execução dos processos e na implantação do Departamento de Futsal no mesmo "guarda-chuva" do Departamento de Futebol Base, é interessante que as ações de integração aconteçam naturalmente, baseando-se no projeto esportivo, realidade administrativa/estrutural, demandas, cultura/história do Clube, cidade/região, outros.

Cabe lembrar que cada Clube tem as suas condições administrativas e financeiras particulares, sendo assim, de acordo a realidade, deve-se optar pela redução de alguns colaboradores e estruturas, para que o projeto esportivo e os processos de integração entre o Futsal e o Futebol de Base aconteçam com excelência.

Considerou-se o *Modelo 01* de Gestão, apresentado nesse livro, viável e executável, porém, entende-se que as diversidades regionais do nosso país de dimensões continentais, variações econômicas relacionadas ao tamanho do Clube podem gerar problemas na qualidade da implantação, necessitando adaptações mais profundas no *Modelo* proposto. Foi pensando nisso, que deixou-se nos Capítulos 7 e 8, outras 06 sugestões de *Modelos* aplicáveis, para que se consiga, de alguma forma, introduzir uma boa prática simultânea entre o Futsal e o Futebol nos processos de desenvolvimento/formação do alteta durante a permanência no Clube.

Outra discussão recorrente, é a dúvida, se a prática simultânea entre o Futsal e o Futebol realmente faz sentido e ajuda no processo de formação do jovem futebolista. Ainda existem algumas correntes de profissionais do Futsal e Futebol que não validam 100% a transferência desse processo, baseando-se apenas na falta de evidências científicas em relação a temática. Para tanto, houve o máximo de cuidado em evidenciar o que foi possível, para minimizar esse impacto negativo provocado por alguns incrédulos, e obteve-se uma grata surpresa ao finalizar o livro, como comprovado na extensa escrita.

Na tentativa de minimizar qualquer dúvida e impactos sobre o assunto, citou-se o empirismo e as variadas transcrições como exemplos indicativos de sucesso, porém, disponibilizou-se uma quantidade significativa de referências devidamente representadas por artigos/publicações, livros, que levam a entender que o Futsal pode sim, e deve fazer parte dos processos de formação do jogador de Futebol, sendo ele, um excelente contribuinte, quando os processos são bem planejados para uma transição futura.

Para finalizar, acredita-se que, com boa vontade, estudo, conhecimento dos processos, pode-se transformar os problemas citados em soluções para a aplicação de uma integração saudável e benéfica entre as duas modalidades, salvaguardando os interesses esportivos do Clube. É nisso que se acreditou ao decidir-se pela redação dessa obra!

Conclusão

Acredita-se ser completamente viável implementar qualquer um dos *07 Modelos* de Gestão apresentados da prática simultânea entre as modalidades Futsal e Futebol nos processos de captação, desenvolvimento, formação, transição do atleta de um Clube de Futebol. Todos os *Modelos* são executáveis, podendo ser mutáveis com flexibilização dos processos, de acordo ao projeto esportivo do Clube e outras variantes (localização, política, história, outros).

Este livro não tem a intenção de encerrar a discussão a respeito da prática simultânea entre o Futsal e o Futebol nos processos de formação de atletas em um Clube de Futebol e as possibilidades de implementação.

Sabe-se que inexiste unanimidade sobre o assunto, porém acredita-se que não se devem fazer julgamentos precipitados sobre tal prática, menosprezando a grande quantidade de indicadores positivos que se observam durante a exposição dos conteúdos já apresentados neste livro.

Ao final, depois de investigar e refletir sobre o tema, considera-se que o Futsal, de forma integrada com o Futebol, pode ser uma excelente ferramenta natural de contribuição na captação, formação desportiva e transição do atleta de Futebol e de Futsal. Esse processo pode acontecer por intermédio da utilização de qualquer um dos *Modelos* expostos nos Capítulos 7 e 8, tendo como um dos objetivos preparar o atleta de Futebol de uma forma diferenciada e particular, pois no Futsal as ações são executadas com mais frequência, velocidade e existe um maior contato com o objeto do jogo: a bola.

Pensando-se como exemplo, nas situações de ataque e defesa, no Futsal elas são muito mais constantes, sendo assim, as ações táticas individuais e coletivas podem ser naturalmente adaptadas ao Futebol, se treinadas com organização e conhecimento de profissionais especializados. De acordo Paoli (2020):

> No Futsal é constante a busca por espaços livres permitindo que a interação entre os jogadores crie superioridade qualitativa, cinética, posicional ou numérica. Essa é uma constante disputa durante toda a partida e exige tomada de decisões instantâneas por parte dos jogadores, tendo em vista o espaço reduzido da quadra de jogo.

Entendeu-se também, para que ocorresse uma boa condução dos processos, ser necessário que os profissionais atuantes nestas áreas trabalhassem de forma conjunta e em sinergia, para que ambos tenham a oportunidade de compartilhar as suas experiências e conhecimentos da modalidade.

Além dos incontáveis benefícios em relação à técnica e à tática já amplamente apresentadas por meio de artigos/publicações, livros, matérias, entrevistas/transcrições, foram considerados importantes relatos de dezenas de atletas e ex-atletas de Futebol de sucesso com vivência no Futsal.

Apesar de não se haver tabulado estes relatos como algo científico ou acadêmico, eles jamais podem ser desprezados e, por isso, chamou atenção destes autores. Todos os jogadores citados no conteúdo do livro, comentaram que praticaram as duas modalidades em um determinado período da sua formação esportiva, havendo unanimidade entre eles que a prática do Futsal contribuiu significativamente para a melhoria dos diversos aspectos exigidos pelo Futebol, corroborando com tudo que foi pesquisado e no que se acredita.

Concluir esse livro, deixa estes autores com sentimento de que realmente deve-se investigar mais, pois o assunto já faz parte dos processos de desenvolvimento/formação dos grandes Clubes brasileiros, exigindo velocidade de um melhor entendimento, conforme mostrou o questionário apresentado neste trabalho e enviado para 25 Clubes do Futebol brasileiro (20 Clubes da Série A 2021 e 05 Clubes da série B 2021), durante a fase de levantamento de dados da pesquisa do problema-solução.

É com este pensamento de novas possibilidades que o presente livro se finda, entendendo a importância do Futsal na formação do jogador de Futebol, e as diversas possibilidades de implementação da prática simultânea entre as modalidades Futsal e Futebol, tendo como principal *Modelo*, a integração do Departamento de Futsal no mesmo "guarda-chuva" do Departamento de Futebol de Base, respaldado no *Modelo 01* que foi considerado, por intermédio de ampla pesquisa de campo, como o ideal - Departamento de Futsal - 100% integrado ao Departamento de Futebol de Base, com condução compartilhada dos processos.

O SEGREDO DO FUTEBOL BRASILEIRO FUTSAL E FUTEBOL DE BASE

Referências

ALBUQUERQUE, A.S., TRÓCCOLI, B.T. **Desenvolvimento de uma escala de bem-estar subjetivo**. Psicologia: Teoria e Pesquisa, Brasília, v. 20, n. 2, p. 153-164, maio/ago. 2004. Disponível em: http://www.scielo.br/scielo.php?script=sci_arttext&pid=S0102-37722004000200008&lng=pt&nrm=iso. Acesso em: 19 ago. 2021.

ANJOS, J.L., SANETO, J.G., OLIVEIRA, A.A. **Futebol, imagens e profissionalização: a bola rola nos sonhos dos adolescentes**. Movimento, v.18, n.1, p.125-147, 2012.

ANTONELLI, M. A. & MOREIRA, R. L. **O Futsal Potencializado pelo Futebol**. Disponível em https://www.soccerpoweredbyfutsal.com/livros. Acesso em: 08 nov. 2021.

BALZANO, O. N.; BANDEIRA, A. da S.; PEREIRA FILHO, J. M. **Proposta de treinamento integrado de futsal e futebol, na formação desportiva do atleta de futebol de campo na categoria sub 13 anos**. Buenos Aires: EF Deportes, out. 2011, v. 16, n. 161. Disponível em: https://www.efdeportes.com/efd161/treinamento-integrado-de-futsal-e-futebol-sub-13.htm. Acesso em: 4 set. 2021.

BALZANO, Otávio N., DE OLIVEIRA, Daniel M. N., FILHO, José M.P. & GONZALEZ, Ricardo H. **O futsal como ferramenta na formação desportiva do atleta de futebol de campo**. Ano 15. Buenos Aires, AR. Revista Digital nº 152, 2011.

BALZANO, Otávio N.; BASSO, Eduardo & LUNARDELLI, E. **Dois – um Brasil: um método genuinamente brasileiro no ensino do futsal e futebol**. 1. ed. Várzea Paulista, SP: Fontoura, 2020.

BALZANO, O. N. *et al*. **O futsal como ferramenta na formação desportiva do atleta de futebol de campo**. Buenos Aires: EF Deportes, jan. 2011, v. 15, n. 152. Disponível em: https://www.efdeportes.com/efd152/o-futsal-na-formacao-de-futebol-de-campo.htm. Acesso em: 4 set. 2021.

BALZANO, O. N. *et al*. **Proposta de treinamento integrado de futsal e futebol, na formação desportiva do atleta de futebol de campo na categoria sub 15 anos**. Buenos Aires: EF Deportes, nov. 2011, v. 16, n. 162. Disponível em: https://www.efdeportes.com/efd162/treinamento-integrado-de-futsal-e-futebol-sub-15.htm. Acesso em: 4 set. 2021.

BALZANO, O. N. *et al*. **Proposta de treinamento integrado de futsal e futebol, na formação desportiva do atleta de futebol de campo na categoria sub 17 anos**. Buenos Aires: EF Deportes, jan. 2012, v. 16, n. 164. Disponível em: https://www.efdeportes.com/efd164/treinamento-integrado-de-futsal-e-futebol-sub-17.htm. Acesso em: 4 set. 2021.

BALZANO, O. N.; LOPES, I. E.; BANDEIRA, A. da S. **Proposta de treinamento integrado de futsal e futebol, na formação desportiva do atleta de futebol de campo na categoria sub 11 anos**. Buenos Aires: EF Deportes, ago. 2011, v. 16, n. 159. Disponível em: https://www.efdeportes.com/efd159/treinamento-integrado-de-futsal-e-futebol.htm. Acesso em: 4 set. 2021.

BALZANO, O. N.; OLIVEIRA, E. M. de. **Proposta de treinamento da tática individual na formação de atletas de futebol**. Buenos Aires:

EF Deportes, mar. 2014, v. 18, n. 190. Disponível em: https://www.efdeportes.com/efd196/avaliacao-tecnico-tatica-em-categorias-de-base-no-futebol.htm. Acesso em: 4 set. 2021.

BELLOS, A. *Futebol* - **O Brasil em campo**. Rio de Janeiro, RJ. Zahar, 2010.

BORREGO C.M.C., LEITÃO J.C., ALVES J., SILVA J., PALMI J. **Análise confirmatória do questionário de satisfação do atleta: versão portuguesa**. Psicologia: Reflexão e Crítica, v. 23, n. 1, p. 110-120. Universidade Federal do Rio Grande do Sul, Porto Alegre, 2010. ISSN: 0102-7972.

BRASIL, MINISTÉRIO DO ESPORTE. *LEI Nº 9.615, DE 24 DE MARÇO DE 1998*. **Institui normas gerais sobre desporto e dá outras providências**. Brasília – DF, 1998.

CARVALHO, C. **CBF assume gestão da seleção brasileira de futsal; veja o que muda**. Disponível em: https://ge.globo.com/futsal/noticia/cbf-assume-gestao-da-selecao-brasileira-de-futsal-veja-o-que-muda.ghtml. Acesso em:10 ago.2021.

CASAROTTO, C. **As 5 forças de Porter: quais são elas e como entender o conjunto de fatores que influenciam no sucesso do seu negócio?** Rock Content – blog. Toronto, Canada, 11 dez. 2020. Disponível em: https://rockcontent.com/br/blog/5-forcas-de-porter/. Acesso em: 10 out. 2021.

CAVICHIOLLI, Fernando R., CHELUCHINHAK, Aline B., CAPRARO, André M., MARCHI JÚNIOR, Wanderley, MEZZADRI, Fernando M. **O processo de formação do atleta de futsal e futebol: análise etnográfica**. Revista Brasileira de Educação Física e do Esporte. São Paulo, SP, v. 25, n. 4, p.631-647, out. 2011.

CHELLADURAI, P., RIEME, H. *A classification of facets of athlete satisfaction*. In: *Journal of Sport Management*. 2 ed., v. 11, p. 133–159, 1997.

CLUBE ATLÉTICO JUVENTUS. **Estrutura da Diretoria Executiva**. Disponível em: http://www.juventus.com.br/clube/administracao/organograma/. Acesso em 10 ago. 2021.

CONFEDERAÇÃO BRASILEIRA DE FUTEBOL. **Seleção Brasileira Masculina de Futsal se apresenta na Granja Comary**. Disponível em: https://www.cbf.com.br/selecao-brasileira/noticias/futsal/selecao-brasileira-masculina-de-futsal-se-apresenta-na-granja-comary-1. Acesso em 11 ago. 2021.

CONVOCAÇÃO DA SELEÇÃO BRASILEIRA PARA AS ELIMINATÓRIAS DA COPA DO MUNDO DO QATAR 2022. 2021. 1 vídeo (4 min). Publicado pela Página da CBF no youtube. Disponível em: https://www.youtube.com/watch?v=kvClLfTsyZc&t=3s. Acesso em: 08 set. 2021

COYLE, D. O Código do Talento - **Um programa para desenvolver habilidades especiais aplicáveis a vida pessoas e aos negócios**. Rio de Janeiro, RJ. Agir, 2010.

DE ANDRADE, M. X, VOSER, R. da C. **A transição de atletas do Futsal para o Futebol**. Porto Alegre: Amax, 2022. 180 p.: il. ISBN: 978-65-87742-05-2.

DESPORTIVO BRASIL. **Missão, Visão e Valores**. Disponível em: https://www.desportivobrasil.com.br/o-clube/missao-visao-e-valores/. Acesso em: 12 ago. 2021.

DE LIMA, F. H. **Um método de transcrições e análise de vídeos: a evolução de uma estratégia**. Universidade Federal de Minas Gerais/ Departamento de Matemática, 2013.

DIENER, E. *Subjective well-being. Psychological Bulletin.* v.95, n. 3, p. 542-575, 1984.

DIENER E., EMMONS, R. A., LARSEN, R.J., GRIFFIN, S. **The satisfaction with life scale**. *Journal of Personality Assessment* n. 49, p. 91-95, 1985.

DIRETORIA DE ESPORTES AMADORES – SPFC. Fotos e Notícias. Instagram: @deaspfc. Disponível em: https://www.facebook.com/deaspfc/. Acesso em: 20 set. 2021.

EYS, M.A., LOUGHEAD, T.M., HARDY, J. **Athlete leadership dispersion and satisfaction in interactive sport teams**. *Psychology of Sport and Exercise* n. 8, p. 281–296, 2007. Disponível em: https://passionatecoach.com/wp-content/uploads/2017/04/Eys-Loughead-Hardy-2007.pdf. Acesso em: 20 jul. 2021.

FEDERAÇÃO PAULISTA DE FUTEBOL. **Amigo relembra times de Pelé em Bauru e primeiro jogo do Rei na Rua Javari**. São Paulo, out. 2015. Disponível em http://2016.futebolpaulista.com.br/imprimir/2015-10/94080. Acesso em: 14 nov. 2021.

FC PORTO SPORTS. Fotos e vídeos. Instagram: @fcportosports. Disponível em https://www.instagram.com/fcportosports/?hl=pt. Acesso em: 20 jan. 2021

FOOTURE. (2020, abril 15). **A influência do Futsal no Futebol**. (Entrevista com: Alex, ex-jogador de Futebol e treinador de Futebol Sub

20/São Paulo F.C.; Rodrigo Leitão, treinador de Futebol Profissional/Porto Vitória e professor CBF Academy; Wilton Santana, treinador de Futebol Sub 14/Club Atlhetico Paranaense e Maurício Marques, coordenador dos cursos técnicos - CBF Academy). Recuperada em 03 maio, 2021, de https://www.youtube.com/watch?v=p3KzwP7D-3s.

FONSECA, C. **Futsal: o berço do futebol brasileiro**. v. 1. São Paulo: Aleph, 2007.

FORD, P. R., CARLING, C., GARCES, M., MARQUES, M., MIGUEL, C., FARRANT, A., STENLING, A., MORENO, J., LE GALL, F., HOLMSTROM, S., SALMELA, J.H. & WILLIAMS, M. **As atividades de desenvolvimento de jogadores de Futebol de elite com menos de 16 anos do Brasil, Inglaterra, França, Gana, México, Portugal e Suécia**. Journal of Sports Science, nov. 2012.

FUT BR. *Da Quadra ao Campo* – **O futsal na formação do atleta- Parte 1**. (Entrevista com ex-jogadores Zico, Falcão, Caio Ribeiro, Amoroso, Zé Elias e Juary, com Victor Ferraz, jogador de Futebol, com PC de Oliveira, ex-treinador da Seleção Brasileira de Futsal e auxiliar técnico de Futebol Sub 20/São Paulo e com André Bié, treinador de Futsal Profissional/Corinthians). Web série no Youtube. Recuperada em 03 abril, 2021, de https://www.youtube.com/watch?v=kTKtO8C2Wp8.

_____. *Da Quadra ao Campo* – **O futsal na formação do atleta- Parte 2**. (Entrevista com Denílson, ex-jogador de Futebol e comentarista; Rivellino, ex-jogador de Futebol; Petros, jogador de Futebol; Djalminha, ex-jogador de Futebol; Marcelo Rodrigues, comentarista; Zé Ricardo, treinador de Futebol Profissional e Elano, ex-jogador de Futebol e treinador de Futebol Profissional). Web série no Youtube. Recuperada em 03 abril, 2021, de https://www.youtube.com/watch?v=kTKtO8C2Wp8.

O SEGREDO DO FUTEBOL BRASILEIRO FUTSAL E FUTEBOL DE BASE

_____. **Da Quadra ao Campo – O futsal na formação do atleta- Parte 3**. (Entrevista com Casagrande, ex-jogador de Futebol e comentarista; Neto, ex-jogador de Futebol e apresentador; Cuca, ex-jogador de Futebol e treinador de Futebol Profissional/Atlético Mineiro; Luizão, ex-jogador de Futebol; Alê Oliveira, apresentador; Zeca, jogador de Futebol/Vasco da Gama e Tuca Guimarães, treinador de Futebol Profissional). Web série no Youtube. Recuperada em 03 abril, 2021, de https://www.youtube.com/watch?v=gIqNF6hinXQ.

_____. **Da Quadra ao Campo - A Transição - Parte 1**. (Entrevista com Amoroso, ex-jogador de Futebol; Caio Ribeiro, ex-jogador de Futebol e comentarista; Denílson, ex-jogador de Futebol e comentarista; André Bié, treinador de Futsal Profissional/Corinthians; Zé Ricardo, treinador de Futebol Profissional; Tuca Guimarães, treinador de Futebol Profissional e Luizão, ex-jogador de Futebol). Web série no Youtube. Recuperada em 03 abril, 2021, de https://www.youtube.com/watch?v=j79oUKVrT6w.

_____. **Da Quadra ao Campo - A Transição - Parte 2**. (Entrevista com Djalminha (ex-jogador de Futebol), Zico (ex-jogador de Futebol), Elano (ex-jogador de Futebol e treinador de Futebol Profissional/?), Casagrande (ex-jogador de Futebol e comentarista), PC de Oliveira (ex-treinador da Seleção Brasileira de Futsal e auxiliar técnico Sub 20/São Paulo), Dorival Júnior (ex-jogador de Futebol e treinador de Futebol Profissional/?), Neto (ex-jogador de Futebol e apresentador). Web série no Youtube. Recuperada em 03 abril, 2021, de https://www.youtube.com/watch?v=EQYAyjLiMJ8.

FUTSAL SÃO PAULO F. C. Fotos. Instagram: @futsalsaopaulofc. Disponível em: https://www.instagram.com/p/CPIkp4KF-je/. Acesso em: 20 set. 2021.

GAUBERT V. *Le futsal: un autre monde du football?* Revista trimestral M@ppemonde n. 116, 2016. Disponível em: http://mappemonde-archive.mgm.fr/num44/articles/art14403.html. Acesso em: 08 ago. 2021.

GAUDREAU, P., ANTL, S. *Athletes broad dimensions of dispositional perfectionism: examining changes in life satisfaction and the mediating role of sport-related motivation and coping.* In: Journal of Sport & Exercise Psychology. 30 jun. 2008.

GLOBO ESPORTE (GE) (2020, julho 22). **A importância do Futsal para o Futebol**- *PODCAST Salão de Craques.* (Entrevista com Falcão, Zico, Daniel Pereira, Ronaldo Nazário e Pedrinho). Recuperado em 29 abril, 2021, de https://www.youtube.com/channel/UCHcU4NUhoVFN091DVNT9zvQ.

GLOBO ESPORTE (GE) (2021, março). **Influência do futsal em suas vidas: "o jogo é do indivíduo"** - *Podcast GE - Toca e Sai #82.* (Entrevista com Alex, ex-jogador de Futebol e treinador de Futebol Sub 20/São Paulo F.C. e PC de Oliveira, ex-treinador da Seleção Brasileira de Futsal e auxiliar técnico de Futebol Sub 20/São Paulo F.C). Recuperado em 29 abril, 2021, de https://interativos.globoesporte.globo.com/podcasts/programa/toca-e-sai/episodio/toca-sai-82-proximos-do-sao-paulo-alex-e-pc-oliveira-falam-sobre-influencia-do-futsal-em-suas-vidas-o-jogo-e-do-individuo/.

HOSHINO, E.F., SONOO, C.N., VIEIRA, L.F. **Perfil de liderança: uma análise no contexto esportivo de treinamento e competição.** Revista da Educação Física/UEM, Maringá, v.18, n.1, p. 77-83, 2007.

JOVEM PAN NEWS (2015, setembro 10). **Jamelli fala sobre a importância do Futsal para o atleta de campo.** (Entrevista com Jamelli, ex-jogador de Futebol). Recuperada em 28 abril, 2021, de https://www.youtube.com/watch?v=Zqf51zSgdX4.

JÚNIOR, Edmundo S.B., DE ARAÚJO W. C. **A importância do futsal na formação esportiva do jogador de futebol.** Revista Diálogos em Saúde, Vol 1, Nº 2, 2018.

KLEMT, U. G.; VOSER, R. da C. **Futsal e Futebol de campo parceiros ou adversários.** Disponível em: http://mesquitaonline.com.br/site/artigos/ver/269/sobre_mim#sthash.iUZdDHdOdpuf. Acesso em: 27 ago. 2021.

LEME, C.G. **É gol! Deus é 10: a religiosidade no futebol profissional paulista e sociedade de risco.** 2005. 290 f. Dissertação (Mestrado em Ciências da Religião) - Pontifícia Universidade Católica de São Paulo, São Paulo, 2005. Disponível em: https://repositorio.pucsp.br/jspui/handle/handle/1880. Acesso em 20 jun.2021.

LIMA, Fábio. **Futsal e Futebol na Formação: Parceiros ou Adversários?** Sports design by us, mai. 2014.

LIMA. M. **A Gestão e a coordenação do Departamento Técnico de Futebol Profissional e de Base.** In: CURSO GESTÃO DE FUTEBOL IX - MÓDULO VIII: GESTÃO TÉCNICA DO DEPARTAMENTO DE FUTEBOL. CBF Academy. São Paulo, julho, 2021. Disponível em: https://www.cbf.com.br/cbfacademy/pt-br. Acesso em: 18 set. 2021.

LOPES, A. A. da S. M. **Cartilha Brasileira de Futebol e Futsal.** 1. ed. São Paulo: Ícone, 2010. 64 p. ISBN: 978-85-274-1085-4.

LOUGHEAD, T. M., HARDY, J., EYS, M. A. **The nature of athlete leadership**. *Journal of Sport Behavior*; v. 29, n. 2, p.142-158, 2006.

MACLEOD J, SMITH GD, METCALFE C, HART C. ***Is subjective social status a more important determinant of health than objective social status? Evidence from a prospective observational study of scottish men***. *Social Science & Medicine*; v.61, n.9, p.1916-1929, 2005.

MARQUES, M. P.; SAMULSKI, D. M. **Análise da carreira esportiva de jovens atletas de futebol na transição da fase amadora para a fase profissional: escolaridade, iniciação, contexto sociofamiliar e planejamento da carreira**. Revista Brasileira de Educação Física e Esporte, São Paulo, v. 23, n. 2, p.103-119, abr. 2009.

MARQUES, R.F.R., SCHUBRING, A., BAKER-RUCHTIT, N. NUNOMURA, M., MENEZES, R. P. **Futebol ao Futsal: Trajetórias de carreiras de jogadores brasileiros de elite**. Escola de Educação Física e Esporte da Universidade de São Paulo, Ribeirão Preto. SP, 2020.

MEDEIROS, T.E., FERRARI, E.P., CARDOSO, F.L. **Relação entre status social subjetivo e esquemas de gênero do autoconceito em jogadores de futebol**. Revista Pesquisas e Práticas Psicossociais, v.9, p.106-117, 2014. Disponível em: http://www.seer.ufsj.edu.br/index.php/revista_ppp/article/view/832. Acesso em 20 ago. 2021.

MILISTETD, M., IGNACHEWSKI, W.L., TOZETTO, A.V.B., MEDEIROS, T.E., SILVA, W.R. **Análise das características antropométricas, fisiológicas e técnicas de jovens praticantes de futsal de acordo com sua função de jogo**. Revista Brasileira de Ciência e Movimento, v.22, n.4, p.27-36, 2014.

MOORE, R., RADFORD, J. **O Futsal está começando na Inglaterra? Estudo de Participação de Base do Futsal**. *American Journal of Sports Science and Medicine*, Vol. 2, Nº 3, 2014.

MORATO, M.P., GIGLIO, S.S., GOMES, M.S. **A construção do ídolo no fenômeno social futebol**. Motriz, v.17, n.1, p.01-10, 2011.

MORRIS, D. **O macaco nu: um estudo do animal humano**. Rio de Janeiro. Record, 1967.

MÜLLER, E.S. **Comportamentos Táticos no Futsal – Estudo comparativo referente a escalões de formação e ao Futebol**. Dissertação de Mestrado. Porto (Portugal), jan. 2010.

NABARRO, F. **Do futsal ao futebol: PC Oliveira leva ensinamentos da quadra para o campo** (Entrevistado PC de Oliveira, ex-treinador da Seleção Brasileira de Futsal e auxiliar técnico de Futebol Sub 20/São Paulo F.C.). Recuperada em 28 junho, 2021, de https://www.youtube.com/watch?v=wUNkVsmoDF8.

NAKAGAWA, M. Ferramenta: **5 Forças de Porter (Clássico) - Estratégia e Gestão**. Disponível em: https://www.sebrae.com.br/Sebrae/Portal%20Sebrae/Anexos/ME_5-Forcas-Porter.PDF. Acesso em: 18 out. 2021.

NASCIMENTO JUNIOR, J.R.A., VIEIRA, L.F., SOUZA, E.A. **Nível de satisfação do atleta e coesão de grupo em equipes de futsal adulto**. Revista Brasileira de Cineantropometria e Desempenho Humano, v. 13, n. 2, p. 138-144, Santa Catarina, 2011; E-ISSN 1980-0037. Disponível em: https://periodicos.ufsc.br/index.php/rbcdh/article/view/1980-0037.2011v13n2p138.Acesso em 23 jul. 2021.

NEVES, M. **Relíquias: veja grandes craques, ainda garotinhos, no futebol de salão.** Disponível em: https://blogmiltonneves.uol.com.br/blog/2021/08/16/reliquias-veja-grandes-craques-ainda-garotinhos-no-futebol-de-salao/. Acesso em: 08 ago. 2021.

NUNES, R.F.H., ALMEIDA, F.A.M., SANTOS, B.V., ALMEIDA, F.D.M., NOGAS, G., ELSANGEDY, H.M., *et al.* **Comparação de indicadores físicos e fisiológicos entre atletas profissionais de futsal e futebol.** Motriz, v.18, n.1, p.104-112, 2012.

OLIVEIRA, Marcelinho (2020, maio 18) **A importância do futsal para o futebol**. (Bate papo informal com: Ronaldo Nazário, ex-jogador de Futebol e Richarlison, jogador de Futebol). Recuperado em 28 abril, 2021, de https://www.youtube.com/watch?v=GHp-rKhGY2k.

OLLIVIER M. **Status em sociedades pós-modernas: a renovação de um conceito.** São Paulo: Lua Nova, 2009. n. 77, p. 41-71. Centro de Estudos de Cultura Contemporânea. ISSN: 0102-6445.

OPPICI, L., PANCHUK, D., SERPIELLO, F. R. & FARROW, D. **As restrições da tarefa de Futsal promovem a transferência da habilidade de passe para as restrições da tarefa de Futebol**. *European Journal of Sport Science*, 2018.

OPPORTUNITY MAKER – Canal digital. **Como funciona o Canvas para a gestão estratégica?** Disponível em: https://opportunitymaker.com.br/como-funciona-o-canvas-para-a-gestao-estrategica/ Acesso em: 10 set. 2021.

PAOLI, P. B. **O Futsal dentro do Departamento de Futebol - O Case C.R. Vasco da Gama.** In: CURSO FUTSAL E FUTEBOL/

DESENVOLVIMENTO DE TALENTOS. CBF Academy. Rio de Janeiro, setembro, 2020. Disponível em: https://www.cbf.com.br/cbfacademy/pt-br. Acesso em: 18 set. 2021.

PAULISTÃO SICREDI (2017, mar., 31). **Do futsal ao futebol: PC Oliveira leva ensinamentos da quadra para o campo (vídeo).** Recuperado em 28 junho, 2021, de https://www.youtube.com/watch?v=wUNkVsmoDF8.

PEREIRA, B.A. **A construção do tipo de "jogador de futebol profissional": um estudo sobre os repertórios usados por jogadores de distintas categorias etárias e por integrantes de suas matrizes.** 2008. 196 f. Tese (Doutorado em Psicologia) - Pontifícia Universidade Católica de São Paulo, São Paulo, 2008. Disponível em: https://tede2.pucsp.br/handle/handle/17303. Acesso em: 13 ago. 2021.

PLANAS, N. **Modelo de análisis de vídeos para el estudio de procesos de construcción de conocimiento matemático.** *Educación Matemática*, México, v. 18, n. 1, p. 37-72, abr. 2006.

PORTER, M.; MONTEGOMERY, C. **A busca da vantagem competitiva.** Rio de Janeiro: campus, 1998.

RÉ, A. N. **Características do futebol e do futsal: implicações para o treinamento de adolescentes e adultos jovens.** Buenos Aires: EF Deportes, dez. 2008, v. 13, n. 127. Disponível em: https://www.efdeportes.com/efd127/caracteristicas-do-futebol-e-do-futsal.htm. Acesso em: 24 mar. 2017.

REAL MADRID TV. **Código ético da RMTV**. Disponível em: https://www.realmadrid.com/pt/real-madrid-tv/ethical-code. Acesso em: 18 ago. 2021.

REDE TV e REDE GLOBO (2012). **Neymar e Robinho: Início nas quadras e sucesso nos gramados**. (Entrevista para o Programa "É Notícia" com Neymar, jogador de Futebol). Recuperada em 28 abril, 2021, de https://www.youtube.com/watch?v=_B-xXSLj4VI.

REZER, R. & SAAD, M. A. **Futebol e futsal possibilidades e limitações da prática pedagógica em escolinhas**. Chapecó: Argos, 2005. 292 p. ISBN: 85-98981-21-4.

RIBAS, M.R., ZONATTO, H., FERREIRA, L.S., BRAZOLOTO, R.V., BASSAN, J.C. **Perfil morfofisiológico e desempenho motor em atletas de futebol e futsal profissionais em pré-temporada**. Revista Brasileira de Futsal e Futebol, v.6, n.20, p.138-145, 2014.

RIBEIRO, D. A. **O Futsal dentro do Departamento de Futebol**. In: CURSO FUTSAL E FUTEBOL/DESENVOLVIMENTO DE TALENTOS. CBF Academy. Rio de Janeiro, setembro, 2020. Disponível em: https://www.cbf.com.br/cbfacademy/pt-br. Acesso em: 18 set. 2021.

RIEMER, H. A. & CHELLADURAI, P. *Development of the Athlete Satisfaction Questionnaire (ASQ)*. In: Journal of Sport and Exercise Psychology. 2 ed., v. 20, p. 127–156, 1998.

RUBIO, K. **Psicologia do esporte: histórico e áreas de atuação e pesquisa**. Psicologia, Ciência e Profissão, v.3, n.19, p. 60-69, 1999.

_____. **Psicologia do esporte: teoria e prática**. São Paulo: Casa do psicólogo; 2003.

RINALDI, W. **Futebol: manifestação cultural e ideologização**. Revista da Educação Física/UEM, v.11, n.1, p.167-172, 2000.

SÁ, Felipe. (2012). **Xavi Hernandéz fala da importância do Futsal no seu estilo de jogo**. (Entrevista para Uefa.com, com Xavi Hernandéz, ex-jogador de Futebol espanhol). Recuperada em 28 abril, 2021, de https://www.youtube.com/watch?v=vIGuGNnDUA8.

SALES, R. M. **Futsal & Futebol. Bases Metodológicas**. 1. ed. São Paulo: Ícone, 2017. 208 p. ISBN-10: 8527411792.

SANTANA, W. **Pedagogia do Futsal - Programa Companhia Esportiva - Transição do Futsal para o Futebol**. *(Entrevistado - PC de Oliveira, ex-treinador da Seleção Brasileira de Futsal e auxiliar técnico de Futebol Sub 20/São Paulo F.C.).* Recuperada em 03 maio, 2021, de https://www.youtube.com/watch?v=WJEEBH4YcrY.

SANTOS TV (2020, dez. 22). **Falcão é homenageado pelo Santos F. C.** (Entrevistados Falcão, ex-jogador de Futsal e Alberto, ex-jogador de Futebol). Recuperado em 28 junho, 2021, de https://www.santosfc.com.br/santostv/falcao-e-homenageado-pelo-santos-fc/.

S.E. PALMEIRAS - CLUBE SOCIAL. Esportes. Instagram: @palmeirasclubesocial. Disponível em: https://www.instagram.com/palmeirasclubesocial/. Acesso em: 20 set. 2021.

SHIN, D.C., JOHNSON, D.M. *Avowed happiness as an overall assessment of the quality of life*. In: *Social Indicators Research* 5. p. 475-492, mar.,1978.

SITEWARE. **O que é meta SMART: veja as 5 características mais importantes para definir uma meta que funcione de verdade. Metodologias de gestão.** Publicação 18 jan. 2019. Disponível em: https://www.siteware.com.br/blog/metodologias/o-que-e-meta-smart/. Acesso em: 20 ago. 2021.

SITEWARE (2018, outubro 31). **5 ferramentas para gestão de projetos para facilitar o seu dia a dia e alcançar grandes resultados**. Disponível em: https://www.siteware.com.br/blog/projetos/ferramentas-para-gestao-projetos/. Acesso em: 27 jul. 2021.

SOLOVYOVA, V (2019, dezembro 19). **5 ferramentas gratuitas para gestão de projetos em 2021**. Disponível em: https://www.bitrix24.com.br/blogs/dicas/5-ferramentas-gratuitas-para-gestao-de-projetos.php. Acesso em 27 jul. 2021.

SPORTING CLUBE DE PORTUGAL. **Futsal**. Instagram: @sportingmodalidades. Disponível em: https://www.instagram.com/stories/highlights/17877604805528982/?hl=pt. Acesso em 20 set. 2021.

SPORTV. **Entrevistas de Muricy Ramalho para o Programa "Bem, amigos" e de Ricardinho para o "Seleção SporTV"**. Recuperadas em 03 maio 2021 de https://ge.globo.com/sportv/programas/.

_____ (2012). **A importância do Futsal na formação de atletas para o futebol**. (Entrevista com Ronaldo Fenômeno, ex-jogador de

Futebol). Recuperada em 03 abril, 2021, de https://www.youtube.com/watch?v=Z2Nky_VpD_Y.

_____ (2020, agosto 06) **"Hoje o jogo é jogado num espaço menor que o futsal"**. (Entrevista com Pedrinho, ex-jogador de Futebol e comentarista e Casagrande, ex-jogador de Futebol e comentarista). Recuperada em 28 abril, 2021, de https://www.facebook.com/sportv/videos/337042440651640.

STÜRMER, F. de L. **A transição do futsal para o futebol: a visão dos treinadores**. 2017. Trabalho de conclusão de curso (Licenciatura em Educação Física) - Escola De Educação Física, Fisioterapia e Dança, Universidade Federal Do Rio Grande Do Sul, Porto Alegre, 2017. Disponível em: https://www.lume.ufrgs.br/handle/10183/172154. Acesso em: 4 set. 2021.

TEDESCO, J. **Exportação de pés. Jogadores brasileiros de futsal na Itália e redes transnacionais**. Revista de Antropologia Social, v.15, n.1, p.57-74, 2014.

TEIXEIRA JR., J. Futsal 2000. **O Esporte do Novo Milênio**. Porto Alegre: Edição do Autor, 1996.

TERRA NETWORKS BRASIL S.A. **Lembre craques que vieram do futsal, como Neymar e Messi**. Disponível em: https://www.terra.com.br/esportes/futebol/copa-coca-cola/lembre-craques-que-vieram-do-futsal-como-neymar-e-messi,5c6803052ceed310VgnCLD200000bbcceb0aRCRD.html. Acesso em: 10 ago. 2021.

TRAVASSOS, B., ARAÚJO, D. & DAVIDS, K. **O Futsal é um esporte doador para o Futebol? explorando a complementaridade de uma diversificação precoce no desenvolvimento do talento.** Science and Medicine in Football, 2017.

THOMAS, J.R., NELSON, J.K., SILVERMAN, S.J. **Métodos de pesquisa em atividade física.** 6. ed. Porto Alegre: Artmed; 2012.

VEIGA, M. C. DA. **A importância do Certificado de Clube Formador. Lei em campo – o canal do direito desportivo.** Plataforma virtual. Publicação 14 abr. 2021. Disponível em: https://leiemcampo.com.br/a-importancia-do-certificado-de-clube-formador/. Acesso em: 18 ago. 2021.

YIANNAKI, C., BARRON, D.J., COLLINS, D., CARLING, C. **Referência de performance de um time de Futsal durante um torneio internacional - implicações para o desenvolvimento de talentos no Futebol.** Paper Original, 2018.

YIANNAKI, C., CARLING, C. & COLLINS, Dave. **O Futsal poderia ser a chave para desenvolver a próxima geração de jovens jogadores de Futebol?** Vol. 2, Nº 1. Lancashire, Preston, UK, 2018.

YIANNAKI, C., CARLING, C. & COLLINS, D. **Futsal como potencial modalidade de desenvolvimento de talentos para o Futebol - uma avaliação quantitativa das percepções de treinadores e jogadores de alto nível.** Artigo. Lancashire, Preston, UK, 2018.

UNIVERSIDADE DO FUTEBOL. **O futsal como contribuinte**. Artigo on-line. Jundiaí, SP, 2013. Recuperado em: 23 set. 2021, de https://universidadedofutebol.com.br/2013/04/12/o-futsal-como-contribuinte/, 2011.

WORMHOUDT, R., SAVELSBERGH, G.J.P., TEUNISSEN, J. W., DAVIDS, K. *The Athletic Skills Model. Optimizing Talent Development Through Movement Education*. 1 ed. London: Routledge, 2017. 304 p. 91 ilustrações P/B. ISBN 9781138707337.

ZARATIM, S. **Aspectos socioculturais do futsal**. Revista Uniaraguaia, [S.l.], v. 2, n. 2, p. 51-62, abr. 2012. ISSN 2676-0436. Disponível em: <http://www.fara.edu.br/sipe/index.php/REVISTAUNIARAGUAIA/article/view/49>. Acesso em: 04 set. 2021.

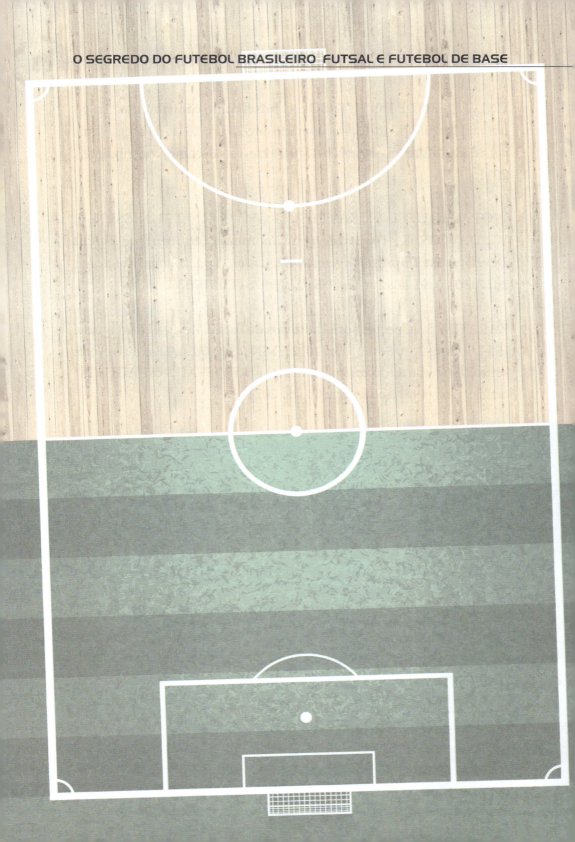

O SEGREDO DO FUTEBOL BRASILEIRO FUTSAL E FUTEBOL DE BASE

Sobre os autores - Biografias

Moraci Vasconcelos Sant'Anna

Cref. 3593 G/SP

Santana de Parnaíba - SP

Formação acadêmica
- Bacharelado e Licenciatura plena pela Faculdade de Educação Física de Santo André/ FEFISA

Cursos em gestão esportiva
- Gestão de Futebol - CBF Academy
- Curso Gestão Técnica no Futebol - Instituto Universidade do Futebol

Outras formações
- Licença A - CBF Academy
- Futsal e Futebol: Desenvolvimento de Talentos - CBF Academy

Entregas realizadas recentes
- Redbull/Bragantino F.C. - Bragança Paulista, SP
- Al Wehda Club - Arabia Saudita

Principais conquistas no futebol
- Campeão Copa do Mundo - FIFA (seleção brasileira)
- Campeão Copa América (seleção brasileira)
- Campeão Copa das Confederações (seleção brasileira)

O SEGREDO DO FUTEBOL BRASILEIRO FUTSAL E FUTEBOL DE BASE

- Campeão Pre-Olímpico 1984 (seleção brasileira)
- Copa da Asia (seleção Arabia Saudita)
- Bi-campeão Mundial de Clubes
- Bi-campeão Copa Libertadores
- Campeão Copa Sul Americana
- Campeão Supercopa Sul Americana
- Bi-campeão Recopa Sul Americana
- Campeão Brasileiro - Série A
- Campeão Brasileiro - Série B
- Campeão Brasileiro - Série C
- Campeão Copa do Brasil
- Campeão Torneio Rio-São Paulo
- Seis vezes Campeão Paulista - Série A1
- Campeão Copa do Interior - SP
- Bi-campeão Liga da Turquia
- Campeão Supercopa da Turquia
- Campeão Copa do Golfo - Arábia Saudita

PRINCIPAIS TRABALHOS
EQUIPES DE COMPETIÇÃO - FUTEBOL BRASIL
- S.E. Palmeiras - São Paulo, SP
- Santos F.C. - Santos, SP
- São Paulo F.C. - São Paulo, SP
- Fluminense F.C. - Rio de Janeiro, RJ
- Guarani F.C. - Campinas, SP
- S.C. Internacional - Porto Alegre, RS
- S.C. Corinthians Paulista - São Paulo, SP
- C.R. Flamengo - Rio de Janeiro, RJ
- C.A. Paranaense - Curitiba, PR
- Botafogo F.R. - Rio de Janeiro, RJ
- Audax F.C. - Osasco, SP
- Redbull/Bragantino F.C. - Bragança Paulista, SP

O SEGREDO DO FUTEBOL BRASILEIRO FUTSAL E FUTEBOL DE BASE

EQUIPES DE COMPETIÇÃO - FUTEBOL EXTERIOR
- Al Ahli Jeddah - Arabia Saudita
- Valencia C.D. - Espanha
- Fenerbahçe S.C. - Turquia
- Olympiakos F.C. - Grecia
- F.C. Goa - Índia
- Al Wehda Club - Arábia Saudita
- Al Banyias Club - Emirados Árabes Unidos

SELEÇÕES - FUTEBOL
- Seleção do Brasil
- Seleção dos Emirados Árabes
- Seleção da Arabia Saudita
- Seleção do Iraque

PARTICIPAÇÕES EM MUNDIAIS DE FUTEBOL (COPA DO MUNDO - FIFA)
- Espanha 1982 - Seleção do Brasil
- México 1986 - Seleção do Brasil
- Itália 1990 - Seleção dos Emirados Árabes
- Usa 1994 - Seleção do Brasil
- França 1998 - Seleção da Arabia Saudita
- Alemanha 2006 - Seleção do Brasil

CONTATO

- https://www.linkedin.com/in/moraci-sant%C2%B4anna-61095922/
- https://instagram.com/moracisantanna_oficial
- https://www.facebook.com/morasantanna
- moracis@uol.com.br
- 55 (11) 9 9164-6464

O SEGREDO DO FUTEBOL BRASILEIRO FUTSAL E FUTEBOL DE BASE

Rodrigo Neves Fernandes

Cref. 7106 G/SP

Santos - SP

Principais competências

Profissional do esporte | gestor esportivo | consultor | palestrante | escritor

Com mais de 22 anos de trabalhos práticos e teóricos desenvolvidos no esporte, posso ajudar você e/ou seu clube, associação, projeto, instituição de ensino, empresa a melhorar as entregas necessárias dentro das competências citadas e qualidade esperada. Expertise em *Estruturar* e *Reestruturar* processos administrativos, estruturais, metodológicos nas modalidades Futsal, Futebol, outros esportes.

Formação acadêmica

- Bacharelado e Licenciatura Plena pela Faculdade de Educação Física de Santos/FEFIS/UNIMES - SP
- Pós Graduação Latu Sensu pela Universidade de São Paulo/USP - Modalidade de Treinamento Desportivo
- MBA pela PUC/RS - Administração, Finanças e Geração de Valor
- Extensão Universitária pela Universidade de São Paulo/USP - Iniciação nos Esportes Coletivos
- Extensão Universitária pela Universidade de São Paulo/USP - Educação Física Infantil
- Extensão Universitária pela Universidade Estadual de Campinas/UNICAMP - Competências de Treinadores e Professores de Esporte: Autoconhecimento, Liderança, Gestão de Pessoas e Comunicação em Foco

Cursos em gestão esportiva - Futebol
- Gestão de Futebol - CBF Academy
- Coordenação Técnica na Categoria de Base/Futebol - CBF Academy
- Coordenação Metodológica nas Categorias de Base/Futebol - CBF Academy
- Seminário Gestão de Futebol: Temas Críticos na Elaboração das Demonstrações Financeiras de Clubes - CBF Academy
- Programa Guardian 1,2,3,4 - FIFA
- The FA Plamaker - The FA (The Football Association - Inglaterra)
- Gestão de Clubes de Futebol/Programa Academia e Futebol - IFCE (Instituto Federal de Educação, Ciência e Tecnologia do Ceará)/Secretaria Nacional de Futebol e Defesa dos Direitos do Torcedor/Secretaria Especial do Esporte/Ministério da Cidadania
- Gestão Técnica em Clubes de Futebol/Programa Academia e Futebol - IFCE (Instituto Federal de Educação, Ciência e Tecnologia do Ceará)/Secretaria Nacional de Futebol e Defesa dos Direitos do Torcedor/Secretaria Especial do Esporte/Ministério da Cidadania
- Gestão de Infraestruturas em Clubes de Futebol/Programa Academia e Futebol - IFCE (Instituto Federal de Educação, Ciência e Tecnologia do Ceará)/Secretaria Nacional de Futebol e Defesa dos Direitos do Torcedor/Secretaria Especial do Esporte/Ministério da Cidadania
- Coordenação de Base - Futebol Interativo
- Gestor de Futebol - Felipe Ximenes
- Gestão e Marketing no Futebol I - Instituto Universidade do Futebol
- Gestão e Marketing no Futebol II - Instituto Universidade do Futebol
- Seminário de Gestão no Futebol - Futebol Interativo
- Gestão de Futebol - Portal IDEA
- Gerente de Futebol - Portal IDEA
- Administração de Futebol - Portal IDEA

Cursos em Gestão Esportiva - COB e COI (Comites Olimpicos)

- Sport Administrators Course - Instituto Olímpico Brasileiro/COB (Comitê Olímpico Brasileiro) e COI (International Olympic Committee - Suiça)
- FAE - Fundamentos de Administração Esportiva - Instituto Olímpico Brasileiro/COB (Comitê Olímpico Brasileiro)
- Gestão Básica para Treinadores - Instituto Olímpico Brasileiro/COB (Comitê Olímpico Brasileiro)
- Gestão Profissional do Esporte - Gestão/COB (Comitê Olímpico Brasileiro)
- I Congresso Olímpico Brasileiro - Gestão/COB (Comitê Olímpico Brasileiro)
- Sport Event Management/COI (International Olympic Committee - Suiça)
- Professional Sport Management/COI (International Olympic Committee - Suiça)
- Business Accelerator/COI (International Olympic Committee - Suiça)
- Business Start-Up: From Idea to Launch/COI (International Olympic Committee - Suiça)
- Sponsorship: Supporting Your Career/COI (International Olympic Committee - Suiça)

Cursos em Gestão Esportiva

- Master em Gestão e Marketing Esportivo - UDEMY
- Planejamento no Esporte - UDEMY
- Gestão Esportiva - UDEMY
- XII Seminário de Gestão Esportiva - FGV
- Gestão Esportiva - Portal da Educação

Cursos em Gestão

- Exercising Leardership: Foundational Principles - HarvardX
- Gestão Baseada em Competências - Ufscar (Universidade Federal de São Carlos)
- Basics of Strategic Management/International Business Management Institute - Germany
- Essential Management Skills/International Business Management Institute - Germany
- Gestão e Liderança - Conceitos Básicos da Função Gerencial - FGV
- Bases Conceituais do Modelo de Gestão - FGV
- A Liderança na Gestão de Equipes - SEBRAE
- Líder Coach: Liderando para alta Performance - SEBRAE
- Gestão de Equipes como Diferencial Competitivo - SEBRAE
- Gestão de Pessoas - SEBRAE
- Gestão Empresarial Integrada - SEBRAE
- Gestão Financeira - SEBRAE
- Validade de Negócios - SEBRAE
- Diversos cursos em gestão: PUC RS, Fundação Bradesco, ENAP - Escola Nacional de Administração Pública, IFCE, Prime Cursos, Veduca, Outros

Outras Formações

- Formação de Treinadores - Módulo II - Universidade Federal de Londrina/UEL
- Diversos cursos - The FA (The Football Association - Inglaterra)
- Futsal e Futebol: Desenvolvimento de Talentos - CBF Academy
- Diversas Webinars com temáticas pertinentes ao Futebol - CBF Social
- Estratégias para as Categorias de Base - CONMEBOL
- Workshop - Certificado de Clube Formador - Federação Paulista de Futebol

ENTREGAS REALIZADAS - GESTÃO ESPORTIVA
- Consultor de Gestão Futsal e Futebol - Soccer Power By Futsal - Orlando, Flórida/USA
- Coordenador de Futsal - Santos Futebol Clube - Santos, SP
- Responsável por idealizar e implementar a proposta de realocação institucional do Departamento de Futsal para o Departamento de Futebol de Base junto à Presidência (integração oficial/prática simultânea) no Santos Futebol Clube.
- Consultor técnico e um dos autores/redatores da proposta enviada ao Conselho Deliberativo solicitando que a modalidade Futsal fosse inserida no Artigo 3 do Estatuto Social - Santos Futebol Clube. (proposta aceita e homologada, sendo o primeiro Clube do Estado de São Paulo com a titulação de "Futsal Estatutário")
- Coordenador de Esportes - Rede de Ensino Novo Tempo - Santos, SP

FUNÇÕES ATUAIS
- Educador Físico - SESC - Santos, SP
- Coordenador Pedagógico - Pré-temporada para Goleiros de Futsal - Santos, SP
- Coordenador Pedagógico - Torneio para Goleiros de Futsal - Santos, SP
- Coordenador Pedagógico - CTA (Centro de Treinamento e Aperfeiçoamento para Goleiros de Futsal) - Santos, SP
- Coordenador Pedagógico - GRECO (Grupo de Estudos do Goleiro) - Santos, SP
- Palestrante, consultor, curador de livros, escritor e congressista em cursos, clínicas, vivências e eventos

O SEGREDO DO FUTEBOL BRASILEIRO FUTSAL E FUTEBOL DE BASE

PRINCIPAIS CONQUISTAS NO FUTSAL
- Campeão World Futsal Cup (Mundial) - Barcelona/Espanha
- Duas vezes vice-campeão World Futsal Cup (Mundial) - Barcelona/Espanha
- Tri-campeão Brasileiro de Seleções - CBFS (Seleção Paulista)
- Bicampeão Zonal Região Sudeste Brasileiro de Seleções - CBFS (Seleção Paulista)
- Vice-campeão Brasileiro de Seleções - CBFS (Seleção Paulista)
- Terceiro lugar Brasileiro de Seleções - CBFS (Seleção Paulista)
- Campeão Estadual Copa União de Clubes - FPFS
- Pentacampeão campeão Estadual - FPFS
- Cinco vezes vice-campeão Estadual - FPFS
- Duas vezes terceiro lugar Campeonato Estadual - FPFS
- Tri-campeão Metropolitano - FPFS
- Três vezes vice-campeão Metropolitano - FPFS
- Duas vezes terceiro lugar Metropolitano - FPFS
- Tricampeão Troféu Piratininga - FPFS
- Terceiro lugar Taça São Paulo - FPFS
- Campeão Liga Paulista Kids - LPFS
- Tetracampeão Super Copa América de Futsal - Camboriú (categoria menores de clubes)
- Campeão Copa BR Guarapari de Futsal (categoria menores de clubes)
- Bicampeão Copa Topper - SP
- Campeão Paulista Universitário Série Bronze - Fupe
- Campeão Paulista Universitário Série Prata - Fupe
- Vice-campeão Paulista Universitário Série Ouro - Fupe
- Tricampeão Jogos Abertos do Interior - SP
- Terceiro lugar Jogos Abertos do Interior - SP
- Terceiro lugar Jogos Abertos Brasileiros - SP
- Bicampeão Jogos Abertos da Juventude - SP
- Hexacampeão Fase Sub-regional dos Jogos Abertos da Juventude - SP

- Hexacampeão Fase Regional dos Jogos Abertos da Juventude - SP
- Vice-campeão Jogos Abertos da Juventude - SP
- Três vezes terceiro colocado Jogos Abertos da Juventude - SP
- Vice-campeão Jogos Regionais - SP
- Quatro vezes terceiro colocado Jogos Regionais - SP
- Campeão Copa TV Tribuna - Santos, SP
- Vice-campeão Copa TV Tribuna - Santos, SP
- Terceiro lugar Copa TV Tribuna - Santos, SP
- Diversos outros títulos relevantes em campeonatos e torneios da Baixada Santista e Região

PRINCIPAIS TRABALHOS
ESCOLINHAS - FUTSAL E FUTEBOL SOCIETY
- Colégio do Carmo - Santos, SP
- Escolinha de Futsal - Clube de Regatas Saldanha da Gama - Santos, SP
  - Escolinha de Futebol Society - Já na Bola - Santos, SP
- Escolinha de Futsal - Sesc - Santos, SP
- Barata Futsal Total (BFT)/Jabaquara AC - Santos, SP
- Centro de Treinamento e Aperfeiçoamento (CTA) para goleiros de futsal - Clube 2004 - Santos, SP
- Atividades Extracurriculares - Rede de Ensino Novo Tempo - Santos, SP

EQUIPES DE COMPETIÇÃO - FUTSAL
- Clube de Regatas Santista/Leão XIII/Diac/Unimed - Santos, SP
- Clube de Regatas Saldanha da Gama/Leão XIII/Diac/Unimed - Santos, SP
- Clube de Regatas Santista/Colégio do Carmo/Auto Moto Escola Detroit - Santos, SP
- Universidade Metropolitana de Santos (Unimes)/Faculdade de Educação Física de Santos (Fefis) - Santos, SP

- AA Praia Grande/Osan/Sucos Camp/Sejel - Praia Grande, SP
- Clube Internacional de Regatas/Fupes - Santos, SP
- Santos Futebol Clube/Votorantim/Fupes - Santos, SP
- Santos Futebol Clube/Cortiana/Unilus/Votorantim/Fupes - Santos, SP
- Medicina Unilus/Centro Universitário Lusíada - Santos, SP
- Rede de Ensino Novo Tempo - Santos, SP
- Santos Futebol Clube/DP World/Magnus - Santos, SP
- Santos Futebol Clube/Magnus/City Futsal - Santos, SP
- Santos Futebol Clube/Magnus/AngioCopore/Tomosantos - Santos, SP

Seleções - futsal
- Seleção Paulista
- Seleção Santista/Fupes - Santos, SP
- Seleção Santista/LRFSLP - Santos, SP
- Seleção Praia-grandense/Sejel - Praia Grande, SP

Outras referências
- Autor do livro "Caderno Brasileiro do Goleiro de Futsal - Volume 1" e" Goleiroteca - A Biblioteca do Goleiro Brasileiro (Futebol, Futsal e Handebol) 1 e 2 Edições
- Proprietário e idealizador do site - www.rnesportes.com
- Participou como avaliador técnico da marca "Penalty" em assuntos relacionados ao goleiro de Futsal
- Proprietário e idealizador do primeiro site para goleiros de futsal do Brasil - www.treinandogoleiros.com.br (atualmente fora do ar)

Premiações

- Três goleiros premiados com o troféu "Tênis de Ouro", honraria essa oferecida pela FPFS ao melhor goleiro do campeonato estadual
- Troféu Gratidão - Homenagem na Câmara Municipal de Vereadores de São Paulo em conjunto com a FPFS no Dia do Futsal (Pessoal - Seleção Paulista)
- Taça dos Invictos "Primeira Divisão" FPFS - Equipe Masculina Sub 20
- Troféu Eficiência "Primeira Divisão" Categoria Maiores FPFS - Equipe masculina Sub 20
- Troféu do Mérito Esportivo Edição XXIII "Hilário Diegues" - Equipe masculina Adulta

Contato

- www.rnesportes.com
- https://www.linkedin.com/in/rodrigoneves75/
- https://www.instagram.com/rodrigoneves_75/
- https://www.facebook.com/rodrigo.neves.52?ref=bookmarks
- http://lattes.cnpq.br/3569267829316272
- rodrigoneves_esportes@hotmail.com
- 55 (13) 9 9703-9531

O SEGREDO DO FUTEBOL BRASILEIRO FUTSAL E FUTEBOL DE BASE

Henrique Fernandes Marques

CRA 01065203
Juiz de Fora - MG

Formação acadêmica

- Graduando (4º período) pela Universidade Federal de Juiz de Fora em Educação Física
- Bacharelado pela Academia Militar das Agulhas Negras (AMAN) em Administração e Ciências Militares
- Mestrado pela Escola de Aperfeiçoamento de Oficiais (ESAO) em Operações Militares
- Pós-graduação pela Escola de Comando e Estado-Maior do Exército Brasileiro em Ciências Militares - Especialização em Bases Geo-Históricas para Formulação Estratégica
- Extensão Universitária pela Academia Politécnica Militar do Exército do Chile em Gestão e Administração de Recursos e Projetos de Defesa
- Extensão Universitária pela Fundação Getúlio Vargas (FGV) em Metodologia da Pesquisa em Ciências Militares
- Extensão Universitária pela Universidade Castelo Branco em Avaliação de Projetos e Pesquisas
- Extensão Universitária pela P*ontificia Universidad Católica* do Chile - Faculdade de Direito em Ciências Sociais
- Extensão Universitária pela *ESSE-Business School-Universidad de Los Andes* do Chile em Administração de Recursos
- Extensão Universitária pela *Universidad Adolfo Ibañez–Escuela de Gobierno* do Chile em Políticas Públicas
- Extensão Universitária pela Escola Nacional de Administração Pública (ENAP) em Elaboração de Indicadores e Desempenho Institucional

O SEGREDO DO FUTEBOL BRASILEIRO FUTSAL E FUTEBOL DE BASE

CURSOS EM GESTÃO ESPORTIVA
- Gestão de Futebol - CBF Academy
- Curso Gestão Técnica no Futebol - Instituto Universidade do Futebol

CURSOS EM FUTEBOL E FUTSAL
- Curso Futsal e Futebol: Desenvolvimento de Talentos Confederação Brasileira de Futebol (CBF)
- Programa de Capacitação para Treinador de Futebol - Instituto Universidade do Futebol
- Currículo de Formação no Futebol - Instituto Universidade do Futebol
- Cursos Brasil Futebol Expo - Confederação Brasileira de Futebol (CBF)
- SCOUT- a inteligência que transforma informação em tomada de decisão;
- Business Futebol Clube Experience; e
- Nova Era - Desenvolvimento do Futebol Feminino Brasileiro
- Curso Psicologia do Futebol: Teoria e Prática - Confederação Brasileira de Futebol (CBF)

OUTRAS FORMAÇÕES
- Proficiência em lingua espanhola - DELE C2 - Instituto CERVANTES
- Habilitações em idiomas Espanhol, Francês e Inglês - Credenciamento Linguístico do Centro de Estudos de Pessoal do Exército Brasileiro

ENTREGAS REALIZADAS
- Oficial de carreira do Exército Brasileiro
- Administrador (CRA/MG - 01-065203/d) (Agente Diretor máximo/Comandante) - Exército Brasileiro (11ª Bateria de Artilharia Antiaérea Leve)
- Administrador (CRA/MG - 01-065203/d) (Ordenador de Despesas e Agente Diretor máximo) - Exército Brasileiro (11º Grupo de Artilharia Antiaérea - Exército Brasileiro)
- Chefe do Estado - Maior (Chefe do *staff* de assessores do General comandante) - Exército Brasileiro (Comando da 4ª Brigada de Infantaria Leve de Montanha)
- Chefe da Seção de Pessoal - Exército Brasileiro (Comando da 4ª Brigada de Infantaria Motorizada)
- Instrutor da Academia Militar da Agulhas Negras - Exército Brasileiro
- Instrutor/professor Academia de Guerra - Exército do Chile
- Assessor de Defesa Aeroespacial - Força Aérea Brasileira (Comando Aeroespacial/COMAE)

ENTREGAS REALIZADAS ESPORTIVAS
- Estágio em Futebol no Tupi Football Club - MG (Comissões Técnicas Profissional e Sub 20)
- Promoção de Treinamento Desportivo de modalidades diversas e atletas - Exército Brasileiro

FUNÇÕES ATUAIS
- Estudante de Educação Física
- Integrante do Grupo de Estudos sobre Futebol - Universidade Federal de Juiz de Fora

Outras referências

- Estágio de Análise e Melhoria de Processos Organizacionais na Secretaria Geral do Exército
- Curso de Direito (1º e 2º períodos) - Faculdades Integradas de Curitiba - PR
- Curso de Comando e Estado - Maior na Escola de Comando e Estado-Maior do Exército Brasileiro
- Curso de Patrimônio Imobiliário e Meio Ambiente

Contato

- https://www.linkedin.com/in/henrique-fernandes-marques-13b66a79
- https://instagram.com/henriquef.marques?r=nametag
- https://www.facebook.com/henrique.marques.330467
- http://lattes.cnpq.br/2701787037413305
- antiaereo@gmail.com
- 55 (32) 9 9964-1849 (com Whatsapp)

O SEGREDO DO FUTEBOL BRASILEIRO FUTSAL E FUTEBOL DE BASE

O SEGREDO DO FUTEBOL BRASILEIRO FUTSAL E FUTEBOL DE BASE

Márcio de Souza Menezes

OAB PE 48.174
Recife - PE

Formação acadêmica
- Licenciatura Plena em Educação Física pela ESEF/UPE
- Pós-graduado em Fisiologia do Esporte pela Universidade Gama Filho
- Graduado em Direito pela Faculdade Maurício de Nassau (UNISSAU)
- Pós-graduado em Direito e Processo do Trabalho pelo Espaço Jurídico - FACESF

Cursos em gestão esportiva
- Gestão de Futebol - CBF Academy

Outras formações
- Curso de Formação de Municípios Saudáveis e Promoção da Saúde - NUSP/UFPE

Funções atuais
- Professor de Educação Física da Secretaria de Educação do Estado de Pernambuco/GRE -Recife Norte/PE
- Professor de Educação Física da Secretaria de Educação do Município de Paulista/PE
- Advogado

Principais trabalhos
Escolinhas - futsal
- São Paulo F.C. - Franquia Recife/PE

Equipes de competição - futebol
- Sport Club do Recife (categorias de base)

CONTATO

- https://www.linkedin.com/in/m%C3%A1rcio-menezes-38851529
- https://www.instagram.com/mmanga01/?hl=pt-br
- https://www.facebook.com/marcio.menezes.10
- mmanga@hotmail.com
- 55 (81) 9832-9876

O SEGREDO DO FUTEBOL BRASILEIRO FUTSAL E FUTEBOL DE BASE

O SEGREDO DO FUTEBOL BRASILEIRO FUTSAL E FUTEBOL DE BASE

Vinicius Alberto Bovo

OAB SP 165.514

Formação acadêmica
- Bacharel em Ciências Jurídicas e Sociais pela Fundação de Ensino Octávio Bastos - São João da Boa Vista, SP

Cursos em gestão esportiva
- Gestão de Futebol - CBF Academy

Cursos em dirieto esportivo
- Curso de Direito Desportivo promovido e supervisionado pela AASP e IBDD

Outras formações
- Curso em Direito Desportivo com ênfase na área trabalhista (clubes e atletas) pelo Instituto Wanderley Luxemburgo
- Curso de Oratória promovido e supervisionado pela Fundação de Ensino Octávio Bastos
- Curso de Direito Penal pela Faculdade de Direito de São João da Boa Vista - Fundação de Ensino Octávio Bastos
- Curso Sobre Reforma do Código de Processo Civil pela Faculdade de Direito de São João da Boa - Fundação de Ensino Octávio Bastos
- Curso de Visão Médico-Legal dos Locais de Crime pela Faculdade de Direito de São João da Boa Vista - Fundação de Ensino Octávio Bastos
- Curso de Fonética Forense - O Som do Crime pela Faculdade de Direito de São João da Boa Vista - Fundação de Ensino Octávio Bastos
- Curso de Locais de Crime e Balística Forense pela Faculdade de Direito de São João da Boa Vista - Fundação de Ensino Octávio Bastos

- Curso de Debates Sobre Direito Civil e Processo Civil pela Faculdade de Direito de São João da Boa Vista - Fundação de Ensino Octávio Bastos
- Curso de Debates Sobre o Código de Defesa do Consumidor e Dano Moral pela Faculdade de Direito de São João da Boa Vista - Fundação de Ensino Octávio Bastos
- Curso de Direito Processual Civil - Procedimento Ordinário pela Escola Superior de Advocacia - Ordem dos Advogados do Brasil
- Curso de Direito Processual Civil - A reforma do Código de Processo Civil pela Escola Superior de Advocacia - Ordem dos Advogados do Brasil
- Curso do Novo Código Civil - Principais Alterações pela Escola Superior de Advocacia - Ordem dos Advogados do Brasil
- Curso sobre o Novo Código Civil pela Escola Superior de Advocacia - Ordem dos Advogados do Brasil
- Curso de Direito Empresarial pela Escola Superior de Advocacia - Ordem dos Advogados do Brasil
- Curso de Direito do Trabalho pela Escola Superior de Advocacia - Ordem dos Advogados do Brasil
- Curso de Regulamentação em Telecomunicações e Radiodifusão pela Escola Superior de Advocacia - Ordem dos Advogados do Brasil

ENTREGAS REALIZADAS
- Presidente da Ordem dos Advogados do Brasil - Subseção de São João da Boa Vista/SP (por 02 gestões)
- Ex-Presidente da Comissão de Esporte da 37 Subseção da OAB/SP
- Ex-Conselheiro Estadual da OAB/SP
- Ex-Vereador na Cidade de São João da Boa Vista/SP

- Escrevente, oficial substituto designado e Juiz de Paz do Cartório de Registro Civil das Pessoas Naturais da Cidade de São João da Boa Vista/SP
- Professor Direito do Trabalho - Domínio Cursos Preparatórios Exame de Ordem em São João da Boa Vista/SP
- Professor de História do Direito pela Faculdade de Direito de Casa Branca (FACAB/SP)
- Coordenador de Divulgação da Comissão do Jovem Advogado da 37 Subsecção da OAB/SP
- Exerceu a função de fiscal do Exame de Ordem da Secção da OAB/SP de São João da Boa Vista

Funções atuais
- Advogado militante, com escritório próprio, com atuação profissional predominante em Comarcas e Tribunais dos Estados.

Outras referências
- Ex-Secretário Geral da Comissão de Direito Desportivo da OAB - Secção São Paulo
- Ex-Diretor Geral de Esportes da Sociedade Esportiva Sanjoanense - S.E.S.

Contato

- https://www.instagram.com/bovovinicius/?hl=pt-br
- https://www.facebook.com/vinicius.bovo
- viniabovo@bol.com.br
- 55 (19) 9 9806-1347

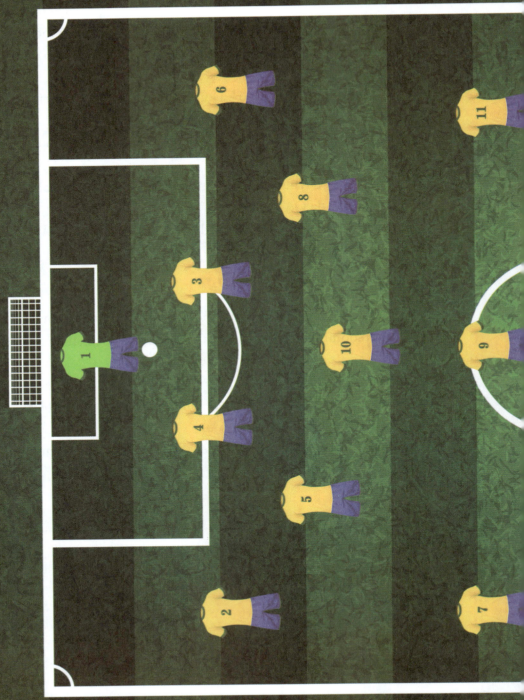